Stichwort Deutsch TestDaF-Vorbereitung
新求精德福备考教程

Lesetraining
(Überarbeitete Neuauflage)

阅 读 训 练
（修订版）

Deutschkolleg der Tongji-Universität
教育部直属同济大学留德预备部

方建国　赵　勤　Andrea Schwedler　编著

同济大学 出版社
TONGJI UNIVERSITY PRESS
·上海·

内 容 提 要

本书是同济大学新求精德福备考教程之一，主要为参加德福考试的学员编写。书中选取的文章题材与德福考试出现的文章一致，内容包括德国概况、社会学、心理学、经济管理学等，共分 42 个单元和一套德福考试模拟题。全书由习题、词汇表、习题讲解和答案组成。

本书可供德语中高级学习者备考德福考试使用。

图书在版编目（CIP）数据

新求精德福备考教程. 阅读训练/方建国，赵勤，（德）安雅莉（Andrea Schwedler）编著. —2 版（修订本）. —上海：同济大学出版社，2018.7（2025.8重印）
ISBN 978-7-5608-7882-9

Ⅰ.①新… Ⅱ.①方…②赵…③安… Ⅲ.①德语—阅读教学—水平考试—自学参考资料 Ⅳ.①H330.41

中国版本图书馆 CIP 数据核字（2018）第 109415 号

新求精德福备考教程

阅读训练（修订版）

教育部直属同济大学留德预备部　方建国　赵　勤　Andrea Schwedler　编著

| 策划编辑 | 张平官 | 责任编辑 | 孙丽燕 | 责任校对 | 徐春莲 | 封面设计 | 陈益平 |

出版发行	同济大学出版社　www.tongjipress.com.cn
	（地址：上海市四平路1239号　邮编：200092　电话：021-65985622）
经　销	全国各地新华书店
排　版	南京新翰博图文制作有限公司
印　刷	启东市人民印刷有限公司
开　本	787mm×1 092mm　1/16
印　张	21.25
印　数	8 301—10 400
字　数	530 000
版　次	2018年7月第2版
印　次	2025年8月第4次印刷
书　号	ISBN 978-7-5608-7882-9
定　价	72.00元

本书若有印装质量问题，请向本社发行部调换　　版权所有　　侵权必究

再版前言

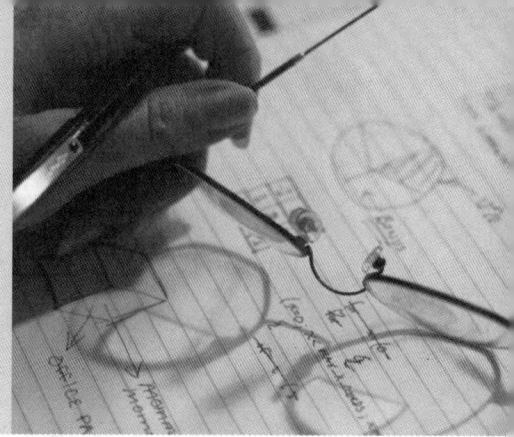

本书是为准备参加德福考试的人员编写的,其中的部分习题适合已经学完强化培训初级德语和德语基本语法的学员(如书中的 LV I 的习题),全书也可用于强化培训中、高级阶段的课堂教学或课外自习。

该书从 2012 年 8 月第一次出版至今已将近 6 年,总共印刷了 1 万多册,得到了广大读者的好评和中肯的建议。借该书再版的机会,我们对书中的部分习题做了修改,使之更加完善,并对书的版面作了一些调整,让读者在使用该书时更觉方便。

本书的最大特点是向读者提供了 42 个单元(Einheiten)的习题讲解。讲解以讲课的方式,逐题讲解了解题的全过程:题目与文章的对应关系;选择题中答案项为什么是正确的;干扰项错在哪里。在讲解过程中,本书还以"注意"的注释方式指出了干扰项的干扰类别,提醒学生在正式考试中要注意干扰项中的陷阱,以免"上当"。文章中与题目对应的语段都译成了汉语,读者可以借此正确地理解原文。为了帮助读者提高学习效率,每个习题都提供了答案,读者完成习题后可以先对照答案,然后挑选自己做错的题目仔细阅读有关的习题讲解,搞明白自己做错的原因。

为了帮助读者迅速扩大词汇量,每个单元都提供了词汇表,供读者做完习题后进一步对这些词汇加工熟记,使读者能够每完成一篇习题,在词汇学习上都有一个积累,逐步接近和达到德福考试对词汇量的要求。

再版后的这本书由 42 个单元和一套德福模拟题组成。每个习题后都提供了习题讲解、答案和生词表。习题的题型与德福阅读考试的 LV I,LV II 和 LV III 完全一致。文章题材与德福考试中经常出现的大学生日常生活、科研报道和篇幅为 600 词左右的短篇科研论文基本一致,涉及的领域包括德国概况、社会学、心理学、经济管理学,以及科技、教育、交通、环保等领域的社会问题。

  Einheit 1、3 和 5 分别介绍了德福 LV I、LV II 和 LV III 的做题方式,重点给读者讲解了如何读题和解题,如何在读题中划出题目中的关键词或提示词,如何在文章中找到与题目对应的语段或语句,如何确定答案等。根据我们多年的德福教学经验,考生在阅读部分的最大困难是 LV III 中区分 Nein 和 Text sagt dazu nichts,本书能帮助学生解决这一难题。Einheit 2、4 和 6 可以分别在三大题型介绍后自己独立完成,以检验和巩固解题技巧。

  我们虽然在编书过程中竭力追求正确、仔细,但是难免还可能会有一些认识上的不同。我们热忱欢迎读者对此书提出宝贵意见,并将在下一次再版时酌情修正。

编 者

2018 年 6 月

初版前言

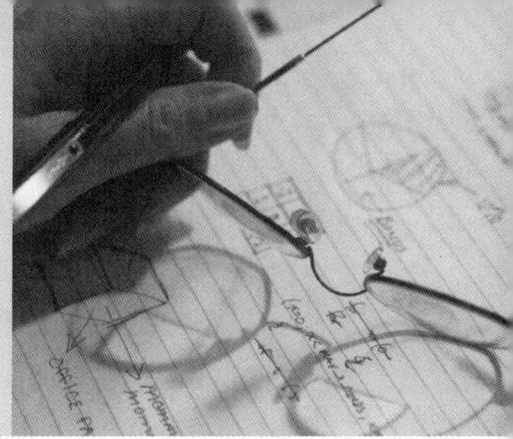

作为同济大学留德预备部新求精德福备考教程之一，本书是为准备参加德福考试的学员编写的，适合于已经学完强化培训初级德语或德语基本语法的学员使用，也可作为强化培训中级德语课堂补充或学员课外自学的阅读材料。

全书由习题、词汇表、习题讲解和答案组成。全部练习包括 42 个单元和一套德福模拟题。题型与德福阅读考试的 LV I, LV II 和 LV III 完全一致。文章题材与德福考试中经常出现的大学生日常生活、科研报道和篇幅为 600 词左右的短篇科研论文一致，内容涉及的领域包括德国概况、社会学、心理学、经济管理学以及科技、教育、交通、环保等各领域的社会问题。练习用的全部文章都选自 2009 年以后发表的报刊。

本书的 Einheit 1, Einheit 10 和 Einheit 12 分别是德福 LV I, LV II 和 LV III 的入门介绍（Einführung）。这 3 个 Einheiten 除了介绍德福三大题型外，重点给读者讲解了如何读题和解题，如何在读题中划出题目中的关键词或提示词，如何在文章中找到与题目对应的语段或语句，如何确定答案等。根据我们多年的德福教学经验，德福考生在阅读部分的最大困难是 LV III 中区分 Nein 和 Text sagt dazu nichts。本书帮助学生解决这一难题。

本书的最大特点是给读者提供了 42 个 Einheiten 的习题讲解。这一部分以老师给学生讲课的方式，一道题一道题地讲解了解题的整个过程：题目与文章的对应关系；选择题中答案项为什么是正确的；干扰项错在哪里。在讲解过程中本书还以"注意"的注释方式指出干扰项的错误类别，提醒学生在正式考试中要注意干扰项中的陷阱，以免"上当"。文章中与题目对应的语段都译成了汉语，读者可以借此正确地理解原文。为了帮助读者提高学习时间的效率，在本书的最后还提供了习题答案，读者做完习题后也可以先对照答案,然后挑选自己做错的题目仔细阅读习题讲解,搞明白自己犯错的原因。

　　为了帮助读者迅速扩大词汇量,达到德福考试对词汇量的要求,每个单元都提供了词汇表,供读者做完习题后进一步对这些词汇反复熟记,使读者能够每做一个练习,在词汇学习上都有一个进步,并逐步接近和达到德福对词汇量的要求。

　　我们虽然在编书过程中竭力追求正确、仔细,但是难免还可能会有一些认识上的不同和不足之处。我们热忱欢迎读者对此书提出宝贵意见,以便在再版时酌情修正。

编　者
2011 年 11 月

目 录

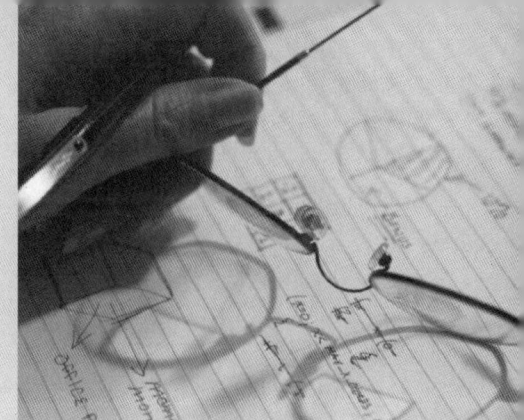

再版前言
初版前言

Einheit 1　Einführung in LV I ……… 8	答题步骤 ……… 45
答题步骤 ……… 10	LV III 答题方法总结 ……… 49
习题讲解 ……… 11	习题讲解 ……… 49
Lösungen ……… 14	Lösungen ……… 50
Vokabeln ……… 14	Vokabeln ……… 51
Einheit 2 ……… 16	Einheit 6 ……… 52
习题讲解 ……… 18	习题讲解 ……… 53
Lösungen ……… 21	Lösungen ……… 56
Vokabeln ……… 21	Vokabeln ……… 56
Einheit 3　Einführung in LV II ……… 23	Einheit 7 ……… 57
答题步骤 ……… 25	习题讲解 ……… 59
习题讲解 ……… 27	Lösungen ……… 64
Lösungen ……… 32	Vokabeln ……… 64
LV II 答题方法总结 ……… 32	Einheit 8 ……… 66
Vokabeln ……… 33	习题讲解 ……… 68
Einheit 4 ……… 34	Lösungen ……… 71
习题讲解 ……… 36	Vokabeln ……… 72
Lösungen ……… 42	Einheit 9 ……… 73
Vokabeln ……… 42	习题讲解 ……… 75
Einheit 5　Einführung in LV III ……… 44	Lösungen ……… 79
题型介绍 ……… 45	Vokabeln ……… 79

Einheit 10	81		Einheit 19	147
习题讲解	83		习题讲解	149
Lösungen	86		Lösungen	155
Vokabeln	86		Vokabeln	155
Einheit 11	88		Einheit 20	158
习题讲解	89		习题讲解	160
Lösungen	92		Lösungen	163
Vokabeln	92		Vokabeln	163
Einheit 12	93		Einheit 21	165
习题讲解	95		习题讲解	167
Lösungen	98		Lösungen	173
Vokabeln	98		Vokabeln	173
Einheit 13	100		Einheit 22	175
习题讲解	102		习题讲解	177
Lösungen	104		Lösungen	182
Vokabeln	105		Vokabeln	182
Einheit 14	106		Einheit 23	184
习题讲解	107		习题讲解	186
Lösungen	111		Lösungen	192
Vokabeln	111		Vokabeln	192
Einheit 15	112		Einheit 24	193
习题讲解	114		习题讲解	195
Lösungen	120		Lösungen	198
Vokabeln	120		Vokabeln	198
Einheit 16	122		Einheit 25	200
习题讲解	124		习题讲解	201
Lösungen	130		Lösungen	204
Vokabeln	130		Vokabeln	205
Einheit 17	133		Einheit 26	206
习题讲解	134		习题讲解	208
Lösungen	138		Lösungen	211
Vokabeln	138		Vokabeln	211
Einheit 18	140		Einheit 27	213
习题讲解	142		习题讲解	215
Lösungen	145		Lösungen	217
Vokabeln	145		Vokabeln	217

Einheit 28	219	习题讲解	278
习题讲解	221	Lösungen	281
Lösungen	223	Vokabeln	281
Vokabeln	224	Einheit 37	283
Einheit 29	225	习题讲解	285
习题讲解	227	Lösungen	287
Lösungen	232	Vokabeln	288
Vokabeln	232	Einheit 38	289
Einheit 30	234	习题讲解	290
习题讲解	236	Lösungen	293
Lösungen	238	Vokabeln	293
Vokabeln	239	Einheit 39	294
Einheit 31	240	习题讲解	296
习题讲解	242	Lösungen	301
Lösungen	244	Vokabeln	301
Vokabeln	245	Einheit 40	303
Einheit 32	246	习题讲解	305
习题讲解	248	Lösungen	310
Lösungen	252	Vokabeln	310
Vokabeln	252	Einheit 41	312
Einheit 33	254	习题讲解	314
习题讲解	256	Lösungen	320
Lösungen	260	Vokabeln	320
Vokabeln	260	Einheit 42	323
Einheit 34	262	习题讲解	325
习题讲解	263	Lösungen	327
Lösungen	266	Vokabeln	327
Vokabeln	266	**Modelltest**	329
Einheit 35	268	Lesetext 1　Aufgaben 1–10	329
习题讲解	270	Lesetext 2　Aufgaben 11–20	331
Lösungen	275	Lesetext 3　Aufgaben 21–30	333
Vokabeln	275	Vokabeln	336
Einheit 36	276	Lösungen	338

Einheit 1 — Einführung in LV I

Sie suchen für einige Bekannte ein passendes Lokal. Schreiben Sie den Buchstaben für das passende Angebot in das Kästchen rechts. Jedes Angebot kann nur einmal gewählt werden. Es gibt nicht für jede Person ein geeignetes Angebot. Gibt es für eine Person kein passendes Angebot, dann schreiben Sie den Buchstaben *I*.

Sie suchen ein Lokal für …

1.	… Freunde, die nicht nur im gemütlichen Ambiente essen möchten, sondern anschließend auch gern alle gemeinsam aktiv sind.	F 1
2.	… eine Freundin, die für ihre Hochzeit ein Lokal sucht.	2
3.	… ihren Bruder, der ein Familienfest organisieren möchte.	3
4.	… eine Tante, die flotte Musik liebt und sich gern dazu bewegt.	4
5.	… eine Freundin, die viel arbeitet und gern ihren Stress abbauen möchte.	5
6.	… einen Bekannten, der gerne im Gebirge mehrere Tage Fahrrad fährt und eine Übernachtungsmöglichkeit sucht.	I 6
7.	… einen Freund, der ein Hotel sucht, in dem er für seine Mitarbeiter eine Weiterbildung anbieten kann.	7
8.	… eine Bekannte, die ein Buch schreibt und sich gern zum Schreiben in ein ruhiges Hotel zurückziehen möchte.	8
9.	… einen Freund, der gern wandert und zwischendurch eine Mahlzeit zu sich nehmen möchte.	9
10.	… eine Freundin, die zum Essen gern Wein trinkt.	10

Lokale

A
Schnell erreichbar und doch mitten im Grünen. Gasthof Zeller ist eines der besten Tagungshotels der Frankfurter Region. Wir bieten perfekte Arbeitsbedingungen für Ihre Konferenzen, Schulungen und Seminare. Und wenn es einmal Nacht wird beim Tagen, finden Sie in unseren großzügigen Zimmern sowie in unseren beiden Restaurants die notwendige Ruhe und Entspannung.

E
Auf den nachfolgenden Seiten wollen wir Ihnen und Ihren Freunden unser Hobby „Woischaiän" (Weinscheune) -Mespelbrunn vorstellen. Genießen Sie in unserem romantischen Weinlokal in Mespelbrunn erlesene Köstlichkeiten aus Küche und Keller in gemütlicher Atmosphäre. Unsere Köche kreieren saisonale, regionale und internationale Gerichte, dazu genießen Sie einen edlen Tropfen aus unserem Weinkeller.

B
Berghotel Glockenberg
Unser Restaurant bietet Platz für bis zu 65 Personen und Sie haben einen einmaligen Blick auf die Harzer Berge. Möchten Sie Ihre Familienfeier bei uns ausrichten, können Sie sich gerne mit uns in Verbindung setzen. Wir beraten Sie mit unserem zahlreichen Dekorations-, Menü- und Büfettvorschlägen und sorgen dafür, dass die Feier zu einem unvergesslichen Ereignis wird.

C
Excelsior Hotel Ernst
Zentral gelegen, ganz in der Nähe des weltbekannten historischen Doms, birgt dieses Haus eine traumhafte Kulisse für Ihren bedeutungsvollen Tag. Seit 1863 werden hier die wundervollsten Feste inszeniert. Es wäre uns eine große Ehre, eine wichtige Station auf Ihrer Reise durch Ihr zukünftiges Leben zu werden und wir würden uns freuen, Ihnen ein individuelles Angebot erstellen zu dürfen.

D
Schlager, Fox- und Discomusik
Der *Alte Keller* gibt Ihnen die Möglichkeit, bei bester Tanzmusik einen schönen Abend zu verbringen. Liebenswerte Gäste in den unterschiedlichsten Altersstufen, die uns teilweise schon über 10 Jahre besuchen, ein aufmerksames und freundliches Personal und eine Musik, in der fast alle Stilrichtungen enthalten sind, sind der Garant für unseren Erfolg.

F
Restaurant Markgraf
Das gemütliche Kellerlokal mit der vielseitigen Küche. Ob als Kegelklub oder nur zum Vergnügen, für Ihren nächsten Kindergeburtstag oder Ihre Firmenfeier: Wir bieten Ihnen eine Doppelkegelbahn mit Platz für 16 Personen. Wir legen großen Wert auf die regelmäßige professionelle Pflege der Bahnen, um Ihnen so jederzeit einen einwandfreien technischen Standard bieten zu können.

G
Ein nettes Waldlokal
Um dahin zu gelangen, muss man einen längeren Fußweg in Kauf nehmen. Dafür wird man mit einer Berghütten-Romantik belohnt. Die Preise sind moderat und die Küche gut. Ich bin gerne dort im Winter, wenn alles eingeschneit ist, aber auch im Sommer, wenn man im Schatten sitzen kann. Ich empfehle Ihnen Entenbraten auf Bayerisch mit Blaukraut und Knödel, ein Traum..., besonders nach einem langen Ausflug.

H
Wohlfühlhotel in Bad Malente
Das Hotel mit Landhaus-Ambiente liegt direkt am Ufer des Dieksees in Bad Malente in der „Holsteinischen Schweiz". Relaxen im Sauna- und Schwimmbadbereich, Rücken-, Kopf- oder Schultermassage genießen und es sich richtig gut gehen lassen in Bad Malente, inklusive Halbpension. Nehmen Sie sich eine Auszeit und genießen Sie einen unvergesslichen Wohlfühlurlaub mit Entspannung pur.

答题步骤

第1步：阅读标题

在标题 "Sie suchen ein Lokal für ..." 中，Lokal 是关键词，据此我们可以知道8篇短文都是介绍 Lokal 的。

第2步：阅读题目

1）划出关键词

什么是关键词？

回答这个问题之前，先要搞明白题目与文章之间的关系。它们就是"求"与"供"的关系，题目中经常用愿望、兴趣、需求或困难来描述题目中的"求"。从句子成分来看，关键词往往由下列形式构成。

1. 动宾词组：动词+各类宾语（第四格宾语，第三格宾语或介词宾语等），比如第3题中的 ein Familienfest organisieren。

2. 系表词组：系动词+各类表语（名词表语，形容词表语或介词词组表语等），比如第1题中的 aktiv sein。

3. 不及物动词+必要成分：比如第6题中的 Fahrrad fahren，第8题中的 in ein ruhiges Hotel zurückziehen。

4. 目的状语：比如第2题中的 für ihre Hochzeit。

按照上述方式，我们可以在10个题目中划出如下表达"求"的关键词。

1. ... Freunde, die nicht nur <u>im gemütlichen Ambiente essen</u> möchten, sondern anschließend auch gern alle <u>gemeinsam aktiv sind</u>.
2. ... eine Freundin, die <u>für ihre Hochzeit</u> ein Lokal sucht.
3. ... ihren Bruder, der <u>ein Familienfest organisieren</u> möchte.
4. ... eine Tante, die <u>flotte Musik liebt</u> und <u>sich gern dazu bewegt</u>.
5. ... eine Freundin, die viel arbeitet und gern <u>ihren Stress abbauen</u> möchte.
6. ... einen Bekannten, der gerne <u>im Gebirge</u> mehrere Tage <u>Fahrrad fährt</u> und <u>eine Übernachtungsmöglichkeit sucht</u>.
7. ... einen Freund, der ein Hotel sucht, in dem er <u>für seine Mitarbeiter eine Weiterbildung anbieten</u> kann.
8. ... eine Bekannte, die ein Buch schreibt und sich gern <u>zum Schreiben in ein ruhiges Hotel zurückziehen</u> möchte.
9. ... einen Freund, der gern <u>wandert</u> und zwischendurch <u>eine Mahlzeit zu sich nehmen</u> möchte.
10. ... eine Freundin, die <u>zum Essen gern Wein trinkt</u>.

2）给题目分组

为了提高解题准确率和解题速度，在读题的同时可以给题目分组，比如第2和第3题，因为 Hochzeit 和 Familienfest 都属于家庭节日，可以归为一组。

第5、第6和第9题，因为 ihren Stress abbauen，Fahrrad fahren 和 wandern 都具有消除疲惫的作用，也可以划为一组。

第 3 步：阅读短文，划出关键词（以短文 A 为例）

什么是短文中的关键词？

短文中描写"供"（在本题中就是描写 Lokal）的词语，比如本题中描写"Lokal"的时间、地点、内容、目的、作用、好处的词语都可以视作关键词。比如短文 A（1）Schnell erreichbar und（2）doch mitten im Grünen. Gasthof Zeller ist eines der besten（3）Tagungshotels der Frankfurter Region. Wir bieten（4）perfekte Arbeitsbedingungen für Ihre Konferenzen, Schulungen und Seminare. Und wenn es einmal Nacht wird beim Tagen, finden Sie in unseren（5）großzügigen Zimmern sowie in unseren beiden Restaurants die notwendige Ruhe und Entspannung.

（1）快速到达，（2）绿地中央，（3）举行会议，（4）开会、培训、讨论会，（5）宽大的房间，两个饭馆，得到宁静和放松。

第 4 步：确定答案

在所有划出的 5 条关键词中，真正与题目对应的只有一部分。在这篇短文中第 4 条关键词对应第 7 题；第 5 条关键词则对应第 5 题。

但是德福的解题原则是：**一篇短文只能配给一个题目**，所以我们必须在第 5 和第 7 题中确定一个更合适的。

确定答案的方法是：第一，如果我们在做其他题目时发现另有一篇短文对应它们中的一题，那么我们就可以借此确定这两题的答案。

第二，如果其中一题是没有对应短文的，也就是说他的答案是 I，那么我们必须在这两题中选择一个**更合适**的作为答案，原则是：**短文能满足题目的"特殊"要求**。在这两题中第 5 题的要求很普通，只要求消除疲惫，短文中与之相对应的是第 5 个关键词，意思是在酒店里有房间和饭馆提供给客人静静休息和放松身心（注：酒店里有房间和饭馆是最普通、最基本的条件）。第 7 题的要求很特殊：要求能举办培训，短文中 4 条关键词恰恰指出了饭店的这个特殊功能。所以第 7 题比第 5 题更合适。

在这里要指出的是，短文的最后一句正是出题者为提高解题难度而设的"陷阱"。所以在解题中我们必须谨慎、仔细，以免掉入陷阱。

练习：请按上述 4 个步骤独立完成 2～10 题。（练习完成后再参阅习题讲解）

习题讲解

B   Berghotel Glockenberg

Unser Restaurant bietet（1）Platz für bis zu 65 Personen und Sie haben einen einmaligen（2）Blick auf die Harzer Berge. Möchten Sie Ihre（3）Familienfeier bei uns ausrichten, können Sie sich gerne mit uns in Verbindung setzen. Wir beraten Sie mit unserem zahlreichen（4）Dekorations-, Menü- und Büfettvorschlägen und sorgen dafür, dass die Feier zu einem unvergesslichen Ereignis wird.

关键词的翻译或解释：

（1）最多容纳 65 人，（2）能看到哈茨山，（3）可举行家庭庆典，（4）提供场所布置、套餐以及自助餐的咨询。

阅读训练

确定答案：

根据第 3 条关键词可以确定：在包括第 2 和第 3 题在内的这个组别里面，因为对应第 2 题还有另一篇更合适的短文，所以确定 B 为第 3 题的答案。

C   Excelsior Hotel Ernst

（1）<u>Zentral gelegen, ganz in der Nähe des weltbekannten historischen Doms</u>, birgt dieses Haus（2）<u>eine traumhafte Kulisse für Ihren bedeutungsvollen Tag</u>. Seit 1863 werden hier die wundervollsten（3）<u>Feste inszeniert</u>. Es wäre uns eine große Ehre, eine wichtige Station auf Ihrer Reise durch Ihr zukünftiges Leben zu werden und wir würden uns freuen, Ihnen（4）<u>ein individuelles Angebot erstellen</u> zu dürfen.

关键词的翻译或解释：

（1）位于市中心，在世界著名的老教堂附近，（2）为您重要的日子提供一个梦幻般的舞台背景，（3）举行节日庆典，（4）个性化的服务。

确定答案：

根据第 1 条关键词饭店的地点在教堂附近和第 3 条关键词饭店能举行庆典活动，确定 C 为第 2 题的答案，因为西方婚礼包括在教堂里的活动。

D   （1）<u>Schlager, Fox- und Discomusik</u>

Der Alte Keller gibt Ihnen die Möglichkeit,（2）<u>bei bester Tanzmusik einen schönen Abend zu verbringen</u>. Liebenswerte Gäste in den unterschiedlichsten Altersstufen, die uns teilweise schon über 10 Jahre besuchen，ein aufmerksames und freundliches Personal und（3）<u>eine Musik, in der fast alle Stilrichtungen enthalten sind</u>, sind der Garant für unseren Erfolg.

关键词的翻译或解释：

（1）流行乐，福克斯及迪斯科音乐，（2）在最美的舞蹈音乐中度过一个最愉快的夜晚，（3）包括几乎所有风格的音乐。

确定答案：

这 3 条关键词都符合第 4 题关于喜欢音乐又爱随之舞动的要求。

E   Auf den nachfolgenden Seiten wollen wir Ihnen und Ihren Freunden unser Hobby „Woischaiän"（1）（<u>Weinscheune</u>）- Mespelbrunn vorstellen. Genießen Sie in unserem romantischen Weinlokal in Mespelbrunn（2）<u>erlesene Köstlichkeiten aus Küche und Keller</u> in gemütlicher Atmosphäre. Unsere Köche kreieren（3）<u>saisonale, regionale und internationale Gerichte</u>, dazu genießen Sie einen（4）<u>edlen Tropfen aus unserem Weinkeller</u>.

关键词的翻译或解释：

（1）葡萄酒饭馆，（2）美酒佳肴，（3）季节性的、地区性的和国际性的菜肴，（4）出自我们地窖的葡萄酒。

确定答案：

第 1、第 2 和第 4 条关键词都和葡萄酒有关，符合第 10 题喜欢喝葡萄酒的愿望。

F   Restaurant Markgraf

Das gemütliche Kellerlokal mit der (1) vielseitigen Küche. Ob (2) als Kegelclub oder nur zum Vergnügen, (3) für Ihren nächsten Kindergeburtstag oder Ihre Firmenfeier: Wir bieten Ihnen eine (4) Doppelkegelbahn mit Platz für 16 Personen. Wir legen großen Wert auf die regelmäßige professionelle Pflege der Bahnen, um Ihnen so jederzeit einen einwandfreien technischen Standard bieten zu können.

关键词的翻译或解释：

(1) 多种类别的菜系，(2) 既可作为保龄球俱乐部，又可作为普通娱乐场所，(3) 举行孩子的生日或公司的庆典，(4) 供 16 人玩的双轨保龄球道。

确定答案：

根据第 1、第 2 和第 4 条关键词，在这个酒店既能聚餐大家又能一起玩保龄球，正好符合第 1 题的要求，所以 F 是第 1 题的答案。

G   (1) Ein nettes Waldlokal

Um dahin zu gelangen, muss man (2) einen längeren Fußweg in Kauf nehmen. Dafür wird man mit einer (3) Berghütten-Romantik belohnt.

Die Preise sind moderat und die Küche gut. Ich bin gerne dort (4) im Winter, wenn alles eingeschneit ist, aber auch (5) im Sommer, wenn man im Schatten sitzen kann. Ich empfehle Ihnen (6) Entenbraten auf Bayerisch mit Blaukraut und Knödel, ein Traum … besonders nach einem langen Ausflug.

关键词的翻译或解释：

(1) 森林饭馆，(2) 必须走一段较长的路，(3) 山间木屋（饭馆），(4) 冬季一片雪景，(5) 夏季树叶遮日，(6) 提供巴伐利亚菜系的鸭排配酸菜和土豆泥团。

确定答案：

第 2 和 6 条关键词告诉我们，去这个酒店要步行很长一段路，酒店提供鸭排，符合第 9 题徒步旅行然后吃点东西的要求，所以 G 是第 9 题的答案。

H   Wohlfühlhotel in Bad Malente

Das Hotel mit Landhaus-Ambiente (1) liegt direkt am Ufer des Dieksees in Bad Malente in der „Holsteinischen Schweiz". (2) Relaxen im Sauna- und Schwimmbadbereich, Rücken-, Kopf- oder Schultermassage genießen und es sich richtig gut gehen lassen in Bad Malente, inklusive (3) Halbpension. Nehmen Sie sich eine Auszeit und genießen Sie einen unvergesslichen (4) Wohlfühlurlaub mit Entspannung pur.

关键词的翻译或解释：

(1) 位于 Dieksee 湖畔，(2) 可以享受桑拿或游泳，享受背脊、头部和肩胛的按摩，(3) 提供早餐，(4) 享受一个放松身心的舒适假期。

确定答案：

第 2 条关键词告诉我们，这个酒店里有许多放松身心的活动，符合第 5 题消除疲惫的需求，所以 H 是第 5 题的答案。

注意：短文 H 的第 1 句中有 Ambiente 这个词，第一道题目也用了这个词，但 H 绝对不是第一题的答案，第一题中的 im gemütlichen Ambiente 是介词词组状语，修饰 essen，意思是在舒适的氛围中吃饭，短文里 mit Landhaus-Ambiente 并不是描写吃饭的环境，而是 Hotel 的定语，意思是具有农家氛围的旅馆。所以解题时绝对不能仅仅根据相同词语来确定答案，因为这往往是陷阱。而是必须把它放到上下文中去理解，尤其是要分析它和整个句子核心（谓语动词）或此词组核心的关系。

Lösungen

1 F, 2 C, 3 B, 4 D, 5 H, 6 I, 7 A, 8 I, 9 G, 10 E

Vokabeln

das	Tagungshotel -s	能举行会议的酒店
die	Schulung -en	教育,培训
das	Tagen nur Sg.	开会
	tagen Vi.	开会
	einmalig Adj.	一次性的,无与伦比的
	aus/richten Vt.	举行,举办
	sich mit j-m. in Verbindung setzen	与某人取得联系
	für j-n. / etw. sorgen	负责,安排
das	Ereignis -se	事件,经历
	bergen Vt.	含有,藏有
	traumhaft Adj.	梦幻的,绝妙的
die	Kulisse -n	舞台背景
	inszenieren Vt.	搬上舞台,举行
	erstellen Vt.	起草,制订
	j-m. ein individuelles Angebot erstellen	给某人提供一个个性化的服务
	liebenswert Adj.	值得爱的,可爱的
die	Altersstufe -n	年龄段
das	Personal	全体员工
die	Stilrichtung -en	款式风格,流派
	enthalten Partizip Perfekt	包含的
der	Garant -en	保证(人),担保(人)
die	Weinscheune -n	葡萄酒仓库
das	Weinlokal	葡萄酒吧
	erlesen Adj.	精选的,上等的
die	Köstlichkeit -en	美食,美味
	kreieren Vt.	创作,设计

	saisonal *Adj.*	季节性的
das	Vergnügen -	娱乐，消遣
die	Doppelkegelbahn	双轨保龄球道
	großen Wert auf etw. (A.) legen	非常重视某事
	regelmäßig *Adj.*	定期的，有规律的
	einwandfrei *Adj.*	无瑕疵的
	gelangen *Vi.* (s)	到达，达到
	etw. (A.) in Kauf nehmen	容忍某事，以某事为代价
die	Berghütte -n	山间小屋
	belohnen *Vt.*	给……作为酬报，回报
	moderat *Adj.*	适度的，适当的
	eingeschneit *Adj.*	被雪封闭，被雪覆盖住
das	Ambiente nur Sg.	周围环境，氛围
das	Relaxen	放松
die	Halbpension	（供应早晚两餐的）寄宿公寓
	sich (D.) eine Auszeit nehmen	休息一下
	pur *Adj.*	纯粹的

阅读训练

Einheit 2

Sie suchen für einige Bekannte ein passendes Sportangebot. Schreiben Sie den Buchstaben für das passende Angebot in das Kästchen rechts. Jedes Angebot kann nur einmal gewählt werden. Es gibt nicht für jede Person ein geeignetes Angebot. Gibt es für eine Person kein passendes Angebot, dann schreiben Sie den Buchstaben *I*.

Sie suchen ein Sportangebot für ...

1 ... einen Kollegen, der Ausdauersportler ist und joggt.
2 ... eine Bekannte, die gern tanzt und soziale Kontakte pflegt.
3 ... eine Freundin, die lange keinen Sport gemacht hat und nun mit Yoga beginnen möchte.
4 ... einen Bekannten, der Bergsteiger ist.
5 ... die Tochter einer Bekannten, die gern mit Tieren zusammen ist.
6 ... für eine Freundin, die mit Schwimmen abnehmen möchte.
7 ... für einen Bekannten, der gern mit seinen Freunden gemeinsam eine Ballspielart erlernen möchte.
8 ... für eine Freundin, die mit Musik Geschichten erzählen möchte.
9 ... für eine ältere Freundin, die nicht mehr sehr fit ist, und gern mit ihrem Ehepartner zusammen Golf spielen möchte.
10 ... für einen Bekannten, der nicht gern Federball spielt, weil es ein vom Wetter abhängiges Freizeitspiel ist und keine feste Regeln hat.

Sportangebote

A	E
Willkommen bei der sg neunkirchen am brand. „Fit und gesund durch Ausdauersport!" Dies ist das Motto der Sportgruppe Neunkirchen. Sie ist ein Sportverein für den Ausdauersport. Es werden die Sportarten Laufen, Rennradfahren und Mountainbiken ausgeübt. Die aktive Beteiligung bei der sg neunkirchen ist	Es macht Spaß und wird von Ärzten als Ausgleichssport empfohlen; wer sich nach Musik bewegt, stärkt Körpergefühl und Selbstwahrnehmung. Der Gleichgewichtssinn wird gefördert, es ist ein optimales Gehirnjogging, das Koordination, Kreativität und Musikalität schult. Experten sind sich daher einig, dass durch diese Sportart

geeignet für Frauen und Männer, Alt und Jung, für Anfänger und Fortgeschrittene, für Radfans und Läufer. Denn Gesundheit und Fitness ist für jeden wichtig und beides erlangt man durch Ausdauersport!	auch Stress leichter abgebaut werden kann. Darüber hinaus pflegt man auch gesellschaftlichen Kontakt.
B Energie tanken, beweglich und stark werden. Lernen Sie Ihren Körper in unseren Kursen neu kennen! Die Bewegungsabläufe können wesentlich dazu beitragen, das Wohlbefinden zu steigern, die Atem- und Entspannungsübungen sind auch für Menschen mit wenig Körpererfahrung und wenig Kondition geeignet – viele Frauen wissen dies zu schätzen.	F Diese beliebte Sportart ist Abenteuer und Erlebnis zugleich. In frischer Luft den Gipfel erstürmen und die Aussicht genießen. Diese Ausdauersportart erfordert viel Training. Man sollte nebenbei regelmäßig schwimmen, laufen und Fahrrad fahren, damit die Muskulatur stark und gut trainiert ist. Besonders die Beinmuskulatur muss gut trainiert sein.
C Fast schwerelos durch das kalte Nass gleiten und entspannen: Diese Sportart macht nicht nur Spaß und hält fit, es schont auch unsere Gelenke. Daher ist diese Sportart für jedermann geeignet – vom Baby bis zum Senior. Zugegeben: Es ist etwas aufwendiger, als die Sportschuhe zu schnüren und einfach loszulaufen. Aber es lohnt sich! Wer sie regelmäßig und mit der richtigen Technik ausübt, hat viele Vorteile: Besonders wenn sich bereits einige Kilos zu viel auf die Hüften geschlichen haben, ist sie empfehlenswert.	G Ein Sport für jedermann und für die ganze Familie. Wir bieten ein Angebot für alle, die Freude am Mannschaftssport und am sportlichen Gemeinschaftserlebnis haben. Auch Anfänger sind willkommen. Jeder wird sich schnell die Regeln des Spiels merken können. Für Neueinsteiger haben wir die drei Freizeittermine. Die Anfängergruppe richtet sich an alle, die bislang mit diesem Ballspiel wenig zu tun hatten. Hier ist Nachfragen nicht nur erlaubt, sondern ausdrücklich erwünscht.
D Diese Sportart stellt hohe Ansprüche an Reflexe, Schnelligkeit und Kondition und erfordert weiterhin für ein gutes Spiel Konzentrationsfähigkeit und taktisches Geschick. Um diese Sportart zu betreiben, muss man körperlich sehr fit sein. Sie ist eine Wettkampfsportart und wird nach festen Regeln gespielt. Da sie eine Hallensportart ist, kann sie unabhängig vom Wetter betrieben werden.	H Diese Sportart erfreut sich in den letzten Jahren großer Beliebtheit und sorgt bei Jung und Alt für Begeisterung und Entspannung. Früher galt er als Sport der Schönen und Reichen, doch heute haben sogar schon Ehepaare diesen Sport für sich entdeckt. Man überanstrengt sich nicht und selbst Menschen mit gesundheitlichen Risiken, wie Übergewicht oder Bluthochdruck finden in diesem Sport einen sinnvollen Ausgleich.

习题讲解

一、题目中的关键词

1 ... einen Kollegen, der Ausdauersportler ist und joggt.
2 ... eine Bekannte, die gern tanzt und soziale Kontakte pflegt.
3 ... eine Freundin, die lange keinen Sport gemacht hat und nun mit Yoga beginnen möchte.
4 ... einen Bekannten, der Bergsteiger ist.
5 ... die Tochter einer Bekannten, die gern mit Tieren zusammen ist.
6 ... für eine Freundin, die mit Schwimmen abnehmen möchte.
7 ... für einen Bekannten, der gern mit seinen Freunden gemeinsam eine Ballspielart erlernen möchte.
8 ... für eine Freundin, die mit Musik Geschichten erzählen möchte.
9 ... für eine ältere Freundin, die nicht mehr sehr fit ist, und gern mit ihrem Ehepartner zusammen Golf spielen möchte.
10 ... für einen Bekannten, der nicht gern Federball spielt, weil es ein vom Wetter abhängiges Freizeitspiel ist und keine feste Regeln hat.

二、短文

A 关键词

Willkommen bei der sg neunkirchen am brand. „Fit und gesund durch (1) Ausdauersport!" Dies ist das Motto der Sportgruppe Neunkirchen. Sie ist ein Sportverein für den Ausdauersport. Es werden die Sportarten (2) Laufen, Rennradfahren und Mountainbiken ausgeübt. Die aktive Beteiligung bei der sg neunkirchen ist (3) geeignet für Frauen und Männer, Alt und Jung, für Anfänger und Fortgeschrittene, für Radfans und Läufer. Denn Gesundheit und Fitness ist für jeden wichtig und beides erlangt man durch Ausdauersport!

翻译或解释：
(1)耐力运动,(2)训练长跑、自行车赛、山地自行车赛,(3)对于男女老少都适宜。

确定答案：
第1和第2条关键词中的 Ausdauersport 和 Laufen 符合第1题耐力运动员练习长跑的需求。

B 关键词

(1) Energie tanken, beweglich und stark werden. (2) Lernen Sie Ihren Körper in unseren Kursen neu kennen! Die Bewegungsabläufe können wesentlich dazu beitragen, (3) das Wohlbefinden zu steigern, (4) die Atem- und Entspannungsübungen sind auch (5) für Menschen mit wenig Körpererfahrung und wenig Kondition geeignet – (6) viele Frauen wissen dies zu schätzen.

关键词的翻译或解释：
(1)增添能量,炼得更灵活更强壮;(2)重新认识自己的身体;(3)提高身体的舒适感;

(4)呼吸练习和放松练习;(5)对自己的身体缺乏了解的或身体条件不够好的人也合适;(6)许多女士看重这一点(可以理解为:许多女士参加这项活动)。

确定答案:

第3、第4以及第6条关键词都符合对第3题中提到的Yoga(瑜伽)的描写,第2和第5条则对应于第3题中的 lange keinen Sport gemacht hat,与其他9题的要求都不相符,所以它是第3题的答案。

C　　关键词

Fast (1) schwerelos durch das kalte Nass gleiten und entspannen: diese Sportart macht nicht nur Spaß und hält fit, es (2) schont auch unsere Gelenke. Daher ist diese Sportart für jedermann geeignet – (3) vom Baby bis zum Senioren. Zugegeben: es ist etwas aufwändiger als die Sportschuhe zu schnüren und einfach loszulaufen. Aber es lohnt sich! Wer sie regelmäßig und mit der richtigen Technik ausübt, hat (4) viele Vorteile: Besonders wenn sich bereits einige Kilos zu viel auf die Hüften geschlichen haben, ist sie empfehlenswert.

关键词的翻译或解释:

(1)没有重力感地在水中滑行;(2)保养关节;(3)老少咸宜;(4)对于臀部上长了太多肉的人有好处。

确定答案:

第1条关键词是对游泳运动的描写,第4条关键词间接地表达了游泳能减肥的作用,符合第6题通过游泳减肥的需求。

D　　关键词

Diese Sportart stellt (1) hohe Ansprüche an Reflexe, Schnelligkeit und Kondition und (2) erfordert weiterhin für ein gutes Spiel Konzentrationsfähigkeit und taktisches Geschick. Um diese Sportart zu betreiben, muss man (3) körperlich sehr fit sein. Sie ist (4) eine Wettkampfsportart und wird (5) nach festen Regeln gespielt. Da sie (6) eine Hallensportart ist, kann sie unabhängig vom Wetter betrieben werden.

关键词的翻译或解释:

(1)对反应、速度和身体条件有很高的要求;(2)要求集中注意力和战术技能;(3)身体要强健;(4)比赛型运动项目;(5)有严格的比赛规则;(6)室内运动项目;不受天气变化的影响。

确定答案:

第5和第6条关键词符合第10题不依赖天气并且有严格规则的体育项目的要求。

E　　关键词

Es macht Spaß und wird von Ärzten als (1) Ausgleichssport empfohlen; wer (2) sich nach Musik bewegt, stärkt Körpergefühl und Selbstwahrnehmung. (3) Der Gleichgewichtssinn wird gefördert, es ist (4) ein optimales Gehirnjogging, das Koordination,

阅读训练

Krea-tivität und Musikalität schult. Experten sind sich daher einig, dass durch diese Sportart auch（5）Stress leichter abgebaut werden kann. Darüber hinaus（6）pflegt man auch gesellschaftlichen Kontakt.

关键词的翻译或解释：
（1）平衡运动；（2）随着音乐舞动；（3）促进平衡感；（4）是训练协调、创造和乐感能力的大脑运动；（5）较容易消除疲惫；（6）能增进社会交往。

确定答案：
第2和6条关键词符合第2题跳舞并增进社会交往的需求。

F　关键词

Diese beliebte Sportart ist（1）Abenteuer und Erlebnis zugleich.（2）In frischer Luft den Gipfel erstürmen und die Aussicht genießen. Diese Ausdauersportart（3）erfordert viel Training. Man sollte（4）nebenbei regelmäßig schwimmen, laufen und Fahrrad fahren, damit die Muskulatur stark und gut trainiert ist. Besonders die Beinmuskulatur muss gut trainiert sein.

关键词的翻译或解释：
（1）既是一种冒险又是一种经历；（2）登上山峰并享受美景；（3）需要许多训练；（4）要游泳、长跑和骑车来好好训练肌肉，特别是腿部肌肉。

确定答案：
第2条关键词符合第4题登山运动员的需求。

注意： 第1题中有Ausdauersportler，短文F中有Ausdauersportart，为什么它不是第1题的答案呢？因为第一题中这个耐力运动员喜欢的是耐力运动中的joggen（长跑），而短文F中的Ausdauersportart指的是在上文中提到的登山，短文F在下文中也提到了laufen，但这仅仅是为登山运动锻炼肌肉的需要。同理，短文中虽然出现了schwimmen，但它也不是第6题的答案。

G　关键词

（1）Ein Sport für jedermann und für die ganze Familie. Wir bieten ein Angebot für alle, die Freude am（2）Mannschaftssport und am（3）sportlichen Gemeinschaftserlebnis haben. Auch Anfänger sind willkommen. Jeder wird（4）sich schnell die Regeln des Spiels merken können. Für Neueinsteigern haben wir die（5）drei Freizeittermine. Die Anfängergruppe richtet sich an alle, die bislang mit diesem（6）Ballspiel wenig zu tun hatten. Hier ist Nachfragen nicht nur erlaubt, sondern ausdrücklich erwünscht.

关键词的翻译或解释：
（1）个人和家庭的运动；（2）团队运动；（3）体育团组活动经历；（4）人人能快速记住运动规则；（5）给新手提供3个活动时间；（6）球类运动。

确定答案：
第1、2和6条关键词符合第7题与朋友们一起学打（踢）球的需求。

注意： 第10题中有Regeln，短文G中也有这个词，为什么它不是第10题的答案呢？因为第10题中的另一个要求，也就是不依赖天气，短文没有满足。

H 关键词

Diese Sportart erfreut sich in den letzten Jahren großer Beliebtheit und (1) <u>sorgt bei Jung und Alt für Begeisterung und Entspannung</u>. (2) <u>Früher galt er als Sport der Schönen und Reichen</u>, doch (3) <u>heute haben sogar schon Ehepaare diesen Sport für sich entdeckt</u>. Man (4) <u>überanstrengt sich nicht</u> und selbst (5) <u>Menschen mit gesundheitlichen Risiken, wie Übergewicht oder Bluthochdruck finden</u> in diesem Sport einen sinnvollen Ausgleich.

关键词的翻译或解释：

(1) 给老老少少带来快乐和身心放松；(2) 以前被视作俊男靓女或富人的运动；(3) 今天夫妻们双双对对地喜爱上这项运动；(4) 不会使人过度疲劳；(5) 有健康问题的，比如过度肥胖或高血压的人也能得到平衡。

确定答案：

第1和2条关键词可以视作对高尔夫的描写，4和5的描写符合年老体弱者从事运动的需求，它们与第3条合在一起符合第9题那位虽然不再强健但想与配偶共同玩高尔夫的人的需求。

Lösungen

1 A, 2 E, 3 B, 4 F, 5 I, 6 C, 7 G, 8 I, 9 H, 10 D

Vokabeln

der	Ausdauersport　nur Sg.	耐力运动
das	Motto　-s	格言，座右铭
das	Rennradfahren　nur Sg.	自行车赛车
	aus/üben　*Vt.*	从事
	für j-n. / etw. (A.) geeignet sein	适合……
r/e	Fortgeschrittene　*dekl. wie Adj.*	有基础者，较高等级者
	erlangen　*Vt.*	获得，达到
	tanken　*Vt.*	加装（油等）
die	Bewegungsablauf　..e	运动过程
	zu etw. (D.) beitragen	为……做贡献
das	Wohlbefinden　nur Sg.	健康，舒适
	schätzen　*Vt.*	重视，赏识
	schwerelos　*Adj.*	失重的，无重力的
das	Nass　nur Sg.	（可供游泳的）水，（雨）水
	gleiten　*Vi.*	滑行，滑翔
der	Senior　-en	老人
	zu/geben　*Vt.*	承认，供认
	aufwändig　*Adj.*	成本高的
	schnüren　*Vt.*	系紧，捆扎

die	Hüfte -n	臀部
	sich schleichen	潜入,偷偷地走
	empfehlenswert *Adj.*	值得推荐的
	hohe Ansprüche an jn. (A.) stellen	向某人提出高要求
	erfordern *Vt.*	要求
das	Geschick -e	灵巧,技巧
	betreiben *Vt.*	从事
die	Selbstwahrnehmung nur Sg.	自我感
der	Gleichgewichtssinn nur Sg.	平衡感
	fördern *Vt.*	促进,推动
	optimal *Adj.*	最佳的,最理想的
die	Koordination	协调
die	Musikalität nur Sg.	乐感
	sich (D.) einig sein	意见统一的
	gesellschaftlichen Kontakt pflegen	维护社交
	Stress ab/bauen	减轻压力
	darüber hinaus	除此以外
das	Abenteuer -	冒险,惊险活动
	erstürmen *Vt.*	(快速)攀登
die	Muskulatur -en	肌肉群
	sich (D.) etw. (A.) merken	记住某事
der	Neueinsteiger -	新手
	sich (A.) an j-n. richten	针对某人
das	Nachfragen	打听
	ausdrücklich *Adj.*	明确的
	erwünscht *Adj.*	受欢迎的,希望的
	sich erfreuen + G.	享有,拥有
	als ... gelten	被视为……
	sich überanstrengen	过劳
der	Ausgleich -e	平衡

Einheit 3 Einführung in LV II

Lesen Sie den Text und lösen Sie die Aufgaben.

Essen, trinken, glücklich sein?
Mit Fast Food und Softdrinks werden Kinder zwar dicker, sie sind aber auch zufriedener. Eine Untersuchung von Professor Hung-Hao Chang von der National Taiwan University und Professor Rodolfo Nayga von der University of Arkansas in den Vereinigten Staaten hat gezeigt, dass Ernährungsprogramme zur Reduzierung von ungesunden Nahrungsmitteln und Getränken eher von Erfolg gekrönt sind, wenn sie gleichzeitig darauf abzielen, die Kinder auf andere Weise glücklich zu machen.

Übergewicht bei Kindern ist weltweit ein großes Gesundheitsproblem. Dass ungesunde Ernährungsgewohnheiten zumindest teilweise für die Zunahme der Gewichtsprobleme bei Kindern verantwortlich sind, ist unumstritten. Wenig weiß man jedoch über den Zusammenhang zwischen dem Genuss von Fast Food und Softdrinks und der Zufriedenheit der Kinder, genau dies haben Chang und Nayga jetzt erstmalig unter die Lupe genommen.

Basierend auf Daten der National Health Interview Survey in Taiwan, einer im Jahr 2001 in ganz Taiwan durchgeführten Untersuchung, wurden der Konsum von Fast Food und Softdrinks, das Körpergewicht und der Grad der Zufriedenheit bei Kindern erfasst. In der Studie wurden die Angaben von 2366 Kindern im Alter zwischen 2 und 12 Jahren ausgewertet.

Ein Viertel der in der Untersuchung befragten Kinder waren übergewichtig oder fettleibig und etwa 19 Prozent gaben an, sich gelegentlich oder häufig unglücklich, traurig oder deprimiert zu fühlen. Ein ganz wesentliches Ergebnis der Studie war, dass Kinder, die sich von Fast Food und Softdrinks ernährten, zwar häufiger übergewichtig, aber auch seltener unglücklich waren. In ihrer Analyse nannten die Autoren eine Reihe von Faktoren, die Körpergewicht, Essgewohnheiten und Zufriedenheit der Kinder beeinflussen, u. a. die Tatsachen, dass die ungesunde Ernährungsweise einer Mutter von dem Kind übernommen wird, und dass Kinder, die sich überwiegend von Fast Food ernähren, auch gerne Softdrinks konsumieren und Kinder aus einkommensschwachen Familien häufiger ungesunde Ernährungsgewohnheiten hatten und damit auch an Übergewicht litten.

Die Autoren: „Die Ergebnisse unserer Untersuchung zeigen, dass es einen deutlichen Zusammenhang gibt zwischen dem Genuss von Fast Food und Softdrinks sowie dem objektiven (Übergewicht) und dem subjektiven (Unzufriedenheit) Wohlergehen von Kindern. Maßnahmen und Programme, die eine Verbesserung der gesundheitlichen Situation von Kindern anstreben, sollten dies in Betracht ziehen, um eine Reduzierung von Gewichtsproblemen bei Kindern zu erreichen, ohne dass dies auf Kosten ihrer Zufriedenheit geht."

Http://ww w. fachzeitungen . de/pressemeldungen/essen-trinken-glucklich-sein-*10953*/#more-*953*

阅 读 训 练

Markieren Sie die richtige Antwort (A, B oder C).

1. **Kinder haben größere Freude, wenn sie**
   A. dicker werden.
   B. etwas zum Essen und Trinken bekommen.
   C. z. B. Hamburger essen und Coca Cola trinken.

2. **Professor Hung-Hao Chang und Professor Rodolfo Nayga**
   A. haben je ein Forschungsprojekt durchgeführt.
   B. haben bei ihrem Forschungsprojekt keinen Kontakt zueinander.
   C. haben das Forschungsprojekt gemeinsam durchgeführt.

3. **Was für Ernährungsprogramme werden im Text genannt?**
   A. Ernährungsprogramme, die bei der Reduzierung von ungesunden Nahrungsmitteln und Getränken Erfolg erzielt haben.
   B. Ernährungsprogramme, die u. a. auf die Reduzierung von ungesunden Nahrungsmitteln und Getränken abzielen.
   C. Ernährungsprogramme, die bei der Reduzierung von ungesunden Nahrungsmitteln und Getränken keinen Erfolg erzielt haben.

4. **Warum sind heute viele Kinder zu dick geworden?**
   A. Es liegt u. a. an ungesunden Ernährungsgewohnheiten.
   B. Der Hauptgrund besteht in der Zufriedenheit der Kinder beim Genuss von Fast Food und Softdrinks.
   C. Weil Kinder kein Problem mit dem Magen haben.

5. **Professor Chang und Nayga haben u. a. untersucht,**
   A. in welchem Fall Kinder Fast Food und Softdrinks am meisten genießen.
   B. ob der Genuss von Fast Food und Softdrinks Kinder zufrieden machen kann.
   C. welche Beziehung zwischen dem Konsum von Fast Food und Softdrinks und der Zufriedenheit der Kinder besteht.

6. **Diese Untersuchung**
   A. beruhte auf einem weltweit durchgeführten Interview.
   B. hat die Daten über den Verbrauch von Fast Food und Softdrinks, das Körpergewicht und den Grad der Zufriedenheit bei Kindern zusammengetragen.
   C. hat die Angaben von 2366 Jugendlichen ausgewertet.

7. **Was hat sich in der Untersuchung u. a. ergeben?**
   A. Dass ungefähr 19% der befragten Kinder oft oder ab und zu ein schlechtes Gefühl haben.
   B. Dass Kinder, die sich von Fast Food und Softdrinks ernährten, sowohl häufiger Übergewicht hatten, als auch unzufriedener waren.
   C. Dass 25% der befragten Kinder zu mager waren oder gern Fett aßen.

8. Auf welche Tatsache wird im Text u. a. hingewiesen?

　A．Auf die Tatsache, dass Kinder aus armen Familien häufiger schlechte Ernährungsgewohnheiten hatten und damit auch zu dick waren.

　B．Auf die Tatsache, dass Kinder gerne Softdrinks konsumieren, während sie Fast Food genießen.

　C．Auf die Tatsache, dass Mütter die ungesunde Ernährungsweise von den Kindern übernehmen werden.

9. Der Autor will mit der Vorstellung des Forschungsergebnisses vor allem zeigen,

　A．dass der Genuss von Fast Food und Softdrinks den Kindern schadet.

　B．was bei Ernährungsprogrammen zu beachten ist.

　C．dass Kinder, die Fast Food mögen, auch mehr Softdrinks trinken.

■ 答题步骤

这里介绍 LV II 的两种不同题型的解题步骤。

第一种题型:题干由半个句子构成,比如第 1 题。

第二种题型:题干由一个问句构成,比如第 3 题。

一、题干为半个句子的题型(以第 1 题为例)

第 1 步:阅读题干,划出提示性词语

<u>Kinder haben größere Freude</u>, wenn sie

题干中有下划线的提示性词语的意思是:孩童会得到更大的快乐。根据提示性词语,我们可以在文章中快速找到相关语段。

第 2 步:阅读和分析 3 个选项

Kinder haben größere Freude, wenn sie

　A．dicker werden.

　　如果他们长胖。

　B．etwas zum Essen und Trinken bekommen.

　　如果他们得到吃的和喝的东西。

　C．z. B. Hamburger essen und Coca Cola trinken.

　　比如他们在吃汉堡包和喝可乐时。

这 3 个选项的共同点是:它们都是孩童更快乐的条件。区别是:3 个条件句中的谓语都不同。

第 3 步:寻找相关语段

根据题干中的提示性词语"Kinder haben größere Freude",我们可以在文章中找到下面一段文字作为题目的相关语段:

Mit Fast Food und Softdrinks werden Kinder zwar dicker, sie sind aber auch zufriedener.

吃快餐和喝软饮料虽然使得孩子长胖,但是他们也更满足。

把这句当作相关语段,是因为其中的 sie sind aber auch zufriedener 和题干中的 Kinder haben größere Freude 意思相同。

第 4 步：分析相关语段，选择答案

在这一段落中，对应题目里 wenn 从句的是介词词组 Mit Fast Food und Softdrinks。

选项 C 所举的例子都在 Fast Food und Softdrinks 的范围之内，所以是答案。

选项 A 中的 dicker werden 这两个词虽然直接来自文章，但它并不是孩子 zufriedener 的条件，A 的错误就是把两个并列关系的信息当作条件与结果的关系。这种错误可以称之为信息错位。

选项 B 中的 etwas zum Essen und Trinken，这个词组的概念远远超出文章中的 Fast Food und Softdrinks，所以也不是答案。

注意：选项 A 直接使用文章中用过的词语，这往往是陷阱。

二、题干为问句的题型（以第 3 题为例）

第 1 步：阅读题干，划出提示性词语

Was für Ernährungsprogramme werden im Text genannt?

问句型的题干，我们在阅读时首先可以把它分成两部分：疑问词部分（Was für Ernährungsprogramme）和信息部分（Ernährungsprogramme werden im Text genannt）。根据信息部分我们可以在文章中找到相关语段；通过疑问部分我们可以确定题目给予我们的任务。比如 was für Ernährungsprogramme 要求我们到文章中去寻找 Ernährungsprogramme 的限定性语句。

第 2 步：阅读和分析 3 个选项

A. Ernährungsprogramme, die bei der Reduzierung von ungesunden Nahrungsmitteln und Getränken Erfolg erzielt haben.

在减少（摄入）不健康食物和饮料方面已经取得成功的 Ernährungsprogramme。

B. Ernährungsprogramme, die u. a. auf die Reduzierung von ungesunden Nahrungsmitteln und Getränken abzielen.

目的在于减少（摄入）不健康食物和饮料的 Ernährungsprogramme。

C. Ernährungsprogramme, die bei der Reduzierung von ungesunden Nahrungsmitteln und Getränken keinen Erfolg erzielt haben.

在减少（摄入）不健康食物和饮料方面没有取得成功的 Ernährungsprogramme。

第 3 步：寻找相关语段

根据 Ernährungsprogramme 我们可以在文章中找到下面一段文字作为题目的相关语段：

..., dass Ernährungsprogramme zur Reduzierung von ungesunden Nahrungsmitteln und Getränken eher von Erfolg gekrönt sind, wenn sie gleichzeitig darauf abzielen, die Kinder auf andere Weise glücklich zu machen.

目的在于减少摄入不健康食物和饮料的饮食方案将会更有成效，条件是它们同时通过其他方式让孩子快乐起来作为目标。

第 4 步：分析相关语段，选择答案。

zur Reduzierung von ungesunden Nahrungsmitteln und Getränken 是 Ernährungsprogramme 的定语,回答了题目中的疑问词 was für 的问题。它从目的角度对 Ernährungsprogramme 进行了限定,即:目的在于减少摄入不健康食物和饮料的 Ernährungsprogramme。

选项 B 在关系从句中用动词"abzielen auf"也从目的角度对 Ernährungsprogramme 进行了限定,而且含义完全一致,所以是答案。

选项 A 和 C 都从是否已取得成功对 Ernährungsprogramme 进行了限定,这话题与相关语段中的定语不一致,它们作为干扰项是选取了相关句子中的谓语词组(von Erfolg gekrönt sind)而不是定语(zur Reduzierung...)出的题目,错误性质同样是信息错位。

请按上述答题方法完成余下的习题

习题讲解

2 题

第 1 步:划出题目中的提示性词语

Professor Hung-Hao Chang und Professor Rodolfo Nayga

A. haben je ein Forschungsprojekt durchgeführt.
B. haben bei ihrem Forschungsprojekt keinen Kontakt zueinander.
C. haben das Forschungsprojekt gemeinsam durchgeführt.

人的名字肯定会出现在文章中。另外,3 个选项都提到了 Forschungsprojekt,所以可以把它们视作提示性词语。

第 2 步:分析 3 个选项

A.(两位教授)各完成了一个研究项目。
B.(两位教授)在做研究项目时相互没有联系。
C.(两位教授)共同进行了这一个项目。

第 3 步:寻找相关语段

Eine Untersuchung von Professor Hung-Hao Chang von der National Taiwan University und Professor Rodolfo Nayga von der University of Arkansas in den Vereinigten Staaten hat gezeigt, ...

译文:"国立"台湾大学 Hung-Hao Chang 教授和美国阿肯萨斯大学 Rodolfo Nayga 教授的研究表明……

以上划线词组中的核心词 eine Untersuchung 与题目中的 Forschungsprojekt 可以视作同义词,它的定语部分又提到了题目中两个人的名字,所以选择这一段落作为相关语段。

第 4 步:分析相关语段,选择答案

Untersuchung 前的 eine 告诉我们两位教授只做了一个项目;谓语动词 hat gezeigt 作为完成时态向我们透露,这一 Untersuchung 已经完成。

选项 C 与这一词组所**隐含的**信息一致,所以是答案。

选项 A 的错误在于使用了副词 je,变成了两位教授各完成了一个研究项目。

选项 B 的错误在于它否定了文章中隐含的内容:两位教授合作进行一个研究项目,不可能没有联系。

第 4 题　　第 1 步：划出题目中的提示性词语

Warum sind heute viele Kinder zu dick geworden?

题目中的信息部分 viele Kinder zu dick 以及疑问词 warum 告诉我们要在文章中找到关于许多孩子太胖的原因，所以可以把它们作为寻找相关语段的提示性词语。

第 2 步：分析 3 个选项

A．原因之一是不健康的饮食习惯。

B．主要原因是孩子在享用快餐、软饮料时的满足感。

C．因为孩子没有胃的毛病。

第 3 步：寻找相关语段

1. Übergewicht bei Kindern ist weltweit ein großes Gesundheitsproblem.
   儿童超重在全世界都是一个大的健康问题。

2. Dass ungesunde Ernährungsgewohnheiten zumindest teilweise für die Zunahme der Gewichtsprobleme bei Kindern verantwortlich sind, ist unumstritten.
   不健康的饮食习惯是引起儿童体重问题的原因之一，这一点是无可争议的。

3. Wenig weiß man jedoch über den Zusammenhang zwischen dem Genuss von Fast Food und Softdrinks und der Zufriedenheit der Kinder,
   但是对于儿童享用快餐和满足感之间的关系人们却知之甚少。

在这一相关段落的开头部分主语 Übergewicht bei Kindern 完全对应于题目中的 viele Kinder zu dick，第二句解释了孩子超重的原因，所以选择这一段作为题目的相关语段。

第 4 步：分析相关语段，选择答案

在这一段落中解释孩子超重原因的只有第 2 句。

选项 A 的内容与第 2 句完全一致，所以是答案。

选项 B 的错误在于把孩子享用快餐的快乐看作超重的主要原因，而文章中没有涉及什么是主要原因这一话题。

选项 C 的错误在于把孩子没有胃的毛病视作超重的原因，而关于胃的话题文章也没有提及。

第 5 题　　第 1 步：划出题目中的提示性词语

Professor Chang und Nayga haben u. a. untersucht,

A. in welchem Fall Kinder Fast Food und Softdrinks am meisten genießen.

B. ob der Genuss von Fast Food und Softdrinks Kinder zufrieden machen kann.

C. welche Beziehung zwischen dem Konsum von Fast Food und Softdrinks und der Zufriedenheit der Kinder besteht.

这 3 个选项都是动词 untersuchen 的宾语，所以，题目是要求我们寻找什么是 Professor Chang und Nayga 的研究对象。

第 2 步：分析 3 个选项

Professor Chang und Nayga 的研究对象是

A．孩子最多享用快餐、软饮料的时机。

B．享用快餐、软饮料能否使孩子感到幸福。

C. 享用快餐、软饮料和孩子的满足感之间的关联。

这3个选项都是疑问词引导的从句。这类从句的核心就是疑问词，所以这里我们从疑问词身上就可以看出3个选项的主要区别。

第3步：寻找相关语段

1. Wenig weiß man jedoch über den Zusammenhang zwischen dem Genuss von Fast Food und Softdrinks und der Zufriedenheit der Kinder,

   人们对于享用快餐和软饮料与小孩子幸福感之间的关联知之甚少。

2. genau dies haben Chang und Nayga jetzt erstmalig unter die Lupe genommen.

   Chang und Nayga 正是对此进行了史无前例的研究。

   第2句中的 unter die Lupe genommen 可以理解为 forschen，所以把这一段视作相关语段。

第4步：分析相关语段，选择答案

第2句中 unter die Lupe nehmen 的宾语是 dies（此，这），它指代前句中的 den Zusammenhang...。这里我们可以看到，两位教授的研究对象既不是 in welchem Fall，也不是 ob，而是一种关联（Beziehung）。所以选项 C 是答案。

6题 **第1步：划出题目中的提示性词语**

<u>Diese Untersuchung</u>

A. beruhte auf einem weltweit durchgeführten Interview.

B. hat die Daten über den Verbrauch von Fast Food und Softdrinks, das Körpergewicht und den Grad der Zufriedenheit bei Kindern zusammengetragen.

C. hat die Angaben von 2 366 Jugendlichen ausgewertet.

题干只有一个实词 Untersuchung，也就是题目要我们确定：关于这一 Untersuchung，文章里有什么阐述。

第2步：分析3个选项

A. 这一研究的基础是一个在世界范围内进行的采访。

B. 这一研究集中了所有孩子们消费快餐和软饮料、体重增加以及幸福感程度的数据。

C. 这一研究对2 366个青少年的问卷回答进行了评估。

3个选项的主要区别在句子的谓语。

第3步：寻找相关语段

1. Basierend auf Daten der National Health Interview Survey in Taiwan, einer im Jahr 2001 in ganz Taiwan durchgeführten Untersuchung, wurden der Konsum von Fast Food und Softdrinks, das Körpergewicht und der Grad der Zufriedenheit bei den Kindern erfasst.

   在台湾 National Health Interview Survey 提供的数据，也就是2001年在全台湾进行问卷调查的基础上，我们获取了所有关于孩子们消费快餐、软饮料、体重和幸福感程度等数据。

2. In der Studie wurden die Angaben von 2.366 Kindern im Alter zwischen 2 und 12

Jahren ausgewertet.

在这一研究中对 2 366 个年龄 2 至 12 岁的孩子的问卷回答进行了评估。

把这一语段视作相关段落,是因为在这一段中提到了题目中的提示词 *Untersuchung* 和选项中的一些信息。

第 4 步:分析相关语段,选择答案

该语段开头的分词句"Basierend ..."涉及选项 A 的话题,但是文章里说到的采访是在台湾进行的,而不是像 A 中所讲的 weltweit,所以 A 不是答案;分词句后的主句是一个被动态句子,它的动词 "erfassen" 与选项 B 中的 "zusammentragen" 是同义词,所以 B 是答案,选项 C 错在用 Jugendlichen 代替了文章中的 Kinder,这是两个代表完全不同年龄阶段的概念。

第 7 题　**第 1 步:划出题目中的提示性词语**

<u>Was</u> hat sich <u>in der Untersuchung</u> u. a. <u>ergeben</u>?

A．Dass ungefähr 19% der befragten Kinder oft oder ab und zu ein schlechtes Gefühl haben.

B．Dass Kinder, die sich von Fast Food und Softdrinks ernährten, sowohl häufiger Übergewicht hatten, als auch unzufriedener waren.

C．Dass 25% der befragten Kinder zu mager waren oder gern Fett aßen.

从划出的提示性词语我们可以看出,题目要求我们确定这一研究得出的结果或结论是什么。

第 2 步:分析 3 个选项

A．大约 19% 被采访的孩子经常或时有坏的(不愉快的)感觉。

B．享用快餐、软饮料的孩子中不仅更多的人超重,而且更不愉快。

C．25% 被采访的孩子要么太瘦,要么喜欢吃肥肉。

3 个选项都是阐述研究结果的主语从句,他们的区别就在它们的句子核心——谓语动词身上。

第 3 步:相关语段

1. Ein Viertel der in der Untersuchung befragten Kinder waren übergewichtig oder fettleibig.

研究中被采访的孩子四分之一有超重,或者说脂肪过剩。

2. und etwa 19 Prozent gaben an, sich gelegentlich oder häufig unglücklich, traurig oder deprimiert zu fühlen.

大约 19% 的孩子称,有时或经常感觉到不高兴、悲伤或者情绪低落。

3. Ein ganz wesentliches Ergebnis der Studie war, dass Kinder, die sich von Fast Food und Softdrinks ernährten, zwar häufiger übergewichtig, aber auch seltener unglücklich waren.

该研究的一个最重要的结果表明,消费快餐和软饮料的小孩虽然超重比例更高,但不愉快的也更少。

第 4 步:分析相关语段,选择答案

选项 A 与相关语段第 2 句信息一致,所以是答案。

选项 B 中的"als auch unzufriedener waren"被第 3 句中的"aber auch seltener unglücklich waren"否定。

选项 C 中的"zu mager waren"被第 1 句中的"waren übergewichtig oder fettleibig"否定。

第 8 题

第 1 步:划出题目中的提示性词语

<u>Auf welche Tatsache</u> wird im Text u. a. <u>hingewiesen</u>?

A. Auf die Tatsache, dass Kinder aus armen Familien häufiger schlechte Ernährungsgewohnheiten hatten und damit auch zu dick waren.

B. Auf die Tatsache, dass Kinder gerne Softdrinks konsumieren, während sie Fast Food genießen.

C. Auf die Tatsache, dass Mütter die ungesunde Ernährungsweise von den Kindern übernehmen werden.

题目要求我们确定:文章指出了哪一个事实?

第 2 步:分析 3 个选项

事实是:

A. 贫困家庭的孩子有坏饮食习惯的比例更高,因而也更胖。

B. 小孩子在享用快餐时,喜欢同时喝软饮料。

C. 母亲们会从孩子那里染上不健康的饮食习惯。

3 个选项的区别主要在谓语动词身上。

第 3 步:相关语段

1. In ihrer Analyse nannten die Autoren eine Reihe von Faktoren, die Körpergewicht, Essgewohnheiten und Zufriedenheit der Kinder beeinflussen,
   作者们在他们的分析中提到了一系列影响小孩子体重、饮食习惯和满足感的因素,

2. u. a. die Tatsachen, dass die ungesunde Ernährungsweise einer Mutter von dem Kind übernommen wird,
   其中包括母亲的不健康饮食习惯会感染孩子,

3. und dass Kinder, die sich überwiegend von Fast Food ernähren, auch gerne Softdrinks konsumieren,
   主要吃快餐的孩子也喜欢消费软饮料,

4. und Kinder aus einkommensschwachen Familien häufiger ungesunde Ernährungs-gewohnheiten hatten und damit auch an Übergewicht litten.
   低收入家庭的孩子有不健康饮食习惯的比例更高,因此也更多的超重。

第 4 步:分析相关语段,选择答案

这一相关段落的第 2,3 和 4 句分别描写了 3 个事实。

选项 A 与第 4 句的内容一致,所以是答案。

选项 B 的内容与第 3 句比较接近,但是区别也很明显:B 的意思是孩子喜欢一边吃快餐,一边喝软饮料,而第 3 句没有明确说孩子喜欢在什么时候喝软饮料。

选项 C 和第 2 句的意思正好相反。

第 9 题　　**Der Autor will mit der Vorstellung des Forschungsergebnisses vor allem zeigen,**

　　A．dass der Genuss von Fast Food und Softdrinks den Kindern schadet.

　　B．was bei Ernährungsprogrammen zu beachten ist.

　　C．dass Kinder, die Fast Food mögen, auch mehr Softdrinks trinken.

　　LV Ⅱ 的最后一题通常不是针对某一语段，而是针对整篇文章。这一题目主要测试考生理解文章核心内容的能力。

第 1 步：分析题意

题干里的"Mit der Vorstellung des Forschungsergebnisses"是指文章作者在这篇文章里做的一件主要事情，即介绍研究成果。

"will der Autor vor allem zeigen"表达了题意，即作者（通过介绍研究成果）要表明什么。其中的"vor allem"强调"主要"的意思，所以我们必须在文章中寻找作者的主要意图。

第 2 步：分析 3 个选项之间的差别，并确定答案

　　A．享用快餐对孩子有害。

　　B．在饮食方案中要注意些什么。

　　C．喜欢快餐的孩子喝软饮料也更多。

选项 A 和 C 所表达的信息虽然都能在文章中找到，但都是服务于文章主题的细节，选项 B 才是作者要传达的主要信息，这在文章第一段的第 2 句和文章的最后一段都可以阅读出来。

Lösungen

1 C, 2 C, 3 B, 4 A, 5 C, 6 B, 7 A, 8 A, 9 B

LV Ⅱ 答题方法总结

1. 仔细阅读文章标题，读出文章的主要话题，这是我们理解细节的依据。

2. 为了提高解题速度，最好读一题做一题，即读完一道题后就到文章中去找到相关语段，通过该语段与题目的对比选出答案，然后做下一道题。题目顺序与文章顺序是完全一致的。

3. 阅读题目时要划出提示性词语，以便我们据此在文章中找到相关语段。题目中人的名字、其他专有名词或数字等通常都是寻找相关语段的帮助。

4. 借助题目中的提示，在文章中寻找相关语段。

5. 分析题目中 3 个选项之间的差别。

6. 分析相关语段时一定要结合上下文，尤其是要注意代词（er, sie es 等）和代副词（dabei, daran 等）的指代关系。

7. 通过相关语段与 3 个选项的比对确定答案。确定答案时要特别注意避免犯信息错位的错误。

Vokabeln

	zeigen + dass-Satz *Vt.*	表明（经常用来阐述科研结果）
	eher *Adv.*	更加会
	von Erfolg gekrönt sein	成功
	auf etw. (A.) ab/zielen *Vi.*	把目标对准，目标是
	weltweit *Adv.*	在世界范围内
	teilweise *Adv.*	部分地
	unumstritten *Adj.*	没有争议的
	unter die Lupe nehmen *Vt.*	研究（原意：拿到显微镜下来看）
	erfassen *Vt.*	抓住，包括
	aus/werten *Vt.*	评定
	übergewichtig *Adj.*	超重的
	fettleibig *Adj.*	肥胖的
	an/geben + dass-Satz *Vt.*	自称
	sich + *Adj.* fühlen	觉得怎样
	eine Reihe von etw. (D.)	一系列……
	über/nehmen *Vt.*	接受
	sich von etw. (D.) ernähren	用……作为食物
	konsumieren *Vt.*	消费
	einkommensschwach *Adj.*	收入低的
der	Genuss	享用
das	Wohlergehen	舒服感
	an/streben *Vt.*	努力争取
	j-n/etw. in Betracht ziehen *Vt.*	顾及
	erreichen *Vt.*	达到……的目标（原意：到达）
	auf Kosten + G.	以……为代价

Einheit 4

Lesen Sie den Text und lösen Sie die Aufgaben.

Kinder für Elektronik begeistern

Wie lassen sich Kinder im Alter von 5 bis 10 Jahren für Elektronik begeistern? „Indem man ihnen elektronische Bauteile zum Anfassen und Basteln in die Hände gibt", ist Carmen Skupin überzeugt.

„Aus elektronischen Bauteilen eigenständig eine Schaltung aufzubauen, lässt Kinder technische Prinzipien und Funktionsweisen im wahrsten Sinne des Wortes begreifen", sagt die Autorin des neu erschienenen Sachbuches „Kleiner Ingenieur – Elektronik für Kinder".

Während Technik alle Bereiche unseres Lebens durchdringt, vollzieht sich in der heranwachsenden Generation ein Wandel vom Konstruktiven zum Konsumtiven: Kinder setzen sich immer seltener mit der Funktionsweise von Technik auseinander – sie wird schlichtweg vorausgesetzt.

„Kleiner Ingenieur" setzt auf anschauliche Erklärungen, die Kindern im Vor- und Grundschulalter die wichtigsten Grundbegriffe der Elektronik nahe bringen und den Einsatz erster elektronischer Bauelemente erläutern. Zahlreiche Experimente, wie eine Telegrafieschaltung oder eine Ampel, wecken die Begeisterung **kleiner Nachwuchsingenieure** und lassen sich darüber hinaus in das Spiel der Kinder integrieren und ausbauen.

Was ist der Unterschied zwischen Strom und Spannung? Wie bringe ich ein Lämpchen zum Leuchten? Was ist eine Parallelschaltung?

Die komplexe Welt der Elektronik wurde bewusst auf Wissensgebiete reduziert, die für Kinder zwischen fünf und zehn Jahren begreifbar sind. „Ein Sechsjähriger muss nicht wissen, wie ein Transistor funktioniert oder wie und warum man ein Relais einsetzt – er wäre damit überfordert und gelangweilt", begründet Carmen Skupin.

Um Langeweile gar nicht erst aufkommen zu lassen, sind einzelne Themenabschnitte in Erzählform verpackt: Der kleine Ingenieur und sein Hund zeigen **den angehenden Technikern** in lustigen Geschichten, wie spannend und praktisch Elektronik sein kann. Egal ob man eine Hundehütte beleuchten oder zwischen Kinderzimmern kommunizieren will – die beiden finden für jedes technische Problem eine Lösung.

Warum überhaupt Kinder für Elektronik begeistern? Nachwuchsprobleme in technischen Berufen und der Ingenieurmangel sind nicht zuletzt auf eine fehlende frühkindliche Förderung technischer Interessen zurückzuführen. Die wissenschaftliche Forschung spricht von „Techniksozialisation", die Menschen von frühester Kindheit an mit Technik vertraut macht, motiviert und Interesse weckt.

Während Technik alle Lebensbereiche durchdringt, wächst eine Konsum-Generation heran, die ihre Erfahrungen mehr und mehr im Virtuellen denn im Praktischen macht. Funktion von Technik wird nicht hinterfragt, sondern vorausgesetzt. Dabei benötigt gerade die junge Generation technische Kompetenzen, um Technik nicht nur zu konsumieren sondern gestalten zu können.

Mit dem „Kleinen Ingenieur" wird Kindern ein spielerischer Einstieg in die faszinierende Welt der Technik geboten.

http://www.fachzeitungen.de/pressemeldungen/kinder-fuer-elektronik-begeistern-103701/#more-3701

Markieren Sie die richtige Antwort (A, B oder C).

1. Carmen Skupin meint,
   A. dass die eigenhändige Zusammensetzung z. B. einer Schaltung Kinder für Technik interessieren kann.
   B. dass Kinder sich beim Aufbau einer Schaltung vor allem für technische Prinzipien interessieren.
   C. dass man durch einen Vortrag über elektronische Bauteile Kinder für Technik begeistern kann.

2. Die Verbreitung der Technik führt dazu,
   A. dass die Kinder heute gar nicht mehr für die technische Konstruktion interessiert sind.
   B. dass die Kinder heute nicht so sehr für aktive technische Tätigkeiten interessiert sind wie ihre Eltern in der Kindheit.
   C. dass die Kinder heute mehr für technische Konstruktion denn für Konsum interessiert sind.

3. Die Autorin von „Kleiner Ingenieur"
   A. wird versuchen, Kindern den Einsatz erster elektronischer Bauelemente anschaulich zu erläutern.
   B. hat sich bemüht, Kindern die elementare Terminologie zu veranschaulichen.
   C. hat beim Verfassen des Buches den Verstand der Kinder nicht berücksichtigt.

4. Viele Versuche im Buch können
   A. auch die Jugendlichen begeistern.
   B. sich allerdings nicht entwickeln.
   C. in ein anderes Kinderspiel eingebaut werden.

5. Der Autorin
   A. ist unbekannt, welche Funktion ein Transistor hat.
   B. sind die einzelnen Bauteile wichtiger als die Grundfragen.
   C. sind die Grundfragen wichtiger als die einzelne Beuteile.

6. „kleiner Nachwuchsingenieure" im 4. Abschnitt und „den angehenden Technikern" im 7. Abschnitt
   A. sind Antonyme.

B．sind Synonyme.

C．sind weder Synonyme noch Antonyme.

7. Der kleine Ingenieur und sein Hund

A．sind zwei fiktive Figuren im Buch, die den Lesern Geschichte erzählen.

B．sind zwei reale Freunde der Kinder, die gern mit ihnen kommunizieren.

C．werden von der Autorin unterhalten, die ihr Leben spannend machen.

8. Der Mangel an technischen Fachkräften liegt daran,

A．dass man nicht auf die Erhöhung des technischen Interesses der Kinder achtet.

B．dass die Menschen heute technisch nicht so begabt sind wie die früher.

C．dass es an wissenschaftlicher Forschung von „Techniksozialisation" fehlt.

9. Die Technik wirkt für die Kinder heute

A．so praktisch, dass sie gern technische Fertigkeiten lernen wollen.

B．so virtuell, dass sie sie überhaupt nicht verstehen können.

C．zu gewöhnlich, als dass sie sich für technische Prinzipien interessieren.

10. Es geht mit dem Text

A．um eine Warnung vor dem Rückgang des Interesses an Technik unter Kindern.

B．um eine Förderung des Interesses an Technik unter Kindern.

C．um eine Werbung für das Buch „Kleiner Ingenieur – Elektronik für Kinder".

习题讲解

第1题　**题意**：Carmen Skupin（关于如何使小孩对技术感兴趣）的观点是什么。

3个选项的区别：

A．亲手组装，比如组装一个电路，会使孩子对技术感兴趣。

B．小孩子在组装一个电路时，主要是对技术原理感兴趣。

C．人们可以通过一场关于电子元器件的报告，让孩子对技术感兴趣。

相关语段及其译文

1. Wie lassen sich Kinder im Alter von 5 bis 10 Jahren für Elektronik begeistern?

人们怎样才能让5到10岁的小孩对电子学感兴趣呢？

2. „Indem man ihnen elektronische Bauteile zum Anfassen und Basteln in die Hände gibt", ist Carmen Skupin überzeugt.

Carmen Skupin坚信，"人们可以把电子元器件给到他们（指5至10岁的小孩）手里让他们拼装"（来使他们对电子学感兴趣）。

3. „Aus elektronischen Bauteilen eigenständig eine Schaltung aufzubauen, lässt Kinder technische Prinzipien und Funktionsweisen im wahrsten Sinne des Wortes begreifen", sagt die Autorin des neu erschienenen Sachbuches „Kleiner Ingenieur – Elektronik für Kinder".

最近刚出版的题为"Kleiner Ingenieur – Elektronik für Kinder"这本书的女作者说："亲手把电子元器件组装成一个电路，能够在真正意义上让小孩子理解技术原理和作用方式。"

选择答案

A 是答案。选项中的"eigenhändige Zusammensetzung z. B. einer Lampe"与第 2 句中的"ihnen elektronische Bauteile zum Anfassen und Basteln in die Hände gibt"信息一致。

B 不是答案。虽然 B 和第 3 句都使用了 Schaltung，但是，B 的核心话题是动词 interessieren（使某人感兴趣），第 3 句的核心话题是动词 begreifen（理解），也就是说它们的核心话题不一致。

C 不是答案。选项中的"durch einen Vortrag Kinder begeistern"在文章中没有提及。

第 2 题　　**题意**：推广技术的后果是什么。

3 个选项的区别：

A．今天的小孩对技术构造一点也没兴趣。

B．今天的小孩对于技术活儿不像他们的父母一代在童年时那样感兴趣。

C．今天的小孩对技术结构设计比对消费更感兴趣。

相关语段及其译文

1. Während Technik alle Bereiche unseres Lebens durchdringt, vollzieht sich in der heranwachsenden Generation ein Wandel vom Konstruktiven zum Konsumtiven：

在技术进入了我们生活所有领域时，在新一代人中发生了一个变化，他们从设计制造者变为消费者。

2. Kinder setzen sich immer seltener mit der Funktionsweise von Technik auseinander – sie wird schlichtweg vorausgesetzt.

小孩子们分析技术原理的越来越少，(对他们而言)它(技术)本来就有的。

选择答案

A 不是答案。第 2 句，其中的"immer seltener（越来越少地）"强调的是一种发展趋势，但并不能把它推理成"gar nicht mehr ... interessiert sind"。

B 是答案。第 1 句中"in der heranwachsenden Generation"中的定冠词词组与前文联系起来理解的话指的就是前文提到的 Kinder。整个句子的主要意思是：这一代孩子与他们的前辈相比正在发生变化，即从设计制造者变为消费者。B 正是根据这一句子进行的推理。

C 不是答案。第 1 句是对它的否定。

第 3 题　　**题意**："Kleiner Ingenieur"的女作者将做什么或做了什么。

3 个选项的区别：

A．她将尝试给孩子形象地解释如何使用初级的电子元器件。

B．她努力追求给孩子形象地讲解(电子学的)基本术语。

C．她在写书时没有顾及小孩子的理解力。

相关语段及其译文

1. "Kleiner Ingenieur" setzt auf anschauliche Erklärungen,

"Kleiner Ingenieur"(这本书)非常重视生动形象的讲解,

2. die Kindern im Vor- und Grundschulalter die wichtigsten Grundbegriffe der Elektronik nahe bringen und den Einsatz erster elektronischer Bauelemente erläutern.

这些生动形象的讲解使学龄前儿童和小学生都能理解电子学中最重要的基本概念,并给他们解释了如何使用初级的电子元器件。

选择答案

A 不是答案,因为它用的是将来时态,文中没有关于女作者将来要做什么的阐述。

B 是答案。选项中的"hat sich bemüht"与第1句中的"setzt auf"可以视作同义词。

C 不是答案,它与第2句的内容完全相反。

第4题 **题意:** 这本书中的许多实验能有什么作用。

3个选项的区别:

这本书中的许多实验

A. 也能使青少年感到稀奇。

B. 不能进一步发展。

C. 能移植到其他儿童游戏中。

相关语段及其译文

1. Zahlreiche Experimente, wie eine Telegrafieschaltung oder eine Ampel, wecken die Begeisterung kleiner Nachwuchsingenieure

许多实验,比如电报的电路或红绿灯都能唤起未来工程师们的兴趣,(kleiner Nachwuchsingenieure:在这里指 Kinder)

2. und lassen sich darüber hinaus in das Spiel der Kinder integrieren und ausbauen.

另外也能移植到儿童游戏中,并且能进一步的扩展。

选择答案

A 不是答案。其中的"die Jugendlichen begeistern"在文中没有提及。

B 不是答案。第2句的 lassen sich ... ausbauen. 是对它的否定。

C 是答案。它所表达的信息涵盖在了第2句中(lassen sich in das Spiel der Kinder integrieren)。

第5题 **题意:** 对于作者而言……。

3个选项的区别:

A. 不知道二极管有什么功能。

B. 各个元器件比基本问题更重要。

C. 基本问题比各个元器件更重要。

相关语段及其译文

1. Was ist der Unterschied zwischen Strom und Spannung?

电流和电压的区别是什么?

2. Wie bringe ich ein Lämpchen zum Leuchten?

我如何使小灯泡发光?

3. Was ist eine Parallelschaltung?

什么是并联电路?

4. Die komplexe Welt der Elektronik wurde bewusst auf Wissensgebiete reduziert,

die für Kinder zwischen fünf und zehn Jahren begreifbar sind.

电子学中的复杂世界有意被简化为 5 到 10 岁的小孩都能理解的知识领域。

5. „Ein Sechsjähriger muss nicht wissen, wie ein Transistor funktioniert oder wie und warum man ein Relais einsetzt – er wäre damit überfordert und gelangweilt", begründet Carmen Skupin.

Carmen Skupin 的解释理由是:"一个 6 岁的小孩没有必要知道,二极管是怎么起作用的,或者继电器怎样使用以及为什么要使用,这对 6 岁的小孩而言要求太高,会让他们对电子学感到乏味。"

选择答案

A 不是答案,它和第 5 句中都有 Transistor 这个词语,作者在文中只是告诉我们:Carmen Skupin 认为 6 岁的孩子没有必要去知道 Transistor,Relais 的功能。Carmen Skupin 作为 "Kleiner Ingenieur" 的作者不可能不知道 Transistor 的功能。

B 不是答案,它和 C 的信息正好相反。

C 是答案,它符合整个语段提供的信息。从这一相关段落我们可以读出:一些元器件的功能对于这本书的作者而言并不重要,在这本书里作者主要是让小孩子搞明白诸如第 1、第 2 和第 3 句中提出的一些基本问题,而第 5 句中提到的一些元器件的原理没有必要写进书里。

第 6 题

题意:„kleiner Nachwuchsingenieure" 和 „den angehenden Technikern" 在词义上是什么关系。

3 个选项的区别:

A. 反义。

B. 同义。

C. 既不是同义关系也不是反义关系。

相关语段及其译文

1. Zahlreiche Experimente, wie eine Telegrafieschaltung oder eine Ampel, wecken die Begeisterung kleiner Nachwuchsingenieure und ...（见第 4 段）

许多实验,比如电报电路或红绿灯都能唤起未来工程师们(指书的小读者)的兴趣。

2. Der kleine Ingenieur und sein Hund zeigen den angehenden Technikern in lustigen Geschichten, wie spannend und praktisch Elektronik sein kann.（见第 7 段）

小工程师以及他的狗狗在有趣的故事中给未来的技术员们(指书的小读者)显示了电子学多么的有趣和有用。

选择答案

第 4 段中的 kleiner Nachwuchsingenieure 在句子中指的是全文所介绍的那本书的小读者。第 7 段中的 den angehenden Technikern 在句子中指的也是全文所介绍的那本书的小读者。所以答案应该选择 B。

注意:文章的核心概念在文中经常会多次出现,德语文章的修辞要求是:尽量避免相同词语在文中的重复使用,所以作者会尽量用不同的词语来表达相同的概念。

第 7 题

题意:Der kleine Ingenieur und sein Hund 是谁或是什么。

3个选项的区别：

A．是书中两个虚拟的角色。

B．是小孩子们现实生活中的朋友。

C．是由女作者抚养的,他们为女作者带来了生活乐趣。

相关语段及其译文

1. Um Langeweile gar nicht erst aufkommen zu lassen, sind einzelne Themenabschnitte in Erzählform verpackt.

为了不让乏味的感觉出现,各章节都采用了讲故事的方式。

2. Der kleine Ingenieur und sein Hund zeigen den angehenden Technikern in lustigen Geschichten, wie spannend und praktisch Elektronik sein kann.

(书中的)小工程师以及他的狗狗在有趣的故事中给未来的技术员们展示了电子学的趣味性和实用性。

3. Egal ob man eine Hundehütte beleuchten oder zwischen Kinderzimmern kommunizieren will – die beiden finden für jedes technische Problem eine Lösung.

不管是要给狗窝照明还是要在小孩房间之间装上通话设备,他俩总能为每个技术问题找到解决方案。

选择答案

该语段第一句中的"sind einzelne Themenabschnitte in Erzählform verpackt"告诉我们,每个章节采用的都是讲故事的方式；从第2句我们可以推断出：Der kleine Ingenieur und sein Hund 是书中虚构的给小读者们讲故事的两个角色。所以 A 是答案。

第8题　题意：技术人员短缺的原因是什么。

3个选项的区别：

A．人们不重视提高孩子对技术的兴趣。

B．儿童对技术的兴趣越来越下降。

C．缺乏对技术社会化的科学研究。

相关语段及其译文

1. Warum überhaupt Kinder für Elektronik begeistern?

究竟为什么要使孩子对电子学感兴趣？

2. Nachwuchsprobleme in technischen Berufen und der Ingenieurmangel sind nicht zuletzt auf eine fehlende frühkindliche Förderung technischer Interessen zurückzuführen.

技术职业后备人才问题以及工程师短缺特别要归咎于缺乏对孩子技术兴趣的早期培养。

3. Die wissenschaftliche Forschung spricht von „Techniksozialisation", die Menschen von frühester Kindheit an mit Technik vertraut macht, motiviert und Interesse weckt.

科学研究界把它(即把对孩子技术兴趣的早期培养)称为"技术社会化",它使人们从小就熟悉技术,激发出接触技术的动机,唤起对技术的兴趣。

选择答案

A 是答案。它与第 2 句中的"fehlende frühkindliche Förderung technischer Interessen"

信息一致。

B 不是答案。文章没有把这一点视作原因。

C 不是答案。关于技术社会化(是否)缺乏科学研究在文中也没有提及。

9 题　　**题意**：对于今天的孩子而言，技术起到了怎样的作用。

3 个选项的区别：

A．技术是如此实用，以至于孩子们很愿意学习技能。

B．技术是如此虚幻，以至于孩子们根本不能理解它。

C．技术太习以为常，以至于孩子们对技术原理没有了兴趣。

相关语段及其译文

1. Während Technik alle Lebensbereiche durchdringt, wächst eine Konsum-Generation heran, die ihre Erfahrungen mehr und mehr im Virtuellen denn im Praktischen macht.

当技术进入了人们生活的各个领域时，新成长起来的是一代消费族，他们越来越多的是在虚拟世界而不是在现实世界中积累他们的经验。

2. Funktion von Technik wird nicht hinterfragt, sondern vorausgesetzt.

(他们)不探究技术的功能，而是觉得(技术是)本来就有的。

3. Dabei benötigt gerade die junge Generation technische Kompetenzen, um Technik nicht nur zu konsumieren sondern gestalten zu können.

然而正是(他们)年轻一代需要技术能力，不仅要能够消费(指应用)技术，而且也要能够建构制作。

选择答案

在这一个语段里，只有第 2 句涉及题目中的主题：技术对年轻人而言所起的作用。也就是：(他们)不探究技术的功能，而是觉得(技术是)本来就有的。

所以我们应该把 3 个选项都与第 2 句作对比。

A 中 praktisch 作为话题文章没有涉及。

B 中的 virtuell 作为话题文章也没有涉及。

C 中的 zu gewöhnlich，以至于麻木，不再对技术原理感兴趣，正好对应第 2 句中"不探究技术的功能"，所以是答案。

10 题　　**题意**：这篇文章的主要作用是什么？是警告……，还是促进……，抑或是广告……。

3 个选项的区别：

A．警告：孩子们对技术的兴趣在消退。

B．促进孩子们对技术的兴趣。

C．为"Kleiner Ingenieur – Elektronik für Kinder"这本书做广告。

选择答案

题目针对全文。整篇文章的核心是在介绍 Kleiner Ingenieur – Elektronik für Kinder 这本书，比如这本书的目的、针对的读者群、书的内容结构、叙述方式等等，选项 A 与 B 中所说的警告或促进都是为了介绍这本书而提到的理由，所以整篇文章的核心是广告性质的，答案应该选择 C。

阅读训练

Lösungen

1 A, 2 B, 3 B, 4 C, 5 C, 6 B, 7 A, 8 A, 9 C, 10 C

Vokabeln

	j-n / sich begeistern	鼓舞,热心于
	eigenständig Adj.	自立的,独立的
	auf / bauen Vt.	建造,构造
das	Prinzip -ien	原理,原则
die	Funktionsweise -n	工作方式,作用方式
	begreifen Vt.	理解
	sich vollziehen	发生
der	Wandel	转变,变化
der	Konstruktive dekl. wie Adj.	建构者,建造者
der	Konsumtive dekl. wie Adj.	消费者
	sich mit + etw. (D.) auseinander / setzen	分析
	schlichtweg Adv.	简单地说
	auf etw. (A.) setzen	追求,注重
	j-m. etw. nahe bringen Vt.	解释,使……明白
	erläutern Vt.	(举例)解释
	darüber hinaus	另外
	integrieren Vt.	纳入,接入
	aus / bauen Vt.	扩展,扩大
das	Leuchten nur Sg.	发光,发亮
die	Parallelschaltung -en	并联电路
	begreifbar Adj.	能被理解的
	funktionieren Vi.	起作用
das	Relais -	继电器
	überfordert Partizip Perfekt	被过分要求的
	gelangweilt Partizip Perfekt	无聊,无兴趣
	auf / kommen Vi.	发生,出现
	angehend Partizip Präsens	正在培养的,未来的
	Egal, ob … oder	不管是……还是
	nicht zuletzt	特别是
	auf etw. (A.) zurück / führen	归咎于,归因于
	von etw. (D.) sprechen	称作……
	vertraut Adj.	熟悉
	heran / wachsen Vi.	正在成长起来

	mehr und mehr im Virtuellen denn im Praktischen	在虚拟世界比在现实世界更多
	hinter / fragen *Vt.*	探究
	dabei *Adv.*	虽然
die	Kompetenz -en	能力
	gestalten *Vt.*	造型，构造
der	Einstieg	进入
	faszinierend *Adj.*	迷人的

Einheit 5　Einführung in LV III

Lesen Sie den Text und lösen Sie die Aufgaben.

Sport halbiert das Risiko für chronische Krankheiten

Wer sich im mittleren Lebensalter viel bewegt, etwa fünf Stunden pro Woche schwimmt oder radelt, verdoppelt seine Chance, im Alter gesund zu bleiben. Zu diesem Ergebnis kamen jetzt US-Forscher der Harvard School of Public Health in Boston. Sie hatten Daten von über 13.500 Frauen analysiert. Alle waren zunächst gesund, der Altersschnitt lag bei etwa 60 Jahren.

Die Wissenschaftler schauten, wie viel sich die Frauen zu Beginn der Studie bewegten, und wie viele Frauen die folgenden 14 Jahre gesund alterten – das heißt, die zum Schluss der Erhebung keine der zehn häufigsten chronischen Krankheiten entwickelt hatten (dazu zählen unter anderem Bluthochdruck, Diabetes, Arthrose). Zudem sollten die Probanden bis zum Schluss noch geistig fit sein und auch körperlich keinerlei Einschränkungen haben. Entsprechend ihrer körperlichen Aktivität wurden die Teilnehmer in Gruppen eingeteilt. Das Ergebnis: Insgesamt wurden nur etwa 1 450 Frauen gesund alt, also knapp zehn Prozent. In der Gruppe mit der höchsten körperlichen Aktivität war die Rate für gesundes Altern dabei doppelt so hoch wie in der Gruppe mit der niedrigsten Aktivität.

Eine deutsche Studie, an der knapp 4 000 Bayern älter als 55 Jahre teilnahmen, zeigte zudem, wie wichtig körperliche Aktivität auch für eine gesunde Hirnalterung ist. Forscher der Technischen Universität München schauten, wie viele Teilnehmer innerhalb von zwei Jahren leichte kognitive Einschränkungen (MCI) entwickelten. Dies war bei knapp sechs Prozent der Teilnehmer der Fall. Bei Teilnehmern, die mehr als dreimal pro Woche körperlich aktiv waren, war die MCI-Häufigkeit nur halb so hoch wie bei trägen Zeitgenossen.

http://www.apotheken-umschau.de/Sport/Sport-halbiert-das-Risiko-A100201ROBUR128417.html

Markieren Sie die richtige Antwort.

	Ja	Nein	Text sagt dazu nichts	
1　Die US-Forscher kamen in ihrer Studie zum Kenntnis, dass Schwimmen und Radeln die besten Sportarten zum Gesundbleiben im Alter sind.				1
2　Die Befragten in ihrer Studie litten anfangs an keinen chronischen Krankheiten.				2
3　Die Forscher wollten herausfinden, wie viele der Befragten sich 14 Jahre später noch viel bewegen.				3

4	Diejenigen, die im Alter an keiner der zehn häufigsten chronischen Krankheiten leiden, werden von den Forschern als gesund angesehen.			4
5	Zur Untersuchung wurden die Teilnehmer in drei Gruppen eingeteilt.			5
6	Die Untersuchung zeigte, dass die Lebenserwartung der Frauen mit intensivster körperlicher Tätigkeit länger ist als die der Frauen in den anderen Gruppen.			6
7	Die Wissenschaftler der Technischen Universität München wollten mit ihrer Untersuchung feststellen, ob die Körperbewegung sich auf das Gehirn der alten Menschen auswirkt.			7
8	Nach den Forschungsergebnissen der Technischen Universität München hat der Sport bei alten Menschen Auswirkungen zur Senkung des Risikos von Wahrnehmungsbeeinträchtigungen.			8

题型介绍

　　LV III 在德福考试中包括一篇科普类的学术性文章和 10 道选择题。题目的前后顺序与文章完全一致。每道题都是一个陈述句，要求考生在 Ja, Nein 和 Text sagt dazu nichts 3 个选项中依据文章确定答案。选择答案的原则是：

　　文章中的信息与题目完全一致时，选择 Ja；

　　文章中的信息对题目构成否定或排斥时，选择 Nein；

　　文章没有涉及题目的话题，即文章既不能肯定也不能否定题目时，选择 Text sagt dazu nichts。

答题步骤

第 1 步：阅读题目，划出信号词

　　阅读题目有两个任务，第一，划出信号词，目的是在阅读文章时能找到与题目相关的语段。第二，分析题目的话题和题意，这样我们在选择答案时可以判断文章是否涉及题目，文章对题目是肯定还是否定。

　　<u>Die US-Forscher kamen</u> in ihrer Studie <u>zur Kenntnis</u>, dass Schwimmen und Radeln die besten Sportarten zum Gesundbleiben im Alter sind.

第 2 步：寻找相关语段

　　上面题目中有下划线的就是信号词，意思是：美国科研人员在研究中得到了一种认识……据此我们可以在文章中找到下列语段作为相关语段：

1. Wer sich im mittleren Lebensalter viel bewegt, etwa fünf Stunden pro Woche schwimmt oder radelt, verdoppelt seine Chance, im Alter gesund zu bleiben.
在中年多运动的人,比如每星期游泳或骑车 5 小时,那么老年时保持健康的概率翻番。

2. <u>Zu diesem Ergebnis kamen jetzt US-Forscher</u> der Harvard School of Public Health in Boston.
现在,波司登哈佛公众健康学院的美国科研人员获得了这一成果。

第 2 句中的划线部分意思是美国……科研人员获得了这一成果,这完全对应于题目中的划线部分,所以可以把这一段看作题目的相关语段。

第 3 步:分析题目的话题以及题意

这题由一个主从复合句构成。主句的谓语(zur Kenntnis kommen)通常构成句子的核心话题,这个话题将受到句子其他成分(主语,宾语,状语等)的限制而缩小,请看这个句子的谓语话题是怎么变得越来越小的:

谓语话题	kamen zur Kenntnis	获得认识
谓语 + 主语	Die US-Forscher kamen zum Kenntnis,	这些美国科研人员获得认识
谓语 + 主语 + 状语	Die US-Forscher kamen in ihrer Studie zur Kenntnis,	这些美国科研人员在他们的研究中获得认识
谓语 + 主语 + 状语 + 从句(dass 句)	Die US-Forscher kamen in ihrer Studie zur Kenntnis, dass Schwimmen und Radeln die besten Sportarten zum Gesundbleiben im Alter sind.	这些美国科研人员在他们的研究中获得的认识是……(请看 dass 句)

因为 dass 句也有自己的各种句子成分,我们还应该对它作如上的分析:

从句的谓语话题	die besten Sportarten sind	是最好的体育项目
从句的谓语 + 主语	Schwimmen und Radeln die besten Sportarten sind	游泳和骑自行车是最好的体育项目
从句的谓语 + 主语 + 目的状语	Schwimmen und Radeln die besten Sportarten zum Gesundbleiben im Alter sind.	要保持老年健康最好的体育项目是游泳和骑自行车

如果每次读题都要做这么仔细地分析,从时间上来说显然是不合理的。一个速度较快的读题方式是在阅读和分析题目的同时做一个预判,即题目要求对句子的哪一部分做一个判断,比如这一题很可能要求对 die besten Sportarten 这一话题做出 Ja, Nein 或 Text sagt dazu nichts 的判断,那么整个题意就是:

这些美国科研人员在他们的研究中得到的认识是:游泳和骑自行车<u>是否</u>是<u>最好的</u>保持老年健康的体育项目。

这里把"是否"放在 die besten Sportarten 之前,是要凸现题目可能要求对这一层次的话题进行判断。如果这个预判与题意一致,那么这对我们解题能起到加速和准确解题的作用。

如果这种预判不符合题意也没关系,因为当我们把相关语段与题目作比对时还可以加以调整。

第 4 步:把相关语段与题目进行比对并选择答案

相关语段第 2 句开头 Zu diesem Ergebnis 中有一个指示代词。这表明前面第 1 句就是美国科研人员得出的结论(或认识)。

从第 1 句中我们可以看到,结论涉及的话题是:中年时的运动和老年时的健康之间的关系,没有涉及游泳和骑自行车是否是最好的保持老年健康的体育项目。也就是说,文章既不能对题目肯定(Ja),也不能否定(Nein),所以选择 Text sagt dazu nichts。

第 2 题

第 1 步:阅读题目,划出信号词

<u>Die Befragten</u> in ihrer Studie <u>litten</u> anfangs <u>an</u> keinen <u>chronischen Krankheiten</u>.

题目中划出的信号词涉及**是否患慢性病**的话题,根据这一意思,我们在文章中寻找相关语段。

第 2 步:寻找相关语段

1. Zu diesem Ergebnis kamen jetzt US-Forscher der Harvard School of Public Health in Boston.
   译文见上。

2. Sie hatten <u>Daten von über 13.500 Frauen</u> analysiert.
   他们分析了 13 500 名女士的数据。

3. <u>Alle waren zunächst gesund</u>, der Altersschnitt lag bei etwa 60 Jahren.
   开始时所有人都是健康的,平均年龄大约是 60 岁。

这一段落中的划线部分与题目涉及同样的话题,所以可以把这段看作题目的相关语段。

第 3 步:分析题意

接受调查者在一开始的时候是否都没有患慢性病。

注意:题目中带有否定词的句子成分往往就是要我们判断的话题。在这个题目中要我们判断的话题就是 **keinen chronischen Krankheiten**。

第 4 步:把相关语段与题目进行对比并选择答案

相关语段中的 Alle waren zunächst gesund 表明:所有接受调查者一开始都是健康的。这个句子肯定了题目中的说法。所以选择 Ja.

第 3 题

第 1 步:阅读题目,划出信号词

<u>Die Forscher wollten herausfinden</u>, wie viele der Befragten sich 14 Jahre später noch viel bewegen.

题目中划出的关键词语涉及(科研人员的)研究目的,根据这一意思,我们在文章中寻找相关语段。

第 2 步:寻找相关语段

1. Die Wissenschaftler schauten, wie viel sich die Frauen zu Beginn der Studie bewegten, und wie viele Frauen die folgenden 14 Jahre gesund alterten.
   研究人员审视了,这些女士在接受调查的初期参加多少运动,又有多少女士在接下来的 14 年中健康地变老。

2. – das heißt, die zum Schluss der Erhebung keine der zehn häufigsten chronischen

Krankheiten entwickelt hatten （dazu zählen unter anderem Bluthochdruck, Diabetes, Arthrose）.

也就是说,她们在调查结束时没有患上 10 种最常见的慢性病(包括高血压、糖尿病和关节病)。

这一段落中的 Die Wissenschaftler schauten 表明,这一语段的话题与题目的话题相同,都涉及科研目标,所以把这段看作题目的相关语段。

第 3 步:分析题意

Die Forscher wollten herausfinden 表明,题目话题涉及科研人员的目的。宾语是一个从句,整个句子的意思是:科研人员**是否想搞明白,14 年后还有多少接受调查的人参加许多运动**。

注意:这类涉及科研目的、任务、方法等的题目,我们在分析话题时通常不需要像第 1 或第 2 题那样,把话题缩到最小来判断,因为科普文章中,关于科研目的、任务、方法等通常都全部交代清楚的,只要文章涉及这些话题,答案往往是在 Ja 和 Nein 中选择。

第 4 步:把相关语段与题目进行对比并选择答案

这一语段的第 1 句是确定答案的关键性句子,它的谓语 Die Wissenschaftler **schauten** 与题目中的谓语 Die Forscher **wollten herausfinden** 完全一致,涉及的都是科研目的,所以这题的答案应该在 Ja 和 Nein 之间确定。

这一句还表明:科研人员的目的是看一看:这些女士在接受调查的初期参加多少运动,又有多少女士在接下来的 14 年中健康地变老。

而题目描写的目的则是:研究人员想要调查出,14 年后还有多少接受调查的人还在参加许多运动。文章与题目提及的科研目的不同,所以选择 Nein。

第 4 题   **第 1 步:阅读题目,划出信号词**

<u>Diejenigen</u>, die im Alter an keiner der zehn häufigsten chronischen Krankheiten leiden, werden von den Forschern als <u>gesund angesehen</u>.

题目中划出的关键词语涉及哪类人被看作是健康的。根据这一意思,我们在文章中寻找相关语段。

第 2 步:寻找相关语段

1. Die Wissenschaftler schauten, … wie viele Frauen die folgenden 14 Jahre gesund alterten – das heißt, <u>die zum Schluss der Erhebung keine der zehn häufigsten chronischen Krankheiten entwickelt hatten</u> （dazu zählen unter anderem Bluthochdruck, Diabetes, Arthrose）.

   研究人员审视了……又有多少女士在接下来的 14 年中健康地变老,这就是说,她们在调查结束时没有患上 10 种最常见的慢性病(包括高血压、糖尿病和关节病)。

2. Zudem sollten die Probanden bis zum Schluss <u>noch geistig fit</u> sein und auch <u>körperlich keinerlei Einschränkungen</u> haben.

   另外,接受调查者在调查结束时,心灵还必须是健康的,身体也没有任何障碍。

   相关语段的划线部分是对健康女士的定义,所以可以把这段看作题目的相关语段。

第 3 步:分析题意

题目的话题是哪类人被视为健康的。也就是说,题目要求我们判断:老年时**是否没有患**

上10种常见慢性病的人就算是健康的。

第4步：把相关语段与题目进行对比并选择答案

相关语段中的 das heißt 向读者表明后文是对前文 gesund alterten 的解释，这个解释就是对健康老年人的解释。这一段告诉我们健康包括三个方面：一是没有患慢性病，二是精神上的健康，三是身体方面没任何障碍。这三方面的总和才是健康。题目里的定义与文章相比不完整，所以选择 Nein。

■ LV III 答题方法总结

1. 为了提高解题速度，做题时可以读一道题做一道题，也可以读两道题，然后做前一道题，因为整套题目中包括 Text sagt dazu nichts 的题目，碰到这类题目，在寻找相关段落时可能会因为找不到同样话题的语段而无休止的往下寻找，浪费很多时间，多读一道题可以起到限制作用。

2. 阅读题目时首先要分析题目的话题，第二要分析题意，即题目要求我们对哪一层次的话题作出 Ja，Nein 或 Text sagt dazu nichts 的判断。

3. 借助题目的话题在文章中寻找相关语段。

4. 分析相关语段时，首先确定相关语段有没有涉及题目的话题，如果没有涉及，答案选择 Text sagt dazu nichts；如果涉及，再进一步分析文章是对题目的肯定还是否定，肯定时选择 Ja，否定时选择 Nein。

请按照上述答题策略完成 5—8 题。

■ 习题讲解

第 5 题　**题意**：为了研究，参加者**是否分成 3 个组别**。

相关语段及其译文

Entsprechend ihrer körperlichen Aktivität wurden die Teilnehmer in Gruppen eingeteilt.

按照她们的体力活动状况，参加者分成了若干组别。

选择答案

这一段落只告诉我们参加者分成了若干组别，但是没有具体数字，所以对题目既不构成肯定，也不构成否定，所以答案选择 Text sagt dazu nichts。

第 6 题　**题意**：这一科研表明"参加最强体力活动的女士的寿命**是否比其他组别女士的寿命更长**"。

相关语段及其译文

In der Gruppe mit der höchsten körperlichen Aktivität war die Rate für gesundes Altern dabei doppelt so hoch wie in der Gruppe mit der niedrigsten Aktivität.

在最强体力活动的那一组里，健康变老的比例是体力活动最少的那一组的两倍。

选择答案

这一相关段落只在健康变老方面对两组女士进行了对比，没有在寿命方面进行对比，所以答案是 Text sagt dazu nichts。

第 7 题　　题意：慕尼黑工大的科研人员的目的是不是要确定：体力活动是否对老年人的大脑有影响？

相关语段及其译文

1. Eine deutsche Studie, an der knapp 4 000 Bayern älter als 55 Jahre teilnahmen, zeigte zudem, wie wichtig körperliche Aktivität auch für eine gesunde Hirnalterung ist.
   一项有 4 000 名年龄在 55 岁以上的巴伐利亚人参加的德国科研项目显示了，体力活动对于大脑健康地变老有多么的重要。

2. Forscher der Technischen Universität München schauten, wie viele Teilnehmer innerhalb von zwei Jahren leichte kognitive Einschränkungen (MCI) entwickelten.
   慕尼黑工大的研究人员审视了，有多少参试者在两年之内得了轻度的认知障碍。

选择答案

这一题涉及科研目的。根据第 1 句阐述的研究结果推理，慕尼黑工大的科研人员肯定有这一科研目标。所以答案是 Ja。

第 8 题　　题意：根据慕尼黑工大的科研结果，体育活动对老年人**是否具有降低认知受损风险**的作用。

相关语段及其译文

1. Dies war bei knapp sechs Prozent der Teilnehmer der Fall.
   这(得了轻度认知障碍)对近 6% 的参试人员来说情况就是如此。

2. Bei Teilnehmern, die mehr als dreimal pro Woche körperlich aktiv waren, war die MCI-Häufigkeit nur halb so hoch wie bei trägen Zeitgenossen.
   对于每周三次参加体育或体力活动的参试人员来说，他们患认知障碍的比例只是那些懒散的同龄人的一半。

选择答案

这一相关段落告诉我们一个事实：每周有三次以上体力活动的人比懒散的同龄人患认知障碍的概率小了一半。根据推理，题目信息符合这一相关段落所隐含的意思，所以答案是 Ja。

Lösungen

1 nichts, 2 Ja, 3 Nein, 4 Nein, 5 nichts, 6 nichts, 7 Ja, 8 Ja

Vokabeln

	halbieren *Vt.*	使……减半
das	Risiko -s	风险，冒险
	chronisch *Adj.*	慢性的，长期的
	altern *Vi.*	变老
	radeln *Vi.*	骑自行车
	zum Ergebnis kommen	获得结果
	analysieren *Vt.*	分析
der	Altersschnitt -e	老年分界线
die	Studie -n	研究
die	Erhebung -en	调查
	unter anderem / u. a.	除其他的以外还包括
der	Bluthochdruck nur Sg.	高血压
der	Diabetes nur Sg.	糖尿病
die	Arthrose nur Sg.	关节病
	zudem *Adv.*	另外
der	Proband -en, -en	被试验者
die	Einschränkung -en	限制
	entsprechend + D. *Präp.*	根据，按照
die	Aktivität -en	活动
das	Ergebnis -se, -ses	结果，成果
die	Rate -n	份额，数额
die	Hirnalterung -en	大脑变老
	kognitiv *Adj.*	认知的
	der Fall sein	就是这情况，就是如此
	träge *Adj.*	懒散的
der	Zeitgenosse -n, -n	同龄人

Einheit 6

Lesen Sie den Text und lösen Sie die Aufgaben.

Einzigartig auf Fuerteventura/Playitas: Neuer Outdoor Fitness Park mit Meerblick

In China gehören sie längst zum Stadtbild: Outdoor Fitness Parks. An einfach zu bedienenden Fitnessgeräten können Muskeln trainiert, die richtige Haltung geübt und am Gleichgewichtssinn gearbeitet werden. Hier trainieren Jung und Alt gemeinsam, Kontakte werden geknüpft und Neuigkeiten ausgetauscht.

Nun können auch Hotelgäste auf Fuerteventura zwischen Sonnenbad, Urlaubslektüre und Schwimmen ganz unkompliziert und einfach etwas für ihre Gesundheit tun. Seit Januar präsentiert Playitas als eines der ersten Sportressorts der Welt einen Outdoor Fitness Park direkt am Strand. Die Gäste können an 13 verschiedenen Geräten Herz-Kreislauf, Körperbalance, Kraft sowie Koordination trainieren, während sie den Blick auf den Atlantik und die Vulkanberge Fuerteventuras genießen. Das ganzjährig gute Klima auf der Kanareninsel macht das kommunikative Training im Freien noch reizvoller.

Der Outdoor Fitness Park ist für alle Generationen konzipiert. Die Übungen erfüllen neben westlichen Vorstellungen auch fernöstliche Prinzipien: da jeder Benutzer sein eigenes Körpergewicht in Gang setzt, bringt er automatisch Harmonie in den Körper und regt beispielsweise den Energiefluss an. Daher erreicht man durch das Training nicht nur größere Fitness, sondern auch Ruhe und Entspannung.

Der neue Outdoor Fitness Park ist eine Ergänzung zu dem 700 Quadratmeter großen, hoteleigenen Fitnessbereich im Playitas Resort.

Das Playitas ist ein neues Sport- und Ferienresort an der Ostküste mit dem Vier-Sterne Playitas Hotel, dem Aparthotel Playitas und den Villas Playitas. Ein besonderer Schwerpunkt des neuen Ferienresort sind Sport- und Freizeitaktivitäten. Auf einer Gesamtfläche von 1 Mio. Quadratmetern findet man drei verschiedene Pools, einen Jogging-Parcours, ein professionell ausgestattetes, 700qm großes Fitnesscenter, ein Bikecenter mit Rennrädern und MTBs, Beachvolleyballplatz und Tennisplätze. Für Golfer bietet der zwischen zwei Hügelketten eingebettete 18-Loch Platz mit 67-Par ein anspruchsvolles Spiel mit faszinierendem Blick auf den Atlantik.

http://www.fachzeitungen.de/pressemeldungen/einzigartig-auf-fuerteventuraplayitas-neuer-outdoor-fitness-park-mit-meerblick-103594/

Markieren Sie die richtige Antwort.

		Ja	Nein	Text sagt dazu nichts	
1	Outdoor Fitness Parks gibt es als erstes in der Welt in China.				1
2	Bei Outdoor Fitness Parks wird u. a. das Stehen trainiert.				2
3	Playitas ist ein Sportgebiet an einem Fluss, wo man schwimmen darf.				3
4	Es ist denjenigen, die an Herz-Kreislauf erkrankt sind, zu empfehlen, einen Urlaub auf Fuerteventura zu machen.				4
5	Playitas ist hauptsächlich nach europäischen Vorstellungen gebaut worden.				5
6	Dem Hotel gehört der neue Outdoor Fitness Park.				6
7	Das Playitas ist eher eine Erholungseinrichtung als eine bloße Übernachtungsmöglichkeit.				7
8	Das Playitas setzt sich jetzt aus einem Hotel, einem Aparthotel, Villen und verschiedenen Sportanlagen zusammen.				8

习题讲解

第1题

题意：户外健身公园在世界范围内(是否)首先出现在中国。
相关语段及其译文
In China gehören sie längst zum Stadtbild: Outdoor Fitness Parks.
在中国,户外健身公园早就成了一道城市风景线。
选择答案
这一相关段落中用的 längst 和题目中用的 als erstes 含义完全不同,从 längst 不能推断出(是否)首先出现,所以选择 Text sagt dazu nichts。

第2题

题意：在户外健身公园(是否)还练站姿。
相关语段及其译文
An einfach zu bedienenden Fitnessgeräten können Muskeln trainiert, die richtige Haltung geübt und am Gleichgewichtssinn gearbeitet werden. Hier trainieren Jung und Alt gemeinsam, Kontakte werden geknüpft und Neuigkeiten ausgetauscht.
在操作简单的健身器上能够锻炼肌肉,练习正确的姿势和训练平衡意识。在这里年轻人和老人一起锻炼,互相建立起联系和交流新闻。

选择答案

这一相关段落中的 die richtige Haltung geübt 告诉我们在户外健身公园练习正确的身体姿势,但是没有明确告知(是否)包括站姿,所以答案是 Text sagt dazu nichts。

第3题 **题意**:Playitas (是否)是在一条可以游泳的河流旁的一块体育活动区域。

相关语段及其译文

1. Nun können auch Hotelgäste auf Fuerteventura zwischen Sonnenbad, Urlaubslektüre und Schwimmen ganz unkompliziert und einfach etwas für ihre Gesundheit tun.

在 Fuerteventura 山上的旅馆客人现在可以很方便地选择日光浴,假期体育培训或游泳来健身。

2. Seit Januar präsentiert Playitas als eines der ersten Sportressorts der Welt einen Outdoor Fitness Park direkt am Strand.

自一月以来,Playitas 作为世上第一批体育度假村之一开放了海滩户外健身公园。

选择答案

这一相关段落中的 direkt am Strand 告诉我们,它是位于海滩旁,不是 am Fluss,所以答案是 Nein。

第4题 **题意**:对心血管病人来说,(是否)可以建议他们去 Fuerteventura 火山度假。

相关语段及其译文

1. Die Gäste können an 13 verschiedenen Geräten Herz-Kreislauf, Körperbalance, Kraft sowie Koordination trainieren, während sie den Blick auf den Atlantik und die Vulkanberge Fuerteventuras genießen.

Fuerteventura 山上的游客们有机会在 13 种不同器械上锻炼心血管循环、身体平衡能力、力量以及协调能力,同时他们还能享受大西洋和 Fuerteventura 火山的景色。

2. Das ganzjährig gute Klima auf der Kanareninsel macht das kommunikative Training im Freien noch reizvoller.

Kanaren 岛上的全年优质气候使得户外的群体健身更吸引人。

选择答案

这一相关段落告诉我们,游客能锻炼心血管循环,但没有说已患心血管病的人(是否)也适合去那里度假,所以选择 Text sagt dazu nichts。

第5题 **题意**:Playitas (是否)主要按照欧洲人的观念建造起来的。

相关语段及其译文

1. Der Outdoor Fitness Park ist für alle Generationen konzipiert.

Der Outdoor Fitness Park,即 Playitas 的健身项目老老少少都适宜。

2. Die Übungen erfüllen neben westlichen Vorstellungen auch fernöstliche Prinzipien:

训练不仅符合西方人的观念,也符合远东人的观念。

3. da jeder Benutzer sein eigenes Körpergewicht in Gang setzt, bringt er automatisch Harmonie in den Körper und regt beispielsweise den Energiefluss an.

因为这里的每一个使用器械健身的人都要运动他的身体,他也就自然而然地要使他的身体和谐,激发起体内的能量流动。

4. Daher erreicht man durch das Training nicht nur größere Fitness, sondern auch Ruhe und Entspannung.

因此通过训练人们不仅能够达到身体更健,而且还能获得安宁和放松。

选择答案

这一相关段落告诉我们:Playitas 不仅符合西方人的观念,也符合远东人的观念。文章没有对这两者区分主次,所以选择 Text sagt dazu nichts。

6 题 **题意**:der neue Outdoor Fitness Park (是否)是旅馆的财产。

相关语段及其译文

Der neue Outdoor Fitness Park ist eine Ergänzung zu dem 700 Quadratmeter großen, hoteleigenen Fitnessbereich im Playitas Ressort.

Der neue Outdoor Fitness Park 是 Playitas 度假村 700 平方米大的旅馆自身内部健身区的补充。

选择答案

这一相关段落中用 hoteleigen 强调,700 平方米的 Playitas 健身区域是属于旅馆的,也就是说是旅馆的财产,这隐含了:Der neue Outdoor Fitness Park 不属于旅馆的财产,所以选择 Nein。

7 题 **题意**:Das Playitas (是否)更是一个疗养机构,而不是仅仅提供过夜。

相关语段及其译文

1. Das Playitas ist ein neues Sport- und Ferienressort an der Ostküste mit dem Vier-Sterne Playitas Hotel, dem Aparthotel Playitas und den Villen Playitas.

Playitas 是一个新的体育和休假场所,它有一个四星级宾馆,一个公寓式酒店和许多别墅。

2. Ein besonderer Schwerpunkt des neuen Ferienressort sind Sport- und Freizeitaktivitäten.

这个新度假村的一个特别重点就是体育和休闲活动。

选择答案

这一相关段落的第 2 句是对题目的肯定,所以答案是 Ja。

8 题 **题意**:Das Playitas (是否)由一个宾馆、一个公寓、若干别墅和各体育设施组成。

相关语段及其译文

1. Das Playitas ist ein neues Sport- und Ferienressort an der Ostküste mit dem Vier-Sterne Playitas Hotel, dem Aparthotel Playitas und den Villen Playitas.

Playitas 是一个新的体育和休假场所,它有一个四星级宾馆,一个公寓式酒店和许多别墅。

2. Ein besonderer Schwerpunkt des neuen Ferienressort sind Sport- und Freizeitaktivitäten.

这个新度假村的一个特别重点就是体育和娱乐活动。

3. Auf einer Gesamtfläche von 1 Mio. Quadratmetern findet man drei verschiedene Pools, einen Jogging-Parcours, ein professionell ausgestattetes, 700 qm großes Fitness-

center, ein Bikecenter mit Rennrädern und MTBs, Beachvolleyballplatz und Tennisplätze.

在总面积为 100 万平方米的平面上有 3 个不同的游泳池，一条长跑的跑道，一个设施专业并有 700 平方米的健身中心，一个提供自行车的赛车中心，一个沙滩排球场和若干网球场。

4. Für Golfer bietet der zwischen zwei Hügelketten eingebettete 18-Loch Platz mit 67-Par ein anspruchsvolles Spiel mit faszinierendem Blick auf den Atlantik.

对于高尔夫运动员，这里还有一个位于两个高地之间 18 洞的高尔夫球场供比赛。

选择答案

这一相关段落完全肯定了题目中的信息，所以选择 Ja。

Lösungen

1 nichts, 2 nichts, 3 Nein, 4 nichts, 5 Nein, 6 Nein, 7 Ja, 8 Ja

Vokabeln

	einzigartig *Adj.*	唯一的，独特的
	Outdoor Fitness Park	户外健身公园
der	Meerblick nur Sg.	海景
das	Stadtbild	市景
der	Gleichgewichtssinn	平衡感
	etw. (A.) mit etw. (D.) knüpfen	把……与……联系起来
	aus/tauschen *Vt.*	交换，交流
die	Urlaubslektüre	假日阅读
das	Sportressort -s	体育度假村
die	Koordination -en	协调，协调性
der	Blick	（看）一眼
die	Atlantik nur Sg.	大西洋
der	Vulkanberg -e	火山
die	Kanareninsel	加那利群岛
	reizvoll *Adj.*	诱人的，异常吸引人的
	konzipieren *Vt.*	设计
	fernöstlich *Adj.*	远东的
	etw. (A.) in Gang setzen	带动，促进
der	Energiefluss	能量流动
	an/regen *Vt.*	刺激，激发
	ausgestattet *Partizip Perfekt*	装备的
die	Hügelkette -n	丘陵地带
	eingebettet *Adj.*	嵌入的
	anspruchsvoll *Adj.*	要求高的，高品位的

Einheit 7

Sie suchen für einige Bekannte ein passendes Freizeitangebot. Schreiben Sie den Buchstaben für das passende Angebot in das Kästchen rechts. Jedes Angebot kann nur einmal gewählt werden. Es gibt nicht für jede Person ein geeignetes Angebot. Gibt es für eine Person kein passendes Angebot, dann schreiben Sie den Buchstaben *I*.

Sie suchen ein Freizeitangebot für ...

1 ... einen Kollegen, der eine Vorliebe für spannende Filme hat.
2 ... eine Bekannte, die sich über die neuesten Entwicklungen in der deutschen Cartoon-Welt informieren möchte.
3 ... eine Freundin, die schon seit langem die Aufführung eines Dramas von einem englischen Dramatiker sehen möchte.
4 ... einen Bekannten, der unbedingt die verschiedenen deutschen Biersorten ausprobieren möchte.
5 ... die Tochter einer Bekannten, die endlich mal wieder in Ruhe nach der Arbeit shoppen gehen möchte.
6 ... für eine Freundin, die den Klimawandel mit Sorge beobachtet.
7 ... für einen Bekannten, der gern Musik hört.
8 ... für eine Freundin, die gern am Abend den Sternenhimmel beobachtet.
9 ... für eine ältere Freundin, die nicht nur selber gerne Geschichten schreibt, sondern auch gerne wissen möchte, was für Geschichten andere schreiben.
10 ... für einen Bekannten, dessen Kinder sich für die deutsche Nachkriegsgeschichte interessieren.

Freizeitangebote

A	E
1. Erlanger Sternen Nacht Am 22. Mai 2009 findet die 1. Erlanger Sternen Nacht statt! Zum ersten Mal öffnet der Einzelhandel für Kunden und Besucher in der Innenstadt bis 23 Uhr die Türen, einkaufen und bummeln bis kurz vor Mitternacht. Doch auch für das leibliche Wohl ist	**Staatstheater Nürnberg** **Richard III.** Samstag, 08.05.2010 19:30 – 22:50 Uhr, Drama von William Shakespeare Dauer: 3 Stunden 20 Minuten, Pause nach 1 3/4 Stunden • Inszenierung: Christoph Mehler • Bühne: Nehle Balkhausen

gesorgt. Am Hugenottenplatz kann man Biergartenatmosphäre genießen und auf der „Straße der Köstlichkeiten" wird man mit Leckereien aus aller Welt verwöhnt.	• Kostüme: Anne Hölzinger • Dramaturgie: Katrin Breschke
B **Südstadtgeschichten** **Arbeitswelt Südstadt** **Mit Autorinnen der Schreibwerkstatt Wendelstein** Autorinnen der Schreibwerkstatt Wendelstein haben sich in der Nürnberger Südstadt auf Spurensuche begeben, haben vieles erlauscht und erlebt, von früher, von heute und haben es aufgeschrieben. In gemütlicher Runde werden die entstandenen Texte vorgelesen, im Anschluss wird darüber geredet und erzählt. 15:00 Uhr · Eintritt: frei Stadtteilbibliothek Südpunkt, Pillenreuther Straße 147, 90459 Nürnberg	**F** **Auftakt zum Umweltjahr „natürlich ERLANGEN 2007" mit Prof. Töpfer** In einer gemeinsamen Veranstaltung der Siemens AG und der Stadt Erlangen wird am Donnerstag, 1. März, die Veranstaltungsreihe zum Jahresmotto 2007 „natürlich ERLANGEN" offiziell eröffnet. Der Abend steht unter dem Thema „Eine Zukunft für unsere Umwelt: die Herausforderungen im 21. Jahrhundert" Den Hauptvortrag hält Prof. Klaus Töpfer. Der frühere Bundesumweltminister und langjährige ökologische Vordenker der Vereinten Nationen vertritt an diesem Abend das UNEP-Institut für Umwelt und nachhaltige Entwicklung an der Universität Tongji/Shanghai, ebenfalls eine UN-Einrichtung.
C **Klassik am See 2010** Klassik am See entführt 2010 in die Klangwelt von „1001 Nacht" Festivalorchester: Mitglieder der Nürnberger Philharmoniker Musikalische Leitung: Till Fabian Weser Stargast: Die junge Stargeigerin Tianwa Yang aus China Die Besucher des bereits zum achten Mal stattfindenden Klassik-Highlights der Metropolregion erwartet 2010 eine besonders sinnliche Sommernacht unter den Sternen. Diesmal mit betörenden orientalischen und slawischen Klängen, die auf höchstem künstlerischen Niveau Sehnsüchte und Träumen Kraft verleihen. Im Mittelpunkt des Sommernachts-Openairs „Klassik am See" am Dechsendorfer Weiher bei Erlangen steht das Orchesterwerk „Scheherazade" von Nikolai Rimski-Korsakow.	**G** **Sag, was war die DDR?** Ein Geschichtsabenteuer für Kinder & Jugendliche Eine Präsentation des Kindermuseums in Berlin im Stadtmuseum Erlangen von April bis August. Ausstellungseröffnung: 18.4.2010 um 11 Uhr Die meisten Erwachsenen haben die DDR - egal, ob sie in Ost- oder Westdeutschland lebten - gekannt. Da wird geschwärmt, geschimpft, sich lustig gemacht, gestritten oder sogar geschwiegen... Sag, was war die DDR? Die neue interaktive Ausstellung des Kindermuseums ist eine Einladung für kritische junge Zeitforscherinnen und Zeitforscher aus Ost und West. Sie geht einen neuen Weg bei der Aufarbeitung von DDR Geschichte.

D	H
Programm Manhattan-Lichtspielhaus Erlangen Chloe Thriller Sensibler Thriller von Atom Egoyan: Julianne Moore unterzieht Liam Neeson einem Treuetest und landet selbst mit dem Lockvogel im Bett. Kunstkino für die Massen. Sa, 8. 5. 18:00　　So, 9. 5. 18:00 Mo, 10. 5. 18:00　Di, 11. 5. 18:00 Mi, 12. 5. 18:00 Regie: Atom Egoyan Darsteller: Julianne Moore Liam Neeson Amanda Seyfried USA/CA/F 2009 99 Min. ★★★★★☆	**Internationaler Comic-Salon Erlangen** Alle zwei Jahre trifft sich für vier Tage die Comic-Welt in Erlangen. Das größte und wichtigste Comic-Festival Deutschlands hat in den über zwanzig Jahren seines Bestehens maßgeblich dazu beigetragen, dass der Comic nicht nur als Massenmedium, sondern auch als Kunstform anerkannt wird. Im Zentrum des Internationalen Comic-Salons Erlangen steht die Messe mit rund 150 internationalen Ausstellern. Verlage, Agenturen und Comic-Händler präsentieren ihr Programm und stellen zahlreiche Neuerscheinungen erstmals der Öffentlichkeit vor. Über 300 Künstler aus aller Welt sorgen alle zwei Jahre für lange Warteschlangen an den Signiertischen.

习题讲解

一、题目中的关键词

1　… einen Kollegen, der eine Vorliebe für spannende Filme hat.

2　… eine Bekannte, die sich über die neuesten Entwicklungen in der deutschen Cartoon-Welt informieren möchte.

3　… eine Freundin, die schon seit langem die Aufführung eines Dramas von einem englischen Dramatiker sehen möchte.

4　… einen Bekannten, der unbedingt die verschiedenen deutschen Biersorten ausprobieren möchte.

5　… die Tochter einer Bekannten, die endlich mal wieder in Ruhe nach der Arbeit shoppen gehen möchte.

6　… für eine Freundin, die den Klimawandel mit Sorge beobachtet.

7　… für einen Bekannten, der gern Musik hört.

8　… für eine Freundin, die gern am Abend den Sternenhimmel beobachtet.

9　… für eine ältere Freundin, die nicht nur selber gerne Geschichten schreibt, sondern auch gerne wissen möchte, was für Geschichten andere schreiben.

10　… für einen Bekannten, dessen Kinder sich für die deutsche Nachkriegsgeschichte interessieren.

二、阅读短文

A 关键词

1. Erlanger Sternen Nacht

Am 22. Mai 2009 findet die 1. Erlanger Sternen Nacht statt! Zum ersten Mal (1)<u>öffnet der Einzelhandel für Kunden und Besucher in der Innenstadt bis 23 Uhr die Türen</u>, (2)<u>einkaufen und bummeln bis kurz vor Mitternacht</u>...Doch auch für das leibliche Wohl ist gesorgt. Am Hugenottenplatz kann man (3)<u>Biergartenatmosphäre genießen</u> und auf der „Straße der Köstlichkeiten" wird man mit (4)<u>Leckereien aus aller Welt</u> verwöhnt.

关键词的翻译或解释：

(1)零售店在市中心开门到23点；(2)购物、逛街可以进行到将近子夜；(3)享受啤酒园气氛；(4)享用世界各地的小吃。

确定答案：

第1和第2条关键词告诉我们短文是一个商家夜市海报，符合第5题下班后逛市场的需求。

注意：第4题中有 verschiedenen deutschen Biersorten ausprobieren，短文 D 中有词组 Biergartenatmosphäre genießen，为什么它不是第4的答案呢？因为第4题的要求就是品尝各类德国啤酒，而短文 D 中的 Biergartenatmosphäre genießen 没有明说可以享受许多种啤酒。

B 关键词

(1)**Südstadtgeschichten**

Arbeitswelt Südstadt

Mit Autorinnen der Schreibwerkstatt Wendelstein

(2)<u>Autorinnen der Schreibwerkstatt Wendelstein haben sich in der Nürnberger Südstadt auf Spurensuche begeben</u>, haben <u>vieles erlauscht</u> und <u>erlebt</u>, von früher, von heute und haben <u>es aufgeschrieben</u>. In gemütlicher Runde werden (3)<u>die entstandenen Texte vorgelesen</u>, im Anschluss wird <u>darüber geredet und erzählt</u>.

15:00 Uhr · Eintritt: frei

Stadtteilbibliothek Südpunkt, Pillenreuther Straße 147,

90459 Nürnberg

关键词的翻译或解释：

(1)南部城市的往事；(2)作家们追寻历史痕迹，听到或经历了许多事情并写了下来；(3)朗读并谈论和叙述他们的这些文章。

确定答案：

第2和第3条关键词符合第9题想知道别的作家写了那些故事的需求。

C 关键词

(1)**Klassik am See** 2010

Klassik am See entführt 2010 in die Klangwelt von „1001 Nacht"

（2）<u>Festivalorchester</u>：Mitglieder der Nürnberger Philharmoniker

（3）<u>Musikalische Leitung</u>：Till Fabian Weser

（4）<u>Stargast</u>：Die junge <u>Stargeigerin</u>Tianwa Yang aus China

Die Besucher des bereits zum achten Mal stattfindenden Klassik-Highlights der Metropolregion erwartet 2010 eine besonders sinnliche Sommernacht unter den Sternen. Diesmal mit betörenden orientalischen und slawischen Klängen, die auf höchstem künstlerischen Niveau Sehnsüchte und Träumen Kraft verleihen. Im Mittelpunkt des Sommernachts-Openairs „Klassik am See" am Dechsendorfer Weiher bei Erlangen steht （5）<u>das Orchesterwerk „Scheherazade" von Nikolai Rimski-Korsakow</u>.

关键词的翻译或解释：

（1）古典音乐；（2）节日乐队；（3）音乐指挥；（4）小提琴明星；（5）Nikolai Rimski-Korsakow 的乐队作品：Scheherazade。

确定答案：

所有这些关键词告诉我们，这是一个音乐会的海报，符合第 7 题喜欢听音乐的需求。

注意：第 8 题中有 den Sternenhimmel beobachtet，短文 C 中有词组 Sommernacht unter den Sternen，为什么它不是第 8 题的答案呢？因为第 8 题的要求就是观察星空，而短文 C 中的 unter den Sternen 是定语，修饰 Sommernacht（夏夜露天音乐会），强调露天的意思。

D   关键词

（1）**Programm Manhattan-Lichtspielhaus**，Erlangen

Chloe

（2）Thriller

Sensibler Thriller von Atom Egoyan：Julianne Moore unterzieht Liam Neeson einem Treuetest und landet selbst mit dem Lockvogel im Bett.

（3）<u>Kunstkino für die Massen</u>.

Sa, 8.5. 18:00

So, 9.5. 18:00

Mo, 10.5. 18:00

Di, 11.5. 18:00

Mi, 12.5. 18:00

（4）<u>Regie</u>：

Atom Egoyan

（5）<u>Darsteller</u>：

Julianne Moore

Liam Neeson

Amanda Seyfried

USA/CA/F 2009 99 Min.

★★★★☆

关键词的翻译或解释：
(1)曼哈顿影院时间表；(2)恐怖影片；(3)大众艺术电影；(4)导演；(5)演员。
确定答案：
所有这些关键词告诉我们短文涉及一部电影放映的时间表，符合第1题看电影的需求。

E   关键词

(1) **Staatstheater Nürnberg**

Richard III.

Samstag, 08.05.2010 19:30 — 22:50 Uhr,

(2) Drama von William Shakespeare

Dauer：3 Stunden 20 Minuten, Pause nach 1 3/4 Stunden

- (3) Inszenierung：Christoph Mehler
- (4) Bühne：Nehle Balkhausen
- (5) Kostüme：Anne Hölzinger
- (6) Dramaturgie：Katrin Breschke

关键词的翻译或解释：
(1)纽伦堡国家剧院；(2)莎士比亚的剧作；(3)导演；(4)舞台；(5)服装；(6)剧作艺术。
确定答案：
第2至6条关键词告诉我们短文E涉及的是一个英国人莎士比亚剧作表演的海报，符合第3题看英国戏剧家的戏剧表演需求。

F   关键词

(1) **Auftakt zum Umweltjahr** „natürlich ERLANGEN 2007" mit Prof. Töpfer

In einer gemeinsamen Veranstaltung der Siemens AG und der Stadt Erlangen wird am Donnerstag, 1. März, die Veranstaltungsreihe zum Jahresmotto 2007 „natürlich-ERLANGEN" offiziell eröffnet. Der Abend steht unter dem (2)Thema „Eine Zukunft für unsere Umwelt：die Herausforderungen im 21. Jahrhundert". (3)Den Hauptvortrag hält Prof. Klaus Töpfer. (4)Der frühere Bundesumweltminister und langjährige ökologische Vordenker der Vereinten Nationen vertritt an diesem Abend das UNEP-Institut für Umwelt und nachhaltige Entwicklungan der Universität Tongji/Shanghai, ebenfalls eine UN-Einrichtung.

关键词的翻译或解释：
(1)环境年的开幕式；(2)晚会主题：我们未来的环境；(3)Prof. Klaus Töpfer作主报告；(4)他是德国前环境部长和长年来生态思想的先驱者，是联合国环境和可持续发展研究署的晚会代表。
确定答案：
第1和第2条关键词告诉我们这是一个主题为我们未来环境的活动的环境年开幕式、海报，符合第6题关心环境变化的需求。

G 关键词

Sag, was war die DDR?

(1) Ein <u>Geschichtsabenteuer für Kinder & Jugendliche</u>

Eine Präsentation des (2) <u>Kindermuseums</u> in Berlin im Stadtmuseum Erlangen von April bis August.

Ausstellungseröffnung: 18.4.2010 um 11 Uhr

Die meisten Erwachsenen haben die DDR – egal, ob sie in Ost- oder Westdeutschland lebten – gekannt. Da wird geschwärmt, geschimpft, sich lustig gemacht, gestritten oder sogar geschwiegen ... (3) <u>Sag, was war die DDR</u>? Die neue interaktive Ausstellung des Kindermuseums ist (4) <u>eine Einladung für kritische junge Zeitforscherinnen und Zeitforscher</u> aus Ost und West. Sie geht einen neuen Weg bei der (5) <u>Aufarbeitung von DDR Geschichte</u>.

关键词的翻译或解释：

(1)对于儿童和少年是一段刺激的历史往事；(2)儿童博物馆；(3)DDR 是什么；(4)博物馆的对象是年轻一代的时代研究者；(5)重新厘清 DDR 的历史。

确定答案：

所有关键词的总和，尤其是关键词 DDR，它是德国战后的产物，符合第 10 题对德国战后历史感兴趣的孩子的需求。

注意：第 5 题中有 die Tochter einer Bekannten，短文 G 中有词组 für Kinder & Jugendliche，为什么它不是第 5 题的答案呢？因为第 5 题的要求是 nach der Arbeit shoppen，这说明这个 Tochter 已经是一个有工作的成年人，不再是 Kinder 或 Jugendliche。

H 关键词

(1) **Internationaler Comic-Salon Erlangen**

Alle zwei Jahre trifft sich für vier Tage die Comic-Welt in Erlangen. (2) <u>Das größte und wichtigste Comic-Festival Deutschlands</u> hat in den über zwanzig Jahren seines Bestehens maßgeblich dazu beigetragen, dass der Comic nicht nur als Massenmedium, sondern auch als Kunstform anerkannt wird.

Im Zentrum des Internationalen Comic-Salons Erlangen steht (3) <u>die Messe mit rund 150 internationalen Ausstellern</u>. Verlage, Agenturen und Comic-Händler präsentieren ihr Programm und (4) <u>stellen zahlreiche Neuerscheinungen erstmals der Öffentlichkeit vor</u>. Über 300 Künstler aus aller Welt sorgen alle zwei Jahre für lange Warteschlangen an den Signiertischen.

关键词的翻译或解释：

(1)国际卡通画沙龙；(2)德国最大最重要卡通画节日；(3)博览会上有来自各国的 150 个参展商；(4)许多新作品都是第一次与公众见面。

确定答案：

关键词(1)、(2)和(4)告诉我们短文是一个关于国际卡通博览会的海报，尤其是第 4 条关键词说，许多新作品都是第一次与公众见面，符合第 2 题了解卡通新发展的需求。

Lösungen

1 D, 2 H, 3 E, 4 I, 5 A, 6 F, 7 C, 8 I, 9 B, 10 G

Vokabeln

	bummeln *Vi.*	闲逛,溜达
	leiblich *Adj.*	身体的
die	Leckerei -en	美味的食品(尤指甜食)
die	Schreibwerkstatt -en	用于写作的工作坊
	auf Spurensuche	寻找痕迹
	sich begeben	去,前往
	erlauschen *Vt.*	聚精会神地听,打听到
	im Anschluss	紧接着
	entführen *Vt.*	劫持,引入
die	Klangwelt	音响世界
	Philharmoniker *Pl.*	交响乐团
	betörend *Adj.*	令人着迷的
	orientalisch *Adj.*	东方的
die	Sehnsucht ..e	向往,渴望
	verleihen *Vt.*	赋予,给予
das	Lichtspielhaus ..er	(旧)电影院
der	Thriller -	惊悚电影
	j-m. etw. (A.) unterziehen	使……经受,使……承受
der	Treuetest	忠诚测试
der	Lockvogel	诱骗者,诱饵
die	Regie -n	导演
die	Inszenierung -en	导演
die	Dramaturgie	编剧
der	Auftakt -e	序幕,开场
die	Herausforderung -en	挑战
	ökologisch *Adj.*	生态的
der	Vordenker -	思想先驱
	die Vereinten Nationen	联合国
	nachhaltig *Adj.*	持久的,可持续的
	schwärmen *Vi.*	群集,蜂拥
	schweigen *Vi.*	沉默
die	Aufarbeitung	(把耽搁的事情)处理完,整理
	maßgeblich *Adj.*	决定性的

der	Verlag	-e	出版社
die	Agentur	-en	代表处，机构
die	Neuerscheinung	-en	新出版物
	Warteschlangen	*Pl.*	排队
der	Signiertisch		签名桌

Einheit 8

Sie suchen für einige Bekannte ein passendes Veranstaltungsangebot. Schreiben Sie den Buchstaben für das passende Angebot in das Kästchen rechts. Jedes Angebot kann nur einmal gewählt werden. Es gibt nicht für jede Person ein geeignetes Angebot. Gibt es für eine Person kein passendes Angebot, dann schreiben Sie den Buchstaben *I*.

Sie suchen ein Veranstaltungsangebot für ...

1 ... für eine ältere Kollegin, die sich über Weiterbildungsprogramme informieren möchte.
2 ... für eine Freundin, die nicht gerne Strandurlaub macht, sondern pulsierendes Stadtleben in anderen Kulturen kennen lernen möchte.
3 ... für eine Studienkollegin, die nach der Babypause gern wieder den Einstieg ins Arbeitsleben finden möchte und Tipps für das Bewerbungsverfahren braucht.
4 ... für eine ältere Nachbarin, die Hilfe beim Einkaufen braucht.
5 ... für eine Freundin, die sich gern regelmäßig über die Bücher, die sie liest, mit anderen austauschen möchte.
6 ... für eine Kollegin, die auf gesunde Weise schlanker werden möchte.
7 ... für einen Freund, der als leidenschaftlicher Fahrradfahrer in seiner Freizeit gern mehrtägige Fahrradtouren in den Bergen macht.
8 ... für einen Studienkollegen, der Theaterwissenschaften studiert.
9 ... für ein älteres Ehepaar, das gern Kulturveranstaltungen in den Freien besucht.
10 ... für einen Studienkollegen, der zum Oktoberfest leider nicht mehr in Deutschland ist, aber für die vielen verschiedenen Biersorten in Deutschland schwärmt.

Veranstaltungsangebot

A	E
Wohl keine europäische Hauptstadt hat sich in den vergangenen zehn Jahren so verwandelt wie Istanbul und dennoch ihre kulturelle Identität bewahrt. Byzanz, Konstantinopel, Istanbul – einen Weg ist diese faszinierende	**Lenzerheide – für Biker** Hier hat der Mountainbiker die Qual der Wahl – 305 km ausgeschilderte Wege und Trials stehen zur Auswahl. Von der gemütlichen Tour mit dem Elektro-Bike

Metropole in ihrer Geschichte gegangen. Wir möchten Sie fünf Tage entführen in eine Welt, in der Bauchtanz und Basar genauso ihren Platz finden wie zeitgenössische Kunst und ausschweifendes Nachtleben. Termine: 18.-22.6.; 16.-20.9.; 28.10.-1.11.; Preis: ab €1.190	bis zum sportlichen Downhill bietet die Region alles, was das Herz begehrt. Und die lokalen Bike-Hotels lesen dem Sportler alle Wünsche von den Augen ab.
B **Fränkisches Bierfest in Nürnberg** An der Nürnberger Burg findet von 2. bis 6. Juni das 13. Fränkische Bierfest statt. Festeröffnung mit traditionellem Bieranstich durch die Bierkönigin ist am 2. Juni um 17.30 Uhr. Mit dabei sind 30 Brauereien aus der Region mit ihren hervorragenden fränkischen Bieren. Dazu gibt es verschiedene Speisen wie etwa Bratwürste, Fisch oder selbst gebackenes Brot. Auf 4 Bühnen wird täglich Live-Musik gespielt.	**F** **Ran an den Speck und los geht's!** Fr., 18.30 bis 20 Uhr Unser Trainingsprogramm der Deutschen Gesellschaft für Ernährung zielt auf langsame Gewichtsabnahme und setzt auf ein individuelles Ernährungsprogramm. Auch auf dem Programm stehen Einkaufstraining im Supermarkt und Speisekartencheck in einem Restaurant unserer Wahl.
C **Bayerische Theatertage** Zum 3. Mal ist das Theater Regensburg Gastgeber der Bayerischen Theatertage. Bei den von August Everding ins Leben gerufenen Theatertagen zeigen Ensembles aus ganz Bayern ausgewählte Höhepunkte ihrer Theaterarbeit. Wir gastieren in Regensburg mit unserer Inszenierung Kasper Hauser.	**G** **Den Arbeitsmarkt wieder erobern** Mi., 10 bis 12 Uhr, wöchentlich Zurück ins Berufsleben! Jetzt gilt es zu entdecken, was der Arbeitsmarkt braucht, was ich bieten kann. Was heute und morgen aktuell ist, das wollen wir herausfinden. Dabei sollen gute Bewerbungen sowie Förder- und Weiterbildungsmöglichkeiten nicht zu kurz kommen.
D **Das literarische Kabinett** Für Literaturfans und solche, die es werden wollen! Miteinander über Literatur ins Gespräch kommen. Bücher finden, die zu mir passen. Gemeinsam Literatur erleben, verstehen, diskutieren. Jeder Abend ist einem Autor / in und einem Thema gewidmet und enthält auch eine aktuelle Buchbesprechung. Die erfahrene Literaturwissenschaftlerin Birgit Monz	**H** **Startschuss für die Schlossgartenkonzerte** Auch in diesem Jahr erwartet das Erlanger Publikum in den Sommermonaten eine bunt gemischte Open-Air-Konzertsaison im Schlossgarten. Vor wunderschöner Kulisse des Erlanger Schlosses in entspannter, lockerer Atmosphäre ist der kostenlose Konzertgenuss wieder von einem besonderen Flair. Eine große Bandbreite von faszinierenden und abwechslungsreichen

wird Sie durch den Abend begleiten: „Literatur ist keine Sache für Spezialisten, sondern bringt neue Perspektiven in jedes Leben. " Literatur im Görreshof. Jeden 4. Montag im Monat findet „Das literarische Kabinett" von 19.00-21.30 Uhr in unserer kleinen, gemütlichen Bibliothek statt.	Klängen erwartet die Besucher. Wir freuen uns auf einen klangvollen und sonnigen Konzertsommer.

习题讲解

一、题目中的关键词

1 ... für eine ältere Kollegin, die sich über Weiterbildungsprogramme informieren möchte.

2 ... für eine Freundin, die nicht gerne Strandurlaub macht, sondern pulsierendes Stadtleben in anderen Kulturen kennen lernen möchte.

3 ... für eine Studienkollegin, die nach der Babypause gern wieder den Einstieg ins Arbeitsleben finden möchte und Tipps für das Bewerbungsverfahren braucht.

4 ... für eine ältere Nachbarin, die Hilfe beim Einkaufen braucht.

5 ... für eine Freundin, die sich gern regelmäßig über die Bücher, die sie liest, mit anderen austauschen möchte.

6 ... für eine Kollegin, die auf gesunde Weise schlanker werden möchte.

7 ... für einen Freund, der als leidenschaftlicher Fahrradfahrer in seiner Freizeit gern mehrtägige Fahrradtouren in den Bergen macht.

8 ... für einen Studienkollegen, der Theaterwissenschaften studiert.

9 ... für ein älteres Ehepaar, das gern Kulturveranstaltungen in den Freien besucht.

10 ... für einen Studienkollegen, der zum Oktoberfest leider nicht mehr in Deutschland ist, aber für die vielen verschiedenen Biersorten in Deutschland schwärmt.

二、短文

A 关键词

Wohl keine europäische Hauptstadt hat sich in den vergangenen zehn Jahren so verwandelt wie (1) Istanbul und dennoch ihre kulturelle Identität bewahrt. (2) Byzanz, Konstantinobel, Istanbul – einen Weg ist diese faszinierende Metropole in ihrer Geschichte gegangen. Wir möchten Sie fünf Tage entführen (3) in eine Welt, in der Bauchtanz und Basar genauso ihren Platz finden wie zeitgenössische Kunst und ausschweifendes Nachtleben.

Termine: 18.-22.6.; 16.-20.9.; 28.10.-1.11.; Preis: ab €1.190

关键词的翻译或解释:

(1)伊斯坦布尔;(2)历史上曾先后被称作 Byzanz 和 Konstantinobel;(3)去一个有肚皮

舞以及现代艺术和热闹夜生活的世界。

确定答案：

这 3 条关键词表明，这是伊斯坦布尔市旅游广告，符合第 2 题了解其他文化中城市生活的需求。

B　关键词

(1) **Fränkisches Bierfest in Nürnberg**

An der Nürnberger Burg findet (2) <u>von 2. bis 6. Juni</u> das 13. Fränkische Bierfest statt. (3) <u>Festeröffnung mit traditionellem Bieranstich durch die Bierkönigin ist am 2. Juni um 17.30 Uhr</u>. Mit dabei sind (4) <u>30 Brauereien aus der Region mit ihren hervorragenden fränkischen Bieren</u>. Dazu gibt es (5) <u>verschiedene Speisen</u> wie etwa Bratwürste, Fisch oder selbst gebackenes Brot. Auf (6) <u>4 Bühnen wird täglich Live-Musik</u> gespielt.

关键词的翻译或解释：

(1)纽伦堡市的法兰克啤酒节；(2)6 月 2 日至 6 日；(3)6 月 2 日 17 点 30 啤酒节开幕式；(4)30 个啤酒厂带来了他们各类优质的法兰克啤酒；(5)有各类食品如煎肠、鱼以及自烤面包；(6)4 个舞台每天演出音乐节目。

确定答案：

关键词(1),(4)符合第 10 题对德国各类啤酒有浓厚兴趣者的需求。

C　关键词

(1) Bayerische Theatertage

Zum 3. Mal ist (2) <u>das Theater Regensburg Gastgeber</u> der Bayerischen Theatertage. Bei den von August Everding ins Leben gerufenen Theatertagen zeigen (3) <u>Ensembles aus ganz Bayern ausgewählte Höhepunkte ihrer Theaterarbeit</u>. Wir gastieren in Regensburg mit unserer (4) <u>Inszenierung Kasper Hauser</u>.

关键词的翻译或解释：

(1)巴伐利亚戏剧节；(2)东道主是雷根斯堡剧院；(3)巴伐利亚的各乐团演出作他们剧作中最优秀的曲目；(4)导演是 Kasper Hauser。

确定答案：

这些关键词表明，这是一个戏剧节的海报，这个活动最符合第 8 题戏剧大学生的需求。

D　关键词

(1) **Das literarische Kabinett**

(2) <u>Für Literaturfans</u> und solche, die es werden wollen! (3) <u>Miteinander über Literatur ins Gespräch kommen</u>. (4) <u>Bücher finden, die zu mir passen</u>. (5) <u>Gemeinsam Literatur erleben, verstehen, diskutieren</u>. (6) Jeder Abend ist <u>einem Autor/in und einem Thema gewidmet</u> und (7) <u>enthält auch eine aktuelle Buchbesprechung</u>. Die erfahrene Literaturwissenschaftlerin Birgit Monz wird Sie durch den Abend begleiten:"Literatur ist

keine Sache für Spezialisten, sondern bringt neue Perspektiven in jedes Leben." Literatur im Görreshof. (8)Jeden 4. Montag im Monat findet „Das literarische Kabinett" von 19.00— 21.30 Uhr in unserer kleinen, gemütlichen Bibliothek statt.

  关键词的翻译或解释：

  (1)文学活动室；(2)为文学爱好者开放；(3)一起讨论文学；(4)找到感兴趣的书；(5)一起经历、理解和讨论文学；(6)每个晚上讨论一个作家一个主题；(7)包括时事书评；(8)每月第4个周一19:00—21:30 在我们的图书室。

  确定答案：

  关键词(1)、(3)、(5)和(6)表明，这是一个文学沙龙海报，符合第5题定期与别人交流读书心得的需求。

E   关键词

Lenzerheide – (1) für Biker

Hier hat der Mountainbiker die Qual der Wahl – (2)305 km ausgeschilderte Wege und Trails stehen zur Auswahl. Von der (3)gemütlichen Tour mit dem Elektro-Bike bis zum (4)sportlichen Downhill bietet die Region alles, was das Herz begehrt. Und (5)die lokalen Bike-Hotels lesen dem Sportler alle Wünsche von den Augen ab.

  关键词的翻译或解释：

  (1)提供给骑车人的活动；(2)总长305公里并有指路牌的各条道路；(3)有符合电动自行车行驶的舒适的道路；(4)有符合体育活动要求的山路；(5)有自行车旅馆。

  确定答案：

  所有这些关键词表明，短文是一个自行车山地训练场的广告，符合第7题到山里去几天自行车游的需求。

F   关键词

Ran an den Speck und los geht's!

  (1)Fr., 18.30 bis 20 Uhr

Unser (2)Trainingsprogramm der Deutschen Gesellschaft für Ernährung zielt auf (3)langsame Gewichtsabnahme und setzt auf (4)ein individuelles Ernährungsprogramm. Auch auf dem Programm stehen (5)Einkaufstraining im Supermarkt und (6)Speisekartencheck in einem Restaurantunserer Wahl.

  关键词的翻译或解释：

  (1)时间为周五18:30 到20:00；(2)饮食训练；(3)目的是逐渐减轻体重；(4)个性化的饮食方案；(5)在超市的购物训练；(6)在饭馆的点菜训练。

  确定答案：

  关键词(3)和(4)表明，短文涉及减肥，符合第6题健康瘦身的需求。

  注意：第4题中有Einkaufen，短文F中有词组Einkaufstraining im Supermarkt，为什么它不是第4题的答案呢？因为第4题的要求是Hilfe beim Einkaufen braucht(购物中得到别人帮助)，而短文F中Einkaufstraining im Supermarkt 是德意志饮食协会组织的减肥培训的一个组成部分,并不是帮助某人购物。

G 关键词

(1) **Den Arbeitsmarkt（wieder）erobern**

(2) Mi., 10 bis 12 Uhr, wöchentlich

(3) Zurück ins Berufsleben! Jetzt gilt es zu (4) entdecken, was der Arbeitsmarkt braucht, (5) was ich bieten kann. (6) Was heute und morgen aktuell ist, das wollen wir herausfinden. Dabei sollen (7) gute Bewerbungen sowie (8) Förder- und Weiterbildungsmöglichkeiten nicht zu kurz kommen.

关键词的翻译或解释：

(1) 重新占领劳动市场；(2) 时间为每周三 10 点至 12 点；(3) 回到职业生活中去；(4) 能了解劳动市场需要什么；(5) 我能提供什么；(6) 今天和明天什么是现实的；(7) 好的求职申请；(8) 进修的可能性。

确定答案：

所有这些关键词表明，这是给申请重新就业者的咨询活动，符合第 3 题产假后想重新找到工作并需要一些求职方法上建议的需求。

H 关键词

Startschuss für die (1) Schlossgartenkonzerte

Auch in diesem Jahr erwartet das Erlanger Publikum (2) in den Sommermonaten eine bunt gemischte oper air Konzertsaison im Schlossgarten. (3) Vor wunderschöner Kulisse des Erlanger Schlosses in entspannter, lockerer Atmosphäre ist der (4) kostenlose Konzertgenuss wieder von einem besonderem Flair. (5) Eine große Bandbreite von faszinierenden und abwechslungsreichen Klängen erwartet die Besucher. Wir freuen uns auf einen klangvollen und sonnigen Konzertsommer.

关键词的翻译或解释：

(1) 皇宫花园音乐会；(2) 时间在夏季的几个月；(3) 背景是爱尔兰根皇宫；(4) 免费入场；(5) 有很多流派的音乐。

确定答案：

关键词 (1) 和 (2) 等表明，这是一个夏季免费音乐会的海报，尤其是第 2 条关键词符合第 9 题在假期里（暑假在夏季）参加娱乐活动的需求。

Lösungen

1 I, 2 A, 3 G, 4 I, 5 D, 6 F, 7 E, 8 C, 9 H, 10 B

Vokabeln

das	Veranstaltungsangebot -e	活动
	sich verwandeln	改变
die	Identität nur Sg.	同一性, 身份
	bewahren *Vt.*	保持, 保存
	Byzanz	拜占庭（现在的伊斯坦布尔）
der	Bauchtanz	肚皮舞
der	Basar -e	集市, 市场
	zeitgenössisch *Adj.*	同时代的
	ausschweifend *Adj.*	无节制的, 放纵的
der	Bieranstich	给啤酒桶接上龙头
die	Brauerei -en	啤酒厂
	hervorragend *Adj.*	杰出的, 优秀的
	fränkisch *Adj.*	法兰克地区的
	etw. ins Leben rufen	建立
das	Ensemble -s	歌舞团, 乐团
	gastieren *Vi.*	（客地）演出
das	Kabinett -e	小房间, 活动室
	ins Gespräch kommen	谈论, 讨论
	j-m. / etw. (D.) gewidmet sein	献身给, 献给
	erfahren *Adj.*	经验丰富的
die	Perspektive -n	（看问题的）视角, 角度
	ausgeschildert *Adj.*	配有路标的
	zur Auswahl stehen	供选择
	begehren *Vt.*	渴望得到
	ab/lesen *Vt.*	看出, 觉察到
	Ran an den Speck!	开始吧!
	auf etw. (A.) setzen	重视
	erobern *Vt.*	占领, 征服
	Es gilt + zu + Infinitiv	是开始做……时候了
	zu kurz kommen	吃亏, 被忽视
das	Publikum nur Sg.	观众
das	Flair nur Sg.	气氛, 魅力
	von einem besonderen Flair sein	具有一种特别的气氛

Einheit 9

Sie suchen für einige Bekannte ein passendes Stellenangebot. Schreiben Sie den Buchstaben für das passende Angebot in das Kästchen rechts. Jedes Angebot kann nur einmal gewählt werden. Es gibt nicht für jede Person ein geeignetes Angebot. Gibt es für eine Person kein passendes Angebot, dann schreiben Sie den Buchstaben *I*.

Sie suchen ein Stellenangebot für ...

1. ... für eine Nachbarin, die eine lehrende Tätigkeit sucht.
2. ... für einen Freund, der in seiner Freizeit gern englische Texte schreibt und diese in seinem Blog veröffentlicht.
3. ... für eine Studentin, die sehr ernährungsbewusst lebt und gern im Verkauf jobben möchte.
4. ... für eine Freundin, die gern selbstständig arbeitet, aber aus familiären Gründen nicht Vollzeit beschäftigt sein kann.
5. ... für einen jungen Studenten, der leidenschaftlich gern Auto fährt und in den Semesterferien Geld verdienen möchte.
6. ... für eine Freundin, die nach der Babypause gern wieder für einige Stunden unterrichten möchte, aber nicht fest angestellt wird.
7. ... für einen Freund, der nach dem Besuch der Journalistenschule in den USA Informatik studiert hat.
8. ... für eine ehemalige Kollegin, die nach einem längeren Aufenthalt in den USA eine Tätigkeit im Hochschulbereich sucht.
9. ... für einen ausländischen Student, der gern Studenten betreuen möchte.
10. ... für eine kontaktfreudige Anglistikstudentin, die jobben möchte.

Stellenangebote

A	E
Zur Unterstützung unseres Sekretariats-Teams in Berlin suchen wir zur Betreuung unserer Kunden Mitarbeiterinnen und Mitarbeiter mit Freude an der Telefone, Spaß an der Dienstleistung und ausgeprägtem Sprachgefühl, die neben dem Studium eine	An der Akademie der Bildenden Künste in Nürnberg ist baldmöglichst die folgende Stelle zu besetzen: Mitarbeiter / Mitarbeiterin in der Studentenverwaltung Zu Ihren Aufgaben gehört:

abwechslungsreiche Tätigkeit als Werkstudent(in) suchen. Ihre genauen Aufgaben sind die folgenden: Annahme und Vermittlung eingehender Telefonate auf Deutsch und Englisch, Terminvereinbarung und -koordination. Das erhoffen wir uns von Ihnen: Hervorragende Deutschkenntnisse, gute Englischkenntnisse, Spaß an der Kundenbetreuung, eine hohe Dienstleistungsorientierung, grundlegende EDV-Kenntnisse. ebuero AG Frau Christiane Mey, Hauptstraße 810827 Berlin	— Sachbearbeitung von Anträgen auf Immatrikulation, Studiengangswechsel, Be-urlaubung vom Studium — Begleitung von Hochschulwettbewerben — Mithilfe bei der Betreuung ausländischer Studierender Folgende Voraussetzungen werden erwartet: — Gute Englischkenntnisse — Fundierte Kenntnisse der gängigen EDV-Anwenderprogramme — Die Fähigkeit in stressigen Situationen einen kühlen Kopf zu bewahren
B Wir suchen flexible und freundliche Aushilfen, die Interesse an Bio-Lebensmitteln mitbringen und gerne im Team arbeiten. Wir freuen uns auf Ihre Bewerbung!	F Kahle analog + digital Wir suchen während der Sommermonate einen jungen Fahrer mit Führerscheinklasse 3. Bewerbungen bitte telefonisch, Tel. 0911/933581.
C Wir sind die erfolgreichste Matratzenkette Europas mit über 700 Filialen in Deutschland. Für unsere Filialen in Nordbayern suchen wir Verkäufer/innen in Teilzeit mit Biss und Engagement. 20 bis 25 Std. pro Woche, ganze Tage. Führerschein erforderlich. Wir erwarten: Freundlichkeit, Flexibilität, Freude im Umgang mit Menschen, Eigenverantwortlichkeit. Wir freuen uns auf Ihre Kurzbewerbung mit Lebenslauf.	G Zur Verstärkung unseres Lehrerteams an der Fachakademie für Sozialpädagogik suchen wir für das kommende Schuljahr. Lehrkräfte auf Honorarbasis für die Fächer Deutsch sowie Literaturpädagogik und Musikerziehung Wir bieten Ihnen: — Attraktive und vielseitige Einsatzmöglichkeiten — Unterricht in kleinen Klassen Sie sind interessiert? Wir freuen uns auf Ihre Bewerbung!
D Sie möchten als Coach eine kleine Gruppe von Jugendlichen motiviert begleiten und dabei Ihre pädagogischen Fähigkeiten einsetzen. Sie haben Spaß am Umgang mit	H Die Fachhochschule Nürnberg sucht zum nächstmöglichen Zeitpunkt für die Presse- und Hochschulkommunikation eine/n Webredakteur/in.

	续 表
jungen Menschen und vermitteln neben dem reinen Fachwissen durch Ihre sympathische Art auch soziale Kompetenzen. Sie lernen bei uns, Schüler individuell in der kleinen Gruppe zu fördern. Unterstützt werden Sie dabei zum einen vor Ort von unseren qualifizierten Schülerhilfeleitungen als auch zentral durch unsere Fachabteilungen. Sie sind eingebunden in ein Team engagierter freier Mitarbeiter und genießen die Vorteile einer zentralen Organisation, d. h., wir kümmern uns für Sie um die Kursauslastung, Räume und auch Kursmaterialien.	Ihre Aufgaben: — Sie sind zuständig für den gesamten Internetauftritt der Fachhochschule. — Sie arbeiten mit Webredakteuren der Fakultäten, Institute und Abteilungen zusammen. — Sie bearbeiten Text- und Bildmaterialien. Ihr Profil: — Abgeschlossenes Hochschulstudium, journalistische Ausbildung von Vorteil. — Sie haben eine gute „Schreibe", gute Englischkenntnisse. — Sie zeichnen sich durch Eigeninitiative, Organisationsstärke und Teamfähigkeit aus. — Erfahrungen im Hochschulbereich sind von Vorteil.

习题讲解

一、题目中的关键词

1 ... für eine Nachbarin, die eine lehrende Tätigkeit sucht.

2 ... für einen Freund, der in seiner Freizeit gern englische Texte schreibt und diese in seinem Blog veröffentlicht.

3 ... für eine Studentin, die sehr ernährungsbewusst lebt und gern im Verkauf jobben möchte.

4 ... für eine Freundin, die gern selbstständig arbeitet, aber aus familiären Gründen nicht Vollzeit beschäftigt sein kann.

5 ... für einen jungen Studenten, der leidenschaftlich gern Auto fährt und in den Semesterferien Geld verdienen möchte.

6 ... für eine Freundin, die nach der Babypause gern wieder für einige Stunden unterrichten möchte, aber nicht fest angestellt wird.

7 ... für einen Freund, der nach dem Besuch der Journalistenschule in den USA Informatik studiert hat.

8 ... für eine ehemalige Kollegin, die nach einem längerem Aufenthalt in den USA eine Tätigkeit im Hochschulbereich sucht.

9 ... für einen ausländischen Student, der gern Studenten betreuen möchte.

10 ... für eine kontaktfreudige Anglistikstudentin, die jobben möchte.

二、短文

A 关键词

Zur（1）Unterstützung unseres Sekretariats-Teams in Berlin suchen wir zur（2）Betreuung unserer Kunden Mitarbeiterinnen und Mitarbeiter mit（3）Freude an der Telefonie,（4）Spaß an der Dienstleistung（5）und ausgeprägtem Sprachgefühl, die neben dem Studium eine abwechslungsreiche Tätigkeit als（6）Werkstudent(in) suchen. Ihre genauen Aufgaben sind die folgenden:（7）Annahme und Vermittlung eingehender Telefonate auf Deutsch und Englisch,（8）Terminvereinbarung und - koordination. Das erhoffen wir uns von Ihnen: Hervorragende Deutschkenntnisse, gute Englischkenntnisse, Spaß an der Kundenbetreuung, eine hohe Dienstleistungs- orientierung,（9）grundlegende EDV-Kenntnisse.

ebuero AG
Frau Christiane Mey,
Hauptstraße 810827 Berlin

关键词的翻译或解释：

(1)协助我们的秘书处工作；(2)服务我们的顾客；(3)喜欢接电话线；(4)热心于服务工作；(5)杰出的语感；(6)勤工俭学学生；(7)用德语或英语接电话和连线电话；(8)预约或协调时间；(9)有基本的电脑程序操作知识。

确定答案：

关键词(2),(6),(7)和(8)符合第10题善于交往又是英语专业的大学生打短工的需求。

B 关键词

Wir suchen flexible und freundliche（1）Aushilfen, die（2）Interesse an Bio-Lebensmitteln mitbringen und（3）gerne im Team arbeiten. Wir freuen uns auf Ihre Bewerbung!

关键词的翻译或解释：

(1)临时助手；(2)对生态食品有兴趣；(3)喜欢在团队里工作。

确定答案：

这些关键词表明,这是一个涉及生态食品的临时性岗位,符合第3题非常注意饮食,又喜欢在销售部门打工的需求。

C 关键词

Wir sind die erfolgreichste（1）Matratzenkette Europas mit über 700 Filialen in Deutschland. Für unsere Filialen（2）in Nordbayern suchen wir（3）Verkäufer/-innen in Teilzeit mit Biss und Engagement.（4）20 bis 25 Std. pro Woche, ganze Tage.（5）Führerschein erforderlich. Wir erwarten: Freundlichkeit,（6）Flexibilität,（7）Freude im Umgang mit Menschen,（8）Eigenverantwortlichkeit. Wir freuen uns auf Ihre Kurzbewerbung mit Lebenslauf.

关键词的翻译或解释：

(1)床垫连锁店；(2)在巴伐利亚北部；(3)非全时制售货岗位；(4)每周工作20—25小

时,全日;(5)有驾照;(6)时间灵活;(7)喜欢与人打交道;(8)自我负责。

确定答案:

关键词(3),(8)表明,这是一个涉及非全时制而又需要自我负责的岗位,符合第 4 题喜欢独立工作,而又不能做全时制工的需求。

注意: 第 5 题中有 gern Auto fährt,短文 C 中有词组 Führerschein erforderlich,为什么它不是第 5 题的答案呢? 因为第 5 题还有一个要求是 in den Semesterferien Geld verdienen,而短文 C 没有明说这是一个假期工作岗位。

第 6 题中有 für einige Stunden,短文 C 中有词组 20 bis 25 Std. pro Woche,为什么它也不是第 6 题的答案呢? 因为第 6 题主要要求是 unterrichten(给人上课),而短文 C 提供的岗位不是上课,而是售货。

D 关键词

Sie möchten(1) als Coach eine kleine Gruppe von Jugendlichen motiviert begleiten und dabei (2) Ihre pädagogischen Fähigkeiten einsetzen. Sie haben (3) Spaß am Umgang mit jungen Menschen und (4) vermitteln neben dem reinen Fachwissen durch Ihre sympathische Art auch soziale Kompetenzen. Sie (5) lernen bei uns Schüler individuell in der kleinen Gruppe zu fördern. (6) Unterstützt werden Sie dabei zum einen vor Ort von unseren qualifizierten Schülerhilfeleitungen als auch zentral durch unsere Fachabteilungen. Sie sind eingebunden in ein Team engagierter freier Mitarbeiter und genießen die Vorteile einer zentralen Organisation, d. h. wir kümmern uns für Sie um die Kursauslastung, Räume und auch Kursmaterialien.

关键词的翻译或解释:

(1)作为辅导员辅导青少年;(2)运用您的教育能力;(3)喜欢与年轻人打交道;(4)传授专业知识和社交能力;(5)因材施教地帮助学生;(6)工作中一方面可以得到资深的辅导老师的帮助,另一方面也能得到我们的专业指导部门的支持。

确定答案:

关键词(1),(2),(4)等表明,这是一个给青少年传授各类知识的岗位,符合第 1 题找一个教书育人工作的需求。

注意: 第 6 题的主要要求是 unterrichten,短文 D 提供的就是一个教师岗位,为什么它不是第 6 题的答案呢? 因为第 6 题还有一个要求是 nicht fest angestellt(不是固定雇佣),而短文 D 没有说这是一个非固定雇佣的工作岗位。

E 关键词

An der(1) Akademie der Bildenden Künste in Nürnberg ist baldmöglichst die folgende Stelle zu besetzen:

Mitarbeiter/Mitarbeiterin in der(2) Studentenverwaltung

Zu Ihren Aufgaben gehört:

— (3) Sachbearbeitung von Anträgen auf Immatrikulation, Studiengangswechsel, Beurlaubung vom Studium

——（4）Begleitung von Hochschulwettbewerben

　　——（5）Mithilfe bei der Betreuung ausländischer Studierender

　　Folgende Voraussetzungen werden erwartet：

　　——（6）Gute Englischkenntnisse

　　——（7）Fundierte Kenntnisse der gängigen EDV-Anwenderprogramme

　　——（8）Die Fähigkeit in stressigen Situationen einen kühlen Kopf zu bewahren

　　关键词的翻译或解释：

　　（1）纽伦堡造型艺术学院；（2）学生管理处；（3）岗位任务是：处理注册、转专业和休学等申请；（4）负责学校各类比赛；（5）协助辅导外国学生；（6）前提是：英语知识良好；（7）具有常用电脑应用程序的基础知识；（8）具有在繁杂境况中保持冷静的能力。

　　确定答案：

　　关键词（1），（6）等表明，这是一个需要英语能力并在大学工作的岗位，符合第8题在美国生活多年后，在大学里找一个工作岗位的需求。

　　注意： 第7题中有 in den USA Informatik studiert，短文E中有 Gute Englischkenntnisse，为什么它不是第7题的答案呢？因为第8题更合适，原因是第8题明说要在大学里工作，而且也是多年在美国。

F　　关键词

Kahle analog + digital

　　Wir suchen（1）während der Sommermonate einen jungen（2）Fahrer mit Führerscheinklasse 3. Bewerbungen bitte telefonisch, Tel. 0911/933581

　　关键词的翻译或解释：

　　（1）在夏季的几个月；（2）具有3级驾照。

　　确定答案：

　　这两个关键词表明，这是一个可以在暑假中驾车工作的岗位，符合第5题一个开车迷在假期中打工挣钱的需求。

G　　关键词

　　（1）Zur Verstärkung unseres Lehrerteams an der Fachakademie für Sozialpädagogik suchen wir（2）für das kommende Schuljahr

　　——（3）Lehrkräfte auf Honorarbasis für die Fächer Deutsch sowie Literaturpädagogik und Musikerziehung

　　Wir bieten Ihnen：

　　—— Attraktive und vielseitige Einsatzmöglichkeiten

　　——（4）Unterricht in kleinen Klassen

　　Sie sind interessiert? Wir freuen uns auf Ihre Bewerbung!

　　关键词的翻译或解释：

　　（1）目的是加强我们社会教育学专科大学的教师团队；（2）下学期开始；（3）德语、文学教育学以及音乐教育的老师；工资按课时计算；（4）小班上课。

确定答案：

关键词(3)中"工资按课时计算"表明，这是一个非固定的教学工作岗位，符合第6题找一个上几节课而又非固定岗位的需求。

H 关键词

Die (1) Fachhochschule Nürnberg sucht zum nächstmöglichen Zeitpunkt (2) für die Presse- und Hochschulkommunikation eine/n Webredakteur/in

Ihre Aufgaben：

— Sie sind (3) zuständig für den gesamten Internetauftritt der Fachhochschule
— Sie (4) arbeiten mit Webredakteuren der Fakultäten, Institute und Abteilungen zusammen
— Sie (5) bearbeiten Text- und Bildmaterialien

Ihr Profil：

— (6) Abgeschlossenes Hochschulstudium, journalistische Ausbildung von Vorteil
— (7) Sie haben eine gute „Schreibe", gute Englischkenntnisse
— (8) Sie zeichnen sich durch Eigeninitiative, Organisationsstärke und Teamfähigkeit aus
— (9) Erfahrungen im Hochschulbereich sind von Vorteil

关键词的翻译或解释：

(1) 纽伦堡高等专科大学；(2) 学校新闻部网页编辑岗位；(3) 任务是：负责全校的网页；(4) 与系、研究所和行政管理部门的网页编辑合作；(5) 编辑文章和图片；(6) 前提是：大学毕业，新闻专业优先；(7) 会写作，英语知识良好；(8) 有主动性、组织能力和团队工作能力；(9) 有大学工作经验者优先。

确定答案：

关键词(2)，(3)，(5)，(6)，(7)等表明，这是一个既要懂新闻学又要懂电脑的岗位，符合第7题中一个既学过新闻又学过信息学的人寻找工作岗位的需求。

Lösungen

1 D, 2 I, 3 B, 4 C, 5 F, 6 G, 7 H, 8 E, 9 I, 10 A

Vokabeln

das	Stellenangebot -e	工作机会
die	Unterstützung -en	支持，帮助
die	Dienstleistung	服务，帮助，效劳
	ausgeprägt *Adj.*	显著的，突出的
	abwechslungsreich *Adj.*	丰富多彩的
	Annahme und Vermittlung eingehender Telefonate	接、转打入的电话
die	Kundenbetreuung	顾客服务

	eine hohe Dienstleistungsorientierung	高度重视服务的态度
	grundlegend *Adj.*	基本的
die	Aushilfe -n	临时帮工
die	Matratzenkette	床垫连锁店
die	Filiale -n	分店，分公司
	mit Biss und Engagement	具有充分准备的，能完全投入的
	erforderlich *Adj.*	必要的，不可缺少的
die	Flexibilität nur Sg.	灵活性，应变能力
	im Umgang mit j-m/etw. (D)	与……打交道
die	Eigenverantwortlichkeit	自己承担责任，独自负责
die	Kurzbewerbung	简短的求职申请
der	Coach	辅导员，导师
	pädagogisch *Adj.*	教育学的
	ein/setzen *Vt.*	投入，应用
	qualifiziert *Adj.*	有资格的，高水平的
	eingebunden *Adj.*	参与的
die	Kursauslastung	课程的生源
	die Bildenden Künste	造型艺术
	baldmöglichst *Adj.*	尽快
	eine Stelle besetzen	填补职位
die	Sachbearbeitung	处理（办公室文书）
	Anträge auf Immatrikulation	入学申请
	Beurlaubung vom Studium	（国外大学）申请休学
die	Voraussetzung -en	前提条件
	fundiert *Adj.*	基础的
	gängig *Adj.*	常用的，通用的
	EDV-Anwenderprogramme	计算机应用程序
	einen kühlen Kopf bewahren	保持清醒的头脑
die	Lehrkraft ..e	教师，师资
	auf Honorarbasis	以时薪计算的
der	Webredakteur -	网络编辑
	für etw. (A.) zuständig sein	负责……
der	Internetauftritt	网页
	bearbeiten *Vt.*	处理
das	Profil -e	特点，特长
	abgeschlossenes Hochschulstudium	高校毕业
	sich (A.) durch etw. (A.) aus/zeichnen	具有……优点
die	Eigeninitiative	工作主动性
	von Vorteil	有利的

Einheit 10

Sie suchen für einige Bekannte ein passendes Buch. Schreiben Sie den Buchstaben für das passende Angebot in das Kästchen rechts. Jedes Angebot kann nur einmal gewählt werden. Es gibt nicht für jede Person ein geeignetes Angebot. Gibt es für eine Person kein passendes Angebot, dann schreiben Sie den Buchstaben *I*.

Sie suchen ein Buch ...

1 ... für eine Freundin, die ein Übersetzerstipendium bekommen hat und sich einen Überblick über die deutsche Translationswissenschaft verschaffen möchte.

2 ... für einen Freund, der nicht ganz sicher in der deutschen Rechtschreibung ist.

3 ... für eine chinesische Freundin, die in Deutschland promoviert und sich über das wissenschaftliche Schreiben informieren möchte.

4 ... für einen Studienkollegen, der eine Reise nach China plant.

5 ... für einen Kollegen, der gern Biografien liest und sich für die deutsche Geschichte interessiert.

6 ... für die Tochter eines Freundes, die in Deutschland Englisch studiert.

7 ... für einen Freund, der Sinologie studiert.

8 ... für eine Freundin, die Lyrikliebhaberin ist und gerne Hörbücher hört.

9 ... für eine Studienkollegin, die sich für Interkulturelle Kommunikation interessiert.

10 ... für einen Bekannten, der Französisch lernt.

Büchervorstellung

A	E
Der Tagungsband versammelt Beiträge von 44 Autoren aus China, Japan, der Schweiz und Österreich. Sie beschreiben Kommunikationsabläufe und - schwierigkeiten und ver- suchen, Wege aufzuzeigen, wie das Zusammentreffen verschiedener Kulturen	Heinrich Heine: Für Große und Kleine Sprecher: Rolf Nagel, Jana Schulz, Dietmar Mues, Katharina Thalbach und Donata Höffer. Laufzeit 78 Minuten. So witzig können klassische Gedichte sein! Heinrich Heine war ein Meister der Satire. Seine

续 表

reibungsloser gestaltet werden kann und wie Probleme in der Kommunikation zu überwinden sind.	fantastischen Verse und lustigen Reime machen nicht nur Kindern eine Freude, sondern allen, die einen Sinn haben für fröhlichen Übermut und tiefgründigen Humor.
B Klar, anschaulich und mit Blick auf das Wesentliche beschreibt H. S. in seinem Werk den Weg dieses faszinierenden Landes von den vorgeschichtlichen Anfängen bis zur unmittelbaren Gegenwart. Viele Karten erschließen das Riesenreich, und farbige, ausführlich erläuterte Abbildungen vermitteln einen sinnlichen Eindruck der historischen Entwicklungen in diesem großen Kulturraum, in dem ein Viertel der Menschheit lebt.	**F** Speziell für Schüler und Studenten Aktueller Wortschatz mit vielen Beispielsätzen Von der Allgemeinsprache bis zur modernen Fachsprache Informationen zu Kultur, Land und Leuten Mit Verbtabellen, Musterbriefen und ausführlichen Formulierungshilfen Enthält amerikanischen, australischen sowie österreichischen und schweizerischen Wortschatz.
C Dieses Handbuch ist ein umfassendes Nachschlagewerk für alle, die sich wissenschaftlich und praktisch mit Zielen, Aufgaben, Methoden und den institutionellen und historischen Bedingungen des Übersetzens und Dolmetschens beschäftigen. Der Leser erhält außerdem einen umfassenden Einblick in die derzeitige Ausbildungssituation und wird mit aktuellen Pro-blemen und Tendenzen vertraut gemacht.	**G** Schreiben ist ein zentrales Medium in der wissenschaftlichen Kommunikation. Der Erfolg in Wissenschaft und Studium hängt wesentlich von der Fähigkeit ab, anspruchsvolle Texte zu verfassen. Diese Fä-higkeit kann erworben werden – eine wi-chtige Aufgabe für Schule und Universität. Dieser Band bietet einen repräsentativen Überblick über die aktuelle Diskussion und den derzeitigen Kenntnisstand.
D Dieses Buch stellt die Regeln zum richtigen Schreiben der Wörter und Namen sowie die Regeln zum richtigen Gebrauch der Satzzeichen dar.	**H** Günter Schabowski / Frank Sieren: Wir haben fast alles falsch gemacht. **Die letzten Tage der DDR** Im Gespräch mit dem Journalisten Frank Sieren erzählt der ehemalige SED-Spitzenfunktionär, wie er das Ende der DDR erlebte. Econ, Berlin 2009; 281 S., 19,90 €

习题讲解

一、题目中的关键词

1. ... für eine Freundin, die <u>ein Übersetzerstipendium bekommen hat</u> und sich <u>einen Überblick über die deutsche Translationswissenschaft verschaffen</u> möchte.
2. ... für einen Freund, der nicht ganz sicher in der <u>deutschen Rechtschreibung</u> ist.
3. ... für eine chinesische Freundin, die <u>in Deutschland promoviert</u> und sich über <u>das wissenschaftliche Schreiben</u> informieren möchte.
4. ... für einen Studienkollegen, der <u>eine Reise nach China plant</u>.
5. ... für einen Kollegen, der <u>gern Biografien liest</u> und <u>sich für die deutsche Geschichte interessiert</u>.
6. ... für die Tochter eines Freundes, die <u>in Deutschland Englisch studiert</u>.
7. ... für einen Freund, der <u>Sinologie studiert</u>.
8. ... für eine Freundin, die <u>Lyrikliebhaberin ist und gerne Hörbücher hört</u>.
9. ... für eine Studienkollegin, die sich für <u>Interkulturelle Kommunikation</u> interessiert.
10. ... für einen Bekannten, der <u>Französisch lernt</u>.

二、短文

A 关键词

(1) <u>Der Tagungsband</u> versammelt (2) <u>Beiträge von 44 Autoren aus China, Japan, der Schweiz und Österreich</u>. Sie beschreiben (3) <u>Kommunikationsabläufe und -schwierigkeiten</u> und versuchen Wege aufzuzeigen, wie das (4) <u>Zusammentreffen verschiedener Kulturen reibungsloser gestaltet</u> werden kann und wie Probleme in der Kommunikation zu <u>überwinden</u> sind.

关键词的翻译或解释：

(1) 会议论文集；(2) 搜集了中国、日本、瑞士和奥地利等44位作者的论文；(3) 文章描写了交际的全过程和困难；(4) 各种文化如何能顺利交流以及如何解决交际中的问题。

确定答案：

这些关键词表明，这是一本涉及跨文化交际的书籍，符合第9题对跨文化交际有兴趣的需求。

B 关键词

Klar, anschaulich und mit Blick auf das Wesentliche beschreibt H. S. in seinem Werk den (1) <u>Weg dieses faszinierenden Landes von den vorgeschichtlichen Anfängen bis zur unmittelbaren Gegenwart</u>. (2) <u>Viele Karten erschließen das Riesenreich</u>, und (3) <u>farbige, ausführlich erläuterte Abbildungen vermitteln</u> einen sinnlichen Eindruck der <u>historischen Entwicklungen</u> in diesem großen Kulturraum, (4) <u>in dem ein Viertel der Menschheit lebt</u>.

关键词的翻译或解释：

(1) 这本书描写了这个国家从史前到今天的轨迹；(2) 许多卡片揭示了这个巨大的国家；

(3)解释详细的彩色插图能给读者留下关于这个国家历史发展的印象;(4)在这个国家生活着人类四分之一的人口。

确定答案:

这些关键词表明,这是一本关于中国从史前到现在的历史发展的书籍,比较符合第7题汉学专业大学生的需求。

注意: 第4题中有 eine Reise nach China,短文 B 中有 in dem ein Viertel der Menschheit lebt,为什么它不是第4题的答案呢? 因为第7题更合适,原因是第7题明说是研究汉学,短文 B 介绍的这本书涉及的是这个国家的历史发展,更符合研究的需要。

C 　　关键词

Dieses Handbuch ist ein umfassendes (1) Nachschlagewerk für alle, die sich wissenschaftlich und praktisch mit Zielen, Aufgaben, Methoden und den institutionellen und historischen Bedingungen des Übersetzens und Dolmetschens beschäftigen. Der Leser erhält außerdem (2) einen umfassenden Einblick in die derzeitige Ausbildungssituation und wird (3) mit aktuellen Problemen und Tendenzen vertraut gemacht.

关键词的翻译或解释:

(1)提供给研究人员的一部研究翻译的目标、任务、方法以及翻译的机构和历史条件的参考书;(2)全面介绍当代翻译教育的状况;(3)让读者熟悉翻译中存在的现实问题和发展趋势。

确定答案:

这些关键词表明,这是一本翻译学中关于翻译目的、任务、方法等的参考书,比较符合第1题想了解德国翻译学的需求。

D 　　关键词

Dieses Buch stellt die (1) Regeln zum richtigen Schreiben der Wörter und Namen sowie die (2) Regeln zum richtigen Gebrauch der Satzzeichen dar.

关键词的翻译或解释:

(1)词和人名的书写规则;(2)标点符号的使用规则。

确定答案:

这些关键词表明,这是一本德语书写规则和标点符号使用规则的书,符合第2题那个不懂德语正字法的人的需求。

E 　　关键词

(1) Heinrich Heine: Für Große und Kleine. (2) Sprecher: Rolf Nagel, Jana Schulz, Dietmar Mues, Katharina Thalbach und Donata Höffer. (3) Laufzeit 78 Minuten. So witzig können (4) klassische Gedichte sein! Heinrich Heine war ein Meister der (5) Satire. Seine (6) fantastischen Verse und (7) lustigen Reime machen nicht nur Kindern eine Freude, sondern allen, die einen Sinn haben für (8) fröhlichen Übermut und (9) tiefgründigen Humor.

关键词的翻译或解释：

(1)作者 Heinrich Heine；(2)配音演员：……；(3)时间……；(4)古典诗；(5)讽刺文学；(6)极富想象力的诗歌；(7)有趣的韵脚；(8)快乐的夸张；(9)深刻的幽默。

确定答案：

关键词(2)、(3)和(6)表明,这是一本有声读物,符合第8题那位喜欢听"书"的诗迷的需求。

F **关键词**

Speziell (1)<u>für Schüler und Studenten</u>

(2)<u>Aktueller Wortschatz</u> mit vielen Beispielsätzen

Von der (3)<u>Allgemeinsprache</u> bis zur <u>modernen Fachsprache</u>

(4)<u>Informationen zu Kultur, Land und Leuten</u>

Mit (5)<u>Verbtabellen</u>, (6)<u>Musterbriefen</u> und ausführlichen (7)<u>Formulierungshilfen</u>

Enthält (8)<u>amerikanischen, australischen sowie österreichischen und schweizerischen Wortschatz</u>

关键词的翻译或解释：

(1)这本书专门写给中小学生和大学生；(2)最新的词汇；(3)有通用语和专业用语；(4)有文化、风土和人情方面的内容；(5)有动词表；(6)有写信的范文；(7)作文常用表达(方式)；(8)包含美国、澳大利亚、奥地利和瑞士词汇。

确定答案：

关键词(1)和(8)表明,这是一本包括美国和澳大利亚英语在内的词汇学习书,符合第6题那个在德国学习英语专业的大学生学习英语的需求。

G **关键词**

(1)<u>Schreiben ist ein zentrales Medium in der wissenschaftlichen Kommunikation.</u> (2)<u>Der Erfolg in Wissenschaft und Studium hängt wesentlich von der Fähigkeit ab, anspruchsvolle Texte zu verfassen.</u> Diese Fähigkeit kann erworben werden – eine wichtige Aufgabe für Schule und Universität. Dieser Band bietet (3)<u>einen repräsentativen Überblick über die aktuelle Diskussion und den derzeitigen Kenntnisstand.</u>

关键词的翻译或解释：

(1)写文章；(2)学术成就取决于写高难度文章的能力；(3)这本书提供当前对学术写作的讨论以及学术写作知识的概览。

确定答案：

这些关键词表明,这是一本关于写学术文章的书,符合第3题想了解学术写作的需求。

H **关键词**

Günter Schabowski/Frank Sieren：

Wir haben fast alles falsch gemacht.

(1)Die letzten Tage der DDR

Im（2）Gespräch mit dem Journalisten Frank Sieren erzählt der ehemalige SED-Spitzenfunktionär, wie er das Ende der DDR erlebte.

Econ，Berlin 2009；281 S.，19,90 €

关键词的翻译或解释：

(1)民主德国的最后几天；(2)统一党高级干部与记者 Frank Sieren 谈他怎样经历了明主德国的末日。

确定答案：

这两个关键词表明,这是一本关于民主德国最后几天的历史书,符合第5题对德国历史有兴趣的需求。

Lösungen

1 C, 2 D, 3 G, 4 I, 5 H, 6 F, 7 B, 8 E, 9 A, 10 I

Vokabeln

der	Tagungsband ..e	会议论文集
	versammeln *Vt.*	收集
der	Beitrag ..e	文章,稿件
	auf/zeigen *Vt.*	阐明,指出
	reibungslos *Adj.*	顺利的,无摩擦的
	gestalten *Vt.*	组织,举办
	Probleme überwinden	克服困难
	anschaulich *Adj.*	直观的,形象生动的
	vorgeschichtlich *Adj.*	史前的
	unmittelbar *Adj.*	直接的
	erschließen *Vt.*	展示
	ausführlich erläuterte Abbildungen	附带详细解释的图片
	sinnlich *Adj.*	感官的,直观的
das	Handbuch ..er	(专业性的)手册
	umfassend *Adj.*	全面的,广泛的
das	Nachschlagewerk -e	参考书,工具书
	institutionell *Adj.*	制度性的,体制的
	erhalten *Vt.*	保持,保存
	sich/j-n mit etw.(D.) vertraut machen	使熟悉……
der	Gebrauch	使用,用法
das	Satzzeichen -	标点符号
	witzig *Adj.*	有趣的,诙谐的,幽默的

die	Satire -n	讽刺作品，讽刺文学
der	Reim -e	韵，韵脚
der	Übermut	放纵，傲慢自大
	tiefgründig *Adj.*	深刻的，透彻的
der	Musterbrief -e	书信样本
	von etw. (D.) ab/hängen	取决于……
	anspruchsvoll *Adj.*	高要求的，苛求的
	ein repräsentativer Überblick	具有代表性的概况
	der derzeitige Kenntnisstand	当时的知识水平

Einheit 11

Sie suchen einen passenden Kurs. Schreiben Sie den Buchstaben für den passenden Kurs in das Kästchen rechts. Jeder Text kann nur einmal gewählt werden. Es gibt nicht für jede Kurssuche einen geeigneten Text. Gibt es kein passendes Angebot, dann schreiben Sie den Buchstaben *I*.

In welchem Kurs können Sie ...

1 ... schwimmen lernen.
2 ... politisieren und über Aktuelles diskutieren.
3 ... über die Rolle des Einzelnen in der Gemeinschaft philosophieren.
4 ... tauchen lernen.
5 ... eine Kirchenführung mitmachen.
6 ... Ihre Existenzgründung vorbereiten.
7 ... Entspannung und Musizieren miteinander verbinden.
8 ... eine Einführung in die Kunstgeschichte des Abendlandes bekommen.
9 ... Tipps für eine gelungene Kommunikation bekommen.
10 ... einen Rundgang durch die Stadt Erlangen machen.

Kursangebot

A 15:00 – 16:30 Uhr (1x) Dr. K. Wrobel Gesprächskreis zu Politik und Zeitgeschehen Eintritt frei	E Dr. Th. Grethlein Der philosophische Sonntagsfrühschoppen. Individuum und Gesellschaft: Freiheit zwischen Egoismus und Soziabilität. Eintritt frei.
B Haben Sie auch schon ein Mal mit dem Gedanken gespielt, die faszinierende Welt unter Wasser kennen zu lernen, aber bisher keine Zeit oder Möglichkeit dazu gehabt? In unserem Kurs legen wir besonders Wert auf eine sichere und gute Ausbildung, die jeden Anfänger behutsam an die Welt unter Wasser heranführt.	F Wie gehe ich vor, wenn ich mich selbstständig machen will, was brauche ich, an wen kann ich mich wenden ...? Neben einigen Informationen zu Basiswissen für die Selbstständigkeit geht es an diesem Abend auch um Fragen, welche Beratungs- und Seminarangebote hilfreich sein können.

C **27.07.2010, 14:30 Uhr** **Führung** Geschichte(n) aus der Hugenottenstadt - Historischer Spaziergang mit Caféhaus-Besuch, Hugenottenplatz und Eingang Hugenottenkirche Organisation: Erlanger Tourismus und Marketing Verein	G **Small Talk - in aller Munde** Das Reden im beruflichen Alltag ist nicht so sehr Ihr Problem, doch wenn es um erfolgreichen Small Talk geht, tut sich manche Hürde auf. In diesem Kurs sind Sie richtig. Hintergrundwissen und praktische Übungen werden Sie in die Lage versetzen, Spaß am Small Talk im Fahrstuhl, auf der Messe oder bei einer Feier zu haben.
D B. Reuschert Dieses Seminar bietet Ihnen einen Einstieg in komplexe Kunst Europas und macht Sie mit den Hauptepochen und Kunstwerken ab der Antike bekannt.	H Möchten Sie ein Urlaubswochenende und Blockflötespielen miteinander verbinden? Unsere Blockflötenkurse geben Ihnen die Möglichkeit, Blockflötenunterricht und Ferien miteinander zu verbinden. Neben dem Spaß am Zusammenspiel (bei einem Kurs auch mit dem Klavier) gibt es viele Tipps und Wissenswertes zu Spieltechnik, Instrumentarium und zum Stimmen und Einstimmen von Blockflöten.

习题讲解

一、题目中的关键词

1 ... <u>schwimmen</u> lernen.
2 ... <u>politisieren</u> und über <u>Aktuelles diskutieren</u>.
3 ... über <u>die Rolle des Einzelnen in der Gemeinschaft</u> philosophieren.
4 ... <u>tauchen</u> lernen.
5 ... eine <u>Kirchenführung</u> mitmachen.
6 ... Ihre <u>Existenzgründung</u> vorbereiten.
7 ... <u>Entspannung und Musizieren</u> miteinander <u>verbinden</u>.
8 ... eine Einführung in die <u>Kunstgeschichte des Abendlandes</u> bekommen.
9 ... <u>Tipps für eine gelungene Kommunikation</u> bekommen.
10 ... einen <u>Rundgang durch die Stadt Erlangen</u> machen.

二、短文

A 关键词
15:00—16:30 Uhr (1x)

Dr. K. Wrobel
Gesprächskreis zu Politik und Zeitgeschehen
Eintritt frei

关键词的翻译或解释：
关于政治和时事。

确定答案：
这一关键词符合第 2 题谈论政治和讨论时事的需求。

B **关键词**

Haben Sie auch schon ein Mal mit dem Gedanken gespielt,(1) die faszinierende Welt unter Wasser kennen zu lernen, aber bisher keine Zeit oder Möglichkeit dazu gehabt? In unserem Kurs legen wir besonders Wert auf eine (2) sichere und gute Ausbildung, die (3) jeden Anfänger behutsam an die Welt unter Wasser heranführt.

关键词的翻译或解释：
(1)迷人的水下世界；(2)安全而又良好的教学；(3)带领初学者进入水下世界。

确定答案：
该短文中的 3 个关键词符合第 4 题学习潜水的需求。

C **关键词**

27. 07. 2010, 14:30 Uhr

(1) Führung

(2) Geschichte(n) aus der Hugenottenstadt – Historischer (3) Spaziergang mit Caféhaus-Besuch (4) Hugenottenplatz, (5) Eingang Hugenottenkirche

(6) Organisation：Erlanger Tourismus und Marketing Verein

关键词的翻译或解释：
(1)导游；(2)基督教徒城的故事；(3)散步和喝咖啡；(4)逛基督教徒广场；(5)游览基督教堂大门；(6)组织方：爱尔兰根旅行社和市场协会。

确定答案：
上述这些关键词表明这是一次有许多小活动组合在一起的爱尔兰根的市内游，符合第 10 题的需求。

注意： 第 5 题中的关键词是 Kirchenführung，该短文中的第 1 个关键词是 Führung，为什么它不是第 5 题的答案呢？因为，第 5 题的需求仅仅是游览教堂，而短文 C 提供的活动有许多，其中没安排游览教堂，而只是在教堂门口观赏一下教堂大门，第 10 题作为答案更合适。

D **关键词**

B. Reuschert

Dieses (1) Seminar bietet Ihnen (2) einen Einstieg in komplexe Kunst Europas und macht Sie mit den (3) Hauptepochen und Kunstwerken ab der Antike bekannt.

关键词的翻译或解释：
(1)讨论课；(2)欧洲艺术入门；(3)从古至今的主要时代和艺术作品。
确定答案：
该短文的关键词(2)和(3)符合第8题想听欧洲艺术史导论课的需求。

E   关键词

Dr. Th. Grethlein

Der (1)philosophische Sonntagsfrühschoppen. (2)Individuum und Gesellschaft: Freiheit zwischen Egoismus und Soziabilität.

Eintritt frei

关键词的翻译或解释：
(1)星期天哲学早茶；(2)个人与社会：个人主义与社会性间的自由。
确定答案：
短文中的这些关键词符合第3题从哲学角度讨论个人在社会中作用的需求。

F   关键词

(1)Wie gehe ich vor, wenn ich mich selbstständig machen will, (2)was brauche ich, (3)an wen kann ich mich wenden …? Neben einigen Informationen zu Basiswissen für die Selbstständigkeit geht es an diesem Abend auch um Fragen, welche Beratungs- und Seminarangebote hilfreich sein können.

关键词的翻译或解释：
(1)如果想自己创业，我该怎么做？(2)我需要什么？(3)我能求助于谁？
确定答案：
这些问题都是第6题想要建立自我生存基础的人要搞明白的。

G   关键词

(1)Small Talk – in aller Munde

Das Reden im beruflichen Alltag ist nicht so sehr Ihr Problem, doch wenn es um erfolgreichen Small Talk geht, tut sich manche Hürde auf. In diesem Kurs sind Sie richtig. (2)Hintergrundwissen und (3)praktische Übungen werden Sie in die Lage versetzen, Spaß am Small Talk im Fahrstuhl, auf der Messe oder bei einer Feier zu haben.

关键词的翻译或解释：
(1)闲聊；(2)传授闲聊交流的背景知识；(3)实践练习。
确定答案：
该短文中的关键词(2)和(3)表明这一课程符合第9题想得到指导，成功进行交流的需求。

H   关键词

Möchten Sie ein Urlaubswochenende und Blockflötespielen miteinander verbinden?

Unsere Blockflötenkurse geben Ihnen die Möglichkeit, (1) <u>Blockflötenunterricht und Ferien miteinander zu verbinden</u>. Neben dem Spaß am Zusammenspiel (bei einem Kurs auch mit dem Klavier) gibt es (2) <u>viele Tipps und Wissenswertes zu Spieltechnik, Instrumentarium und zum Stimmen und Einstimmen von Blockflöten</u>.

关键词的翻译或解释：
(1)排笛吹奏课程与假期结合起来；(2)传授许多笛子演奏、乐器以及笛子调音技巧和知识。

确定答案：
短文中的这两条关键词符合第7题把休闲放松与音乐结合起来的需求。

■ Lösungen

1 I, 2 A, 3 E, 4 B, 5 I, 6 F, 7 H, 8 D, 9 G, 10 C

■ Vokabeln

	faszinierend *Partizip Präsens*	迷人的，吸引人的
	behutsam *Adj.*	小心的，谨慎的
	heran/führen *Vt.*	引领
	komplexe *Adj.*	错综复杂而又相互关联的，完整的
die	Hauptepoche -n	主要时期
die	Antike -n	古希腊罗马及其文化
	philosophisch *Adj.*	哲学的
der	Sonntagsfrühschoppen	星期日晨饮
das	Individuum ... duen	个人，个体
der	Egoismus nur Sg.	利己主义
die	Soziabilität nur Sg.	有利于社会
	vor/gehen *Vi.*	行动
	hilfreich *Adj.*	有帮助的，有益的
	sich auf/tun	显现出来
die	Hürde -n	栅栏，障碍
	j-n. in die Lage versetzen	教某人学会(做某事)
die	Blockflöte -n	(木制)直笛
das	Instrumentarium .. rien	(一台戏的)全部乐器
das	Stimmen nur Sg.	调音
das	Einstimmen nur Sg.	加入演奏

Einheit 12

Sie suchen Informationen in den Printmedien. Schreiben Sie den Buchstaben für das passende Medium in das Kästchen rechts. Jeder Text kann nur einmal gewählt werden. Es gibt nicht für jede Informationssuche einen geeigneten Text. Manche Informationen finden Sie in keinem der Texte. In diesem Fall schreiben Sie den Buchstaben *I*.

In welchem Buch finden Sie ...

1 ... Anregungen für eine Tour durch Deutschland
2 ... Informationen für die Jobsuche im englischsprachigen Ausland.
3 ... Hilfestellung für das Studium der Rechtswissenschaften.
4 ... Antworten auf Fragen bezüglich der deutschen Grammatik und Rechtschreibung.
5 ... Anregungen für eine Reise durch Mecklenburg-Vorpommern.
6 ... Unterstützung beim Verfassen von Referaten oder Abschlussarbeiten.
7 ... Einführung in das juristische Basiswissen.
8 ... Anleitung zum Englisch lernen.
9 ... Ratschläge für ein Leben mit niedrigem Blutdruck.
10 ... Tipps, wie man Fett verbrennt und fit wird.

Informationssuche in Büchern

A	E
Erste Hilfe beim Schreiben bietet dieser Ratgeber allen, die einen wissenschaftlich formulierten Text abliefern müssen. Spätestens, wenn die Zeit drängt und die Sätze der Hausarbeit immer noch holpern, ist es Zeit, zu diesem Buch zu greifen: Hier sind die Regeln und Wendungen zu finden, die Dozenten erwarten.	Wer sich nicht nur fit halten, sondern auch den Körper in Form bringen möchte, findet in dem neuen Ratgeber *Laufen zum Abnehmen* von Markus Hederer den richtigen Begleiter. Ausführlich erklärt der Sportwissenschaftler, was es mit dem Fatburning auf sich hat — und warum dies so elementar ist, wenn man dem Speck wirklich an den Kragen will. Viele hilfreiche Tipps zum gesunden und sinnvollen Training, zur geeigneten Laufausrüstung und natürlich zur richtigen vitalstoffreichen Ernährung runden das Fitnesspaket ab.

B Konventionelle Bluthochdruck-Therapien scheitern oft. Bis zu 50 Prozent der Patienten nehmen die verordneten Medikamente nicht wie vorgeschrieben ein, weil ihnen Nebenwirkungen zu schaffen machen. Das liegt daran, dass Ärzte oft die Bedürfnisse und die Lebenssituation des Patienten nicht berücksichtigen. Das Buch zeigt, dass es auch anders geht! Den hier beschriebenen Maßnahmen liegt ein Konzept zugrunde, das wissenschaftlich fundiert und praxiserprobt ist. Im Praxisteil erfährt er dann, wie Therapieprogramm aussieht. Es geht um eine gesunde Lebensweise, die die Aspekte Bewegung, Ernährung, Körper und Seele berücksich-tigt. Erfolgreiche Patientenbeispiele machen Mut und motivieren, sein Leben aktiv zu verändern und dadurch Bluthochdruck zu senken.	**F** Wer erfolgreich Jura studieren will, braucht qualifizierte Informationen zur Studienplanung, zur Lernstrategie und zum Zeitmanagement. Hier hilft das Buch „Jurastudium erfolgreich". Mit praktischen Tipps und Anregungen zeigt die Autorin: • Wie man das gesamte Studium, einzelne Semester oder die Vorbereitung des Examens sinnvoll plant. • Wie man Zeit effektiv nutzt. • Wie man sich ganze Rechtsgebiete erschließt. • Wie man Lehrbücher auswählt und welche Leseregeln man beachten sollte. • Wie man Buchexzerpte und Vorlesungsmitschriften erstellt.
C Eine kurze Darstellung der Welt des Rechts: Gesetzgebung, Rechtsprechung, Lehre, Einstiege in das Zivil-, Straf- und Öffentliche Recht, juristische Arbeitstechniken. Eine kleine Rechtsgeschichte im Überblick.	**G** Der Dativ ist dem Genitiv sein Tod. Ein Wegweiser durch den Irrgarten der deutschen Sprache.
D Wer im Ausland arbeiten will, muss Marketing in eigener Sache betreiben und Gelerntes gekonnt in die Praxis umsetzen. Das gewisse Mehr an Kenntnis über die Sprache und das Land, für das Sie sich interessieren, entscheidet über Ihren Erfolg. Wollen Sie ein Bewerbungsgespräch am Telefon führen? Endlich die Unterschiede zwischen einem britischen und amerikanischen Lebenslauf kennen lernen? Oder möchten Sie sich auf ein Vorstellungsgespräch auf Englisch vorbereiten? Mit Internetadressen für England, Irland, Kanada, Australien, Neuseeland und die USA.	**H** Auf acht besonders schönen Routen stellt Ihnen dieser einzigartige und handliche Reisebegleiter die Schönheit Deutschlands in all seinen Facetten vor. Auf kurvigen Straßen durch das bayerische Voralpenland, durch lauschige Alleen unterwegs im Mecklenburgischen, auf beschaulichen Nebenstraßen durch dichte Wälder und entlang lieblicher Flusstäler, zu romantischen Städtchen und betriebsamen Metropolen. Deutschland bietet viele reizvolle Landschaften und kulturelle Schätze. In diesem praktischen Handbuch wird die Schönheit des Landes lebendig.

习题讲解

一、题目中的关键词

1. ... Anregungen für eine Tour durch Deutschland.
2. ... Informationen für die Jobsuche im englischsprachigen Ausland.
3. ... Hilfestellung für das Studium der Rechtswissenschaften.
4. ... Antworten auf Fragen bezüglich der deutschen Grammatik und Rechtschreibung.
5. ... Anregungen für eine Reise durch Mecklenburg-Vorpommern.
6. ... Unterstützung beim Verfassen von Referaten oder Abschlussarbeiten.
7. ... Einführung in das juristische Basiswissen.
8. ... Anleitung zum Englischlernen.
9. ... Ratschläge für ein Leben mit niedrigem Blutdruck.
10. ... Tipps, wie man Fett verbrennt und fit wird.

二、短文

A 关键词

Erste (1) Hilfe beim Schreiben bietet dieser Ratgeber allen, die (2) einen wissenschaftlich formulierten Text abliefern müssen. Spätestens wenn die Zeit drängt und die Sätze der Hausarbeit immer noch holpern, ist es Zeit, zu diesem Buch zu greifen: Hier sind (3) die Regeln und Wendungen zu finden, die Dozenten erwarten.

关键词的翻译或解释：
(1)提供写作的帮助；(2)写学术文章；(3)书里提供写作规则和习惯用语。

确定答案：
短文中的这些关键词表明这本书符合第6题撰写报告及毕业论文的需求。

B 关键词

Konventionelle (1) Bluthochdruck-Therapien scheitern oft. Bis zu 50 Prozent der Patienten nehmen die verordneten Medikamente nicht wie vorgeschrieben ein, weil ihnen Nebenwirkungen zu schaffen machen. Das liegt daran, dass Ärzte oft die Bedürfnisse und die Lebenssituation des Patienten nicht berücksichtigen. Das Buch zeigt, dass es auch anders geht! Den hier beschriebenen Maßnahmen liegt ein Konzept zugrunde, das wissenschaftlich fundiert und praxiserprobt ist. Im Praxisteil erfährt er dann, wie Therapieprogramm aussieht. Es geht um eine (2) gesunde Lebensweise, die die Aspekte Bewegung, Ernährung, Körper und Seele berücksichtigt. (3) Erfolgreiche Patientenbeispiele machen Mut und motivieren, sein Leben aktiv zu verändern und dadurch (4) Bluthochdruck zu senken.

关键词的翻译或解释：
(1)高血压疗法；(2)介绍一种顾及到运动、饮食和心灵的健康生活方式；(3)康复的病例；(4)降低血压。

确定答案：
关键词(1)和(4)符合第9题寻求正常血压的需求。

C   关键词

Eine kurze Darstellung der Welt des Rechts：(1)Gesetzgebung，(2)Rechtsprechung，(3)Lehre，(4)Einstieg in das Zivil-，Straf- und Öffentliche Recht，(5)Juristische Arbeitstechniken．

Eine (6)kleine Rechtsgeschichte im Überblick．

关键词的翻译或解释：

(1)立法；(2)法庭宣判；(3)教学；(4)民法、刑法及公共法导论；(5)法务工作方法；(6)简明法律史。

确定答案：

这些关键词,尤其是(4)符合第7题学习法律基础知识的需求。

注意：短文 C 与法律有关,第3题中的关键词 das Studium der Rechtswissenschaften 也与法律有关,为什么 C 不是第3题的答案呢？因为第7题只需要一些法律知识,没有强调上大学,第3题强调了上大学,配第3题的还有短文 F 更合适。所以把 C 配给了第7题。

D   关键词

Wer (1)im Ausland arbeiten will, muss Marketing in eigener Sache betreiben und Gelerntes gekonnt in die Praxis umsetzen. Das gewisse Mehr an (2)Kenntnis über die Sprache und das Land, für das Sie sich interessieren, entscheidet über Ihren Erfolg. Wollen Sie ein (3)Bewerbungsgespräch am Telefon führen? Endlich die (4)Unterschiede zwischen einem britischen und amerikanischen Lebenslauf kennen lernen? Oder möchten Sie sich auf (5)ein Vorstellungsgespräch auf Englisch vorbereiten? Mit (6)Internetadressen für England, Irland, Kanada, Australien, Neuseeland und die USA.

关键词的翻译或解释：

(1)去国外工作；(2)学到更多的语言知识和更多了解该国；(3)电话求职；(4)了解用英语和美语书写履历的差别；(5)英语求职面试的准备；(6)英国、爱尔兰、加拿大、澳大利亚、新西兰和美国的网址。

确定答案：

(1)、(2)和(6)关键词符合第2题想得到有关在英语国家寻找工作的信息的需求。

E   关键词

Wer sich nicht nur (1) fit halten, sondern auch (2) den Körper in Form bringen möchte, findet in dem neuen Ratgeber *Laufen zum Abnehmen* von Markus Hederer den richtigen Begleiter. Ausführlich erklärt der Sportwissenschaftler, was es mit dem (3)Fatburning auf sich hat — und warum dies so elementar ist, wenn man den Speck wirklich an den Kragen will. Viele hilfreiche (4)Tipps zum gesunden und sinnvollen

Training, zur geeigneten Laufausrüstung und natürlich zur richtigen vitalstoffreichen Ernährung runden das Fitnesspaket ab.

关键词的翻译或解释：

(1)保持强壮；(2)使体型更美；(3)燃烧脂肪；(4)有关健康和有意义的体育锻炼、合适的长跑装备，正确的营养和丰富的饮食等三方面的建议。

确定答案：

(1)、(3)等关键词符合第10题燃烧脂肪和保持强健的需求。

F 关键词

Wer erfolgreich (1) Jura studieren will, braucht qualifizierte (2) Informationen zur Studienplanung, zur Lernstrategie und zum Zeitmanagement. Hier hilft das Buch „Jurastudium erfolgreich". Mit (3) praktischen Tipps und Anregungen zeigt die Autorin：

- wie man das gesamte Studium, einzelne Semester oder die Vorbereitung des Examens sinnvoll plant
- wie man Zeit effektiv nutzt
- wie man sich ganze Rechtsgebiete erschließt
- wie man Lehrbücher auswählt und welche Leseregeln man beachten sollte
- wie man Buchexzerpte und Vorlesungsmitschriften erstellt.

关键词的翻译或解释：

(1)写给学法律的大学生；(2)提供有关学业计划、学习策略和时间管理方面的信息；(3)符合实际的建议和启迪。

确定答案：

(1)和(2)等关键词以及5个wie从句都符合第3题寻找有关安排法律学业信息的需求。

G 关键词

Der (1) Dativ ist (2) dem Genitiv sein Tod. (3) Ein Wegweiser durch den Irrgarten der deutschen Sprache.

(1)第三格(2)第二格(3)德语语言指南。

这些关键词说明这本书涉及德语语法问题，符合第4题要回答德语语法和正字法问题的需求。

H 关键词

Auf acht besonders schönen (1) Routen stellt Ihnen dieser einzigartige und handliche Reisebegleiter die (2) Schönheit Deutschlands in all seinen Facetten vor. Auf kurvigen Straßen durch (3) das bayerische Voralpenland, (4) durch lauschige Alleen unterwegs im Mecklenburgischen, auf beschaulichen Nebenstraßen durch dichte Wälder und entlang lieblicher Flusstäler, zu (5) romantischen Städtchen und (6) betriebsamen Metropolen. Deutschland bietet viele reizvolle Landschaften und kulturelle Schätze. In diesem praktischen Handbuch wird die Schönheit des Landes lebendig.

关键词的翻译或解释：
(1)旅游线路；(2)德国的美丽风景；(3)巴伐利亚阿尔比斯山前地貌；(4)梅克伦堡地区的婆娑树影的林荫大道；(5)浪漫的小城镇；(6)喧嚣的大都市。

确定答案：
这些关键词符合第 1 题想得到德国旅游线路的需求。

注意： 第 5 题的关键词是 Reise durch Mecklenburg-Vorpommern，短文 H 的关键词 (4) 是 durch lauschige Alleen unterwegs im Mecklenburgischen，为什么它不是第 5 题的答案呢？因为第 1 题涉及的旅游范围与短文 H 描写的旅游范围基本一致，是全德国，而第 5 题涉及的只是德国的一个州，所以 H 配第 1 题更合适。

Lösungen

1 H，2 D，3 F，4 G，5 I，6 A，7 C，8 I，9 B，10 E

Vokabeln

der	Ratgeber -	咨询手册
	ab/liefern *Vt.*	提供，交出
	drängen *Vi. / Vt.*	紧迫，催逼
	holpern *Vi.*	颠簸
	zu etw. (D.) greifen *Vi.*	抓取，拿
	konventionell *Adj.*	传统的
	scheitern *Vi.*	失败
	j-m. viel zu schaffen machen	给某人带来很多工作/劳累/担心
	j-m. Nebenwirkungen zu schaffen machen	给某人带来副作用
	liegen an etw. (D.) *Vi.*	原因在于……
das	Bedürfnis -se	需要，需求
das	Konzept -e	计划
	fundiert *Adj.*	有……基础的
	praxiserprobt	经过实际检验的
die	Gesetzgebung nur Sg.	立法
die	Rechtsprechung nur Sg.	法庭宣判
die	Lehre	教学
	gekonnt *Adj.*	熟练地，灵活地
	ausführlich *Adj.*	详细的
	(was/viel) mit etw. (D.) auf sich haben	……意味着什么
	elementar *Adj.*	基础的，初步的
	dem Speck an den Kragen wollen	想消耗皮下脂肪
	vitalstoffreich *Adj.*	营养丰富的

	ab/runden	*Vt.*	补足，充实
	qualifiziert	Partizip Perfekt	合格的
	erschließen	*Vt.*	打开，开启
das	Buchexzerpt	-e	书摘
die	Route	-n	旅行路线，出行路线
der	Reisebegleiter	-	旅游随身手册
die	Facette	-n	楼房立面，光鲜的一面
	kurvig	*Adj.*	弯曲的
die	Allee	–n	林荫大道
das	Flusstal	..er	河床
der	Schatz	..e	宝贝

Einheit 13

Sie suchen Informationen im Internet. Schreiben Sie den Buchstaben des passenden Internet-Textes in das Kästchen rechts. Jeder Text kann nur einmal gewählt werden. Es gibt nicht für jede Informationssuche einen geeigneten Text. Manche Informationen finden Sie in keinem der Texte. In diesem Fall schreiben Sie den Buchstaben *I*.

Unter welcher Internet-Adresse finden Sie …

1	… Ratschläge, wie Sie einen Job finden, der zu Ihnen passt.	1
2	… Tipps, wie Sie in der vorlesungsfreien Zeit günstig Ferien machen können.	2
3	… Unterstützung bei Aufbau und Pflege von Kontakten.	3
4	… Hilfen, um Ihre Grammatik zu verbessern.	4
5	… eine Sammlung von Nachschlagewerken, die Ihnen bei sprachlichen Problemen helfen.	5
6	… Informationen über die Möglichkeit, finanzielle Unterstützung für den Schulbesuch von Migrantenkindern zu erhalten.	6
7	… Anregungen, Ihr Hörverständnis zu verbessern.	7
8	… eine Abfrage Ihres Allgemeinwissens.	8
9	… Informationen über gesellschaftliche Entwicklungen in Deutschland	9
10	… Einblicke in interkulturelles Verstehen.	10

Internet-Adressen

A http://www.spiegel.de/netzwelt/games/0,1518,731133,00.html Willkommen bei unserem Spiel *Trivial Pursuit*. Testen Sie, was Sie wirklich von der Welt wissen. Wie schnell schaffen Sie es zum Sieg, wie gut ist Ihre Allgemeinbildung? Testen Sie sich im bekanntesten Wissensspiel der Welt.	E http://www.de-cn.net/deindex.htm Willkommen beim Deutsch-Chinesischen Kulturnetz, dem Portal für den kulturellen Dialog zwischen Deutschland und China. Erfahren Sie hier Aktuelles zu Projekten, Akteuren und Tendenzen im deutsch-chinesischen Kulturaustausch.
B http://www.studivz.net	F http://www.slowgerman.com

Unter dieser Adresse findet man ein soziales Netzwerk, dem hauptsächlich Studenten angehören.	Liebe Deutschlerner, schön, dass Ihr hier seid! Das hier ist ein privater Podcast zu Themen aus Deutschland – langsam gesprochen. Mit dabei: ein Blatt mit den wichtigsten Vokabeln und englischen Übersetzungen, Verständnisfragen, Multiple-Choice-Fragen und zum Schluss ein kurzer Lückentext.
C http://www.bosch-stiftung.de/content/languagel/html/1546.asp Die Robert Bosch Stiftung bietet zahlreiche Stipendienprogramme an, mit denen wir zum Austausch und zur Aus- und Weiterbildung von internationalen Nachwuchsführungs- kräften beitragen möchten. Ein Großteil der Programme richtet sich an Hochschulabsolventen und Postgraduierte aus Amerika und Europa. Weiter fördern wir durch unsere Stipendien den Nachwuchs im Bereich Wissenschaft. Die Integration begabter Zuwandererkinder unterstützt die Stiftung durch ein Schülerstipendienprogramm.	G http://www.wissen.de/wde/generator/wissen/ressorts/bildung/woerterbuecher/index.html Willkommen bei unseren Online-Wörterbüchern! Egal ob Rechtschreibung, Wortbehandlung, Redewendungen oder Gebrauch – wir helfen Ihnen bei allen Fragen rund um die deutsche Sprache. Schlagen Sie nach in WAHRIG Deutsche Rechtschreibung oder BERTELSMANN Wörterbuch der deutschen Sprache.
D http://www.studis-online.de Wer auch im Urlaub sparen will, für den ist der ISIC eine gute Sache, denn damit weist man sich international als Student/in aus. Zwar reicht gelegentlich auch der normale Studentenausweis, aber eben nicht immer. Der ISIC wird von vielen Studierendenvertretungen (AStA etc.) verkauft und ist auch in einigen studentenaffinen Reisebüros erhältlich, er kostete ca. 12 €. Und wer richtig viel von Europa kennen lernen will, für den ist auch das Interrail-Ticket ein guter Tipp. Außerdem ist Bahnfahren eine umweltfreundlichere Sache als das Reisen per Auto oder gar Flugzeug.	H http://www.unicum.de/beruf/jobtest/test_info.php Sie interessieren sich für die Optimierung Ihrer beruflichen Chancen? Unter dieser Adresse finden Sie einen Test, mit dem Sie Ihre persönlichen Stärken erkennen können. Nach der Beantwortung einiger Fragen erhalten Sie eine Rückmeldung und bekommen Hinweise, wo Ihre persönlichen Stärken liegen. Diese Hinweise können Ihnen helfen, Ihre Stärken weiterzuentwickeln, Ihre Schwächen zu kom-pensieren und eine Stelle zu finden, in der Sie sich richtig entwickeln können.

习题讲解

一、题目中的关键词

1 … Ratschläge, wie Sie einen Job finden, der zu Ihnen passt.
2 … Tipps, wie Sie in der vorlesungsfreien Zeit günstig Ferien machen können.
3 … Unterstützung bei Aufbau und Pflege von Kontakten.
4 … Hilfen, um Ihre Grammatik zu verbessern.
5 … eine Sammlung von Nachschlagewerken, die Ihnen bei sprachlichen Problemen helfen.
6 … Informationen über die Möglichkeit, finanzielle Unterstützung für den Schulbesuch von Migrantenkindern zu erhalten.
7 … Anregungen, Ihr Hörverständnis zu verbessern.
8 … eine Abfrage Ihres Allgemeinwissens.
9 … Informationen über gesellschaftliche Entwicklungen in Deutschland.
10 … Einblicke in interkulturelles Verstehen.

二、短文

A 关键词

http://www.spiegel.de/netzwelt/games/0,1518,731133,00.html

Willkommen bei unserem Spiel Trivial Pursuit. (1) Testen Sie, was Sie wirklich von der Welt wissen. Wie schnell schaffen Sie es zum Sieg, (2) wie gut ist Ihre Allgemeinbildung? Testen Sie sich im bekanntesten Wissensspiel der Welt.

关键词的翻译或解释：
(1)测试自己对这个世界知道什么；(2)您的知识面怎样。

确定答案：
这2个关键词符合第8题想了解自己究竟有些什么知识的需求。

B 关键词

http://www.studivz.net

Unter dieser Adresse findet man ein soziales Netzwerk, dem hauptsächlich Studenten angehören.

关键词的翻译或解释：
社交网络

确定答案：
这一关键词符合第3题在建立和维护社交中得到帮助的需求。

C 关键词

http://www.bosch-stiftung.de/content/language1/html/1546.asp

Die Robert Bosch Stiftung bietet zahlreiche (1) Stipendienprogramme an, mit denen wir zum Austausch und zur Aus- und Weiterbildung von internationalen Nachwuchsführungskräften beitragen möchten. Ein Großteil der Programme (2)richtet sich an Hochschulabsolventen und Postgraduierte aus Amerika und Europa. Weiter (3)fördern wir durch unsere Stipendien den Nachwuchs im Bereich Wissenschaft. (4)Die Integration begabter Zuwandererkinder unterstützt die Stiftung durch ein Schülerstipendienprogramm.

  关键词的翻译或解释：
  (1)各类奖学金项目；(2)针对欧美的大学毕业生和博士后；(3)资助科学领域的新生代；(4)资助有天赋的移民孩子。
  确定答案：
  关键词(4)符合第6题了解移民孩子如何能得到上学资助的需求。

D 关键词
  http://www.studis-online.de
  Wer auch (1)im Urlaub sparen will, für den ist der ISIC eine gute Sache, denn damit (2)weist man sich international als Student/in aus. Zwar reicht gelegentlich auch der normale Studentenausweis, aber eben nicht immer. Der ISIC wird von vielen Studierendenvertretungen (AStA etc.) verkauft und ist auch in einigen studentenaffinen Reisebüros erhältlich, er kostete ca. 12 €. Und wer (3)richtig viel von Europa kennen lernen will, für den ist auch (4)das Interrail-Ticket eine guter Tipp. Außerdem ist (5)Bahnfahren eine umweltfreundlichere Sache als das Reisen per Auto oder gar Flugzeug.

  关键词的翻译或解释：
  (1)度假中少花钱；(2)在国际上证明自己是大学生；(3)多多地了解欧洲；(4)国际列车车票；(5)坐火车比自驾车和乘飞机更环保。
  确定答案：
  该短文中的关键词都是介绍如何省钱而又环保地去度假旅游，符合第2题"在假期中不多花钱地旅游"的需要。

E 关键词
  http://www.de-cn.net/deindex.htm
  Willkommen beim (1)Deutsch-chinesischen Kulturnetz, dem Portal für den (2)kulturellen Dialog zwischen Deutschland und China. Erfahren Sie hier (3)Aktuelles zu Projekten, Akteuren und Tendenzen im deutsch-chinesischen Kulturaustausch.

  关键词的翻译或解释：
  (1)德中文化网；(2)德中文化对话；(3)德中文化交流中关于项目、人员及趋势等的新鲜事。
  确定答案：
  这3个关键词表明这个网页涉及的是德中文化交流，符合第10题了解跨文化沟通的需求。

F 关键词
  http://www.slowgerman.com

Liebe Deutschlerner, schön, dass Ihr hier seid! Das hier ist ein (1)privater Podcast zu Themen aus Deutschland – (2)langsam gesprochen. Mit dabei: (3)ein Blatt mit den wichtigsten Vokabeln und englischen Übersetzungen, Verständnisfragen, Multiple-Choice-Fragen und zum Schluss ein (4)kurzer Lückentext.

关键词的翻译或解释：

(1)私人播客话德国；(2)语速慢；(3)列出重要词汇及其英语翻译，理解性提问和多项选择问答题；(4)一篇简短的填充题。

确定答案：

这些关键词表明这个网页符合第7题提高听力的需要。

G 关键词

http://www.wissen.de/wde/generator/wissen/ressorts/bildung/woerterbuecher/index.html

Willkommen bei unseren (1)Online-Wörterbüchern! Egal ob (2)Rechtschreibung, Wortbehandlung, Redewendungen oder Gebrauch — wir helfen Ihnen bei allen Fragen (3)rund um die Deutsche Sprache. Schlagen Sie nach in WAHRIG Deutsche Rechtschreibung oder BERTELSMANN Wörterbuch der deutschen Sprache.

关键词的翻译或解释：

(1)网上词典；(2)正字法、词法、成语或习惯用法；(3)与德语有关的问题。

确定答案：

这些关键词表明，这个网页符合第5题寻找语言问题参考书的需求。

H 关键词

http://www.unicum.de/beruf/jobtest/test_info.php

Sie interessieren sich für die (1)Optimierung Ihrer beruflichen Chancen? Unter dieser Adresse finden Sie einen Test, mit dem Sie Ihre (2)persönlichen Stärken erkennen können. Nach der Beantwortung einiger Fragen erhalten Sie eine Rückmeldung und bekommen Hinweise, wo Ihre persönlichen Stärken liegen. Diese Hinweise können Ihnen helfen, (3)Ihre Stärken weiterzuentwickeln, (4)Ihre Schwächen zu kompensieren und (5)eine Stelle zu finden, in der Sie sich richtig entwickeln können.

关键词的翻译或解释：

(1)改善您的就业机会；(2)了解您个人强项；(3)发展您的强项；(4)弥补您的弱项；(5)找到就业岗位。

确定答案：

关键词(1)、(5)表明，这个网页符合第1题寻找适合自己的工作岗位的需求。

Lösungen

1 H，2 D，3 B，4 I，5 G，6 C，7 F，8 A，9 I，10 E

Vokabeln

der	Sieg -e	胜利
die	Allgemeinbildung	普通教育
das	Netzwerk -e	网络
die	Stiftung -en	基金会
	zahlreich *Adj.*	无数的,许多
das	Stipendienprogramm -e	奖学金项目
der	Austausch	交流
die	Nachwuchsführungskraft ..e	新生代领导人员
	sich an j-n richten	针对某人,为某人开设
der	Nachwuchs	后继者,后来人
die	Integration	融入,纳入
	begabt *Partizip Perfekt*	有天赋的
das	Zuwandererkind -er	移民的孩子
das	Schülerstipendienprogramm	(中小)学生奖学金项目
	sich als etw. aus/weisen	证明自己是……
die	Studierendenvertretung -en	大学生代表机构
	studentenaffine *Adj.*	与大学生关系密切的
das	Reisebüro -s	旅行社
	erhältlich *Adj.*	可以得到的,可以买到的
das	Kulturnetz	文化网
das	Portal -e	大门
der	Akteur -e	演员,积极参与者
die	Tendenz -en	趋势
der	Podcast	播客
die	Multiple-Choice-Frage -n	多项选择问答题
das	Online-Wörterbuch ..er	网上词典
die	Optimierung	优化
die	Stärke -n	强项,优点,长处
der	Hinweis -e	指示,提示
die	Schwäche -n	弱点,弱项
	kompensieren *Vt.*	弥补,补偿,抵消

Einheit 14

Lesen Sie den Text und lösen Sie die Aufgaben.

Beim Autofahren mehr Pausen einlegen

Koffein und Dextrose haben einen wesentlichen Einfluss auf das Fahrverhalten und den Fahrzustand konsumierender Autolenker. Zu diesem überraschenden Ergebnis kommt die Psychologin Eva Schnabel sowie ein Wissenschaftsteam des Instituts für Psychologie & Neurologie der Julius-Maximilians-Universität Würzburg.

Übliche Energy-Drinks beinhalten Koffein und Dextrose, wobei Schnabel untersuchte, welche Auswirkungen die Einnahme dieser Getränke bei langen, monotonen Autofahrten haben. In ihrer Versuchsanordnung bekamen zwölf Testfahrer am späten Abend Getränke mit Koffein und Dextrose in unterschiedlichen Konzentrationen verabreicht. In unserem Gespräch weist Schnabel darauf hin, dass das Experiment mit Energy-Drinks durchgeführt wurde. Dabei variierten die jeweiligen Konzentrationen von Dextrose und Koffein für die Probanden.

Um die Wirkungen auf die Fahrtüchtigkeit zu ermitteln, fuhren diese anschließend drei Mal zwei Stunden im Fahrsimulator, unterbrochen von je einer halbstündigen Pause. Das Ergebnis überrascht: Fahrer, die wenig Koffein zu sich nahmen, waren wesentlich weniger schnell müde und hielten besser die Spur.

Bei einer Kombination von Koffein mit Dextrose ließen diese positiven Effekte jedoch nach. Dieser Umkehreffekt ist umso stärker, je höher der Dextrosegehalt der Getränke ist. Beim Verabreichen erhöhter Mengen Koffein konnte die Negativwirkung von Dextrose teilweise wieder aufgehoben werden. Die Wissenschaftlerin bezeichnet das Verhältnis von Dextrose zu Koffein daher als „Gegenspielerbeziehung".

„Kurzfristig haben Energy-Drinks ohne Frage eine Aufputschfunktion, dennoch sollte man sich nicht dauerhaft damit in Sicherheit wiegen. Dieser Effekt hält schließlich nur ungefähr zwei Stunden an. Längerfristig sind es dagegen eher Müdemacher", so Schnabel.

Die Experimente am Fahrsimulator zeigen die Wichtigkeit von Pausen, damit die Leistungsfähigkeit nicht absinkt. Nach jeder halbstündigen Ruhephase der Testfahrt waren die Probanden wieder genauso wach, wie zu Beginn des Experiments.

Das Fazit Schnabels hebt einen lang gehegten Glauben an die Wachmacher-Funktion von Energy-Drinks auf: „Energy-Drinks, die neben Koffein viel Dextrose enthalten, sind demnach zur Leistungssteigerung bei mehrstündigen Autofahrten nicht zu empfehlen." Daher rät sie dazu, lieber einen einfachen Kaffee oder eine kurze Pause einzulegen, wenn sich das Gefühl von auftretender Müdigkeit bemerkbar macht.

http://www.psychologie-forum.de/content/nachrichten/01-09-08-01_01/

Markieren Sie die richtige Antwort.

	Ja	Nein	Text sagt dazu nichts	
1 Das Fahrverhalten steht in engem Zusammenhang damit, ob man vorher Kaffee mit Traubenzucker getrunken hat.				1
2 Frau Schnabel wollte in ihrer Studie herausfinden, warum Energy-Drinks Auswirkungen aufs Fahrverhalten haben.				2
3 Die 12 Fahrer sollten unterschiedliche Sorten von Kaffee trinken.				3
4 Der Test fand auf einem bestimmten Abschnitt der Autobahn statt.				4
5 Die Forschung kam zum Ergebnis, dass Koffein die Fahrer konzentriert macht.				5
6 Ein anderes Ergebnis davon war, dass Dextrose Koffeinfunktion intensiviert.				6
7 Der Einfluss von Koffein auf den Fahrer spielt nach zwei Stunden eine negative Rolle.				7
8 Bei der langen Fahrt ist eine Pause inzwischen von großer Bedeutung.				8
9 Energy-Drinks können Autofahrern die Sicherheit garatieren.				9
10 Eine Pause zwischen der Langfahrt ist besser als eine Tasse Kaffee.				10

习题讲解

1题　　题意：驾驶行为与驾驶前有没有喝过加葡萄糖的咖啡(是否)有密切关系。
相关语段及其译文

1. Koffein und Dextrose haben einen wesentlichen Einfluss auf das Fahrverhalten und den Fahrzustand konsumierender Autolenker.

咖啡因和葡萄糖对驾驶员的驾驶行为和状态有重要影响。

2. Zu diesem überraschenden Ergebnis kommt die Psychologin Eva Schnabel sowie ein Wissenschaftsteam des Instituts für Psychologie & Neurologie der Julius- Maximilians-Universität Würzburg.

这一惊人的成果是由心理学家 Eva Schnabel 和 Würzburg 市 Julius-Maximilians 大学心理和神经研究所的一个科研团队获得的。

选择答案
第1句肯定了题目的陈述，所以选择 Ja。

阅 读 训 练

第2题 　　题意：Schnabel女士在她的研究中想要搞明白的(是否)是,为什么能量饮料能作用于驾驶行为。

相关语段及其译文

　　Übliche Energy-Drinks beinhalten Koffein und Dextrose, wobei Schnabel untersuchte, welche Auswirkungen die Einnahme dieser Getränke bei langen, monotonen Autofahrten haben.

　　普通的能量饮料含有咖啡因和葡萄糖,Schnabel女士就是研究,喝了这种能量饮料后会在长途而又单调的车辆驾驶中产生什么作用。

选择答案

　　这一相关段落告诉我们,Schnabel女士研究目标是要搞清楚"welche Auswirkungen"的问题,而不是"Warum"的问题,所以选择Nein。

第3题 　　题意：12位驾驶员(是否)要喝不同种类的咖啡。

相关语段及其译文

　　1. In ihrer Versuchsanordnung bekamen zwölf Testfahrer am späten Abend Getränke mit Koffein und Dextrose in unterschiedlichen Konzentrationen verabreicht.

　　根据他们的实验规定,12名参试驾驶员在深夜得到不同浓度的咖啡因和葡萄糖饮料。

　　2. In unserem Gespräch weist Schnabel darauf hin, dass das Experiment mit Energy-Drinks durchgeführt wurde.

　　在我们的谈话中,Schnabel指出,实验采用了多种能量饮料。

　　3. Dabei variierten die jeweiligen Konzentrationen von Dextrose und Koffein für die Probanden.

　　实验中各参试者饮料中葡萄糖和咖啡因的浓度都不同。

选择答案

　　这一相关段落指出参试者要喝含有咖啡因和葡萄糖的能量饮料,这些饮料是不是包括咖啡,文章没有给出回答,所以选择Text sagt dazu nichts。

第4题 　　题意：测试(是否)是在一段高速公路上举行的。

相关语段及其译文

　　Um die Wirkungen auf die Fahrtüchtigkeit zu ermitteln, fuhren diese anschließend drei Mal zwei Stunden im Fahrsimulator, unterbrochen von je einer halbstündigen Pause.

　　为了测试(上述饮料)对驾驶员灵敏度的影响,这些参试者紧接着就在模拟器上驾驶3次,每次2小时,每次之间休息半小时。

选择答案

　　这一相关段落告诉我们测试在模拟器(im Fahrsimulator)上举行,也就是说不在高速公路上进行,所以答案是Nein。

第5题 　　题意：研究得出的结论(是否)是：咖啡因能使驾驶员集中注意力。

相关语段及其译文

Das Ergebnis überrascht: Fahrer, die wenig Koffein zu sich nahmen, waren wesentlich weniger schnell müde und hielten besser die Spur.

测试结果令人惊讶:喝了一点点咖啡因的司机,进入疲劳状态的速度明显较慢,而且也能更好地保持车道。

选择答案

根据这一相关段落给出的信息,即喝了一点咖啡因的司机能更好地保持车道,可以推断,这是咖啡因对注意力起的作用。文章构成了对题目的肯定,所以答案是 Ja。

6 题 **题意**:另一个研究结果(是否)是:葡萄糖加强了咖啡因的作用。

相关语段及其译文

1. Bei einer Kombination von Koffein mit Dextrose ließen diese positiven Effekte jedoch nach.

当咖啡因与葡萄糖混合在一起时,这种正面作用(指前一句:喝了一点咖啡因的司机进入疲劳状态的速度明显较慢)就下降。

2. Dieser Umkehreffekt ist umso stärker, je höher der Dextrosegehalt der Getränke ist.

饮料中葡萄糖含量越高,这种反向作用就越强。

3. Beim Verabreichen erhöhter Mengen Koffein konnte die Negativwirkung von Dextrose teilweise wieder aufgehoben werden.

如果饮料中提高咖啡因的含量,葡萄糖的反作用又在一部分受试者身上重新减弱。

4. Die Wissenschaftlerin bezeichnet das Verhältnis von Dextrose zu Koffein daher als „Gegenspielerbeziehung".

所以,这位女科学家把葡萄糖与咖啡因的关系称作"对立作用关系"。

选择答案

这一相关段落的第 1 句称,当咖啡因与葡萄糖混合时,咖啡因的作用就下降,也就是说葡萄糖降低了咖啡因的作用,文章构成了对题目的否定,所以答案是 Nein。

7 题 **题意**:咖啡因对司机的影响在 2 小时后(是否)是负面的。

相关语段及其译文

1. „Kurzfristig haben Energy-Drinks ohne Frage eine Aufputschfunktion,

Schnabel 说:"能量饮料在短时间内毫无疑问具有提神作用,

2. dennoch sollte man sich nicht dauerhaft damit in Sicherheit wiegen.

但是,驾驶员最好不要自以为能量饮料能给自己长时间的安全。

3. Dieser Effekt hält schließlich nur ungefähr zwei Stunden an.

因为这个提神作用大约只能持续 2 个小时。

4. Längerfristig sind es dagegen eher Müdemacher", so Schnabel.

在长时间的情况下,它相反更会使人疲劳。"

选择答案

这一相关段落说的都是关于 Energy-Drinks，不是关于 Koffein。Energy-Drinks 的提神作用可持续 2 个小时，2 个小时后相反更令驾驶员疲劳。Koffein（是否）也有这一特性，文章没有涉及，所以答案是 Text sagt dazu nichts。

第 8 题   **题意**：在长时间开车途中安排一个休息（是否）非常重要。

相关语段及其译文

1. Die Experimente am Fahrsimulator zeigen die Wichtigkeit von Pausen, damit die Leistungsfähigkeit nicht absinkt.

在模拟器上的实验表明：休息对于保持精力是重要的。

2. Nach jeder halbstündigen Ruhephase der Testfahrt waren die Probanden wieder genauso wach, wie zu Beginn des Experiments.

每次在驾驶测试中休息半个小时后，参试者重新又像试验刚开始那样精神饱满。

选择答案

这一相关段落称，在模拟器上的实验表明了休息对于保持精力的重要性。文章肯定了题目的陈述，所以选择 Ja。

第 9 题   **题意**：能量饮料（是否）能够保证汽车驾驶员的安全。

相关语段及其译文

1. Das Fazit Schnabels hebt einen lang gehegten Glauben an die Wachmacher-Funktion von Energy-Drinks auf：

Schnabel 的研究结论排除了人们长期以来的一个认识，即能量饮料有提神作用。

2. „Energy-Drinks, die neben Koffein viel Dextrose enthalten, sind demnach zur Leistungssteigerung bei mehrstündigen Autofahrten nicht zu empfehlen."

她的研究结论是："不建议汽车司机在持续几个小时的驾驶途中喝除了咖啡因还含有许多葡萄糖的能量饮料。"

选择答案

这一相关段落称，Schnabel 的研究结论排除了人们长期以来的认识，并建议长途司机不要喝能量饮料，文章构成了对题目的否定，所以选择 Nein。

第 10 题   **题意**：长途驾驶中的休息（是否）比喝一杯咖啡还要好。

相关语段及其译文

Daher rät sie dazu, lieber einen einfachen Kaffee oder eine kurze Pause einzulegen, wenn sich das Gefühl von auftretender Müdigkeit bemerkbar macht.

所以 Schnabel 建议，如果（开车途中）明显感觉累了，最好喝一杯清咖或安排一个短暂的休息。

选择答案

这一相关段落没有对咖啡和休息的作用进行比较，所以选择 Text sagt dazu nichts。

Lösungen

1 Ja, 2 Nein, 3 nichts, 4 Nein, 5 Ja, 6 Nein, 7 nichts, 8 Ja, 9 Nein, 10 nichts

Vokabeln

	ein/legen *Vt.*	插入，嵌入
das	Koffein nur Sg.	咖啡因
die	Dextrose nur Sg.	葡萄糖
der	Autolenker -	汽车司机
die	Neurologie nur Sg.	神经病学
die	Einnahme nur Sg.	服用，摄入
	monoton *Adj.*	单调的，无聊的
die	Versuchsanordnung	实验安排，实验规定
die	Konzentration -en	浓缩，浓度
	verabreichen *Vt.*	给予
	variieren *Vi.*	改变，变化
die	Fahrtüchtigkeit	驾驶的熟练性
	ermitteln *Vt.*	查明，弄清
der	Fahrsimulator	驾驶模拟器
	etw. (A.) zu sich nehmen	服用，吃
	die Spur halten	按道行驶
	nach/lassen *Vi.*	削减，减少
der	Umkehreffekt	反效应，反作用
	auf/heben *Vt.*	抵消，取消
die	Gegenspielerbeziehung	对立关系
die	Aufputschfunktion	兴奋作用
	sich wiegen	摇动，陶醉于
	an/halten *Vi.*	停止，止住
	gehegt Partizip Perfekt	怀有的，抱有的
die	Leistungssteigerung	效率提高
	sich bemerkbar machen	被察觉到

Einheit 15

Lesen Sie den Text und lösen Sie die Aufgaben.

Unfallgefahren bannen, Unfälle vermeiden

Meist geht es ganz schnell. Nur ein Moment der Unachtsamkeit, eine kleine riskante Nachlässigkeit, die hundertmal folgenlos blieb – und schon ist es passiert: Schätzungsweise neun Millionen Menschen verletzen sich in Deutschland pro Jahr. Meist handelt es sich dabei nur um kleine Blessuren, doch etwa 600.000 Personen verunglücken schwer. Sie stürzen beim Hausputz von der Leiter, brechen sich beim Sport die Knochen oder werden Opfer des Straßenverkehrs. Fünf Prozent davon überleben ihre Verletzungen nicht.

Da es häufig gerade junge Menschen sind, die schweren Unfällen zum Opfer fallen, ist neben dem persönlichen Drama auch der volkswirtschaftliche Schaden groß. Denn diese Gruppe muss nicht nur – wie alle – teuer behandelt werden, sondern fällt außerdem häufig lange oder dauerhaft im Berufsleben aus. Laut deutschem Traumaregister belaufen sich die direkten und indirekten Kosten von Unfallfolgen auf 50 Milliarden Euro im Jahr. Nicht zuletzt deswegen forschen Ingenieure, Sozialwissenschaftler und Mediziner an Unfallursachen. Denn ist eine Gefahrenquelle einmal erkannt, lässt sie sich häufig auch beseitigen.

Im Straßenverkehr ist überhöhte Geschwindigkeit der häufigste Grund für Unfälle", berichtet Professor Dietmar Otte, Leiter der Abteilung für Verkehrsunfallforschung an der Medizinischen Hochschule Hannover. Das liegt vor allem daran, dass die Geschwindigkeit und die Gewalt eines Autos das menschliche Reaktionsvermögen überfordern. „Alles oberhalb von 50 Stundenkilometern ist gefährlich", sagt Otte. Das in den vergangenen Jahrzehnten stark gewachsene Verkehrsaufkommen verkürzt die Reaktionswege zusätzlich, wie steigende Unfallzahlen zeigen.

Zwar wirkt sich die verbesserte Sicherheitstechnik der Fahrzeuge positiv aus – der Anteil von Unfällen mit Personenschaden hat in den vergangenen 40 Jahren deutlich abgenommen –, doch gleicht der dichter werdende Verkehr den Trend aus, was die Zahl Verletzter betrifft: Sie liegt seit Jahrzehnten konstant bei etwa 350.000 pro Jahr. „Es gibt also mehr Unfälle, aber die Gefahr, dabei verletzt oder getötet zu werden, ist geringer", fasst Dietmar Otte die Statistik zusammen.

Als segensreich hat sich vor allem die Gurtpflicht erwiesen. Vor ihrer Einführung im Jahr 1976 wurden Autoinsassen bei Zusammenstößen oft durch die Scheibe geschleudert, was häufig zu tödlichen Kopfverletzungen führte. Kamen 1970 noch 20.000 Personen im Straßenverkehr ums Leben, sind es heute weniger als 5.000 im Jahr. Das Anschnallen bleibt auf der Straße also die lebensrettende Maßnahme Nummer eins. Verbesserte Knautschzonen und moderne Bremstechnik haben die Sicherheit im Auto zusätzlich erhöht.

„Alle Technik hat aber ihre mechanischen Grenzen", mahnt Dr. Gerrit Matthes, Oberarzt an der Klinik für Unfallchirurgie am Unfallkrankenhaus Berlin. Die Wucht eines Frontalaufpralls wirke sich schon bei Geschwindigkeiten um 80 Kilometer pro Stunde fatal aus. „Da hilft auch kein Airbag mehr", weiß der Mediziner aus seiner täglichen Arbeit und aus über 5 000 Daten, die er an Unfallschauplätzen in Mecklenburg-Vorpommern gesammelt hat.

„Um Unfällen wirksam vorzubeugen, muss die Fahrgeschwindigkeit angepasst sein, vorschriftsmäßig allein reicht nicht", betont der Chirurg. Unter Umständen können erlaubte 80 also schon viel zu schnell sein, etwa bei Nässe, Glätte oder schlechten Sichtverhältnissen. Alkohol und andere Rauschmittel beeinträchtigen die Sicherheit auf der Straße ebenfalls auf lebensgefährliche Weise, wie Matthes berichtet. Daher: runter vom Gas und einen klaren Kopf behalten!

http://www.apotheken-umschau.de/Sicherheit/Vorbeugung-Unfallgefahren-bannen-A090602NEALP114604.html

Makieren Sie die richtige Antwort (A, B oder C).

1. **Bei einer kleinen riskanten Nachlässigkeit**
   A. wird keineswegs ein Todesunfall passieren.
   B. wird man sich höchstens leicht verletzen.
   C. kann ein Todesunfall passieren.
2. **Wenn einem jungen Menschen ein schwerer Unfall passiert ist,**
   A. bedeutet dies ein beachtlicher finanzieller Verlust für die ganze Gesellschaft.
   B. ist der persönlicher Schaden so groß wie der volkswirtschaftliche.
   C. kann er ein Leben lang nicht mehr arbeiten.
3. **Der besondere Grund für die Erforschung von Unfallursachen ist,**
   A. dass man das Trauma der Betroffenen beseitigen will.
   B. dass man den finanziellen Schaden verringern will.
   C. dass man auf die Kosten von Unfällen aufmerksam machen will.
4. **Den Hauptgrund für Unfälle auf der Straße sieht man,**
   A. in der zu langsamen Reaktion des den Unfall verursachenden Fahrers.
   B. in dem überhöhten Tempo der Autofahrer/Autolenker.
   C. in dem stark zunehmenden Verkehrsaufkommen.
5. **Die Zahl der durch Verkehrsunfälle Verletzten ist in den vergangenen 40 Jahren**
   A. etwa so hoch wie früher.
   B. höher als früher
   C. niedriger als früher
6. **Die Verbesserung der Sicherheitstechnik der Fahrzeuge**
   A. hat die Zahl der Unfälle auf der Straße nicht gesenkt.

B. hat die Todesgefahr bei Unfällen nicht verringert.

C. hat bis heute die Zahl der Verletzten auf 350.000 gesenkt.

7. Die entscheidende Vorbeugung vor Verletzungs- bzw. Todesunfällen ist

A. die Verbesserung der Knautschzonen.

B. die Entwicklung der modernen Bremstechnik.

C. die Einführung der Anschnallpflicht.

8. Dass der frontale Zusammenstoß bei 80 *km/h* tödlich wirkt,

A. ist statistisch noch nicht bewiesen.

B. wissen alle Mediziner.

C. ist die Erfahrung von Dr. Gerrit Matthes aus seiner Berufspraxis.

9. Für die Verkehrssicherheit

A. braucht man nicht nur Vorschriften, sondern der Fahrer muss der Situation entsprechend eine angemessene Geschwindigkeit wählen.

B. braucht man nur die Vorschriften einzuhalten.

C. ist ein klarer Kopf des Fahrers wichtiger als die Vorschriften.

10. Mit dem Text möchte der Autor

A. darauf hinweisen, warum es zu so vielen Verkehrsunfällen kommt.

B. auf die Gefahren im Straßenverkehr hinweisen.

C. darauf hinweisen, wie man Risiken im Verkehr verringern kann.

习题讲解

第1题 题意：一个小小的危险的疏忽会有什么后果？

3个选项的区别：

A. 绝不会发生死亡事故。

B. 最多也就造成轻伤。

C. 可能发生死亡事例。

相关语段及其译文

1. Meist geht es ganz schnell.

通常事故发生得很快。

2. Nur ein Moment der Unachtsamkeit, eine kleine riskante Nachlässigkeit, die hundertmal folgenlos blieb – und schon ist es passiert：

只是一瞬间的不注意，一个小小的危险的疏忽，以往100次都没有发生什么，但这次却发生了事故。

3. Schätzungsweise neun Millionen Menschen verletzen sich in Deutschland pro Jahr.

据估计德国每年有900万人在事故中受伤。

4. Meist handelt es sich dabei nur um kleine Blessuren, doch etwa 600 000 Personen verunglücken schwer.

大多数都只是小小的伤痛，但是其中60万人受伤严重。

5. Sie stürzen beim Hausputz von der Leiter, brechen sich beim Sport die Knochen oder werden Opfer des Straßenverkehrs.

他们在或粉刷家里的墙壁时从梯子上摔下来，或在体育活动中骨头断裂，或者在马路交通事故中成为受害者。

6. Fünf Prozent davon überleben ihre Verletzungen nicht.

他们中的5%挺不过事故带来的灾难。

选择答案

A 不是答案,第6句是对A的否定。

B 不是答案,第4和6句都是对B的否定。

C 是答案,第6句是对C的肯定。

第2题

题意:如果一个年轻人发生严重事故,意味着什么。

3个选项的区别:

A. 对整个社会而言这将是一笔可观的经济损失。

B. 个人损失与国民经济损失同样大。

C. 他一生都不能再工作。

相关语段及其译文

1. Da es häufig gerade junge Menschen sind, die schweren Unfällen zum Opfer fallen, ist neben dem persönlichen Drama auch der volkswirtschaftliche Schaden groß.

因为通常是年轻人成为严重事故的受害者,所以这除了是一种个人悲剧外,整个国民经济的损失也很大。

2. Denn diese Gruppe muss nicht nur – wie alle – teuer behandelt werden, sondern fällt außerdem häufig lange oder dauerhaft im Berufsleben aus.

因为这一组人与所有受伤人员一样需要昂贵的治疗,而且在他们的职业生活中往往是长期或持久不能工作。

选择答案

A 是答案,第1句是对A的肯定。

B 不是答案,因为原文没有对个人与国民经济损失的大小进行比较。

C 不是答案,第2句里的 lange oder dauerhaft 和 C 中的 ein Leben lang 的含义不一样。

第3题

题意:对事故原因进行研究的特别理由是什么。

3个选项的区别:

A. 想排除受害者的创伤。

B. 想减少经济损失。

C. 想引起大家对事故成本的关注。

相关语段及其译文

1. Laut deutschem Traumaregister belaufen sich die direkten und indirekten Kosten von Unfallfolgen auf 50 Milliarden Euro im Jahr.

根据德国事故受伤纪录,事故后果的直接或间接的费用每年在500亿欧元。

2. Nicht zuletzt deswegen forschen Ingenieure, Sozialwissenschaftler und Mediziner an Unfallursachen.

特别是因为这样大的经济损失,工程师、社会学家及医学人员正在对事故的原因进行研究。

3. Denn ist eine Gefahrenquelle einmal erkannt, lässt sie sich häufig auch beseitigen.

因为,如果搞明白了危险的源头,那么它也就往往能排除。

选择答案

A 不是答案,第 1 句中虽然在 Traumaregister 出现了 Trauma,但是整个句子的话题与 A 的话题完全无关,请比较 A 与第 1 句的谓语动词。

B 是答案,第 2 句中 deswegen 就是把前一句中描写的事故成本看作这一研究的特别理由。

C 不是答案,虽然在第 1 句中出现了 Kosten von Unfallfolgen,但是整个句子的话题与 C 的话题完全无关,请比较 C 与第 1 句的谓语动词。

第 4 题　　题意:人们把什么看作马路事故的主要原因。

3 个选项的区别:

A. 事故司机的反应太慢。

B. 司机的开车速度太快。

C. 交通车辆的大幅增长。

相关语段及其译文

1. „Im Straßenverkehr ist überhöhte Geschwindigkeit der häufigste Grund für Unfälle", berichtet Professor Dietmar Otte, ...

Professor Dietmar Otte 说,在马路交通中,超速是最常见的事故原因。

2. Das liegt vor allem daran, dass die Geschwindigkeit und die Gewalt eines Autos das menschliche Reaktionsvermögen überfordern.

这首先是因为车的速度和威力对人的反应能力要求过高。

3. „Alles oberhalb von 50 Stundenkilometern ist gefährlich", sagt Otte.

Otte 说:"每小时 50 公里以上的速度都是危险的。"

4. Das in den vergangenen Jahrzehnten stark gewachsene Verkehrsaufkommen verkürzt die Reaktionswege zusätzlich, wie steigende Unfallzahlen zeigen.

不断上升的事故数字表明,最近几十年交通车辆的大幅增长更缩短了司机对事故作出反应的距离。

选择答案

A 不是答案,第 2 句中虽然在 Reaktionsvermögen 中出现了 Reaktion,但是整个句子与 A 所强调的原因正好相反,A 把驾驶员反应慢当作首要原因,第 2 句则把车辆速度视作主要原因。

B 是答案,第 1 句中的 der häufigste Grund 在题目中被改写为 Hauptgrund。这样,我们就能把 B 看作对第一句的正确改写,即看作答案。

C 不是答案,虽然第 4 句把 Das in den vergangenen Jahrzehnten stark gewachsene

Verkehrsaufkommen 看作原因之一，但只是把它视作一条补充性的(zusätzlich)原因，而不是主要原因。

5题　题意：关于交通事故中的受伤人员数字在刚过去的40年里有些什么变化。

3个选项的区别：

A．与过去相比大约持平。

B．比过去多。

C．比过去少。

相关语段及其译文

1. Zwar wirkt sich die verbesserte Sicherheitstechnik der Fahrzeuge positiv aus

虽然车辆安全技术的提高起到了正面的作用

2. – der Anteil von Unfällen mit Personenschaden hat in den vergangenen 40 Jahren deutlich abgenommen –

(有人员伤亡的事故比重在过去40年中明显下降)

3. doch gleicht der dichter werdende Verkehr den Trend aus, was die Zahl Verletzter betrifft：

但是就受伤人员数字而言，越来越密的交通把这个下降趋势给平衡掉了。

选择答案

A是答案，第3句是对A的肯定。

B不是答案，第3句是对B的否定。第二句中的Anteil意为份额，不是一个绝对的数字。所以不能仅凭第2句来选择答案。

C不是答案，第3句也构成对C的否定。

6题　题意：文章关于车辆安全技术的提高说了什么。

3个选项的区别：

A．没有降低马路事故的数量。

B．没有减少事故中的死亡危险。

C．至今把受伤人员数字降低到了350 000。

相关语段及其译文

1. Zwar wirkt sich die verbesserte Sicherheitstechnik der Fahrzeuge positiv aus ...

虽然车辆安全技术的提高起到了正面的作用……

2. Sie liegt seit Jahrzehnten konstant bei etwa 350.000 pro Jahr.

几十年来，这个数字一直保持在大约每年350 000。

3. „Es gibt also mehr Unfälle, aber die Gefahr, dabei verletzt oder getötet zu werden, ist geringer", fasst Dietmar Otte die Statistik zusammen.

Dietmar Otte 在总结统计数字时说："总而言之事故更多了，但是在事故中受伤或死亡的危险则更小了。"

选择答案

A是答案，第2和第3句都是对A的肯定。

B 不是答案,第 3 句引号中的后半句是对 B 的否定。

C 不是答案,虽然在第 2 句出现了 350 000 这个数字,但是整个句子不是说降低到这个数字,而是说保持在这个数字。

第 7 题　　**题意:**预防伤残或伤亡事故的最重要的措施是什么。
3 个选项的区别:
A. 改进汽车皱区部分。
B. 研发现代化的制动技术。
C. 引进系安全带的规定。

相关语段及其译文

1. Als segensreich hat sich vor allem die Gurtpflicht erwiesen.

被证明为很有好处的首推系安全带的规定。

2. Vor ihrer Einführung im Jahr 1976 wurden Autoinsassen bei Zusammenstößen oft durch die Scheibe geschleudert, was häufig zu tödlichen Kopfverletzungen führte.

在 1976 年引入这条规定前,汽车相撞时车里的人经常从前窗弹出车外,这往往导致致命的头部伤。

3. Kamen 1970 noch 20.000 Personen im Straßenverkehr ums Leben, sind es heute weniger als 5.000 im Jahr.

1970 年时还有 20 000 人死于马路交通,而今天这个数字已经少于 5 000 人。

4. Das Anschnallen bleibt auf der Straße also die lebensrettende Maßnahme Nummer eins.

在马路上系安全带仍然是救生措施中最有效的。

5. Verbesserte Knautschzonen und moderne Bremstechnik haben die Sicherheit im Auto zusätzlich erhöht.

刹车区域地面毛糙度的改进和现代化的制动技术补充性地提高了车内安全。

选择答案

A 不是答案,第 5 句把改进汽车皱区部分(Verbesserte Knautschzonen)视作补充性的安全措施,不是最重要的措施。

B 不是答案,第 5 句把现代化的制动技术(moderne Bremstechnik)也是视作补充性的安全措施,不是最重要的措施。

C 是答案,第 1 句和第 4 句都是对 C 的肯定。

第 8 题　　**题意:**汽车每小时 80 公里时的正面相撞是致命的,关于这一点,文章说了什么。
3 个选项的区别是:
A. 在统计学上还没有被证明。
B. 所有的医学人员都知道。
C. 是 Dr. Gerrit Matthes 从他职业中获得的经验。

相关语段及其译文

1. „Alle Technik hat aber ihre mechanischen Grenzen", mahnt Dr. Gerrit

Matthes, ..."

Dr. Gerrit Matthes 警告说,"所有技术都有其机械上的限制"。

2. Die Wucht eines Frontalaufpralls wirke sich schon bei Geschwindigkeiten um 80 Kilometer pro Stunde fatal aus.

当每小时 80 公里时汽车正面相撞的力就是致命的。

3. „Da hilft auch kein Airbag mehr", weiß der Mediziner aus seiner täglichen Arbeit und aus über 5.000 Daten, die er an Unfallschauplätzen in Mecklenburg-Vorpommern gesammelt hat.

"这时空气囊也无济于事",这一点是这位医务工作者从他每天的工作中和他在 Mecklenburg-Vorpommern 事故观测站搜集到的 5 000 多个数据中获知的。

选择答案

A 不是答案,第 3 句中的"weiß der Mediziner... aus über 5.000 Daten"就是对题目中"statistisch noch nicht bewiesen"的否定。

B 不是答案,第 3 句中的"der Mediziner"指的是 Dr. Gerrit Matthes,不是指所有的 Mediziner。

C 是答案,第 3 句"aus seiner täglichen Arbeit"就是对题目中"aus seiner Berufspraxis"的正确改写。

第 9 题 **题意:** 关于交通安全,文章提到了什么。

3 个选项的区别:

A. 人们不仅需要交通规则,而且驾驶员必须根据路面情况选择一个合适的车速。

B. 人们只需要遵守交通规则。

C. 驾驶员头脑清醒比交通规则更重要。

相关语段及其译文

1. „Um Unfällen wirksam vorzubeugen, muss die Fahrgeschwindigkeit angepasst sein, vorschriftsmäßig allein reicht nicht", betont der Chirurg.

这位外科医生强调:"为了有效预防事故,开车速度必须合适,仅仅依照交通规则是不够的。"

2. Unter Umständen können erlaubte 80 also schon viel zu schnell sein, etwa bei Nässe, Glätte oder schlechten Sichtverhältnissen.

在某些情况下,依照规定每小时开 80 公里可能就太快了,比如在潮湿、路滑或能视度不好的时候。

3. Alkohol und andere Rauschmittel beeinträchtigen die Sicherheit auf der Straße ebenfalls auf lebensgefährliche Weise, wie Matthes berichtet.

如同 Matthes 所报道,酒精以及其他含酒精饮料同样以危及生命的方式影响马路安全。

4. Daher: runter vom Gas und einen klaren Kopf behalten!

所以,放慢速度,保持一个清醒的头脑。

选择答案

A 是答案,第 1 句中强调的车速和遵守交通规则,第 2 句中描写的按照实际情况选择车速与 A 完全安全一致。

B 不是答案,第 1 句中的"vorschriftsmäßig allein reicht nicht"就是对 B 的否定。

C 不是答案,C 中做的比较文章中根本没有。虽然第 4 句中提到了"einen klaren Kopf behalten",但这里没有把它在重要性方面和交通规则进行对比。

第 10 题 题意:作者写这篇文章的目的是什么。

3 个选项的区别:

A．指出为什么会发生那么多的交通事故。

B．指出马路交通的危险性。

C．指出人们怎样才能尽可能地降低交通危险性。

选择答案

C 是答案,对文章标题以及第 2 自然段的最后一句"Denn ist eine Gefahrenquelle einmal erkannt, lässt sie sich häufig auch beseitigen."的分析推理,可以得出结论:作者写作目的就是为了避免车祸。他用整篇文章告诫读者避免车祸的一些注意事项,比如遵守交通规则,选择合适的车速,不要醉酒开车,系好安全带等等。

Lösungen

1 C, 2 A, 3 B, 4 B, 5 A, 6 A, 7 C, 8 C, 9 A, 10 C

Vokabeln

	bannen *Vt.*	排除
die	Unachtsamkeit	粗心大意,不注意
die	Nachlässigkeit	疏忽,马虎
	folgenlos *Adj.*	无效果的,无恶果的
	schätzungsweise *Adv.*	估计,大概
die	Blessur -en	创伤,伤口
	verunglücken *Vi.*(s)	遇难,(飞机,车)失事
	stürzen *Vi.*(s)	跌落
die	Leiter -n	梯子
	überleben *Vt.*	在……之后还活着,挺过
	schweren Unfällen zum Opfer fallen	遭受严重的灾祸
	aus/fallen *Vi.*	退出,取消
	laut + D. *Präp.*	根据
das	Traumaregister	受伤记录,受伤登记
	sich (A.) auf etw. (A.) belaufen	合计……
	überhöht *Adj.*	过高的
das	Reaktionsvermögen	反应能力
	oberhalb + G. / von + D. *Präp.*	在……之上

das	Verkehrsaufkommen	交通流量
	zusätzlich *Adj.*	附加的，补充的
	sich (A.) positiv aus/wirken	有积极的影响
	aus/gleichen *Vt.*	使平衡，调节
	Was … betrifft	就……而言
	konstant *Adj.*	不变的，恒定的
	segensreich *Adj.*	大有裨益的
die	Gurtpflicht	系安全带的规定
	sich (A.) erweisen	证实，表明
der	Autoinsasse -n, -n	车内人员
	schleudern *Vt.*	抛出，扔
	an/schnallen *Vt.*	系安全带
die	Knautschzone -n	皱褶区
die	Unfallchirurgie nur Sg.	创伤外科
die	Wucht	冲击力，力量
der	Frontalaufprall	正面碰撞
	fatal *Adj.*	致命的，后果严重的
	vor/beugen *Vt.*	预防，防止
	angepasst *Adj.*	适应的，合适的
	vorschriftsmäßig *Adj.*	按照规定的
	unter Umständen	可能
die	Nässe	潮湿
die	Glätte	光滑
das	Sichtverhältnis	视野情况
das	Rauschmittel	麻醉品，毒品
	beeinträchtigen *Vt.*	损害，妨碍
	runter vom Gas	减速

Einheit 16

Lesen Sie den Text und lösen Sie die Aufgaben.

Wie die Schulen Lehren lernen

Die Bildungspolitik ist neben der Arbeitslosigkeit, dem Gesundheitssystem und der Rentenkasse eine der großen politischen Baustellen der kommenden Jahre. Ausgelöst durch die PISA-Studie im Jahr 2 000 gab es hierzu etliche Studien, die eines ganz deutlich belegen: das deutsche Schulsystem ist weder besonders gut noch sozial. Stattdessen gehört es im europäischen Vergleich zum hinteren Mittelfeld, benachteiligt Arbeiter- und Immigrantenkinder und kostet dabei im Vergleich zu anderen Ländern überdurchschnittlich viel Geld.

Eins lässt sich an den Testergebnissen klar erkennen: Das Deutsche System ist nicht konkurrenzfähig. Kleine Änderungen an wenigen Stellschrauben werden daran genauso wenig etwas ändern wie die Versprechen, mehr Lehrer einzustellen oder mehr Geld in die Schulen zu stecken. Damit lassen sich diese strukturellen Probleme nur aufschieben, nicht beseitigen. Nötig ist keine Kurskorrektur mit Pinzette und Lupe, sondern ein von Grund auf neuer Ansatz, der die verkrusteten Strukturen der Bildungspolitik auch mal mit dem Schauffelbagger angeht – Angst, dadurch ein gut funktionierendes Schulsystem zu zerstören, muss man nicht wirklich haben.

Im Gegensatz zu anderen politischen Baustellen fehlt es aber gerade in der Bildungspolitik an einer klar erkennbaren Richtung. Die Politik reagiert auf die verheerenden Ergebnisse deutscher Schüler damit, den schwarzen Peter an leere Kassen, Vorgängerregierungen und einzelne Bundesländer weiterzugeben. Die Medien machen abwechselnd die Verwahrlosung der Elternhäuser und die mangelnde Motivation der Lehrer verantwortlich. Niemand spricht jedoch aus, was anhand der Testergebnisse klar ersichtlich auf dem Tisch liegt: Das deutsche System ist nicht konkurrenzfähig.

Deutschland hat die einmalige Chance am heutigen „Schulsystem aus Kaisers Zeiten", wie es die Leiterin der Rütli-Schule nannte, endlich massive Änderungen durchzusetzen. Die Schulleiterin bat im März 2006 ihre Schule zu schließen, da sie sich der vorherrschenden Gewalt nicht mehr gewachsen fühlte. Die Schieflage des deutschen Bildungswesens konnte man auch ohne PISA erkennen, bewegt hat sich jedoch nichts. Politischer Einfluss durch Lobbyisten, vor allem aber das breite Desinteresse der stimmberechtigten Bevölkerung an der Bildungspolitik waren die Gründe dafür.

Im Frühjahr 2006 kommen zwei Voraussetzungen für Veränderungen günstig zusammen: Die Öffentlichkeit hat endlich die Bedeutung des Themas erkannt und unterstützt Reformen auch gegen Widerstände. Politisch bedeutender ist jedoch der Umstand, dass dem Staat das Geld ausgeht. So wie genügend Schnee sogar die Müllkippe während eines Müllarbeiterstreiks malerisch aussehen lässt, so lässt sich auch in der Politik jedes noch so große, strukturelle Problem mit genügend Geld zudecken. Dies hat zur Folge, dass auf den ersten Blick keine Probleme mehr erkennbar sind. Schnee kommt jedoch kostenlos vom Himmel und muss nicht in Form von Steuern erst erhoben werden - nicht auszudenken wie viel Geld im problematischen Bildungssystem schon versickert ist.

Das bestehende System soll wieder wettbewerbsfähig gemacht werden und das in absehbarer Zeit. Hier versagen die bisherigen politischen Prozesse, die zum Bau einer Autobahn oft schon 30 Jahre und mehr verschlingen – so viel Zeit bleibt dem Bildungsstandort Deutschland einfach nicht mehr. Stattdessen gäbe es zwei schneller durchführbare und durchaus gangbare Wege: Zum einen kann man einsehen, dass andere Länder ein erfolgreiches System haben und übernimmt dieses. Allerdings ein unrealistischer Gedanke: welcher Politiker würde schon gerne zugeben, dass Deutschland ähnlich wie Ruanda oder Nepal Entwicklungshilfe aus Finnland oder Korea braucht? Zum anderen kann man das beseitigen, was das deutsche Bildungswesen am meisten hemmt: den unüberschaubaren Wust aus Zuständigkeiten, Verordnungen und Regelungen, die über die Jahre in den einzelnen Bundesländern gewuchert sind und jegliche Bewegung zum Guten hin im Keim ersticken.

Ziel muss es sein, in zehn Jahren wieder Minimalanforderungen wie die Chancengleichheit sozial schwacher Schüler oder die Vergleichbarkeit der Noten innerhalb und zwischen Bundesländern zu erfüllen. Es könnten damit in 15 Jahren die Beherrschung fundamentaler Lese-, Schreib- und Rechenfähigkeiten erreicht werden.

Aus: http://archive.c6-magazin/hoersaal/2006/04/1145542677.phd

Makieren Sie die richtige Antwort (A, B oder C).

1. **Man hat durch Untersuchungen herausgefunden, dass**
   A. das deutsche Schulsystem zu den besten in Europa gehört.
   B. das deutsche Schulsystem sich mehr um die Interessen von Arbeiter- und Immigrantenkindern kümmert.
   C. das deutsche Schulsystem europaweit betrachtet hohe Kosten verursacht.

2. **Die Wettbewerbsfähigkeit des deutschen Schulsystems kann**
   A. durch geringe Änderungen wesentlich erhöht werden.
   B. durch Anstellung von mehr Lehrern erhöht werden.
   C. auch durch mehr Investitionen nicht viel gesteigert werden.

3. **Die gegenwärtige Bildungspolitik**
   A. funktioniert noch gut genug.
   B. bedarf keiner strukturellen Korrektur.
   C. muss von Grund auf korrigiert werden.

4. **Die Bildungspolitiker**
   A. reagieren nicht auf die schlechten Leistungen der deutschen Schüler.
   B. haben noch keine klare Ziele bei der Bildungsreform.

C. übernehmen die Verantwortung für die Schulbildung.

5. Die Massenmedien führen schlechte Noten der Schüler

    A. auf Eltern und Lehrer zurück.

    B. auf das deutsche Schulsystem zurück.

    C. darauf zurück, dass niemand Kritik daran übt.

6. Dass man nichts gegen das Bildungsproblem tut,

    A. ist in erster Linie Folge davon, dass die Bürger wenig Interesse daran haben.

    B. verdeutlichen erst die PISA-Ergebnisse.

    C. hängt vor allem mit dem Einfluss der Landesregierungen zusammen.

7. Eine günstige Voraussetzung für die Bildungsreform ist,

    A. dass ihr Sinn allen Politikern einsichtig ist.

    B. dass die Bundesregierung sie finanziert.

    C. dass kein Widerstand dagegen besteht.

8. Damit das deutsche Bildungssystem erneut konkurrenzfähig wird,

    A. braucht man mindestens noch 30 Jahre.

    B. müsste man anders als bisher vorgehen.

    C. braucht man höchstens 30 Jahre.

9. Der realistische Weg zur Bildungsreform in Deutschland ist,

    A. das bürokratische Chaos im Bildungswesen abzubauen.

    B. von Finnland oder Korea zu lernen.

    C. Zuständigkeiten, Verordnungen und Regelungen zu vervollständigen.

10. Mit der Bildungsreform hofft man,

    A. dass die Schüler mit 15 Jahren sicher lesen, schreiben und rechnen können.

    B. in zehn Jahren eine soziale Gerechtigkeit im Bildungswesen zu erreichen.

    C. in 15 Jahren die Bildungsreform zu beenden.

11. Es geht im Text darum,

    A. warum die deutschen Schüler vergleichsweise schlechte Leistungen erbringen.

    B. wie das Lehrniveau an deutschen Schulen erhöht werden kann.

    C. wie die Bildungsreform erfolgreich durchgeführt werden kann.

习题讲解

第1题   **题意**：通过调查人们发现了什么。

3个选项的区别：

A. 德国的中小学体制属于欧洲最好的之一。

B. 德国的中小学体制更多的是关心工人和移民孩子的利益。

C. 从整个欧洲来看，德国的中小学体制是高成本的原因。

相关语段及其译文

1. Ausgelöst durch die PISA-Studie im Jahr 2000 gab es hierzu etliche Studien, die

eines ganz deutlich belegen：

接着2000年的PISA调查，人们对此（指文章标题）又做了一些调查，它们都完全清楚地证明了一点：

2. das deutsche Schulsystem ist weder besonders gut noch sozial.

德国的中小学体制既不特别好也不怎么重视社会公平。

3. Stattdessen gehört es im europäischen Vergleich zum hinteren Mittelfeld,

在欧洲的比较中它属于下中等，

4. benachteiligt Arbeiter- und Immigrantenkinder

它亏待工人和移民的孩子

5. und kostet dabei im Vergleich zu anderen Ländern überdurchschnittlich viel Geld.

与其他国家相比成本花费超出平均水平。

选择答案

A 不是答案，第3句否定了A。

B 不是答案，第4句否定了B。

C 是答案，第5句肯定了C。

第2题　　**题意**：怎样才能提高德国中小学体制的竞争？

3个选项的区别：

A．通过一些小小的变化能有本质上的提高。

B．能通过雇佣更多的教师来提高。

C．即使投入更多也不会有提高。

相关语段及其译文

1. Eins lässt sich an den Testergebnissen klar erkennen: Das Deutsche System ist nicht konkurrenzfähig.

各个测试结果清楚地表明了一点：德国中小学体制是没有竞争力的。

2. Kleine Änderungen an wenigen Stellschrauben werden daran genauso wenig etwas ändern wie die Versprechen, mehr Lehrer einzustellen oder mehr Geld in die Schulen zu stecken.

对某些局部作一些小小的调整如同许诺雇佣更多教师或投入更多资金一样，都不会带来足够的变化。

3. Damit lassen sich diese strukturellen Probleme nur aufschieben, nicht beseitigen.

这样做只是推迟解决这些结构上的问题，而不是排除。

选择答案

A 不是答案，第2句中的前半部分是对它的否定。

B 不是答案，第2句中的中间部分是对它的否定。

C 是答案，第2句中的最后部分是对C的肯定。

第3题　　**题意**：关于当今的教育政策文章说了什么。

3个选项的区别：

A．其作用发挥得还算好。

B．不需要结构上的修正。

C．必须从根本上做出修正。

相关语段及其译文

1. Nötig ist keine Kurskorrektur mit Pinzette und Lupe, sondern ein von Grund auf neuer Ansatz,

必须要做的不是用钳子和放大镜来小修小补,而是要从根本上有一个新的开端,

2. der die verkrusteten Strukturen der Bildungspolitik auch mal mit dem Schauffelbagger angeht.

这个新的开端甚至是大刀阔斧地触及已经生锈了的教育政策结构。

3. - Angst, dadurch ein gut funktionierendes Schulsystem zu zerstören, muss man nicht wirklich haben.

担心因此会毁坏一个运作良好的中小学体制,是真的没有必要。

选择答案

A 不是答案,虽然第3句中有"ein gut funktionierendes Schulsystem zu zerstören",但是它隶属的词组"Angst, dadurch ein gut funktionierendes Schulsystem zu zerstören"是一个假设,指出某些人有这种担心,不是对真实情况的描写。

B 不是答案,第2句是对B的否定。

C 是答案,第1和第2句是对C的肯定。

第4题　　**题意**:关于教育官员文章说了些什么。

3个选项的区别:

A．教育官员对德国学生成绩如此之差没有任何反应。

B．教育官员在教育改革中还没有明确的目标。

C．教育官员承担起了对教育的责任。

相关语段及其译文

1. Im Gegensatz zu anderen politischen Baustellen fehlt es aber gerade in der Bildungspolitik an einer klar erkennbaren Richtung.

但是与其他政治"工地"相反,恰恰是在教育政策里缺乏一个清晰可辨的方向。

2. Die Politik reagiert auf die verheerenden Ergebnisse deutscher Schüler damit, den schwarzen Peter an leere Kassen, Vorgängerregierungen und einzelne Bundesländer weiterzugeben.

政治界对于德国学生糟糕的成绩的反应是:把这个黑彼得(黑锅)推给钱袋空空的出纳部门,推给前任政府以及推给各州(政府)。

选择答案

A 不是答案,根据第2句:他们的反应是把责任都推给别人。

B 是答案,第1句里的"fehlt es ... an einer klar erkennbaren Richtung"肯定了B。

C 不是答案,第2句是对它的否定。

第 5 题　　**题意**：关于大众媒体文章说了些什么。

3 个选项的区别：

A．大众媒体把德国学生糟糕的成绩归咎于家长和老师。

B．大众媒体把德国学生糟糕的成绩归咎于德国中小学校的体制。

C．大众媒体把德国学生糟糕的成绩归咎于没有人对此提出过批评。

相关语段及其译文

1. Die Medien machen abwechselnd die Verwahrlosung der Elternhäuser und die mangelnde Motivation der Lehrer verantwortlich.

媒体时不时地把这归咎于家长的放任自流以及老师缺乏教学动力。

2. Niemand spricht jedoch aus, was anhand der Testergebnisse klar ersichtlich auf dem Tisch liegt：Das deutsche System ist nicht konkurrenzfähig.

然而没有人明确指出(德国学生的)测试成绩明明白白(向我们)所显示的一点：即德国的(中小学)体制没有竞争力。

选择答案

A 是答案，第 1 句肯定了 A。

B 不是答案，第 2 句和 B 虽然都用了 Das deutsche System 这一词组，但是第 2 句的话题根本不是阐述德国学生成绩糟糕的原因。

C 不是答案，第 1 句就是在阐述大众媒体对教育问题提出批评。

第 6 题　　**题意**：关于针对教育问题没有采取任何行动，文章说了什么。

3 个选项的区别：

A．这主要是国民对教育不大关心的后果。

B．PISA 的结果才显明了这一点。

C．这首先与州政府的影响力有关。

相关语段及其译文

1. Die Schieflage des deutschen Bildungswesens konnte man auch ohne PISA erkennen, bewegt hat sich jedoch nichts.

德国教育的这一偏差状况即使没有 PISA 人们也能看到，但是什么措施也没采取。

2. Politischer Einfluss durch Lobbyisten, vor allem aber das breite Desinteresse der stimmberechtigten Bevölkerung an der Bildungspolitik waren die Gründe dafür.

这一状况的原因是所有相关利益者的政治影响力，但首先是广大的有表决权的居民对教育政策的不关心。

选择答案

A 是答案，第 2 句的后半部分，即 vor allem 之后是对 A 的肯定。

B 不是答案，第 1 句是对它的否定。

C 不是答案，文章没有把主要责任归咎于州政府。

第 7 题　　**题意**：教育改革的一个必要的前提是什么。

3 个选项的区别：

A．所有的政治家都认识到改革的意义。

B．联邦政府对改革的资助。

C．改革没有任何阻力。

相关语段及其译文

1. Im Frühjahr 2006 kommen zwei Voraussetzungen für Veränderungen günstig zusammen：

2006 年春季，教育改革的两个前提有利地同时出现：

2. Die Öffentlichkeit hat endlich die Bedeutung des Themas erkannt und unterstützt Reformen auch gegen Widerstände.

公众终于认识到了这一题目（指教育改革）的重要性，并且即使有阻力也支持各项改革措施。（第一个前提）

3. Politisch bedeutender ist jedoch der Umstand, dass dem Staat das Geld ausgeht.

而政治上更重要的是，国家拿出这笔钱来了。（第二个前提）

选择答案

A 不是答案，文章没有涉及所有政治家对改革意义的认识。

B 是答案，第 3 句是对 B 的肯定。

C 不是答案，第 2 句中虽然出现了"Widerstände"这个词，但是它是假设，不是前提。

第 8 题　　**题意**：要使德国教育体制重新恢复竞争力，文章说了什么。

3 个选项的区别：

A．人们最起码还需要等 30 年。

B．人们必须采取和以前不一样的做法。

C．人们最多等 30 年。

相关语段及其译文

1. Das bestehende System soll wieder wettbewerbsfähig gemacht werden und das in absehbarer Zeit.

现今的体制要重新获得竞争力，并且要在可预见的时间里。

2. Hier versagen die bisherigen politischen Prozesse, die zum Bau einer Autobahn oft schon 30 Jahre und mehr verschlingen

在这件事上迄今为止的政治进程都是失败的，它们为了建造高速公路往往要耗费 30 年，甚至更长时间

3. - so viel Zeit bleibt dem Bildungsstandort Deutschland einfach nicht mehr.

德国作为教育之国不再有那么多时间可以等了。

4. Stattdessen gäbe es zwei schneller durchführbare und durchaus gangbare Wege：

代之于这样的政治进程，有两条执行起来更快，并且完全行得通的途径：

选择答案

A 不是答案，虽然题目和第 2 句都提到了"30 Jahre"，但是它们分属不同的话题。

B 是答案，依据是第 2 句的推理（既然迄今为止的政治进程都是失败的，就必须改变至今的一切做法）和第 4 句。

C 不是答案,解释见 A。

第 9 题

题意:德国教育改革的现实之路是什么。

3 个选项的区别:

A．是消除教育事业中的官僚式的混乱局面。

B．是向芬兰或韩国学习。

C．是完善责职、规范和规定。

相关语段及其译文

1. Stattdessen gäbe es zwei schneller durchführbare und durchaus gangbare Wege:

代之于这样的政治进程,有两条执行起来更快,并且完全行得通的途径:

2. Zum einen kann man einsehen, dass andere Länder ein erfolgreiches System haben und übernimmt dieses.

一方面人们可以看到,其他国家已经有了成功的体制,人们可以照搬这个体制。

3. Allerdings ein unrealistischer Gedanke: welcher Politiker würde schon gerne zugeben, dass Deutschland ähnlich wie Ruanda oder Nepal Entwicklungshilfe aus Finnland oder Korea braucht?

不过这是一个不现实的想法:哪位政治家会承认,德国类同于卢旺达或尼泊尔需要芬兰或韩国的发展性援助呢?

4. Zum anderen kann man das beseitigen, was das deutsche Bildungswesen am meisten hemmt: den unüberschaubaren Wust aus Zuständigkeiten, Verordnungen und Regelungen,

另一方面人们可以把对德国教育事业最大的阻碍排除掉,这一障碍就是责职、规范以及规定不清的混乱局面。

5. die über die Jahre in den einzelnen Bundesländern gewuchert sind und jegliche Bewegung zum Guten hin im Keim ersticken.

这种混乱多年来在各联邦州漫延,它把每一个改进的措施都扼杀在萌芽中。

选择答案

A 是答案,第 4 句中的 "den unüberschaubaren Wust aus Zuständigkeiten, Verordnungen und Regelungen" 可以看作是 beseitigen 的宾语,词组 "aus Zuständigkeiten, Verordnungen und Regelungen" 在题目中被正确的改写为 "bürokratisch"。

B 不是答案,第 3 句中虽然出现了 "Finnland oder Korea",但是第 3 句实际上是对 B 的否定。

C 不是答案,在第 4 句中虽然出现了 "Zuständigkeiten, Verordnungen und Regelungen",但是题目中的 "vervollständigen" 这一话题文章没有涉及。

第 10 题

题意:通过教育改革,人们希望得到什么。

3 个选项的区别:

A．15 岁的学生保证会阅读、写作和计算。

B．10 年后在教育事业中能达到社会公平。

C．15 年后完成教育改革。

相关语段及其译文

1. Ziel muss es sein, in zehn Jahren wieder Minimalanforderungen wie die Chancengleichheit sozial schwacher Schüler oder die Vergleichbarkeit der Noten innerhalb und zwischen Bundesländern zu erfüllen.

目标必须是：在10年后（在学生中）重新达到最起码的要求，即社会弱势学生的机会平等或者在联邦州之内以及联邦州之间成绩的可比性。

2. Es könnten damit in 15 Jahren die Beherrschung fundamentaler Lese-, Schreib- und Rechenfähigkeiten erreicht werden.

这样，在15年后就能达到学生对基本的阅读、写作以及计算能力的掌握。

选择答案

A 不是答案，第2句中的"in 15 Jahren"意思是15年后，而不是15岁。

B 是答案，是对第1句中"die Chancengleichheit sozial schwacher Schüler"的正确改写。

C 不是答案，虽然在第2句中也出现了"in 15 Jahren"，但是它从属的话题不是"完成教育改革"，而是"获得某种能力"。

第11题　**题意**：文章的主题是什么。

3个选项的区别：

A．德国学生成绩比较差的原因。

B．德国学校提高教学水平的方法。

C．教育改革如何成功进行的方法。

选择答案

C 是答案，选项C的话题教育改革"如何成功进行"是整篇文章的核心话题。

Lösungen

1 C, 2 C, 3 C, 4 B, 5 A, 6 A, 7 B, 8 B, 9 A, 10 B, 11 C

Vokabeln

die	Rentenkasse	养老金体系
die	Baustelle -n	建筑工地,施工场地
	ausgelöst durch *Partizip Perfekt*	由……引起
	hierzu	= dazu
	etliche *Adj.*	若干,一些
	belegen *Vt.*	证明
das	Mittelfeld	中段
	benachteiligen *Vt.*	亏待
das	Immigrantenkind -er	移民的孩子

	konkurrenzfähig *Adj.*	有竞争能力的
die	Stellschraube -n	调节螺旋,调整螺旋
	auf/schieben *Vt.*	推迟
die	Pinzette -n	镊子,钳子
die	Lupe -n	放大镜
der	Ansatz ..e	开始,开端
	verkrustet *Adj.*	僵硬的
der	Schaufelbagger -	单斗式挖土机
	angehen *Vt.*	试图处理
	verheerend *Adj.*	可怕的,灾难性的
	den schwarzen Peter an j-n. geben	把责任推卸给其他人
	Vorgängerregierungen *Pl.*	前几届政府
die	Verwahrlosung nur Sg.	放任,无人照管
	anhand + G. *Präp.*	借助于
	ersichtlich *Adj.*	明显的,清楚的
	massiv *Adj.*	庞大的,强有力的
	durch/setzen *Vt.*	贯彻,实施
	vorherrschend *Adj.*	占优势的,占统治地位的
die	Gewalt nur Sg.	暴力,武力
	sich etw. (D.) gewachsen fühlen	感觉能够胜任……
die	Schieflage nur Sg.	偏斜,失调
der	Lobbyist -en	在议会外游说议员的人
das	Desinteresse	不感兴趣,冷漠
	stimmberechtigt *Adj.*	有投票权的
die	Müllkippe	垃圾堆
	malerisch *Adj.*	美丽如画的
	zu/decken *Vt.*	掩盖,隐瞒
	erheben *Vt.*	收取,征收
	versickern *Vi.* (s)	消失,流失
	wettbewerbsfähig *Adj.*	具有竞争性的
	in absehbarer Zeit	在可预见的未来,不久以后
	versagen *Vi.*	失败
	verschlingen *Vt.*	挥霍,耗尽
	gangbar *Adj.*	能通行的,可行的
	Ruanda	卢旺达
	Nepal	尼泊尔
	hemmen *Vt.*	阻碍,阻拦
	ein/sehen *Vt.*	看清,认出
	unüberschaubar *Adj.*	不清楚的,不容易理解的

der	Wust	混乱
die	Zuständigkeit -en	权限,管辖权
die	Verordnung -en	命令,规定
	wuchern *Vi.*	丛生,滋生
	etw. im Keim ersticken	在萌芽状态中扼杀……
die	Chancengleichheit	机会平等
	fundamental	基础的,根本的
die	Rechenfähigkeit -en	运算能力

Einheit 17

Lesen Sie den Text und lösen Sie die Aufgaben.

„Wenn-Ich-Karten" zum Thema Glücksspielsucht
Eine spielerische Auseinandersetzung

Das Glücksspiel hat eine lange Tradition. Auch problematisches und pathologisches Glücksspiel ist kein neues Phänomen. Neu sind die gesellschaftlichen und politischen Rahmenbedingungen.

In Folge des 2008 abgeschlossenen Staatsvertrags zum Glücksspielwesen entstand die Landesstelle Glücksspielsucht in Bayern (www.lsgbayern.de). Seit Mai 2009 hat die Aktion Jugendschutz Bayern im Auftrag den Aufgabenbereich der Prävention bei Jugendlichen übernommen.

Heute gibt es ein breites kommerzielles Angebot von Glücksspielen: Rubbellose und Lotto, Sportwetten, Geldspielautomaten in Spielhallen und Gaststätten, Spielbanken mit kleinem und großem Spiel, Poker und Roulette im Internet...

Viele Jugendliche beginnen sich schon frühzeitig für Spiele mit Geldeinsätzen zu interessieren und ein Teil von ihnen fällt schnell in problematische Verhaltensmuster. Die oft jahrzehntelangen „Karrieren" von pathologischen Glückspielern und Glücksspielerinnen haben meist ihren Ursprung in der Jugend.

Neben der notwendigen staatlichen Kontrolle von Glücksspielen müssen Jugendliche lernen, eigenverantwortlich mit den damit verbundenen Risiken umzugehen. Um Fachkräfte in der pädagogischen Arbeit im Rahmen der Jugendhilfe, der Jugendarbeit und der Schule zu unterstützen, hat die Aktion Jugendschutz Bayern e.V. ein neues Material für Jugendliche ab 14 Jahren entwickelt, die „Wenn-Ich-Karten" zum Thema Glücksspielsucht.

Im Gruppenkontext setzen sich 5 bis 30 Teilnehmer und Teilnehmerinnen spielerisch mit Themen wie Geld, Risiko, Spielen, Gruppendruck, bis hin zum problematischen und pathologischen Glücksspiel auseinander und reflektieren ihre Meinungen und Haltungen. Eine pädagogische Fachkraft übernimmt die Moderation.

In der Spielanleitung werden einerseits pädagogische Ansätze und Perspektiven vermittelt. Andererseits werden in kompakter, leicht verständlicher Form wichtige Hintergründe und Zusammenhänge zur Glücksspielsucht dargestellt. Dadurch ist die Methode für pädagogische Fachkräfte ohne weitere Vorkenntnisse einfach durchführbar.

www.materialdienst.aj-bayern.de

Makieren Sie die richtige Antwort (A, B oder C).

1. Was sagt der Text über das Glücksspiel aus?
    A. Das Glücksspiel besteht so lange wie die Menschheit.

B. Das Glücksspiel erneuert sich mit der gesellschaftlichen und politischen Änderung.

C. Das Glücksspiel befindet sich heutzutage in einem anderen sozialen Hintergrund als früher.

2. Wozu wurde der Staatsvertrag 2008 abgeschlossen?

A. Um Glücksspiele zu regeln.

B. Um die Landesstelle Glücksspielsucht in Bayern zu gründen.

C. Um die Jugendlichen an Glücksspielen zu beteiligen.

3. Warum geraten heute manche Jugendliche in kurzer Zeit in einen Zustand wie Spielsucht?

A. Weil heute vielerorts Glücksspiele angeboten werden.

B. Vor allem weil man heute auch im Internet spielen kann.

C. Weil Sportwetten sie besonders locken.

4. Woran liegt in erster Linie die Spielsucht der Erwachsenen?

A. An dem Mangel der staatlichen Kontrolle der Glückspiele.

B. Daran, dass sie schon als Schüler spielten.

C. Daran, dass sie das Risiko der Glücksspiele nicht erkennen.

5. Zu welchem Zweck sind die „Wenn-Ich-Karten" entwickelt worden?

A. Um neue pädagogische Fachkräfte gegen Glücksspielsucht auszubilden.

B. Um einem Lehrer z. B. bei der Erziehung der Schüler zu helfen.

C. Um speziell für Jugendliche ein neues Glücksspiel zu schaffen.

6. Was tut man im Spiel „Wenn-Ich-Karten"?

A. Man analysiert u. a. unterschiedliche Spiele und nimmt Stellung dazu.

B. Man spielt trotz Risiko mit Geld.

C. Nach einem Spiel spricht man über sein Gefühl.

7. Was steht in der Spielanleitung?

A. Symptome der Glücksspielsucht.

B. Regeln zum Gewinn des Spiels.

C. Die erzieherische Bedeutung des Spiels.

8. Worum geht es im Text?

A. darum, wo man heutzutage spielen kann.

B. Um Glücksspielsucht.

C. Um ein Spiel gegen Glücksspielsucht.

习题讲解

第1题 题意:关于赌博文章说了些什么。

3个选项的区别:

A. 赌博的存在与人类历史一样长久。

B. 赌博随社会和政治变化而更新。

C．今天,赌博处于一个与以前不同的社会背景中。

相关语段及其译文

1. Das Glücksspiel hat eine lange Tradition.

赌博有一个悠久的传统。

2. Auch problematisches und pathologisches Glücksspiel ist kein neues Phänomen.

即使有问题的以及病态的赌博也不是新的现象。

3. Neu sind die gesellschaftlichen und politischen Rahmenbedingungen.

新的只是社会和政治的大环境(框架条件)。

选择答案

A 不是答案,虽然第 1 句中出现了 lange,但它没有对赌博与人类作比较。

B 不是答案,第 3 句虽然出现了 gesellschaftlichen und politischen,但是它没有涉及赌博本身有无变化的话题。

C 是答案,第 2 句强调赌博不是新的现象,第 3 句强调了社会和政治的大环境的更新。据此推理可以得出结论:今天,赌博处于一个与以前不同的社会背景中。

第 2 题

题意:2008 国家协定的签订目的是什么。

3 个选项的区别:

A．规范赌博。

B．在巴伐利亚建立州立赌瘾防治站。

C．把青少年纳入赌博。

相关语段及其译文

1. In Folge des 2008 abgeschlossenen Staatsvertrags zum Glücksspielwesen entstand die Landesstelle Glücksspielsucht in Bayern (www.lsgbayern.de).

在 2008 年制定的赌博业国家协定之后,巴伐利亚建立了州立赌博瘾防治站。

2. Seit Mai 2009 hat die Aktion Jugendschutz Bayern im Auftrag den Aufgabenbereich der Prävention bei Jugendlichen übernommen.

2009 年 5 月以来巴伐利亚保护青少年行动(组)受托接受了预防青少年赌博上瘾的任务。

选择答案

A 是答案,这是根据第 1 句中的词组 Staatsvertrags zum Glücksspielwesen(针对赌博业签订的国家协定)进行的推理。

B 不是答案,第 1 句里的 In Folge 说明了"2008 国家协定的签订"与"州立赌博瘾防治站"在时间上的先后关系或逻辑上的因果关系,没有强调两者之间的目的关系。

C 不是答案,根据第 2 句的推理,可以否定 C。

第 3 题

题意:今天有些青少年在短时间内就染上了赌瘾,原因是什么。

3 个选项的区别:

A．原因是今天许多地方都提供赌博游戏。

B．首要原因是今天在网上也能赌博。

C．原因是体育赌博特别吸引他们。

相关语段及其译文

1. Heute gibt es ein breites kommerzielles Angebot von Glücksspielen: Rubbellose und Lotto, Sportwetten, Geldspielautomaten in Spielhallen und Gaststätten, Spielbanken mit kleinem und großem Spiel, Poker und Roulette im Internet ...

今天到处都提供商业性的赌博游戏：如刮刮彩票、中奖式彩票、体育彩票、赌博馆和饭店里的赌博机，赌场提供的大大小小的赌博游戏、扑克以及网络轮盘赌。

2. Viele Jugendliche beginnen sich schon frühzeitig für Spiele mit Geldeinsätzen zu interessieren.

许多青少年很早开始对赌钱感兴趣。

3. und ein Teil von ihnen fällt schnell in problematische Verhaltensmuster.

他们中的一部分人很快陷入问题行为模式(指赌博)。

选择答案

A 是答案，这是根据第 1 和 2 句的推理。

B 不是答案，虽然第 1 句中出现了 Poker und Roulette im Internet，它错在 vor allem，因为文章没有对原因区分主次。

C 不是答案，与 B 同理，虽然第 1 句中也出现了 Sportwetten，C 的错在于使用了 besonders。

第4题　　题意：成年人赌博成瘾的首要原因是什么。

3 个选项的区别：

A. 国家缺乏对赌博的控制。

B. 他们还是学生时就已经玩赌博游戏了。

C. 他们没有认识到赌博的风险。

相关语段及其译文

1. Die oft jahrzehntelangen „Karrieren" von pathologischen Glücksspielern und Glücksspielerinnen haben meist ihren Ursprung in der Jugend.

有病态心理的赌徒，几十年"赌业"的根源大多数就在于青少年阶段。

2. Neben der notwendigen staatlichen Kontrolle von Glücksspielen müssen Jugendliche lernen, eigenverantwortlich mit den damit verbundenen Risiken umzugehen.

除了国家对赌博游戏的必要控制外，青少年本身必须学会如何自我负责地对待赌博带来的风险。

选择答案

A 不是答案，第 2 句中的 Neben der notwendigen staatlichen Kontrolle von Glücksspielen 否定了 A。

B 是答案，第 1 和第 2 句肯定了 B。

C 不是答案，因为在这里没有涉及 das Risiko der Glücksspiele erkennen 的话题。

第5题　　题意：研发"Wenn-Ich-Karten"这一游戏的目的是什么。

3 个选项的区别：

A．为防止赌博成瘾,培养新的教育专业人员。

B．帮助教师来培养学生。

C．专门为青少年创造出一种新的赌博游戏。

相关语段及其译文

Um Fachkräfte in der pädagogischen Arbeit im Rahmen der Jugendhilfe, der Jugendarbeit und der Schule zu unterstützen, hat die Aktion Jugendschutz Bayern e. V. ein neues Material für Jugendliche ab 14 Jahren entwickelt, die „Wenn-Ich-Karten" zum Thema Glücksspielsucht.

为了在帮助青少年、青少年工作和学校教育的框架内,支持教育工作中的专业人员,巴伐利亚保护青少年行动协会研发出了一种适合于14岁以上青少年的新教材,即针对赌博成瘾的话题、名为"Wenn-Ich-Karten"的游戏。

选择答案

A 不是答案,这语段的目的状语 um zu 没有涉及培养教育专业人员的话题。

B 是答案,在这语段的目的状语 um zu 结构中,它的核心谓语是 Fachkräfte unterstützen,意思与 einem Lehrer helfen 一致。

C 不是答案,这语段的目的状语 um zu 没有涉及为青少年创造赌博游戏的话题。

6 题 **题意**:在玩"Wenn-Ich-Karten"的游戏中参与者做些什么。

3 个选项的区别:

A．分析不同的赌博游戏并对此发表看法。

B．冒着风险赌钱。

C．在一个游戏结束后就讲述自己的感觉。

相关语段及其译文

1. Im Gruppenkontext setzen sich 5 bis 30 Teilnehmer und Teilnehmerinnen spielerisch mit Themen wie Geld, Risiko, Spielen, Gruppendruck, bis hin zum problematischen und pathologischen Glücksspiel auseinander und reflektieren ihre Meinungen und Haltungen.

在集体的游戏中,5 至 30 个参与者在游戏中对钱、风险、游戏、群体压力以及对带来严重问题和病理心态的赌博等话题进行分析,表达自己的观点和态度。

2. Eine pädagogische Fachkraft übernimmt die Moderation.

(在游戏中)有一个教育专家充当游戏主持人。

选择答案

A 是答案,它是对第 1 句中的 setzen sich mit Themen wie Geld ... auseinander 以及 reflektieren ihre Meinungen und Haltungen 的改写。

B 不是答案,B 中的 mit Geld spielen 这个话题没有出现在这一语段中。

C 不是答案,它错在使用了时间状语 nach einem Spiel。原文没有这方面的交代。

7 题 **题意**:在游戏说明中写了些什么。

3 个选项的区别:

A．赌瘾的症状。

B．游戏获胜的规则。

C．游戏的教育意义。

相关语段及其译文

1. In der Spielanleitung werden einerseits pädagogische Ansätze und Perspektiven vermittelt.

在游戏说明中一方面介绍了该游戏在教育上的一些设想和角度。

2. Andererseits werden in kompakter, leicht verständlicher Form wichtige Hintergründe und Zusammenhänge zur Glücksspielsucht dargestellt.

另一方面简明易懂地描写了赌瘾的重要背景和相关因素。

选择答案

A 不是答案,第 2 句中 Hintergründe und Zusammenhänge zur Glücksspielsucht 这个词组中没有涉及症状的话题。

B 不是答案,在整个游戏说明中根本没有获胜规则。

C 是答案,它是对第 1 句中 pädagogische Ansätze und Perspektiven vermittelt 的正确推理。

第 8 题　　**题意**:文章主要涉及什么话题。

3 个选项的区别:

A．人们今天可以在什么地方玩赌博游戏。

B．赌瘾。

C．一个预防赌博上瘾的游戏。

选择答案

C 是答案,全文都是在介绍"Wenn-Ich-Karten"这一游戏。该游戏的目的就是为了防止青少年迷上赌博。

Lösungen

1 C, 2 A, 3 A, 4 B, 5 B, 6 A, 7 C, 8 C

Vokabeln

	spielerisch	*Adj.*	游戏的,赌博的
die	Auseinandersetzung	-en	分析
das	Glücksspiel	-e	赌博
	pathologisch	*Adj.*	病理学的
das	Phänomen	-e	现象
die	Rahmenbedingung	-en	框架条件,总体条件
	in Folge +G. / +von		随着,紧跟着

das	Glücksspielwesen	博彩业
die	Aktion -en	行动
	im Auftrag	受委托的
die	Prävention -en	预防
	übernehmen vt	接受
das	Rubbellos -e	刮刮奖彩票
das	Lotto -	中奖式彩票
das	Sportwetten	赌体育比赛
die	Spielbank -en	合法赌场
das	Poker	扑克
das	Roulett -e	轮盘赌
der	Geldeinsatz ..e	投钱
der	Ursprung ..e	起源，根源
die	Jugend	青年期
	eigenverantwortlich Adj.	自我负责的
das	Risiko ... ken	风险
	mit etw. / j-m um/gehen Vi.	对待，处置
die	Fachkraft ..e	专业人员
	im Rahmen + G. / + von	在……框架内，在……方面
	sich mit etw. (D.) auseinander/setzen	分析
	reflektieren Vt.	反射，表达
die	Haltung -en	观点，评价
	pädagogisch Adj.	教育学的
die	Moderation	主持
die	Spielanleitung	游戏说明
der	Ansatz ..e	附加（说明）
die	Perspektive -n	角度
	vermitteln Vt.	介绍，传授
	kompakt Adj.	紧密的，简明扼要的
der	Hintergrund ..e	背景
der	Zusammenhang ..e	关联，因果关系
	dar/stellen Vt.	描述
die	Vorkenntnis -se	基础知识
	durchführbar Adj.	可行的，可以实施的

Einheit 18

Lesen Sie den Text und lösen Sie die Aufgaben.

Je gleicher die Partner, desto glücklicher das Paar

Der Spruch „Gegensätze ziehen sich an" trifft für das Liebesglück sehr selten zu. Viele Untersuchungen sprechen jedenfalls eher dafür, dass Paare, die länger zusammenbleiben, sich bereits zu Beginn ihrer Beziehung in vielen Dingen ähneln. Eine gleiche Gesinnung und ein ähnlicher Lebensstil wirken auf die meisten Menschen offensichtlich anziehend.

Paare mit allzu großen Gegensätzen prallen dagegen nach der ersten Verliebtheitsphase im Alltag häufig aufeinander. Im Rausch der Leidenschaft sind wir Menschen schlicht blind gegenüber vielen inneren Werten – oder eben auch Macken des Partners. Leidenschaft wird in erster Linie von der körperlichen Attraktivität bestimmt. Liebe ist wählerischer. Sie ist alles andere als blind. Sie prüft genau. Dafür nimmt sie sich Zeit. Sie will mehr als aufregende Gefühle. Sie will Sicherheit, und das heißt letztlich auch: Ähnlichkeit. Denn je ähnlicher uns der Mensch ist, den wir auswählen, desto leichter fällt es uns, ihn zu verstehen und sein Verhalten vorherzusagen.

Entscheidend sind Übereinstimmungen, die so genannte Homogamie, propagieren US-Psychologen in der Fachzeitschrift „Proceedings" der National Academy of Sciences. Das schließen zum Beispiel auch Peter Buston und Stephen Emlen aus einer Befragung von 978 Studenten an der Cornell-Universität im Bundesstaat New York. Dort hatten die beiden Forscher die Teilnehmer nach deren Eigenschaften und denen des Idealpartners befragt. Die Ergebnisse beider Fragebögen stimmten erstaunlich überein. „Offensichtlich suchen wir ein Gegenüber, das möglichst viele Wesensmerkmale und Einstellungen mit uns teilt", sagt Emlen. Wichtig seien vor allem Familienbewusstsein, Treue und Hingabe. Das Aussehen scheine eine sekundäre Rolle zu spielen – außer für jene Menschen, die sich, wenn sie gefragt werden, selbst als besonders attraktiv einstufen.

Welche Eigenschaften wir uns für unseren Traumpartner wünschen, lässt sich leicht sagen, fanden die Forscher heraus. Man braucht nur zu fragen, wo wir unsere eigenen Stärken sehen. Besonders ehrgeizige Menschen wollten besonders ehrgeizige Partner. Reiche sehnten sich nach Reichen, Schöne suchten Schöne. Denn je ähnlicher sich zwei Menschen sind, desto geringer ist das Konfliktpotenzial, und desto besser sind die Aussichten auf eine erfolgreiche Liebesbeziehung.

Zick Rubin, ein Psychologe der Harvard-Universität in Cambridge (Massachusetts), der zu den Pionieren der Liebesforschung gehört, hat das Schicksal von 231 jungen Paaren in einem Zeitraum von zwei Jahren beobachtet. Am Ende lebten 103 Paare getrennt. Warum? Differenzen hatten sie auseinander getrieben. Die gescheiterten Partner glichen sich von Anfang an weniger als die, die noch nach Jahren zusammen waren. Vor allem unterschieden sie sich in ihren Wertevorstellungen und ihrer Persönlichkeit. Die glücklichen Paare zeigten dagegen durchweg größere Gemeinsamkeiten. Das ging bis hin zur Neigung, ob man eher romantisch war oder nicht.

Dauerpaare glichen sich häufig bis aufs Haar. Sie ähnelten sich nicht nur hinsichtlich ihrer Intelligenz, ihren Charaktereigenschaften und ihrer körperlichen Attraktivität. Auch was die Interessen und Vorlieben betrifft, ob sie rauchen, ob sie trinken, welche Religion sie haben, ob sie klein oder groß, dick oder dünn sind. Immer wenn Wissenschaftler Paare vergleichen, treffen sie auf die Regel, nach der wir am besten mit Menschen auskommen, die bis in die Einzelheiten unser Spiegelbild sind.

Es scheint sogar kaum ein Gesetz der Partnerschaftspsychologie zu geben, für welches die Beweislage so eindeutig ausfällt, wie der US-Forscher David Buss in einer Zusammenfassung der Befunde festgestellt hat: Liebespaare können offenbar jede noch so kleine Differenz, die es zwischen ihnen gibt, auf Dauer nicht ertragen, von einem einzigen Unterschied abgesehen: dem Geschlecht.

Verkürzt nach: http://www.welt.de/wissenschaft/psychologie/article3616398/Je-gleicher-die-Partner-desto-gluecklicher-das-Paar.html

▮ **Markieren Sie die richtige Antwort.**

	Ja	Nein	Text sagt dazu nichts
1 In der Liebe stimmt der Spruch „Gegensätze ziehen sich an" häufig nicht.			
2 Liebespartner, die sich stark voneinander unterscheiden, finden sich in der ersten Verliebtheitsphase besonders anziehend.			
3 Im Rausch der Liebe übersieht man oft viele Schwächen des Partners.			
4 Der Körper spielt eine untergeordnete Rolle bei der Leidenschaft.			
5 Ähnlichkeiten zwischen den Partnern führen zu mehr Sicherheit in der Beziehung.			
6 Unterschiede bei Wesensmerkmalen und Einstellungen bei einem Paar werden als Homogamie bezeichnet.			
7 Menschen mit gleichen Stärken haben keine Probleme in der Beziehung.			

阅 读 训 练

8 Nach Rubins Beobachtung sind viele Paare getrennt, weil sie kaum Gemeinsamkeiten bei ihren Wertevorstellungen und ihrer Persönlichkeit haben.			8
9 Bei Dauerpartnerschaft sind häufig beide intelligent und attraktiv.			9
10 Kleine Differenzen können auch Konflikte in der Beziehung auslösen.			10

习题讲解

第1题　**题意:** 在爱情方面，"差异导致吸引力"的说法(是否)通常是错的。
相关语段及其译文

1. Der Spruch „Gegensätze ziehen sich an" trifft für das Liebesglück sehr selten zu.
"差异导致吸引力"的说法很少适用于幸福的爱情。

2. Viele Untersuchungen sprechen jedenfalls eher dafür, dass Paare, die länger zusammenbleiben, sich bereits zu Beginn ihrer Beziehung in vielen Dingen ähneln.
许多调查都证明，较长时间在一起的伴侣们一开始就在许多事上(观点)是相似的。

3. Eine gleiche Gesinnung und ein ähnlicher Lebensstil wirken auf die meisten Menschen offensichtlich anziehend.
相同的观点以及相似的生活方式对绝大多数人来讲，显然是有吸引力的。

选择答案
根据这一语段推理，相关文章段落所隐含的意思与题目基本一致，所以答案是 Ja。

第2题　**题意:** 彼此之间存在很大差异的情侣，(是否)在恋爱的最初阶段往往觉得对方的吸引力特别大。
相关语段及其译文

Paare mit allzu großen Gegensätzen prallen dagegen nach der ersten Verliebtheitsphase im Alltag häufig aufeinander.
彼此存在太大差异的情侣，在经过了最初的恋爱阶段后，常常会在日常生活中产生碰撞。

选择答案
这一相关段落没有涉及彼此存在太大差异的情侣在最初恋爱阶段的状况，所以答案是 Text sagt dazu nichts。

第3题　**题意:** 陶醉于爱情时，人们(是否)常常忽视了对方的许多弱点。
相关语段及其译文

Im Rausch der Leidenschaft sind wir Menschen schlicht blind gegenüber vielen inneren Werten – oder eben auch Macken des Partners.
在狂热的激情中，我们面对伴侣的许多内在价值或者缺点时都是睁眼瞎。

选择答案
根据推理，这一段落所隐含的意思与题目一致，所以答案是 Ja。

第 4 题　　题意：身体在激情中发挥的（是否）是次要的作用。

相关语段及其译文

Leidenschaft wird in erster Linie von der körperlichen Attraktivität bestimmt.

激情主要由身体的吸引力决定的。

选择答案

相关段落中"in erster Linie"否定了题目中的"untergeordnete"，所以答案是 Nein。

第 5 题　　题意：伴侣之间的相似性（是否）会使得关系更加稳定。

相关语段及其译文

1. Sie（Liebe）will mehr als aufregende Gefühle.

爱情不光需要激情。

2. Sie will Sicherheit.

它还需要安全感。

3. und das heißt letztlich auch：Ähnlichkeit.

也就是相似性。

4. Denn je ähnlicher uns der Mensch ist, den wir auswählen, desto leichter fällt es uns, ihn zu verstehen und sein Verhalten vorherzusagen.

因为我们所选择的人与我们越相似，那么我们就越容易理解他，越能预计他的行为。

选择答案

这一段落，尤其是第 4 句告诉我们，题目与文章所隐含的意思一致，所以答案是 Ja。

第 6 题　　题意：伴侣之间在许多本质特征以及观念方面的差异（是否）被称作 Homogamie（同型婚配）。

相关语段及其译文

Entscheidend sind Übereinstimmungen, die so genannte Homogamie, propagieren US-Psychologen in der Fachzeitschrift „Proceedings" der National Academy of Sciences.

最重要的是一致性，也就是所谓的"Homogamie"，这是美国心理学家在国家科学院的专业杂志"Proceedings"上所宣扬的。

选择答案

这一相关段落用 Homogamie 解释 Übereinstimmungen，说明 Homogamie 指的是 Übereinstimmungen，不是指 Unterschiede，所以答案是 Nein。

第 7 题　　题意：具有相同长处的伴侣在相互关系中（是否）不会出现问题。

相关语段及其译文

1. Welche Eigenschaften wir uns für unseren Traumpartner wünschen, lässt sich leicht sagen, fanden die Forscher heraus.

研究者发现，我们希望我们的梦中情人具备怎样的品质是很容易知道的。

2. Man braucht nur zu fragen, wo wir unsere eigenen Stärken sehen.

我们只要问一问我们自己的长处是什么。

阅 读 训 练

3. Besonders ehrgeizige Menschen wollten besonders ehrgeizige Partner.

特别雄心勃勃的人喜欢特别雄心勃勃的伴侣。

4. Reiche sehnten sich nach Reichen, Schöne suchten Schöne.

有钱的渴望找有钱的,漂亮的寻找漂亮的。

5. Denn je ähnlicher sich zwei Menschen sind, desto geringer ist das Konfliktpotenzial, und desto besser sind die Aussichten auf eine erfolgreiche Liebesbeziehung.

因为两个人越相似,潜在的冲突就越少,爱情成功的可能性就越高。

选择答案

以上段落只是告诉我们,专家建议我们该怎样寻找自己的理想伴侣,但并不能从中推理出他们"在相互关系中肯定不会有问题",所以答案是 Text sagt dazu nichts。

第 8 题　　**题意**:根据 Rubin 的观察,许多伴侣分手(是否)因为他们缺少共同的价值观以及个性。

相关语段及其译文

1. Zick Rubin, ein Psychologe der Harvard-Universität in Cambridge (Massachusetts), der zu den Pionieren der Liebesforschung gehört, hat das Schicksal von 231 jungen Paaren in einem Zeitraum von zwei Jahren beobachtet.

(马萨诸塞州)剑桥哈佛大学的心理学家,爱情研究的先驱 Rubin,在两年中观察了 231 对年轻伴侣。

2. Am Ende lebten 103 Paare getrennt. Warum?

其中的 103 对最终分手。为什么?

3. Differenzen hatten sie auseinander getrieben.

(原因是)差异导致他们分手。

4. Die gescheiterten Partner glichen sich von Anfang an weniger als die, die noch nach Jahren zusammen waren.

分手的伴侣与很多年后还生活在一起的伴侣相比,他们从一开始就更少有共同性。

5. Vor allem unterschieden sie sich in ihren Wertevorstellungen und ihrer Persönlichkeit.

特别是在价值观以及个性方面有差异。

选择答案

这一段落,尤其是第 3 和第 5 句肯定了题目,所以答案是 Ja。

第 9 题　　**题意**:长久伴侣的双方(是否)通常又聪明又有吸引力。

相关语段及其译文

1. Dauerpaare glichen sich häufig bis aufs Haar.

长久伴侣通常在细节上都很相似。

2. Sie ähnelten sich nicht nur hinsichtlich ihrer Intelligenz, ihren Charaktereigenschaften und ihrer körperlichen Attraktivität.

他们不仅在智商、个性特征以及身体吸引力方面相似。

3. Auch was die Interessen und Vorlieben betrifft, ob sie rauchen, ob sie trinken,

welche Religion sie haben, ob sie klein oder groß, dick oder dünn sind.

而且在兴趣、爱好方面,比如(是否)抽烟、(是否)喝酒、信仰什么宗教、个子大小以及体型胖瘦等都相似。

4. Immer wenn Wissenschaftler Paare vergleichen, treffen sie auf die Regel, nach der wir am besten mit Menschen auskommen, die bis in die Einzelheiten unser Spiegelbild sind.

每次科研人员对伴侣进行对比时,都证明了这样一条规律:我们最容易相处的人,在细节方面都像是我们自己的翻版。

选择答案

这一相关段落没有涉及长久伴侣双方的智商和吸引力,所以答案是 Text sagt dazu nichts。

题意:即使细小的差异(是否)也可能导致双方关系产生冲突。

相关语段及其译文

Liebespaare können offenbar jede noch so kleine Differenz, die es zwischen ihnen gibt, auf Dauer nicht ertragen, von einem einzigen Unterschied abgesehen: dem Geschlecht.

一旦时间长了,伴侣之间存的每个细小差异都是不可忍受的,除了性别差异。

选择答案

根据推理,这一段落所隐含的意思与题目一致,所以答案是 Ja。

Lösungen

1 Ja, 2 nichts, 3 Ja, 4 Nein, 5 Ja, 6 Nein, 7 nichts, 8 Ja, 9 nichts, 10 Ja

Vokabeln

der	Spruch ..e	格言,箴言
	an/ziehen *Vt.*	吸引
	für/auf j-n/etw. (A.) zu/treffen	合乎实际情况
	für etw. (A.) sprechen	证明……是正确的
	j-m/etw. ähneln *Vi.*	与……相似,像
die	Gesinnung -en	信念,思想态度
	wirken + *Adj.*	具有……作用
	aufeinander prallen *Vi.* (s)	相互碰撞,冲撞
	im Rausch + G.	陶醉于……中
	schlicht *Adv.*	毫无疑问
die	Macke -n	缺点,瑕疵
	wählerisch *Adj.*	爱挑剔的,苛求的

	vorher / sagen *Vt.*	预告,预言
	alles andere als	与……完全不同
die	Homogamie	同性婚配
	propagieren *Vt.*	宣传,宣扬
	aus / von etw. (D.) schließen	从……得出结论
	mit etw. (D.) überein / stimmen	与……相符,一致
das	Wesensmerkmal -e	本质特征
die	Hingabe nur Sg.	奉献精神,全心全意
	scheinen … + zu + Infinitiv	看起来……
	sekundär *Adj.*	第二位的,次要的
	sich ein / stufen	把自己归入
	sich nach etw. (D.) sehnen	想念……,追求……
der	Pionier -e	先驱,先锋
das	Schicksal -e	命运
	auseinander / treiben *Vt.*	驱散,分散
	gescheitert Partizip Perfekt	失败的,不成功的
	sich (D.) gleichen	想象
	durchweg / durchwegs *Adv.*	无一例外地,一律
die	Neigung -en	倾向,爱好,兴趣
	hinsichtlich + G. *Prep.*	在……方面,关于
	mit j-m. aus / kommen	与某人相处
das	Spiegelbild	影子
die	Beweislage	证据
der	Befund -e	检查结果,研究结果
	ertragen *Vt.*	忍耐,忍受
	von etw. (D.) abgesehen	除了……之外

Einheit 19

Lesen Sie den Text und lösen Sie die Aufgaben.

Krankenkasse: Gesetzlich oder privat?
Vielen Deutschen bietet sich die Möglichkeit des Kassenwechsels.

Eine kleine Entscheidungshilfe

Rechenaufgabe: Beiträge und Eigenanteile differieren teils erheblich. Mehr als fünf Millionen Menschen in Deutschland haben die Qual der Wahl: Sie können selbst entscheiden, ob sie sich den rund 8,6 Millionen Privatversicherten anschließen oder weiterhin einer gesetzlichen Krankenkasse angehören wollen. Vorgeschrieben ist ihnen einzig die grundsätzliche Pflicht, eine Krankenversicherung abzuschließen.

Zu einer der rund 50 privaten Krankenversicherungen (PKV) dürfen alle wechseln, die nicht in der gesetzlichen Krankenversicherung (GKV) pflichtversichert sind. Dazu zählen Angestellte, deren Bruttoeinkommen mindestens drei Jahre lang über der „Versicherungspflichtgrenze" (2009: 48 600 Euro) lag, sowie Selbstständige, Freiberufler, Beamte und weitere Gruppen, die auf Antrag und unter bestimmten Voraussetzungen von der Versicherungspflicht befreit werden können, beispielsweise Studenten.

Wer die formalen Bedingungen erfüllt, hat allerdings keineswegs einen Rechtsanspruch, bei der PKV unterzukommen: Diese kann sich im Gegensatz zur GKV ihre Mitglieder aussuchen und „schlechte Risiken", wie es im Jargon heißt, ablehnen.

Darunter fallen vor allem ältere Menschen; für sie bietet sich meist keine Wechselmöglichkeit zur PKV mehr. Einzige Ausnahme: der Basistarif. Dieser ist aber mit rund 570 Euro monatlich (für Bedürftige die Hälfte) vergleichsweise teuer. Daher haben ihn nach Angaben des Bundesverfassungsgerichts, das kürzlich seine Rechtmäßigkeit bestätigte, bisher nur wenige Deutsche gewählt.

Stimmt die Aussage: „Privat" wird besser behandelt als „Kasse"? Kaum ein Arzt wird dies offen zugeben, und gewiss lassen sich nicht alle Mediziner über einen Kamm scheren. Anreize, Privatpatienten zu bevorzugen, gibt es für die Doktoren aber genügend: Das Honorar ist meist höher, manche zusätzlichen Behandlungen können abgerechnet werden, und die Mediziner sind nicht an Vorgaben wie Richtgrößen, Regelleistungsvolumen oder Budgets gebunden.

Schwieriger Leistungsvergleich

Diese Vorteile wirken sich zumindest bei der Terminvergabe oft aus. Etliche Studien haben in den vergangenen Jahren gezeigt, dass Privatpatienten schneller einen Termin erhalten und weniger lange im Wartezimmer sitzen - wohlgemerkt im Durchschnitt. Denn mancher Arzt lehnt solche Praktiken ab.

Ob Privatversicherungen in jedem Bereich eine bessere medizinische Versorgung ermöglichen als gesetzliche Kassen, lässt sich nicht pauschal beantworten. Denn die privaten Gesellschaften bieten eine Unzahl verschiedener Tarife an, die sich in ihren Leistungen (und den Beiträgen) teils erheblich unterscheiden. Die Unternehmen orientieren sich an Musterbedingungen, die sie um individuelle Vereinbarungen ergänzen. „So kann sich jeder sein passendes Versicherungspaket zusammenstellen", wirbt Volker Leienbach, geschäftsführender Vorstand des Verbands der Privaten Krankenversicherungen.

Die Leistungen der gesetzlichen Kassen werden dagegen zum größten Teil durch das Sozialgesetzbuch V vorgegeben, in vielen Punkten konkretisiert sie der „Gemeinsame Bundesausschuss" der Ärzte, Kassen und Kliniken.

Wie unsere große Tabelle zeigt, bieten die gesetzlichen Kassen trotzdem einiges, was bei den „Privaten" nicht, nur begrenzt oder nur in wenigen Tarifen zu haben ist. Das gilt zum Beispiel für die Bereiche Psychotherapie, häusliche Krankenpflege und Kuren. Hinzu kommt: Neben den Pflichtleistungen gewährt das Sozialgesetzbuch den Kassen in einigen Punkten die Möglichkeit, freiwillige Zusatzleistungen (Satzungsleistungen) anzubieten. Darunter fallen etwa zusätzliche Impfungen und Gesundheitskurse, aber auch manche Verfahren der Naturheilkunde.

http://www.apotheken-umschau.de/Wirtschaft/Krankenkasse-Gesetzlich-A090921VOVAR123626.html

Makieren Sie die richtige Antwort (A, B oder C).

1. Zwischen gesetzlichen und privaten Krankenversicherungen gibt es für die Versicherten hinsichtlich der Ausgaben
   A. in den meisten Bereichen große Unterschiede.
   B. in keinem Bereich Unterschiede.
   C. in manchen Bereichen große Unterschiede.

2. Die Wahl zwischen gesetzlichen und privaten Krankenversicherungen haben derzeit in Deutschland
   A. diejenigen, die gesetzlich pflichtversichert sind.
   B. über fünf Millionen Menschen.
   C. rund 8,6 Millionen Menschen.

3. Nicht erlaubt, sich bei der PKV zu versichern, sind
   A. die Studenten.
   B. die Angestellten, deren Einkommen unter einem bestimmten Niveau liegen.
   C. die Selbstständigen, Freiberufler und Beamten mit zu niedrigem Einkommen.

4. Mit etwa 570 Euro als monatlichem Beitrag
   A. können auch ältere Menschen in die PKV eintreten.
   B. haben die älteren Menschen gar keine Wechselmöglichkeit zur PKV.
   C. wollen immer mehr ältere Menschen in die PKV eintreten.

5. Privatpatienten werden bevorzugt, weil

   A. dies den Ärzten gewisse Vorteile bringt.

   B. alle Ärzte sie wegen der hohen Honorare lieber behandeln.

   C. sie ärztliche Behandlungen oft noch bar bezahlen.

6. Schneller einen Termin bekommen Privatpatienten

   A. nicht bei allen Medizinern.

   B. nicht bei Ärzten, die überdurchschnittliches Niveau haben.

   C. bei Praxisärzten nicht.

7. Bei Privatversicherungen könne man, nach Volker Leienbach, beim Abschließen eines Vertrags

   A. über die monatliche Beitragshöhe verhandeln.

   B. über medizinische Behandlungen verhandeln.

   C. über das Leistungsangebot verhandeln.

8. Bei gesetzlichen Kassen

   A. sind die meisten Leistungen gesetzlich vorgeschrieben.

   B. sind die Leistungen größer als bei Privatversicherungen.

   C. sind manche gesetzlich vorgegebenen Leistungen noch nicht konkretisiert.

9. In die gesetzlichen Kassen eintreten sollten diejenigen,

   A. denen die freiwilligen Zusatzleistungen nicht wichtig sind.

   B. die lange krankgeschrieben sind.

   C. die großen Wert auf Kurangebote legen.

10. Mit dem Text möchte der Autor

    A. die Leser von den Vorteilen bei Privatversicherungen überzeugen

    B. die Leser von den Vorteilen bei gesetzlichen Kassen überzeugen.

    C. auf den Unterschied zwischen gesetzlichen Kassen und Privatversicherungen hinweisen.

习题讲解

第1题

题意: 关于国家医疗保险和私立医疗保险对于被保险者的支出来说,文章说了什么。

3个选项的区别:

A. 在大多数方面都有大的区别。

B. 没有任何区别。

C. 在有些方面有大的区别。

相关语段及其译文

1. Krankenkasse: Gesetzlich oder privat?

医疗保险公司:选择国家的还是私立的?

2. Vielen Deutschen bietet sich die Möglichkeit des Kassenwechsels. Eine kleine Entscheidungshilfe.

许多德国人都能够换保险公司。(下文是给你)做决定的一个小小的帮助。

3. Rechenaufgabe：Beiträge und Eigenanteile differieren teils erheblich.

计算题：保险费和个人承担部分有一部分差别明显。

选择答案

A 不是答案，它错在 in den meisten Bereichen。

B 不是答案，它错在"in keinem Bereich"。

C 是答案，它是对第 3 句中 differieren teils erheblich 的正确改写。

第 2 题　　**题意**：在德国，目前哪些人或多少人有权在国家或私立医疗保险机构之间进行选择。

3 个选项的区别：

A．那些依法必须加入保险的人。

B．超过 500 万人。

C．大约 860 万人。

相关语段及其译文

1. Mehr als fünf Millionen Menschen in Deutschland haben die Qual der Wahl：

在德国有 500 多万人处于选择的烦恼中：

2. Sie können selbst entscheiden, ob sie sich den rund 8,6 Millionen Privatversicherten anschließen oder weiterhin einer gesetzlichen Krankenkasse angehören wollen.

他们自己能够决定,(是否)加入到 860 万的私立医疗保险大军中去还是继续留在国家医疗保险中。

3. Vorgeschrieben ist ihnen einzig die grundsätzliche Pflicht, eine Krankenversicherung abzuschließen.

对他们来说唯一规定的是加入医疗保险的基本义务。

选择答案

A 不是答案,虽然第 2 句中也有 gesetzlichen 这个词,但是它在题目和文章中分别修饰不同的核心词,它在选项 A 中修饰 pflichtversichert,在第 2 句中修饰 Krankenkasse,所以它们根本不是围绕同一个话题。

B 是答案,第 1 和第 2 句是对它的肯定。

C 不是答案,第 2 句中的 rund 8,6 Millionen 指的是已经加入私立医疗保险的人。

第 3 题　　**题意**：哪些人不可以在私立保险公司参加保险。

3 个选项的区别：

A．大学生。

B．收入没超过一定数额的职员。

C．收入太低的个体户、自由职业者和公务员。

相关语段及其译文

1. Zu einer der rund 50 privaten Krankenversicherungen（PKV）dürfen alle wechseln, die nicht in der gesetzlichen Krankenversicherung（GKV）pflichtversichert sind.

所有的没有被规定必须参加国家医疗保险的人,都可以换到大约 50 个私立医疗保险公司中的一个去。

2. Dazu zählen Angestellte, deren Bruttoeinkommen mindestens drei Jahre lang über der „Versicherungspflichtgrenze" (2009: 48 600 Euro) lag,

其中包括毛收入至少连续3年超过必须参加保险的最低额(2009年:48 600 欧元)的职员,

3. sowie Selbstständige, Freiberufler, Beamte und weitere Gruppen, die auf Antrag und unter bestimmten Voraussetzungen von der Versicherungspflicht befreit werden können, beispielsweise Studenten.

以及个体户、自由职业者、公务员以及在规定条件下通过申请从保险义务中解脱出来的其他群体,比如大学生。

选择答案

A 不是答案,第3句只是指一部分在规定条件下通过申请从保险义务中解脱出来的大学生可以在私立保险公司参加保险,不是所有大学生都能这么做。

B 是答案,它是第2句的正确推理。

C 不是答案,第3句说 Selbstständige、Freiberufler、Beamte 都可以在私立保险公司参加保险。

第4题 题意:关于每月大约570欧元的保险费,文章说了什么。

3个选项的区别:

A. 每月支付大约570欧元的保险费,中年人也能参加私立医疗保险。

B. 即使每月支付大约570欧元的保险费,中年人绝不可能换到私立保险公司。

C. 越来越多的中年人想通过每月支付大约570欧元的保险费,加入私立保险公司。

相关语段及其译文

1. Wer die formalen Bedingungen erfüllt, hat allerdings keineswegs einen Rechtsanspruch, bei der PKV unterzukommen:

即使具备了这些硬性条件的人,在法律上也绝对没有权利进入私立保险公司。

2. Diese kann sich im Gegensatz zur GKV ihre Mitglieder aussuchen und „schlechte Risiken", wie es im Jargon heißt, ablehnen.

这些私立保险公司与国家保险公司相反,他们可以选择被保险人,并且拒绝用行话来说所谓的"风险人物"。

3. Darunter fallen vor allem ältere Menschen; für sie bietet sich meist keine Wechselmöglichkeit zur PKV mehr.

他们(风险人物)中首先是年纪大一点的人,对他们来讲大多数不再有可能换到私立保险公司。

4. Einzige Ausnahme: der Basistarif.

唯一的例外是:(支付)基本收费。

5. Dieser ist aber mit rund 570 Euro monatlich (für Bedürftige die Hälfte) vergleichsweise teuer.

这个每月约570欧元的基本收费(残废人员减半)相对来说较昂贵。

6. Daher haben ihn nach Angaben des Bundesverfassungsgerichts, das kürzlich seine

Rechtmäßigkeit bestätigte, bisher nur wenige Deutsche gewählt.

所以，根据最近已经认可这种基本收费的联邦法庭的说法，只有少量的德国人选择这种基本收费。

选择答案

A 是答案，第 3 和第 4 句是对它的肯定。

B 不是答案，第 3 和第 4 句是对它的否定。

C 不是答案，immer mehr 表达的是一种趋势，这一话题文章没有涉及。

第 5 题 **题意**：私立保险公司的病人被优待的原因是什么。

3 个选项的区别：

A．这会给医生带来某些好处。

B．因为高医疗收费，医生都更乐意医治他们。

C．他们往往还现金支付医疗费用。

相关语段及其译文

1. Stimmt die Aussage: „Privat" wird besser behandelt als „Kasse"?

私立保险公司的病人比国家保险公司的病人得到更好的医治，这种说法正确吗？

2. Kaum ein Arzt wird dies offen zugeben,

几乎没有一个医生会公开承认这一点。

3. und gewiss lassen sich nicht alle Mediziner über einen Kamm scheren.

当然(我们)不能一刀切地评论医生。

4. Anreize, Privatpatienten zu bevorzugen, gibt es für die Doktoren aber genügend：

优待私立保险公司病人的诱惑对于医生来说是足够的：

5. Das Honorar ist meist höher,

医疗收入大多数来讲更高，

6. manche zusätzlichen Behandlungen können abgerechnet werden,

有些额外的医疗可以进入总的医疗账单里，

7. und die Mediziner sind nicht an Vorgaben wie Richtgrößen, Regelleistungsvolumen oder Budgets gebunden.

还有医生不受药物上限、总额额度或者说预算的限制。

选择答案

A 是答案，第 5、第 6 和第 7 句列举了给私立保险公司病人治病的好处，它是这 3 个句子的概括。

B 不是答案，根据对第 4 和第 5 句的理解，B 似乎也是答案，但是 B 中的 alle 是文章没有提及的。

C 不是答案，选项中的 bar bezahlen 这一话题文章没有涉及。

第 6 题 **题意**：关于私立保险公司的病人(是否)更快得到预约日期，文章是怎么说的。

3 个选项的区别：

A．不是在所有的医生那里都更快得到预约日期。

B．在高水平的医生那里不能更快得到预约日期。

C．在诊所医生那里不能更快得到预约日期。

相关语段及其译文

1. Diese Vorteile wirken sich zumindest bei der Terminvergabe oft aus.

这种好处至少体现在预约日期上。

2. Etliche Studien haben in den vergangenen Jahren gezeigt, dass Privatpatienten schneller einen Termin erhalten und weniger lange im Wartezimmer sitzen – wohlgemerkt im Durchschnitt.

前几年的一些研究表明,私立保险公司的病人能更快得到预约日期,并且在候诊室等的时间也更少,特别要指出的是:这里讲的都是平均时间。

3. Denn mancher Arzt lehnt solche Praktiken ab.

因为有些医生拒绝这样的做法。

选择答案

A 是答案,根据第3句的推理。

B 不是答案,文章没有涉及高水平医生。

C 不是答案,文章也没有涉及诊所医生。

7题 **题意**:根据 Volker Leienbach 的说法,在私立保险公司那里,签约时能在什么方面进行谈判。

3个选项的区别:

A．能关于月保险费额度进行谈判。

B．能关于医疗事宜进行谈判。

C．能关于保险服务进行谈判。

相关语段及其译文

1. Ob Privatversicherungen in jedem Bereich eine bessere medizinische Versorgung ermöglichen als gesetzliche Kassen, lässt sich nicht pauschal beantworten.

私立保险公司(是否)在每个方面都能够比国家保险机构提供更好的医疗服务,这个问题不能笼统地回答。

2. Denn die privaten Gesellschaften bieten eine Unzahl verschiedener Tarife an, die sich in ihren Leistungen und den Beiträgen teils erheblich unterscheiden.

因为私立保险公司提供很多各不相同的保费价目,它们在服务(和保费)上有明显的差异。

3. Die Unternehmen orientieren sich an Musterbedingungen, die sie um individuelle Vereinbarungen ergänzen.

这些保险公司都按照模式中的规定提供保险,并在此基础上补充一些双方所约定的保险内容。

4. „So kann sich jeder sein passendes Versicherungspaket zusammenstellen", wirbt Volker Leienbach, geschäftsführender Vorstand des Verbands der Privaten Krankenversicherungen.

私立保险公司协会执行董事 Volker Leienbach 招揽道:"这样,每个人都能为自己量身定做地制定保险方案。"

选择答案

A 不是答案,第 2 句中虽然出现了 und den Beiträgen,但是整个句子是说:各私立保险公司在保费上有明显差异,并不能推理出双方可以对此谈判。

B 不是答案,第 1 句中虽然出现了 bessere medizinische Versorgung,但是不能推理出双方可以对此进行谈判。

C 是答案,依据是第 3 句中的 die sie um individuelle Vereinbarungen ergänzen 和第 4 句中的 „So kann sich jeder sein passendes Versicherungspaket zusammenstellen"。据此可以推理出双方能为此进行谈判。

第8题

题意:关于国家医疗保险机构,文章说了什么。

3 个选项的区别是:

A. 大多数的服务都是法律规定的。

B. 他们的服务功能比私立保险公司的大。

C. 有些在法律上规定的服务他们还没有具体化。

相关语段及其译文

1. Die Leistungen der gesetzlichen Kassen werden dagegen zum größten Teil durch das Sozialgesetzbuch vorgegeben,

然而,国家医疗保险机构的功能大多数都在社会法里规定了下来。

2. in vielen Punkten konkretisiert sie der „Gemeinsame Bundesausschuss" der Ärzte, Kassen und Kliniken.

在许多条目里由医生、保险公司以及医院三方组成的统一联邦委员会再把这些功能具体化。

选择答案

A 是答案,依据是第 1 句。

B 不是答案,文章没有对这两类医疗保险机构的功能进行比较。

C 不是答案,虽然文章和题目都是用了动词 konkretisieren,但是:第 2 句中的 konkretisieren 是现在时,涉及的话题是谁来使许多服务项目具体化;C 中的 konkretisieren 是用在状态被动式中,表达的话题是:法律规定的服务项目具体化了没有。也就是说,第 2 句和选项 C 涉及的是两个不同的话题。

第9题

题意:哪种人最好加入国家医疗保险机构。

3 个选项的区别是:

A. 认为附加服务条款不重要的人。

B. 长期生病的人。

C. 非常重视疗养服务的人。

相关语段及其译文

1. Wie unsere große Tabelle zeigt, bieten die gesetzlichen Kassen trotzdem einiges, was bei den „Privaten" nicht, nur begrenzt oder nur in wenigen Tarifen zu haben ist.

如同我们的大表格里写的,国家医疗保险机构提供一些私立保险公司不提供的,或有限提供的,或只有在少数合约里才有的服务项目。

2. Das gilt zum Beispiel für die Bereiche Psychotherapie, häusliche Krankenpflege und Kuren.

比如说心理疗法、家庭病床和疗养等服务。

3. Hinzu kommt: Neben den Pflichtleistungen gewährt das Sozialgesetzbuch den Kassen in einigen Punkten die Möglichkeit, freiwillige Zusatzleistungen (Satzungsleistungen) anzubieten.

另外还有:除了规定的服务项目外,社会法还在一些条款中规定了一种可能性,即能自愿补充附加服务条款。

4. Darunter fallen etwa zusätzliche Impfungen und Gesundheitskurse, aber auch manche Verfahren der Naturheilkunde.

附加服务项目包括免疫注射和保健课程,也包括一些自然疗法的疗程。

选择答案

A 不是答案,第3句可以看作是对选项A的否定。

B 不是答案,关于长期生病的人在文章中没有提及。

C 是答案,第2句是对它的肯定。

0 题　　题意:作者写这篇文章的目的是什么。

3个选项的区别:

A. 让读者确信私立医疗保险公司的好处。

B. 让读者确信国家医疗保险机构的好处。

C. 指出私人医疗保险公司和国家医疗保险机构的区别。

选择答案

C 是答案,因为整篇文章既阐述了私立保险公司给保险者带来的好处,又描写了国家医疗保险机构提供的优势,整篇文章给读者指出了许多两种保险机构在服务、服务对象等方面的区别。

Lösungen

1 C, 2 B, 3 B, 4 A, 5 A, 6 A, 7 C, 8 A, 9 C, 10 C

Vokabeln

der	Kassenwechsel	nur Sg.	更换医疗保险公司
die	Rechenaufgabe	-n	数学运算题
der	Beitrag	..e	保险费
der	Eigenanteil	-e	自己(支付、承担)的部分
	differieren	Vi.	不同,相差
	erheblich	Adv.	显著地,巨大地

	sich etw. (D.) an/schließen	加入,参加
	vorgeschrieben Partizip Perfekt	规定的
das	Bruttoeinkommen	毛收入
r/e	Selbstständige dekl. wie Adj.	独立经营者,个体经营者
	auf Antrag	经申请
	unter bestimmten Voraussetzungen	在一定条件下
der	Rechtsanspruch	合法要求
	unter/kommen Vi. (s)	落户于,被……录用
	im Jargon	用行话来说
	ab/lehnen Vt.	拒绝
die	Ausnahme -n	例外,特殊情况
der	Basistarif	基本收费
r/e	Bedürftige dekl. wie Adj.	贫困者
	daher Adv.	所以
das	Bundesverfassungsgericht	(德国)联邦宪法法院
	kürzlich Adv.	最近,不久以前
die	Rechtmäßigkeit	合法性,符合法律
	bestätigen Vt.	证实,确认
	gewiss Adv.	肯定地,无疑地
	etw. über einen Kamm scheren	一刀切,不加分别地对待
das	Honorar -e	(给医师的)酬金
die	Vorgabe -n	预先规定
die	Richtgröße -n	(医生开药的上限)额度
das	Regelleistungsvolumen -	(保险业中法定)最低义务总额
das	Budget -s	预算
	gebunden Adj.	受束缚
die	Terminvergabe	发放预约
	wohlgemerkt Adv.	该强调的是
	Praktiken Pl.	花招,计谋
	pauschal Adj.	总计的,笼统地
	sich an etw. (D.) orientieren	按照,遵循
das	Versicherungspaket	保险内容,保险计划
	werben Vi.	做广告,宣传
	geschäftsführender Vorstand	执行董事
	konkretisieren Vt.	使具体化,具体说明
der	Bundesausschuss	联邦委员会
die	Psychotherapie nur Sg.	精神疗法,心理疗法
die	Kur -en	治疗,疗养
	hinzu/kommen Vi.	另外还有

	gewähren	*Vt.*	提供，给予
die	Zusatzleistung	-en	附加服务
die	Impfung	-en	疫苗接种
das	Verfahren		处理方法，程序
die	Naturheilkunde		自然疗法，理疗法

Einheit 20

Lesen Sie den Text und lösen Sie die Aufgaben.

Studenten fühlen sich überfordert

Die Bologna-Reform feiert in diesem Jahr ihren zehnten Geburtstag, dennoch ist vielen Studenten zum Feiern nicht zumute. Die enorme Stressbelastung gerade im Bachelor-Studium hat bereits in diesem Sommer viele Studenten auf die Straße zum Bildungsstreik in größeren Universitätsstädten bewegt, um dem Ärger und Frust aus ihrem Studium Luft zu machen.

Nach Ansicht von Florian Keller des Dachverbands der Studentenschaft in Deutschland sei die „Umstellung" der Studiengänge vom klassischen Diplom oder Magister auf Bachelor und Master „übers Knie gebrochen worden". Er beklagt, dass die Reform „zu schnell umgesetzt wurde, aber ohne Rücksicht auf Verluste" zu nehmen. Dabei seien gerade die neuen Studienanfänger der letzten vier bis fünf Jahre nicht zu bemitleiden, denn sie dürften sich in den Augen von Keller „wie Versuchskaninchen" vorkommen.

Viele Bildungsexperten kritisieren, dass durch die Verkürzung der Studienzeit die Lehrpläne im Bachelor oft überfrachtet werden. Dabei hat der „Druck zugenommen", wie es Achim Meyer auf der Heyde vom Deutschen Studentenwerk in Berlin kritisch beobachtet. Der Disstress unter Studenten wächst und mit ihr die Angst zu versagen. Gerade die Studentenwerke an den Universitäten bemerken in ihren sozialen Beratungsstellen, dass immer häufiger Studenten Hilfe wegen psychischer Probleme im Bereich der Versagens- und Prüfungsangst suchen. Das Deutsche Studentenwerk fordert „aktiven Handlungsbedarf".

Den Handlungsbedarf hat die Bildungsministerin Annette Schavan (CDU) bereits eingesehen und fordert „die Lehrpläne zu entschlacken". Auch Professorin Margret Wintermantel von der Hochschulrektorenkonferenz in Bonn ist sich der kritischen Lage der Bachelor-Studenten bewusst, dass an einigen Hochschulstandorten die Prüfungslast zu hoch und Studienpläne zu eng geplant seien.

Für Studenten, die bereits mehrere Semester im Bachelor studieren, kommt die Einsicht der Politik zu spät. Durch den linearen Modulaufbau bei den Studieninhalten im Bachelor können Studenten in höheren Semestern nicht mehr profitieren. „Sie müssen sich durch die jetzigen Lehrpläne und die Prüfungen kämpfen", so Achim Meyer auf der Heyde.

Für 30 Prozent aller Studienanfänger im Bologna-Prozess ist jegliche Veränderung in den Bachelor-Studiengänge zu spät, denn sie brachen gleich in dem ersten oder zweiten Semester ihr Studium ab. Diese Zahl ermittelte das Hochschulinformationssystem (HIS) im Jahre 2007 mit bundesweiten Befragungen an über 8.500 Studenten und sie fanden auch heraus, dass 64 Prozent der Studenten an Universitäten und 55 Prozent an der

Fachhochschule die Überfrachtung von Studieninhalte in einem jeweiligen Semester beklagen.

http://www.psychologie-forum.de/content/nachrichten/12.08.09/

Markieren Sie die richtige Antwort.

		Ja	Nein	Text sagt dazu nichts	
1	Die Bologna-Reform begann vor einem Jahrzehnt.				1
2	Viele Studenten sind in diesem Sommer auf die Strasse gegangen, um den zehnten Geburtstag der Bologna-Reform zu feiern.				2
3	Nach der Meinung des Autors ist die Reform erfolglos.				3
4	Florian Keller hat vermutet, dass die neuen Studienanfänger das Gefühl haben, Opfer der Reform zu sein.				4
5	Die Verkürzung der Studienzeit hat zur Folge, dass die Studenten mit zu vielen Lernstoffen konfrontiert sind.				5
6	Die Doppelbelastung bringt wiederum mit sich psychische Probleme von immer mehr Studenten.				6
7	Die Bildungsministerin Annette Schavan fordert, die Prüfung für die Studenten leichter zu machen.				7
8	Professorin Margret Wintermantel hat das Problem mit Prüfung und Studienordnung an Hochschulen nicht erkannt.				8
9	Die Einsicht der Politik ist für künftige Studenten von großer Bedeutung.				9
10	Trotz der Einsicht der Politik gibt es für Studenten in höheren Semestern keine Verbesserungen in Lehrplänen und Prüfungen.				10
11	30 Prozent aller Studienanfänger im Bologna-Prozess haben nach dem ersten oder zweiten Semester ihr Studienfach gewechselt.				11
12	Die meisten Studenten an Universitäten und an der Fachhochschule sind mit der Menge der Studieninhalte in einem jeweiligen Semester zufrieden.				12

习题讲解

第1题 **题意**：Bologna 改革(是否)始于 10 年前。
相关语段及其译文
Die Bologna-Reform feiert in diesem Jahr ihren zehnten Geburtstag。
Bologna 改革在今年庆祝它的 10 周年生日。
选择答案
这一段落隐含了题目的信息，所以答案是 Ja。

第2题 **题意**：今年夏季许多大学生(是否)为了欢庆 Bologna 改革 10 周年生日而走上大街。
相关语段及其译文
Die enorme Stressbelastung gerade im Bachelor-Studium hat bereits in diesem Sommer viele Studenten auf die Straße zum Bildungsstreik in größeren Universitätsstädten bewegt, um den Ärger und Frust aus ihrem Studium Luft zu machen.
恰恰是本科阶段的学习压力驱使许多大学生在今年夏季上街罢课，来发泄他们学习中的怒气和沮丧。
选择答案
从这一相关段落中我们看到，学生上街不是为了庆祝，而是为了发泄，所以选择 Nein。

第3题 **题意**：按照作者的观点，这一改革(是否)是不成功的。
相关语段及其译文
1. Nach Ansicht von Florian Keller des Dachverbands der Studentenschaft in Deutschland sei die „Umstellung" der Studiengänge vom klassischen Diplom oder Magister auf Bachelor und Master „übers Knie gebrochen worden".
德国学生事务联合总会的 Florian Keller 认为，把以前的 Diplom 或 Magister 学制转变成本科 + 硕士学制的做法是草率的。
2. Er beklagt, dass die Reform „zu schnell umgesetzt wurde, aber ohne Rücksicht auf Verluste" zu nehmen.
他抱怨，这个改革进行得太快，而且没有顾及损失。
选择答案
这一相关段落只是引述了 Florian Keller 的观点，没有作者自己的观点。所以选择 Text sagt dazu nichts。
注意：这是 Text sagt dazu nichts 的题目，因此要找到相应的语段有时很难。所以我们可以先做下一题(第4题)，找到第4题的相关语段，那么处于第2题和第4题相关语段之间的那一语段就是第3题的相关语段。

第4题 **题意**：Florian Keller(是否)猜想，大学新生觉得自己是改革的牺牲品。
相关语段及其译文
Dabei seien gerade die neuen Studienanfänger der letzten vier bis fünf Jahre nicht zu

bemitleiden, denn sie dürften sich in den Augen von Keller „wie Versuchskaninchen" vorkommen.

在这过程中恰恰是最近4至5年的新生无法被同情,因为在 Keller 的眼里他们自己都觉得自己像是被实验的兔子。

选择答案

这一段落中动词的形式是虚拟式,表明这是间接引语;dürften 表达猜测,即 Keller 的猜测;题目中的 Opfer der Reform 与文章里的 Versuchskaninchen 可以看作同义语,所以答案是 Ja。

第5题　　**题意**:缩短大学学习时间的结果(是否)是:**大学生必须面对太多的学习内容**。

相关语段及其译文

Viele Bildungsexperten kritisieren, dass durch die Verkürzung der Studienzeit die Lehrpläne im Bachelor oft überfrachtet werden.

许多教育专家批评,本科教学计划由于学时缩短往往"超载"。

选择答案

这一相关段落隐含了题目表达的信息"dass die Studenten mit zu vielen Lernstoffen konfrontiert sind"。所以答案是 Ja。

第6题　　**题意**:这一双重压力(是否)给越来越多的大学生带来了心理问题。

相关语段及其译文

1. Der Disstress unter Studenten wächst und mit ihm die Angst zu versagen.

大学生中的双重压力还在增长,随之增长的还有对学习失败的担心。

2. Gerade die Studentenwerke an den Universitäten bemerken in ihren sozialen Beratungsstellen, dass immer häufiger Studenten Hilfe wegen psychischer Probleme im Bereich der Versagens- und Prüfungsangst suchen.

正是大学的学生事务处在他们的咨询站发现,大学生们越来越多地因为心理问题诸如担心学业失败或害怕考试来寻求帮助。

选择答案

这一段落包含了题目所表达的信息,所以答案应选择 Ja。

第7题　　**题意**:教育部长的要求(是否)是把学生的考试搞得简单一点。

相关语段及其译文

Den Handlungsbedarf hat die Bildungsministerin Annette Schavan (CDU) bereits eingesehen und fordert „die Lehrpläne zu entschlacken".

教育部长 Annette Schavan (CDU) 已经看到了采取干预行为的必要性,并要求"从那些内容过多的教学计划中去除(entschlacken)一些不必要的内容"。

选择答案

乍看之下原文涉及了关于教育部长提出要求的话题,但是结合对宾语的分析,可以看出:题目里的要求涉及的是"考试难度问题";文章里的要求涉及的是减少教学计划中的教学内容,这两个要求涉及两个不同的领域,也就是说这两个要求可以并列存在。然而,原文没有关于对考试难度提出要求的叙述。所以答案应该选 Text sagt dazu nichts。

第8题　　题意:Margret Wintermantel 教授(是否)还没有看清大学考试和学业规章方面的问题。

相关语段及其译文

Auch Professorin Margret Wintermantel von der Hochschulrektorenkonferenz in Bonn ist sich der kritischen Lage der Bachelor-Studenten bewusst, dass an einigen Hochschulstandorten die Prüfungslast zu hoch und Studienpläne zu eng geplant seien.

波恩高校校长联席会议的 Margret Wintermantel 教授也已经意识到了本科大学生的危险处境,即:有些大学里的考试压力太大,教学计划在时间上制定得太紧。

选择答案

这一段落表明,Margret Wintermantel 教授对于本科学生的处境,即考试压力过大、课程内容太密的情况已经意识到,这是对题目里的"nicht erkannt"的否定。所以答案应该选 Nein。

第9题　　题意:政界的这一认识(是否)对未来的大学生具有重要意义。

相关语段及其译文

1. Für Studenten, die bereits mehrere Semester im Bachelor studieren, kommt die Einsicht der Politik zu spät.

对与已经有几个学期的本科学生而言,政界的这一认识来得太迟了。

2. Durch den linearen Modulaufbau bei den Studieninhalten im Bachelor können Studenten in höheren Semestern nicht mehr profitieren.

高年级大学生不可能从本科教学实行的线型模块教学结构中获得益处。

选择答案

根据第2句推理,政界的认识对于高年级大学生来说是太迟了,言外之意对低年级大学生以及未来的大学生应该没有太迟,还是具有重要意义的。所以答案应该选 Ja。

第10题　　题意:尽管政界已认清这一问题,但是对于高年级大学生(是否)不会对教学计划和考试进行修改。

相关语段及其译文

„Sie müssen sich durch die jetzigen Lehrpläne und die Prüfungen kämpfen", so Achim Meyer auf der Heyde.

Achim Meyer 说:"他们(高年级的本科生)不得不努力使自己适应现在的教学计划并通过考试。"

选择答案

题目是根据文中的这句话进行的必然性推理,结合对应第9题的相关语段,答案选择 Ja。

第11题　　题意:30% 博罗尼亚项目中的新生(是否)在第1或第2学期后就转了专业。

相关语段及其译文

Für 30 Prozent aller Studienanfänger im Bologna-Prozess ist jegliche Veränderung in den Bachelor-Studiengänge zu spät, denn sie brachen gleich in dem ersten oder zweiten Semester ihr Studium ab.

对于30%博罗尼亚项目中的新生而言，本科学制中的每一个变化都太晚了，因为他们在第1或第2学期就中断了他们的学业。

选择答案

题目的话题是换专业，文章这一相关段落的话题是中断学业，原文与题目涉及的话题不同，所以选择 Text sagt dazu nichts。

12 题 题意：大学以及高等专科学校的绝大多数学生对他们那一学期的教学内容的量(是否)都感到满意。

相关语段及其译文

... und sie fanden auch heraus, dass 64 Prozent der Studenten an Universitäten und 55 Prozent an der Fachhochschule die Überfrachtung von Studieninhalte in einem jeweiligen Semester beklagen.

他们(指 HIS)也发现，Universitäten 的 64% 的学生和 Fachhochschule 的 55% 的学生抱怨他们所处的那一学期的教学内容量太大。

选择答案

原文的这一相关段落和题目都涉及大学生对教学内容量满意不满意的话题，文章用 beklagen 表达了不满意，与题目的含义正好相反，所以答案选择 Nein。

Lösungen

1 Ja, 2 Nein, 3 nichts, 4 Ja, 5 Ja, 6 Ja, 7 nichts, 8 Nein, 9 Ja, 10 Ja, 11 nichts, 12 Nein

Vokabeln

	sich + Adj./Part. fühlen	感到(怎么样)
die	Bologna-Reform	博罗尼亚改革
	j-m. zumute sein	有⋯⋯心情⋯⋯
die	Stressbelastung	疲惫，心累
	etw. (D.) Luft machen	发泄⋯⋯
der	Dachverband	最高一级协会
die	Umstellung	转变，转制
	übers Knie brechen Vt.	敷衍了事
	beklagen Vt.	抱怨
	um/setzen Vt.	实施

	Rücksicht auf etw. (A.) nehmen	顾及
	bemitleiden *Vt.*	同情
das	Versuchskaninchen -	实验用兔子
	sich (D.) vorkommen	自己感到
	jm. vorkommen	某人感到
	kritisch *Adj.*	以审视/批评的眼光
	beobachten *Vt.*	观察
	überfrachten *Vt.*	超负荷装载
der	Disstress nur Sg.	双重压力
	versagen *Vi.*	失败,失灵
	psychisch *Adj.*	心理的
	ein/sehen *Vt.*	认识到
	entschlacken *Vt.*	除去熔渣
	sich (D.) etw. (G.) bewusst sein,	意识到……
die	Einsicht	认识
	linear *Adj.*	线型的
der	Modulaufbau	模块课程结构
	von etw. (D.) profitieren *Vi.*	从……得益,获利
	jegliche	每个
	ab/brechen *Vt.*	中断
	ermitteln *Vt.*	调查获取
	jeweilig *Adj.*	当时的

Einheit 21

Lesen Sie den Text und lösen Sie die Aufgaben.

Die Deutschen verlieren die Lust am Heiraten

Es steht nicht gut um die deutsche Ehe. Die Zahl der Scheidungen steigt stetig und wie eine neue Untersuchung zeigt, haben immer weniger junge Leute Lust, überhaupt erst zu heiraten. Besonders in den großen Städten wird das Single-Dasein zur Norm. Bei den Beziehungen geht der Trend zum getrennten Zusammenleben.

„Die Deutschen verlieren die Lust am Heiraten", konstatiert Jürgen Dorbritz vom Bundesinstitut für Bevölkerungsforschung (BiB). Der Statistiker hat in einem aufwendigen Prognose-Modell berechnet, dass unter den Jüngeren jede dritte Frau und sogar knapp 40 Prozent der Männer niemals den Bund der Ehe eingehen werden.

„Die Bedeutung der Ehe ist dramatisch zurückgegangen", sagt Dorbritz. Besonders die ostdeutschen Männer tun sich schwer auf dem Heiratsmarkt. Blieben von ihnen 1980 gerade einmal zwölf Prozent lebenslang unverheiratet, sind es mittlerweile 41 Prozent – ein historisch beispielloser Anstieg. Im Westen stehe der Prozess noch am Anfang, sagt der Forscher. Doch auch hier nehme die Heiratsneigung stetig ab.

Während die traditionelle Ehe auf dem Rückzug ist, sind neue Lebensformen auf dem Vormarsch: Ein-Eltern-Familien, nicht eheliche Lebensgemeinschaften und lockere Beziehungen, bei denen die Partner keine gemeinsame Wohnung haben. Daneben wird – besonders in den Metropolen – das Single-Dasein zur Norm.

Mittlerweile lebt in 39,5 Prozent der Haushalte ein Alleinstehender. In Deutschlands Single-Hauptstadt Berlin liegt die Quote gar bei 54 Prozent. Und es sind keineswegs in erster Linie ältere Menschen, die allein wohnen, weil ihr Partner gestorben ist. „Für die Singularisierung sind vor allem die 25- bis 45-Jährigen verantwortlich", sagt Stefan Fuchs vom Institut für Demographie, Allgemeinwohl und Familie.

Im scharfen Kontrast zum gesellschaftlichen Wandel steht indes das hohe Ansehen, das die Lebensform Ehe auch heute noch genießt. Umfragen des Meinungsforschungsinstituts Allensbach zeigen diesen Zwiespalt. Zwar lebt nur noch gut jeder Zweite in einer Ehe. Dennoch widersprechen 70 Prozent der Westdeutschen und auch zwei Drittel der Ostdeutschen der Aussage, dass diese Institution veraltet sei.

Und immerhin jeder zweite Ledige, der einen Gefährten hat, strebt die Hochzeit an – das gilt besonders für Frauen. Ob es allerdings dazu kommt, ist unsicher. Denn nicht einmal jeder Dritte, der unverheiratet in einer festen Partnerschaft lebt, ist sich überhaupt sicher, dass die derzeitige Beziehung ein Leben lang hält. Dagegen haben drei Viertel der Eheleute keinerlei Zweifel an ihrer Wahl.

Eine große Instabilität ist denn auch das Wesensmerkmal der alternativen Beziehungen.

Besonders groß ist das Trennungsrisiko, wenn die beiden Partner zwar in derselben Stadt, aber nicht in einer gemeinsamen Wohnung leben. „Living apart together", getrenntes Zusammenleben, nennt der Psychologe Jens B. Asendorpf von der Berliner Humboldt-Universität diese Partnerschaften, in denen knapp zehn Prozent der Bevölkerung leben. Die Hälfte dieser LATs geht innerhalb von sechs Jahren kaputt. Damit ist die Trennungsrate etwa doppelt so hoch wie bei nicht ehelichen Lebensgemeinschaften, die wiederum instabiler als Ehen sind.

LAT-Partnerschaft, das hört sich nach Freiheit und Moderne an. „Überzeugte LATs sind selten", sagt Asendorpf. „Nur eine Minderheit findet diese Art der Beziehung ideal. Noch seltener finden sich Paare, in denen sowohl der Mann als auch die Frau davon überzeugt sind." In jüngeren Jahren seien es öfter die Männer, die ihre Unabhängigkeit betonten und nicht zusammenziehen oder gar heiraten wollten. Etwa ab 40 Jahren jedoch seien es häufiger die Frauen, die an der LAT-Beziehung nichts ändern möchten. „Viele von ihnen sind geschieden und wollen nicht in die traditionelle Rolle zurückfallen."

Doch vor allem in den jüngeren Lebensjahren sei diese Form der Beziehung in aller Regel ein Übergangsphänomen, das früher oder später mit dem Zusammenziehen oder mit der Trennung ende, sagt der Psychologe. „Das hängt oft an der Kinderfrage: Wer Nachwuchs haben will, für den macht LAT keinen Sinn."

Tatsächlich besteht in Deutschland anders als in Schweden oder Frankreich noch immer ein sehr enger Zusammenhang zwischen Kindern und Ehe. Nach dem noch unveröffentlichten Familienbericht der Regierung ist die Ehe mit Kindern mit 73 Prozent immer noch die mit Abstand wichtigste Familienform.

Verkürzt nach: http://www.welt.de/vermischtes/article7048816/Die-Deutschen-verlieren-die-Lust-am-Heiraten.html

■ Makieren Sie die richtige Antwort (A, B oder C).

1. **Wie ist Jürgen Dorbritz von BiB zu seinem Forschungsergebnis gekommen?**
   A. Indem er eine aufwendige Umfrage unter der Bevölkerung durchgeführt hat.
   B. Indem er das Ergebnis anhand einer Vorhersage-Modell ermittelt hat.
   C. Seine Untersuchungsmethode ist unbekannt.

2. **Welche der folgenden Aussagen über die jungen Leute ist nach Dorbritz richtig?**
   A. Die jungen Singles leben meistens in den großen Städten.
   B. Die Mehrheit der jungen Frauen will nicht heiraten.
   C. Fast 40 Prozent der jungen Männern wollen keinen Trauschein haben.

3. **Was sagt der Text über die ostdeutschen Männer?**
   A. Die ostdeutschen Männer verlieren die Lust am Heiraten.
   B. Der Anteil der unverheirateten Männer in Ostdeutschland ist drastisch gestiegen.

C. Im Vergleich zum Westen sind die Männer in Ostdeutschland stärker geneigt zu heiraten.

4. Welche der folgenden Aussagen über die Ehe ist falsch?
   A. Die Ehe wird von neuen Lebensformen abgelöst.
   B. Die traditionelle Ehe hat an Bedeutung verloren.
   C. Die Ehe hat noch ein hohes Ansehen.

5. Was sagt der Text über das Single-Dasein in Deutschland?
   A. In den großen Städten ist das Single-Dasein vorteilhafter.
   B. In Berlin sind über die Hälfte der Stadteinwohner Alleinstehender
   C. Der Anteil der älteren Menschen, die allein wohnen, ist gesunken.

6. Zu welchem Ergebnis kommt das Meinungsforschungsinstitut Allensbach?
   A. Was das Heiraten betrifft, verhalten sich manche Deutsche nicht wie sie meinen.
   B. Die meisten Deutschen lehnen die Ehe ab.
   C. Die meisten Deutschen halten die Ehe für veraltet.

7. Welche der folgenden Aussagen ist falsch?
   A. Die Mehrheit der ledigen Frauen, die einen Lebenspartner haben, wollen nicht heiraten.
   B. Die Mehrheit der unverheirateten Paare hat Zweifel an ihrer Beziehung.
   C. Die Mehrheit der Verheirateten ist sicher, dass sie den richtigen Partner gefunden hat.

8. Welche der folgenden Aussagen über „Living apart together" ist falsch?
   A. Die LATs leben in derselben Stadt.
   B. Knapp 10 Prozent der Bevölkerung haben sich für LAT entschieden.
   C. Die Trennungsrate bei den LATs ist am höchsten.

9. Was sagt Asendorpf über die LAT-Partnerschaft?
   A. LAT steht für Freiheit und Moderne.
   B. Mehr Männer sind für die Lat-Partnerschaft als Frauen.
   C. LAT stellt oft eine Übergangslösung in der Partnerschaft dar.

10. Was tun Paare in Deutschland häufig, wenn sie Nachwuchs haben möchten?
    A. Sie bleiben LATs.
    B. Sie ziehen zusammen, heiraten aber nicht.
    C. Sie heiraten.

习题讲解

第1题　题意：联邦人口研究所的 Jürgen Dorbritz 是通过何种方式获得研究结果的。
3 个选项的区别：
A. 他进行了一项详细的人口调查。
B. 他借助于预测模型计算出了这一结果。

C．他的调查方法未知。

相关语段及其译文

1. „Die Deutschen verlieren die Lust am Heiraten", konstatiert Jürgen Dorbritz vom Bundesinstitut für Bevölkerungsforschung（BiB）.

联邦人口研究所的 Jürgen Dorbritz 证实说："德国人失去了结婚的兴趣。"

2. Der Statistiker hat in einem aufwendigen Prognose-Modell berechnet, dass unter den Jüngeren jede dritte Frau und sogar knapp 40 Prozent der Männer niemals den Bund der Ehe eingehen werden.

这位统计学家在一个复杂的预测模型中计算出，在较年轻的人群中，1/3 的女性和 40% 的男性绝对不会步入婚姻的殿堂。

选择答案

A 不是答案，虽然第 2 句也使用了 aufwendigen，但是它在 A 和在第 2 句里修饰的对象完全不同。

B 是答案，第 2 句是对它的肯定。

C 不是答案，第 2 句已把他的研究方法告诉了读者，即"in einem aufwendigen Prognose-Modell"，也就是说他的调查方法是已知的。

第 2 题　　**题意**：根据 Dorbritz 的观点，以下哪个关于年轻人的陈述是正确的。

3 个选项的区别：

A．年轻的单身人士大部分生活在大城市。

B．大部分年轻女性不愿意结婚。

C．大约 40% 的年轻男性不愿开结婚证书。

相关语段及其译文

1. Der Statistiker hat in einem aufwendigen Prognose-Modell berechnet, dass unter den Jüngeren jede dritte Frau und sogar knapp 40 Prozent der Männer niemals den Bund der Ehe eingehen werden.

译文见上。

2. Daneben wird – besonders in den Metropolen – das Single-Dasein zur Norm.

特别在大都市，单身模式已经常态化。

选择答案

A 不是答案，年轻的单身人士生活在哪里，对此 Dorbritz 没有任何阐述。

B 不是答案，第 1 句中的 jede dritte Frau 是对它的否定。

C 是答案，依据是第 1 句中的 knapp 40 Prozent der Männer...

第 3 题　　**题意**：关于德国东部的男性，文章说了什么。

3 个选项的区别：

A．德国东部的男性对结婚失去了兴趣。

B．德国东部未婚男性的比例急速上升。

C．与西部相比，德国东部的男性更倾向于结婚。

相关语段及其译文

1. Besonders die ostdeutschen Männer tun sich schwer auf dem Heiratsmarkt.

特别是德国东部的男性在婚姻市场上困难多多。

2. Blieben von ihnen 1980 gerade einmal zwölf Prozent lebenslang unverheiratet, sind es mittlerweile 41 Prozent – ein historisch beispielloser Anstieg.

1980年，他们中仅有12%的人一生未婚，如今是41%，这样（大幅度）的上升史无前例。

选择答案

A 不是答案，第2句中只是说41%的东德人一生不婚，而不是全部。

B 是答案，第2句中的两个数字是对它的肯定。

C 不是答案，文章没有做这样的对比。

4题 **题意：** 以下哪种关于婚姻的说法是错误的。

3个选项的区别：

A. 婚姻将被新的生活形式取代。

B. 传统的婚姻变得不是那么重要。

C. 婚姻仍然享有很高的声誉。

相关语段及其译文

1. „Die Bedeutung der Ehe ist dramatisch zurückgegangen", sagt Dorbritz.

Dorbritz说："婚姻的重要性急速回落。"

2. Während die traditionelle Ehe auf dem Rückzug ist, sind neue Lebensformen auf dem Vormarsch.

随着传统婚姻的回落，新的生活形式在兴起。

3. Im scharfen Kontrast zum gesellschaftlichen Wandel steht indes das hohe Ansehen, das die Lebensform Ehe auch heute noch genießt.

与社会变化形成鲜明对比的是，婚姻直至今日仍然享有高度的声誉。

选择答案

A 是答案，因为这个说法是错误的，第3句中的关系从句是对它的否定。

B 不是答案，第1句和第2句的前半句是对它的肯定。

C 不是答案，第3句中的关系从句是对它的肯定。

5题 **题意：** 关于德国的单身生活方式，文章做了什么陈述。

3个选项的区别：

A. 单身生活方式在大城市更有利。

B. 柏林超过一半的市民是单身。

C. 年龄较大的人，独居的比例有所下降。

相关语段及其译文

1. In Deutschlands Single-Hauptstadt Berlin liegt die Quote gar bei 54 Prozent.

在德国被称作单身首都的柏林，单身的比例甚至高达54%。

2. Und es sind keineswegs in erster Linie ältere Menschen, die allein wohnen, weil ihr Partner gestorben ist.

而且那些因为丧偶而独居的年龄较大的人绝非是单身的主要人群。

选择答案

A 不是答案,第 1 句在 Single-Hauptstadt 中有 Single 这个词,但是这句没有涉及 A 中 vorteilhafter 的话题。

B 是答案,第 1 句是对它的肯定。

C 不是答案,第 2 句中也有 die allein wohnen 这样的关系从句,但是它没有涉及 C 中 gesunken 的话题。

第 6 题　　**题意**:Allensbach 民意研究院获得了何种科研结果。

3 个选项的区别:

A. 在结婚这件事上,有些德国人的行为和观点不一致。

B. 大部分德国人拒绝结婚。

C. 大部分德国人认为婚姻已经过时。

相关语段及其译文

1. Im scharfen Kontrast zum gesellschaftlichen Wandel steht indes das hohe Ansehen, das die Lebensform Ehe auch heute noch genießt.

与社会变化形成鲜明对比的是,婚姻直至今日仍然享有高度的声誉。

2. Umfragen des Meinungsforschungsinstituts Allensbach zeigen diesen Zwiespalt.

Allensbach 民意研究院的民意调查表明了这种观念与现实相背离的状况。

3. Zwar lebt nur noch gut jeder Zweite in einer Ehe.

尽管只有一半多一点的人生活在婚姻关系中。

4. Dennoch widersprechen 70 Prozent der Westdeutschen und auch zwei Drittel der Ostdeutschen der Aussage, dass diese Institution(= Ehe)veraltet sei.

但是 70% 的西德人和 2/3 的东德人否认婚姻是过时的。

选择答案

A 是答案,它是根据第 3 和第 4 句的推理。

B 不是答案,第 3 和第 4 句是对它的否定。

C 不是答案,第 4 句是对它的否定。

第 7 题　　**题意**:以下那种说法是错误的。

3 个选项的区别是:

A. 大部分已有生活伴侣的单身女性不愿意结婚。

B. 大多数未婚同居伴侣都对他们的关系有疑虑。

C. 大多数已婚人士确信,他们找到了合适的伴侣。

相关语段及其译文

1. Und immerhin jeder zweite Ledige, der einen Gefährten hat, strebt die Hochzeit an – das gilt besonders für Frauen.

然而至少一半有伴侣的单身人士,特别是女性,渴望婚礼。

2. Ob es allerdings dazu kommt, ist unsicher.

不过,(是否)能有这一天,却是无把握的。

3. Denn nicht einmal jeder Dritte, der unverheiratet in einer festen Partnerschaft lebt, ist sich überhaupt sicher, dass die derzeitige Beziehung ein Leben lang hält.

因为在有固定伴侣关系的未婚人士中,确信他们目前的关系能够保持一生的,甚至还不到 1/3。

4. Dagegen haben drei Viertel der Eheleute keinerlei Zweifel an ihrer Wahl.

与之相反,3/4 的已婚人士对他们的选择毫无怀疑。

选择答案

A 是答案,因为这个说法是错误的,第 1 句是对它的否定。

B 不是答案,第 3 句是对它的肯定。

C 不是答案,第 4 句是对它的肯定。

8 题 **题意:** 以下哪种关于"分开同居"的说法是错误的。

3 个选项的区别是:

A. "分开同居"者生活在同一个城市。

B. 大约 10% 的人口选择"分开同居"关系。

C. "分开同居"关系的分手几率最高。

相关语段及其译文

1. Besonders groß ist das Trennungsrisiko, wenn die beiden Partner zwar in derselben Stadt, aber nicht in einer gemeinsamen Wohnung leben.

假如伴侣双方在同一个城市生活,但不是在同一屋檐下的话,那么分手几率会特别高。

2. „Living apart together", getrenntes Zusammenleben, nennt der Psychologe Jens B. Asendorpf von der Berliner Humboldt-Universität diese Partnerschaften, in denen knapp zehn Prozent der Bevölkerung leben.

柏林洪堡大学的心理学家 Asendorpf 称这种关系为"分开同居",大约有 10% 的人口以这样的方式生活。

3. Die Hälfte dieser LATs geht innerhalb von sechs Jahren kaputt.

一半的"分开同居"者在 6 年之内就分手了。

4. Damit ist die Trennungsrate etwa doppelt so hoch wie bei nicht ehelichen Lebensgemeinschaften, die wiederum instabiler als Ehen sind.

"分开同居"的分手几率是非婚同居关系的两倍,而后者又不如婚姻稳定。

选择答案

A 是答案,因为他是错误的说法,第 1 句中虽然有"zwar in derselben Stadt",但这是假设,不能依照假设推断"分开同居"者一定生活在同一个城市。

B 不是答案,第 2 句是对它的肯定。

C 不是答案,第 3 和第 4 句是对它的肯定。

阅读训练

第 9 题 **题意**：关于分开同居关系（LAT-Partnerschaft）Asendorpf 说了什么。

3 个选项的区别是：

A．"分开同居"代表了自由和时尚。

B．赞成"分开同居"关系男人比女人跟多。

C．"分开同居"往往是伴侣关系中一种过渡性质的解决办法。

相关语段及其译文

1. LAT-Partnerschaft, das hört sich nach Freiheit und Moderne an.

"分开同居"关系，这听起来很自由、很时尚。

2. „Überzeugte LATs sind selten", sagt Asendorpf.

Asendorpf 说："坚定的分开同居者是罕见的。"

3. „Nur eine Minderheit findet diese Art der Beziehung ideal. Noch seltener finden sich Paare, in denen sowohl der Mann als auch die Frau davon überzeugt sind."

"只有一小部分人认为这种关系是理想的。在'分开同居'关系中男女双方都信奉这种关系的则更少。"

4. In jüngeren Jahren seien es öfter die Männer, die ihre Unabhängigkeit betonten und nicht zusammenziehen oder gar heiraten wollten. Etwa ab 40 Jahren jedoch seien es häufiger die Frauen, die an der LAT-Beziehung nichts ändern möchten.

年轻时较多的是男方要强调他的独立性，不想搬到一起，不想结婚。大约 40 岁起，更多的是女方不想改变"分开同居"关系。

5. „Viele von ihnen sind geschieden und wollen nicht in die traditionelle Rolle zurückfallen."

"她们中的许多人是离异的，不想跌回传统的角色中去。"

6. Doch vor allem in den jüngeren Lebensjahren sei diese Form der Beziehung in aller Regel ein Übergangsphänomen, das früher oder später mit dem Zusammenziehen oder mit der Trennung ende, sagt der Psychologe.

这位心理学家说：但是，这种关系形式主要发生在年轻时，绝对是一种过渡，这种过渡迟早会以搬到一起住或分手而告结束。

选择答案

A 不是答案，它和第 1 句有关，但是第 1 句不是 Asendorpf 说的话，而是文章作者的。

B 不是答案，它和第 3、4 句有关，但是在这两句里没有对赞成"分开同居"关系的男女数字进行比较。

C 是答案，依据是第 6 句。

第 10 题 **题意**：在德国假如想要孩子，伴侣们通常会怎么做。

3 个选项的区别：

A．他们保持"分开同居"。

B．他们搬到一起住，但不结婚。

C．他们结婚。

相关语段及其译文

1. Wer Nachwuchs haben will, für den macht LAT keinen Sinn.
对于想生孩子的人,"分开同居关系"毫无意义。
2. Tatsächlich besteht in Deutschland anders als in Schweden oder Frankreich noch immer ein sehr enger Zusammenhang zwischen Kindern und Ehe.
与瑞典或者法国不同的是,在德国生孩子与结婚有非常紧密的联系。
3. Nach dem noch unveröffentlichten Familienbericht der Regierung ist die Ehe mit Kindern mit 73 Prozent immer noch die mit Abstand wichtigste Familienform.
根据政府未公布的家庭调研报告,有孩子的婚姻以遥遥领先的73%始终是最重要的家庭形式。

选择答案
A 不是答案,第1和第2句是对它的否定。
B 不是答案,第2和第3句是对它的否定。
C 是答案,依据是第2和第3句。

Lösungen

1 B, 2 C, 3 B, 4 A, 5 B, 6 A, 7 A, 8 A, 9 C, 10 C

Vokabeln

die	Scheidung -en	离婚
die	Norm -en	标准,常规
	konstatieren *Vt.*	证实,确认
der	Statistiker -	统计学家,统计员
	aufwendig *Adj.*	花费很多精力、时间的
	sich schwer tun	很难,有困难
	beispiellos *Adj.*	没有先例的,空前的
die	Heiratsneigung	结婚意愿,渴望结婚
	stetig *Adj.*	不断地,一直
	auf dem Vormarsch	呈上升趋势
die	Metropole -n	大都市
r/e	Alleinstehende *dekl. wie Adj.*	单身
die	Quote -n	比率,份额
	in erster Linie	首先,主要
die	Singularisierung	单身化,单身趋势
die	Demografie -n	人口统计学
das	Allgemeinwohl	公共福利,公众福利
	indes *Adv.*	在此期间,然而,

der	Zwiespalt nur Sg.	分离，两种对立的状况
	etw. (D.) widersprechen *Vi.*	驳斥，否定
	immerhin *Adv.*	至少，无论如何
	an/streben *Vt.*	力求，争取达到
der	Zweifel -	怀疑，疑惑
die	Instabilität nur Sg.	不稳定，不稳定性
das	Wesensmerkmal	本质特性
	alternativ *Adj.*	替代的
das	Trennungsrisiko	分手风险
die	Trennungsrate	分手率
	sich nach etw. an/hören	听起来像……
	überzeugt Partizip Perfekt	深信不疑的，坚定的
das	Übergangsphänomen -e	过渡现象
der	Nachwuchs	子孙，后代
	mit Abstand	远远（超过）

Einheit 22

Lesen Sie den Text und lösen Sie die Aufgaben.

Richtig streiten — aber wie, du Blödmann!?
Durch Beleidigungen, Machtkämpfe und eine Streitkultur, in der mit Auseinandersetzungen Liebesentzug droht, geht in der Beziehung oft mehr kaputt als nur Geschirr. Emotions- und Wutausbrüche, Geschrei und Geheule seien kindliche Durchsetzungswege, sagt Katja Sundermeier. Dass sich auch viele Erwachsene so verhalten, liegt der Paartherapeutin zufolge daran, dass das Streiten in der Erziehung verboten statt richtig beigebracht wird. Sundermeier arbeitete in verschiedenen Kliniken für Psychosomatik, bis sie sich 1992 selbstständig machte. Neben ihrer Praxistätigkeit im Allgäu schrieb die heute 43-Jährige Ratgeber und entwickelte Seminare für Paare und Singles, die lernen wollen, eine glückliche Beziehung zu führen. Dazu gehört auch das gelingende Streiten. Wenn man ein paar Regeln beachtet, fällt das übrigens gar nicht so schwer.
Streit ist an sich nichts Schlimmes und klärt einfach Standpunkte und Meinungen der Einzelnen. Es geht darum, wie man streitet, aber da nur wenige gelernt haben, konstruktiv und mit Wertschätzung und Achtung dem anderen gegenüber oder gar nach Regeln zu streiten, hat fast jeder Mensch Angst vor Streit.
Die wenigsten Paare haben eine Streitkultur. Bei den meisten wird auf jämmerliche Art und Weise gestritten: Türen knallen zu, einer entzieht sich der Situation, Tiernamen aus Wald und Zoo werden genutzt. Streiten muss jeder von uns lernen, schon im Kindesalter. Doch Kindern wird das Streiten meist untersagt und mit Strafen geahndet. So lernen wir, dass wir weniger geliebt werden, wenn wir unsere Wünsche und Bedürfnisse durchsetzen wollen. Die Assoziationen, die wir mit Streit verbinden- Wutausbrüche, Gebrüll, Wehleidigkeit-, das sind kindliche Affekte, die zeigen, dass ein Mensch seine Bedürfnisse nicht konstruktiv äußern kann.
Wenn es sich um zwei eigenständige Persönlichkeiten handelt, dann haben diese auch unterschiedliche Meinungen, und die gilt es kennen zu lernen und zu verhandeln. Wenn eine Beziehung daran scheitert, dass Menschen unterschiedlicher Meinung sind, dann liegen die Probleme meist tiefer in der Biografie der Partner verborgen.
Die wichtigen Fragen sind: Was will ich wirklich meinem Partner sagen? Kommt das Gesagte bei ihm an? Wie fühlen wir uns nach einem Streit? Können wir uns versöhnen? Ein konstruktiver Streit ist der, aus dem beide als Gewinner hervorgehen, weil sie sich verstanden fühlen und weil beide zusammen Lösungen finden konnten. Dazu ist es wichtig, eine gemeinsame Streitkultur zu schaffen. Wenn Streiten zu nichts führt und Dinge unausgesprochen bleiben, sollte man die Kommunikation in der Beziehung überdenken.
Frauen und Männer formulieren gerne Sätze mit „immer" und „du". Und dann haben sie

nicht mehr ihren Partner vor sich, sondern ein Kind, und sie sind zur nörgelnden Mama oder zum nörgelnden Papa geworden. Wer will das schon? Wichtig sind klare Ansagen, bestimmt und liebevoll formuliert. Zum Beispiel: „Schatz, machst du bitte heute den Einkauf? Danke!" Wenn es um Aufmerksamkeit geht, neigen Frauen dazu, sich zu erklären, und wollen, dass Männer sie verstehen. Sie sagen Sätze wie: „Weißt du, ich hatte heute so viel Stress im Büro, die Kinder haben Ärger gemacht und die Kurse meiner Aktien sind wieder gefallen." Aber was will die Frau wirklich sagen? Vielleicht: „Schatz ich hatte einen blöden Tag, ich fühle mich überfordert und leer, kannst du mich einfach mal in den Arm nehmen?"

Grundsätzlich sollten wir den Partner auch im Streit versuchen zu verstehen. Aber dazu muss er oder sie sich artikulieren können. Dazu sollten alle Sätze mit „ich" beginnen und das Gefühl äußern, welches man hat. So lassen Sie den Konflikt dort, wo er ist: bei Ihnen.

Man sollte sich unbedingt versöhnen-auch durch Zärtlichkeit, aber vor allem auf verbaler Ebene. Vor allem sollte man sich ein Ritual überlegen, wie das Ende des Streits gebührend gefeiert werden kann. Manch ein Paar geht vielleicht gemeinsam spazieren, ein anderes hört das Lied, zu dem man das erste Mal gemeinsam tanzte. Ist der Streit zuvor aber zu sehr ausgeartet, kann man das nicht wiedergutmachen. Deshalb sollte man sich gut überlegen, was man während eines Streits sagt und tut.

http://www.welt.de/lifestyle/article7212943/Richtig-streiten-aber-wie-du-Bloedmann.html

Makieren Sie die richtige Antwort (A, B oder C).

1. **Warum verhalten sich viele Erwachsene kindlich während des Streitens?**
   A. Weil sie dadurch ihre Emotionen und Wut rauslassen möchten.
   B. Weil sie dadurch ihre Meinung durchsetzen können.
   C. Weil sie das Streiten in ihrer Kindheit nicht richtig gelernt haben.

2. **Welche folgende Aussage über Katja Sundermeier ist falsch?**
   A. Sie ist jetzt Mitarbeiterin einer Klinik für Psychosomatik.
   B. Sie schrieb Bücher über Beziehungen.
   C. Sie führte Lehrveranstaltungen für Paare und Singles durch.

3. **Warum hat fast jeder Mensch Angst vor Streit?**
   A. Weil Streit etwas Schlimmes ist.
   B. Weil Streit Standpunkte und Meinungen des Einzelnen klärt.
   C. Weil nur wenige Leute konstruktiv streiten können.

4. **Was gehört nicht zu den Streitgewohnheiten der meisten Leute?**
   A. Sie streiten nach Regeln.
   B. Sie schlagen Türen laut zu.
   C. Sie beschimpfen ihren Partner mit beleidigenden Worten.

5. Warum haben wir im Kindesalter das Streiten nicht gelernt?
  A. Weil die Eltern selber nicht stritten.
  B. Weil die Eltern es uns verboten.
  C. Weil wir dadurch weniger geliebt wurden.

6. Worin liegen die wirklichen Probleme, wenn eine Beziehung scheitert?
  A. Darin, dass es sich um zwei eigenständige Persönlichkeiten handelt.
  B. Darin, dass das Paar unterschiedlicher Meinung sind.
  C. In der Lebensgeschichte der Partner.

7. Was ist eine wichtige Voraussetzung für einen konstruktiven Streit?
  A. Dass beide als Gewinner aus dem Streit hervorgehen.
  B. Dass beide gemeinsam Lösungen finden können.
  C. Dass beide eine gemeinsame Streitkultur schaffen

8. Was schlagen Experten Frauen und Männern vor?
  A. Dass sie ihren Partner wie ein Kind behandeln sollten.
  B. Dass sie ihre Wünsche eindeutig und zärtlich ausdrücken sollten.
  C. Dass sie ihren Partnern mehr Aufmerksamkeit schenken sollten.

9. Was ist wichtig bei der Versöhnung?
  A. Dass man sich zärtlich umarmt.
  B. Dass man sie mit liebevollen Worten ausdrückt.
  C. Dass man sie mit einer Feier besiegelt.

10. Was möchte der Autor zeigen?
  A. Wie man in einer Beziehung konstruktiv streitet.
  B. Wie man den Partner im Streit versteht.
  C. Wie man Streit in der Beziehung vermeidet.

习题讲解

第1题 题意：为什么许多成年人在争吵时的行为像个孩子。
3个选项的区别：
A. 因为他们想借此发泄自己的情绪和愤怒。
B. 因为他们借此能够实现自己的主张。
C. 因为他们在童年时没有学习过正确的争吵方式。

相关语段及其译文

1. Emotions- und Wutausbrüche, Geschrei und Geheule seien kindliche Durchsetzungswege, sagt Katja Sundermeier.
Katja Sundermeier 说，闹情绪、发脾气、喊叫以及哭泣是儿童式的实现自己主张的手段。

2. Dass sich auch viele Erwachsene so verhalten, liegt der Paartherapeutin zufolge daran, dass das Streiten in der Erziehung verboten statt richtig beigebracht wird.
根据这位关系调解师的说法，之所以许多成年人也如此表现原因在于，在(儿童)教育中不是正确地引导儿童如何争吵,而是禁止争吵。

选择答案

A 不是答案,第 1 句虽然有"Emotion、Wut"等词语,但是这一句根本不是回答题干问题的相关语段。

B 不是答案,第 1 句虽然有"Durchsetzung"这一词语,但是它和 A 犯了同样的错误。

C 是答案,依据是第 2 句。

第 2 题 **题意:** 以下哪种关于 Katja Sundermeier 的说法是错误的。

3 个选项的区别:

A. 她现在是一家身心医学诊所的雇员。

B. 她撰写人际关系方面的书。

C. 她为伴侣们和单身人士开设课程。

相关语段及其译文

1. Sundermeier arbeitete in verschiedenen Kliniken für Psychosomatik, bis sie sich 1992 selbstständig machte.

Sundermeier 曾在几家不同的身心医学诊所工作过,一直到 1992 年她自己独立开业。

2. Neben ihrer Praxistätigkeit im Allgäu schrieb die heute 43-Jährige Ratgeber und entwickelte Seminare für Paare und Singles, die lernen wollen, eine glückliche Beziehung zu führen.

除了在位于 Allgäu 诊所的工作外,现今已 43 岁的她写过咨询手册,而且还为那些想要学习如何经营幸福关系的伴侣和单身人士创办研讨课程。

选择答案

A 是答案,因为它是错误的,第 1 句后半句(bis...)是对它的否定。

B 不是答案,第 2 句是对它的肯定。

C 不是答案,第 2 句中 Seminare für... entwickeln 是对它的肯定。

第 3 题 **题意:** 为什么几乎每个人都害怕争吵。

3 个选项的区别:

A. 因为争吵是件糟糕的事。

B. 因为争吵可以澄清个人立场和观点。

C. 因为只有少数人会建设性地争吵。

相关语段及其译文

1. Streit ist an sich nichts Schlimmes und klärt einfach Standpunkte und Meinungen der Einzelnen.

争吵本身并不是什么糟糕的事,而且还澄清了个人的立场和观点。

2. Es geht darum, wie man streitet, aber da nur wenige gelernt haben, konstruktiv und mit Wertschätzung und Achtung dem anderen gegenüber oder gar nach Regeln zu streiten, hat fast jeder Mensch Angst vor Streit.

关键问题是以何种方式争吵,但是因为只有少数人学会建设性地、带着赞赏和尊重对方的态度或者甚至根据规则争吵,所以几乎每个人都害怕争吵。

选择答案

A 不是答案,第 1 句是对它的否定,而且这一句也不是回答题干问题的相关语段。

B 不是答案,虽然第 1 句中的第二个动词词组与 B 中的动词词组完全相同,但它与 A 犯了同样的错误。

C 是答案,第 2 句中的原因从句(da...)是对它的肯定。

第 4 题　**题意**:以下哪一项不属于大部分人的争吵习惯。

3 个选项的区别是:

A. 他们根据规则争吵。

B. 他们大声摔门。

C. 他们用侮辱性的词语骂伴侣。

相关语段及其译文

1. Es geht darum, wie man streitet, aber da nur wenige gelernt haben, konstruktiv und mit Wertschätzung und Achtung dem anderen gegenüber oder gar nach Regeln zu streiten, hat fast jeder Mensch Angst vor Streit.

(译文见上。)

2. Die wenigsten Paare haben eine Streitkultur.

极少数的夫妻具备争吵文化。

3. Bei den meisten wird auf jämmerliche Art und Weise gestritten: Türen knallen zu, einer entzieht sich der Situation, Tiernamen aus Wald und Zoo werden genutzt.

大部分人都是以可怜的方式在争吵:重重地摔门,一方一边离开现场,一边用森林以及动物园里的动物名称(骂人)。

选择答案

A 是答案,第 1 句中的 nur wenige gelernt haben, ... nach Regeln zu streiten 表明它描写的是少数人的争吵习惯。

B 不是答案,依据是第 3 句。

C 不是答案,依据是第 3 句。

第 5 题　**题意**:为什么我们在孩童时期没有学习过争吵。

3 个选项的区别:

A. 因为父母自己都不争吵。

B. 因为父母禁止我们争吵。

C. 因为我们会因为争吵而不被人喜爱。

相关语段及其译文

1. Streiten muss jeder von uns lernen, schon im Kindesalter.

我们每个人都必须学会争吵,在孩童的年纪就要学。

2. Doch Kindern wird das Streiten meist untersagt und mit Strafen geahndet.

然而孩子们通常都被禁止争吵,并且会因此受到处罚。

3. So lernen wir, dass wir weniger geliebt werden, wenn wir unsere Wünsche und Bedürfnisse durchsetzen wollen.

这样，我们学到的是：假如我们想强行实现自己的愿望和需要，就会不那么被人喜爱。

选择答案

A 不是答案，关于父母自己（是否）争吵，这个话题文章没有涉及。

B 是答案，第2句是对它的肯定。

C 不是答案，第一，这个因果关系在文中没有作为一个事实来阐述，第3句只是假设。第二，不能根据第2句中的"mit Strafen geahndet"做这样的推理，因为父母对孩子的处罚也是一种爱。

第6题　　**题意**：当一段关系失败时，真正的问题出在哪里。

3个选项的区别：

A．在于这涉及两个独立的人格。

B．在于双方不同的观点。

C．在于双方的人生经历。

相关语段及其译文

1. Wenn es sich um zwei eigenständige Persönlichkeiten handelt, dann haben diese auch unterschiedliche Meinungen, und die gilt es kennen zu lernen und zu verhandeln.

如果这是两个独立的个体，他们也就有着不同的观点，（双方）就应该去认识对方的观点，并且进行磋商。

2. Wenn eine Beziehung daran scheitert, dass Menschen unterschiedlicher Meinung sind, dann liegen die Probleme meist tiefer in der Biografie der Partner verborgen.

如果一段关系失败的原因在于双方有着不同的观点，那么问题通常更深地隐藏在伴侣双方的成长经历中。

选择答案

A 不是答案，虽然第1句中也出现了"es sich um zwei eigenständige Persönlichkeiten handelt"，但是整个句子不是在描写关系失败的问题所在，也就是说，这一句不在回答题干问题的相关语段范围内。

B 不是答案，解释同A。

C 是答案，第2句的后半句（dann...）是对它的肯定。

第7题　　**题意**：什么对于建设性争吵来说是一个重要的先决条件。

3个选项的区别：

A．双方都是争吵的赢家。

B．双方能够共同找到解决之道。

C．双方能够创造出一种共有的争吵文化。

相关语段及其译文

1. Ein konstruktiver Streit ist der, aus dem beide als Gewinner hervorgehen, weil sie sich verstanden fühlen und weil beide zusammen Lösungen finden konnten.

一场具有建设性的争吵应该是：双方都是争吵的赢家，因为他们感觉到彼此理解，他们能够共同找到解决方案。

2. Dazu ist es wichtig, eine gemeinsame Streitkultur zu schaffen.

为了这一点，创造出一种共有的争吵文化很重要。

选择答案

A 不是答案，请比较含有 Gewinner 的第 1 句。aus dem beide als Gewinner hervorgehen 描写的是建设性争吵的结果，不是先决条件。

B 不是答案。请比较含有 beide zusammen Lösungen finden 的第 1 句。解释理由与 A 相同。

C 是答案，第 2 句是对它的肯定。

8题　**题意**：专家给男人和女人们提出了什么建议。

3 个选项的区别：

A．他们应该把伴侣当成一个孩子来对待。

B．他们应该明白而又温柔地说出自己的愿望。

C．他们应该给予伴侣更多的关注。

相关语段及其译文

1. Frauen und Männer formulieren gerne Sätze mit „immer" und „du".

女人和男人们在说话时总喜欢用"总是"和"你"。

2. Und dann haben sie nicht mehr ihren Partner vor sich, sondern ein Kind,

于是，他们眼中看到的不再是自己的伴侣，而是一个孩子，

3. und sie sind zur nörgelnden Mama oder zum nörgelnden Papa geworden.

而他们自己则成为了唠叨的妈妈或爸爸。

4. Wer will das schon?

谁会想要这样呢？

5. Wichtig sind klare Ansagen, bestimmt und liebevoll formuliert.

重要的是清楚的说明，用肯定、深情的方式表达。

选择答案

A 不是答案，请比较含有 ein Kind 的第 2 句。这个句子不是一条建议，而是对一种常见现象的描写。

B 是答案，第 5 句是对它的肯定。

C 不是答案，ihren Partnern Aufmerksamkeit schenken 在文中根本没有提及。

9题　**题意**：和解时重要的是什么。

3 个选项的区别是：

A．要温柔地拥抱。

B．要用深情的言语来表达和解。

C．要为和解办一个庆祝活动。

相关语段及其译文

1. Man sollte sich unbedingt versöhnen – auch durch Zärtlichkeit, aber vor allem auf

verbaler Ebene.

伴侣之间(争吵后)一定要和解,而且需要通过温柔的方式,尤其在语言层面上要温柔。

2. Vor allem sollte man sich ein Ritual überlegen, wie das Ende des Streits gebührend gefeiert werden kann.

首要的是要想出一个"仪式",恰当地庆祝一下争吵的结束。

选择答案

A 不是答案,A 中的 sich umarmen 文中没有提及。

B 是答案,第 1 句中的 aber vor allem auf verbaler Ebene 是对它的肯定。

C 不是答案,请比较含有 gefeiert werden 的第 2 句,这一句中的建议不是针对和解过程中,而是针对和解后。

第 10 题　　题意:作者想表达什么。

3 个选项的区别:

A. 在伴侣之间人们怎样才能建设性地争吵。

B. 怎样在争吵中理解对方。

C. 怎样避免伴侣之间的争吵。

选择答案

A 是答案,依据是文章的标题和全文的核心内容。

Lösungen

1 C, 2 A, 3 C, 4 A, 5 B, 6 C, 7 C, 8 B, 9 B, 10 A

Vokabeln

die	Beleidigung -en	侮辱,侮辱性的言语或举动
der	Machtkampf ..e	权力斗争
die	Auseinandersetzung -en	争论,讨论
der	Liebesentzug	爱情消亡
der	Emotionsausbruch ..e	情绪爆发
der	Wutausbruch ..e	发脾气
das	Geschrei nur Sg.	叫喊,喧嚷
das	Geheule nur Sg.	号叫,嚎啕
der	Durchsetzungsweg -e	实施办法,实施途径
die	Paartherapeutin -nen	关系调解师,情感治疗师(女)
	bei/bringen Vt.	教,教会
die	Psychosomatik nur Sg.	心身医学
	gelingend Partizip Präsens	成功的
der	Standpunkt -e	立场,观点,看法

	konstruktiv *Adj.*	促进的,有益的,建设性的
die	Wertschätzung	珍爱,感激
	jämmerlich *Adj.*	可怜的,悲惨的
	zu/knallen *Vt.*	砰的一声把……关上,使劲地把……关上
	sich etw. (D.) entziehen	逃避……,摆脱……
	j-m. etw. (A.) untersagen	禁止某人做某事,不准
	ahnden *Vt.*	惩罚
die	Assoziation -en	联想
das	Gebrüll nur Sg.	吼叫声
die	Wehleidigkeit nur Sg.	悲伤,伤心
der	Affekt -e	感情冲动
	eigenständig *Adj.*	独立的
	es gilt … + zu + Infinitiv	是……时候了
	verhandeln *Vt.*	协商,谈判
die	Biografie	履历,阅历
	an etw. (D.) scheitern	因为……而失败
	verborgen Partizip Perfekt	隐藏的,隐蔽的
	sich (mit j-m.) versöhnen	调解,和好
	überdenken *Vt.*	仔细考虑,再三思考
	formulieren *Vt.*	造句
	nörgelnd Partizip Präsens	埋怨的,发牢骚的
	zu etw. (D.) neigen	倾向于
	Aktienkurse nur *Pl.*	股票价格
	überfordert Partizip Perfekt	工作过度的,过分操劳的
	j-n. in den Arm nehmen	拥抱某人
	artikulieren *Vt.*	(明确地)表达
die	Zärtlichkeit nur Sg.	温柔,体贴
	verbal *Adj.*	语言的
das	Ritual -e	礼俗,仪式
	gebührend *Adv.*	恰当地,正确地
	ausgeartet *Adj.*	失去节制的,已经变坏的

Einheit 23

Lesen Sie den Text und lösen Sie die Aufgaben.

Web punktet als kombinierter Info-, Unterhaltungs- und Einkaufsführer

Bis 2018 werden die Tageszeitungen etwa 30 Prozent ihrer Leser verloren haben. Das Internet wird dann mindestens über so viele Werbeeinnahmen verfügen wie der Zeitungsmarkt. Zu diesem Ergebnis kommt die aktuelle Trendstudie „Mediennutzungsverhalten in der Web-Gesellschaft 2018", die Lothar Rolke und Johanna Höhn von der Fachhochschule Mainz www.fh-mainz.de durchgeführt haben. Demnach wird sich das Web bis zu diesem Zeitpunkt endgültig als kombinierter Informations-, Unterhaltungs- und Einkaufsführer in den Generationen bis 60 Jahre durchgesetzt haben. „Besonders erstaunt hat uns zum einen die Selbstverständlichkeit, mit der die jüngere Generation die verschiedenen Online-Angebote nutzt, und zum anderen die Geschwindigkeit, mit der die 35-bis 50-Jährigen gelernt haben, die neuen Informations- und Kommunikationsmöglichkeiten zu gebrauchen", erklärt Rolke im Gespräch mit Pressetext.

Um die Dynamik dieses Veränderungsprozesses im Mediennutzungsverhalten besser aufzeigen zu können, haben die beiden Studienautoren nicht nur vorhandene Untersuchungsergebnisse einer Zweitauswertung unterzogen, sondern auch eine eigene Vergleichsbefragung von drei Alterskohorten durchgeführt. „Da sich Medienverhalten in jungen Jahren herausbildet und relativ stabil bleibt, kann sichtbar gemacht werden, was sich verändert und-durch Vergleich der Altersgruppen-die Kraft der Veränderung gemessen werden", erläutert Rolke. Die auf diese Weise zu Tage geförderten Ergebnisse ließen darauf schließen, dass sich die Wandlung des Nutzungsverhaltens wesentlich schneller vollzieht, als bislang erwartet. „Um sich allgemein zu informieren, nutzen die insgesamt 600 Befragten die Online-Angebote im Durchschnitt dreimal so häufig wie Fernsehen, Tages- und Publikumsmedien zusammen. Zudem fühlen sich alle Altersgruppen durch das Internet gut informiert", merkt Rolke an.

Die hohe Attraktivität des World Wide Web liege laut dem Mainzer Professor darin begründet, dass es qualifizierte Informations-, Unterhaltungs- und Einkaufsmöglichkeiten an einem Ort biete. „Das Web punktet bei den Nutzern vor allem mit seiner Komfortabilität und Einfachheit. In wenigen Klicks ist jeder User von der Informationssuche in den Entertainment-Bereich oder zurück gewechselt", betont Rolke. Unschlagbar sei das Netz mittlerweile auch beim Produktkauf. Über 70 Prozent würden es nutzen, um vorab Produktinfos zu recherchieren und Produkte zu vergleichen. „Das Medium Internet steht in seiner Entwicklung aber erst am Anfang. Durch neue Möglichkeiten wird die Attraktivität des Webs in der Wahrnehmung der Nutzer in Zukunft sicherlich noch um einiges steigen", meint Rolke.

Gegen das Internet könne heute kein anderes Medium erfolgreich sein. „Gleichzeitig benötigt das sich ständig weiter entwickelnde Web aber auch die anderen Medien als Begleiter", räumt Rolke ein. Zeitungen und Zeitschriften, Hörfunk und Fernsehen müssten noch stärker kooperieren, neue Geschäftsmodelle entwickeln und ihre Leser, Zuschauer und Hörer in der Webgesellschaft unterstützen. „Es mag paradox klingen, aber weil das Internet ein so großer gesellschaftlicher Veränderer ist und vorläufig bleiben wird, müssen die traditionellen Medien zu Begleitern für die Menschen werden. Das heißt, sie müssen ihnen Orientierung geben, Lernhilfen anbieten und ihnen zeigen, wie sie an die Benefits im Internet kommen können", so Rolke abschließend.

http://www.fachzeitungen.de/pressemeldungen/zeitungen-verlieren-30-prozent-der-leser-bis-2018-10751/

Makieren Sie die richtige Antwort (A, B oder C).

1. **Zu welchem Ergebnis kommt die Studie von Rolke und Höhn?**
   A. Bis 2018 werden die Tageszeitungen 30 Prozent ihrer Werbeeinnahmen verlieren.
   B. Bis 2018 wird das Internet den Zeitungsmarkt ersetzen.
   C. Bis 2018 wird das Web endgültig seine Führungsrolle in der Medienwelt verwirklichen.
2. **Wer hat die Studie durchgeführt?**
   A. Sie wurde von Lothar Rolke und Johanna Höhn durchgeführt.
   B. Sie wurde auf der Webseite www.fh-mainz.de durchgeführt.
   C. Sie wurde von der Web-Gesellschaft 2018 durchgeführt.
3. **Was hat die beiden Studienautoren besonders erstaunt?**
   A. Dass die jüngere Generation einen besseren Zugang zu den verschiedenen Online-Angeboten hat.
   B. Dass die 35-bis 50-Jährigen so schnell von den neuen Möglichkeiten im Internet Gebrauch machen.
   C. Dass das Internet so viele neue Informations- und Kommunikationsmöglichkeiten bietet.
4. **Was tun die Studienautoren, um den Veränderungsprozess im Medien-nutzungsverhalten besser aufzuzeigen?**
   A. Sie haben die Untersuchung zweimal durchgeführt.
   B. Sie haben die Untersuchungsergebnisse mit einander verglichen.
   C. Sie haben zum Vergleich drei Altersgruppen befragt.
5. **Was wird über das Mediennutzungsverhalten einer Person nicht gesagt?**
   A. Mediennutzungsverhalten einer Person entwickelt sich, wenn man jung ist.
   B. Mediennutzungsverhalten einer Person ändert sich mit der Zeit nicht viel.
   C. Mediennutzungsverhalten einer Person wandelt sich wesentlich schneller als erwartet.

阅读训练

6. Was sind die Untersuchungsergebnisse über das Mediennutzungsverhalten der 600 Befragten?

  A. Sie gehen im Durchschnitt dreimal am Tag ins Internet.

  B. Sie informieren sich am meisten durch Fernsehen, Tages- und Publikumsmedien.

  C. Sie sind zufrieden mit den Informationsmöglichkeiten im Internet.

7. Worin besteht die hohe Attraktivität des Internets?

  A. Darin, dass es das World Wide Web ist.

  B. Darin, dass es komfortabel und einfach ist.

  C. Darin, dass es schnelle Informationssuche bietet.

8. Warum ist der Online-Kauf unschlagbar?

  A. Weil man nach Produktinfos suchen und sie vergleichen kann.

  B. Weil es neue und attraktive Einkaufsmöglichkeiten bietet.

  C. Weil die Wahrnehmung der Nutzer dadurch steigen kann.

9. Welche Aufgaben haben die traditionellen Medien?

  A. Sie müssen so erfolgreich sein wie das Internet.

  B. Sie müssen ihre Leser, Zuschauer und Hörer in der Medienwelt unterstützen.

  C. Sie müssen die Gesellschaft groß verändern.

10. Warum benötigt das Internet die traditionellen Medien als Begleiter?

  A. Weil das Internet das erfolgreichste Medium ist.

  B. Weil die traditionellen Medien noch stärker kooperieren müssen.

  C. Weil die traditionellen Medien Hilfsinformationen über das Internet anbieten können.

习题讲解

第1题

题意：Rolke 和 Höhn 进行的研究得出了什么结果。

3 个选项的区别：

  A. 到 2018 年，日报将会失去其 30% 的广告收入。

  B. 到 2018 年，因特网将会取代报业市场。

  C. 到 2018 年，网络将最终实现其在媒体世界的主导作用。

相关语段及其译文

1. Bis 2018 werden die Tageszeitungen etwa 30 Prozent ihrer Leser verloren haben.

到 2018 年，日报可能失去其 30% 的读者。

2. Das Internet wird dann mindestens über so viele Werbeeinnahmen verfügen wie der Zeitungsmarkt.

因特网的广告收入将随之至少与报业市场持平。

3. Zu diesem Ergebnis kommt die aktuelle Trendstudie "Mediennutzungsverhalten in der Web-Gesellschaft 2018", die Lothar Rolke und Johanna Höhn von der Fachhochschule Mainz www.fh-mainz.de durchgeführt haben.

这一结论的是由网址为 www.fh-mainz.de 的美茵兹高等专科大学的 Lothar Rolke 和

Johanna Höhn 在它们"2018 年网络社会的媒体使用行为"的最新趋势研究中得出的。

4. Demnach wird sich das Web bis zu diesem Zeitpunkt endgültig als kombinierter Informations-, Unterhaltungs- und Einkaufsführer in den Generationen bis 60 Jahre durchgesetzt haben.

根据这个结论,到那时(即2018)对于60岁以下的媒体使用者而言,网络将最终成为集信息、娱乐和购物于一体的主要媒体。

选择答案

A 不是答案,请分析含有 Tageszeitungen 和 30 Prozent 的第 1 句,它的动宾词组是 30 Prozent ihrer Leser verlieren,不是 30 Prozent ihrer Werbeeinnahmen verlieren。

B 不是答案,请分析含有 Internet 和 Zeitungsmarkt 的第 2 句,它涉及的话题是在广告收入方面因特网与报业市场的对比,没有说要取代报业市场。

C 是答案,它是根据第 4 句的推理。

2 题

题意:这项研究是由谁或哪个机构进行的。

3 个选项的区别:

A. 这项研究是由 Lothar Rolke 和 Johanna Höhn 两位作者进行的。

B. 这项研究是在 www.fh-mainz.de 网站上进行的。

C. 这项研究是由 Web-Gesellschaft 2018 进行的。

相关语段及其译文

Zu diesem Ergebnis kommt die aktuelle Trendstudie "Mediennutzungsverhalten in der Web-Gesellschaft 2018", die Lothar Rolke und Johanna Höhn von der Fachhochschule Mainz(www.fh-mainz.de)durchgeführt haben.

译文见上。

选择答案

A 是答案,依据是这一语段中的关系从句。

B 不是答案,它的错误是答非所问。

C 不是答案,它的错误也是答非所问。

3 题

题意:让两位研究者感到特别吃惊的是什么。

3 个选项的区别:

A. 年轻一代有更好的上网通道,来获得网络提供的各种服务项目。

B. 35 至 50 岁之间年龄层的人能够如此迅速地使用网络上的新服务项目。

C. 网络提供了如此多的新的获取信息机会以及通讯机会。

相关语段及其译文

1. „Besonders erstaunt hat uns zum einen die Selbstverständlichkeit, mit der die jüngere Generation die verschiedenen Online-Angebote nutzt,

Rolke 在谈话中解释说,令我们感到特别惊讶的是:一是使用网络上的各种服务项目成了年轻一代的自然行为方式,

2. und zum anderen die Geschwindigkeit, mit der die 35- bis 50-Jährigen gelernt

haben, die neuen Informations- und Kommunikationsmöglichkeiten zu gebrauchen", erklärt Rolke im Gespräch mit Pressetext.

二是 35—50 岁年龄层的人学会使用这些新的获取信息以及通讯机会的速度。

选择答案

A 不是答案,请比较包含 verschiedenen Online-Angebote 的第 1 句,第 1 句的核心词是 die Selbstverständlichkeit,A 的核心词是 einen besseren Weg。所以 A 是错的。

B 是答案,第 2 句是对它的肯定。

C 不是答案,请比较包含 neuen Informations- und Kommunikationsmöglich- keiten 的第 2 句。第 2 句的核心词是 die Geschwindigkeit,C 的核心词是 so viele neue Informations- und Kommunikationsmöglichkeiten。所以 C 也是错的。

第 4 题　　题意:为了更好地显现媒体使用行为的改变过程,两位研究者采取了什么措施。

3 个选项的区别是

A. 这一调查他们进行了两次。

B. 他们把几次的调查结果进行了比较。

C. 他们为了作对比,对三个年龄组进行了调查。

相关语段及其译文

1. Um die Dynamik dieses Veränderungsprozesses im Mediennutzungsverhalten besser aufzeigen zu können, haben die beiden Studienautoren nicht nur vorhandene Untersuchungsergebnisse einer Zweitauswertung unterzogen,

为了更好地显示媒体使用习惯的改变过程,两位研究者不仅对现有的调查结果进行了第二次评估,

2. sondern auch eine eigene Vergleichsbefragung von drei Alterskohorten durchgeführt.

而且还对三个年龄组进行了比较调查。

选择答案

A 不是答案,不能把第 1 句中的 vorhandene Untersuchungsergebnisse einer Zweitauswertung unterzogen 理解为 die Untersuchung zweimal durchführen。

B 不是答案,也不能把第 1 句中的 vorhandene Untersuchungsergebnisse einer Zweitauswertung unterzogen 理解成 Untersuchungsergebnisse miteinander vergleichen。

C 是答案,依据是第 2 句。

第 5 题　　题意:关于一个人的媒体使用习惯,以下哪个陈述在文章里是没有的。

3 个选项的区别:

A. 一个人的媒体使用习惯是在年轻时培养起来的。

B. 一个人的媒体使用习惯不会随着时间而有许多变化。

C. 一个人的媒体使用习惯的变化之快要远远大于预计。

相关语段及其译文

1. Da sich Medienverhalten in jungen Jahren herausbildet und relativ stabil bleibt, kann sichtbar gemacht werden, was sich verändert und – durch Vergleich der

Altersgruppen – die Kraft der Veränderung gemessen werden", erläutert Rolke.

Rolke 解释说,因为媒体使用习惯是在年轻时养成的,而且保持相对稳定,所以通过对不同年龄组的比较,可以看清楚发生了哪些变化,即可以测量出变化的趋势。

2. Die auf diese Weise zu Tage geförderten Ergebnisse ließen darauf schließen, dass sich die Wandlung des Nutzungsverhaltens wesentlich schneller vollzieht, als bislang erwartet.

从这个方式得到的研究结果可以推断,媒体使用习惯的变化之快要远远大于预计。

选择答案

A 不是答案,因为这一信息是文章里有的,第 1 句原因从句中的 in jungen Jahren herausbildet 是对它的肯定。

B 不是答案,因为这一信息也是文章里有的,第 1 句原因从句中的 relativ stabil bleibt 是对它的肯定。

C 是答案,这个陈述在文章中是没有的,第 2 句中的 dass 句描写的不是个人,而是全社会的媒体使用习惯。

第 6 题   **题意**:关于 600 名被访问者媒体使用习惯的调查结果是什么。

3 个选项的区别:

A. 他们平均每天上网三次。

B. 他们绝大多数通过电视、日报以及大众媒体获取信息。

C. 他们对于网上的信息服务表示满意。

相关语段及其译文

1. „Um sich allgemein zu informieren, nutzen die insgesamt 600 Befragten die Online-Angebote im Durchschnitt dreimal so häufig wie Fernsehen, Tages- und Publikumsmedien zusammen.

Rolke 还解释说:"为了获取普通的信息,600 名被访问者使用网络资源的频率平均是电视、日报以及大众媒体总和的 3 倍。

2. Zudem fühlen sich alle Altersgruppen durch das Internet gut informiert", merkt Rolke an.

此外,所有的年龄组都感觉通过网络可以很好地获取信息。"

选择答案

A 不是答案,第 1 句中的 dreimal(so häufig wie)意思是 3 倍,B 中的 dreimal(am Tag)意思是 3 次。

B 不是答案,第 1 句表明,他们更多的是使用网络获取信息。

C 是答案,它是第 2 句的推理。

第 7 题   **题意**:什么是网络的魅力所在。

3 个选项的区别:

A. 在于它是环球信息网。

B. 在于它舒适而且简单。

C．在于它提供了信息快速查寻功能。

相关语段及其译文

1. Die hohe Attraktivität des World Wide Web liege laut dem Mainzer Professor darin begründet, dass es qualifizierte Informations-, Unterhaltungs- und Einkaufsmöglichkeiten an einem Ort biete.

这位美茵兹的教授认为,网络的魅力在于它集高质量的信息、娱乐以及购物服务于一身。

2. „Das Web punktet bei den Nutzern vor allem mit seiner Komfortabilität und Einfachheit.

Rolke 强调:"对于用户而言,网络的优势首先在于它的舒适和简易。

3. In wenigen Klicks ist jeder User von der Informationssuche in den Entertainment-Bereich oder zurück gewechselt", betont Rolke.

鼠标点几下,用户就可以从信息搜索和娱乐板块之间来回切换。"

选择答案

A 不是答案,第 1 句中的 World Wide Web 就是指 Internet,它不是在描述网络的魅力,也就是说它没有在回答题干中提出的问题。

B 是答案,第 2 句是对它的肯定。

C 是不答案,schnelle Informationssuche 在文章中没有涉及。

第 8 题　　题意:为什么网上购物无与伦比。

3 个选项的区别是:

A．因为用户可以搜索产品信息,并且对其进行比较。

B．因为网络提供了新颖、具有吸引力的购物方式。

C．因为通过网络,买家的感受得到了提升。

相关语段及其译文

1. Unschlagbar sei das Netz mittlerweile auch beim Produktkauf.

现在,网络在购物方面也是无与伦比的。

2. Über 70 Prozent würden es nutzen, um vorab Produktinfos zu recherchieren und Produkte zu vergleichen.

70% 以上的用户上网,是为了提前查寻产品的信息并且进行比较。

3. „... Durch neue Möglichkeiten wird die Attraktivität des Webs in der Wahrnehmung der Nutzer in Zukunft sicherlich noch um einiges steigen", meint Rolke.

Rolke 认为:"通过提供新的服务,网络在用户心目中的吸引力将来肯定还会上升。"

选择答案

A 是答案,第 2 句是对它的肯定。

B 不是答案,第 3 句中虽然有 neue Möglichkeiten,但是它不是回答题干中问题的相关语段。

C 不是答案,第 3 句虽然也有 steigen 这个词语,但是 C 犯了和 B 相同的错误。

第 9 题　　题意:传统媒体的任务是什么。

3个选项的区别：

A．传统媒体必须和网络一样成功。

B．传统媒体必须在媒体世界中帮助其读者、观众和听众。

C．传统媒体必须大大地改变社会。

相关语段及其译文

1. Gegen das Internet könne heute kein anderes Medium erfolgreich sein.

今天没有一个媒体可以像网络一样成功。

2 „Gleichzeitig benötigt das sich ständig weiter entwickelnde Web aber auch die anderen Medien als Begleiter", räumt Rolke ein.

Rolke 承认："同时,不断发展的网络也需要其他的媒体共存。"

3. Zeitungen und Zeitschriften, Hörfunk und Fernsehen müssten noch stärker kooperieren, neue Geschäftsmodelle entwickeln und ihre Leser, Zuschauer und Hörer in der Webgesellschaft unterstützen.

报纸、杂志、广播以及电视必须更进一步地合作,发展出新的商业模式,并且在网络社会中帮助其读者、观众以及听众。

选择答案

A 不是答案,第1句中虽然含有 A 中的许多词语,但是第1句不是在阐述任务,而是对网络的评价。

B 是答案,第3句的最后部分 Zeitungen und Zeitschriften, Hörfunk und Fern- sehen müssten…ihre Leser, Zuschauer und Hörer in der Webgesellschaft unterstützen. 是对它的肯定。

C 不是答案, die Gesellschaft verändern 在文中没有提及。

10题

题意：为什么网络需要传统媒体共存。

3个选项的区别：

A．因为网络是最成功的媒体。

B．因为传统媒体必须更紧密地加强合作。

C．因为传统媒体能提供关于网络的辅助信息。

相关语段及其译文

1. „Es mag paradox klingen,

Rolke 最后说："听上去可能很矛盾,

2. aber weil das Internet ein so großer gesellschaftlicher Veränderer ist und vorläufig bleiben wird, müssen die traditionellen Medien zu Begleitern für die Menschen werden.

但是,因为网络是社会变化的巨大发动者,而且未来一段时间还将继续保持这一角色,所以为了我们这一代人,传统媒体必须共存。

3. Das heißt, sie müssen ihnen Orientierung geben, Lernhilfen anbieten und ihnen zeigen, wie sie an die Benefits im Internet kommen können", so Rolke abschließend.

也就是说,它们(传统媒体)必须给他们提供方向性的指导和学习的帮助,并且告诉他们,如何才能获得网络提供的好处。"

选择答案

A 不是答案,第 9 题的相关语段中的第 1 句意思与本题 A 完全一致,但它不是回答第 10 题中的问题所需要的信息。

B 不是答案,第 9 题相关语段中的第 3 句提到了传统媒体必须更紧密地合作,但它也不是回答第 10 题中的问题所需要的信息。

C 是答案,依据是第 2 和第 3 句。

Lösungen

1 C, 2 A, 3 B, 4 C, 5 C, 6 C, 7 B, 8 A, 9 B, 10 C

Vokabeln

	punkten *Vi.*	积累得分,起作用
	kombiniert Partizip Perfekt	组合的,合并的
die	Werbeeinnahme -n	广告收入
	über etw. (A.) verfügen	有,支配
das	Mediennutzungsverhalten	媒体使用行为
	endgültig *Adj.*	最终的,已成定局的
	durch/setzen *Vt.*	得以实现,获得承认
	erstaunt Partizip Perfekt	惊讶的,吃惊的
	zum einen..., zum anderen...	一方面……,另一方面……
	gebrauchen *Vt.*	用,使用
die	Dynamik nur Sg.	动态,原动力
die	Zweitauswertung	第二次分析评估
die	Alterskohorte -n	年龄组
	sich heraus/bilden	逐渐形成,产生
die	Wandlung -en	变化,转变
	zu Tage gefördert	被查明的,调查出的
	sich vollziehen	进行,发生
	begründet Partizip Perfekt	被证实的
	unschlagbar *Adj.*	无敌的,无以伦比的
	vorab *Adv.*	首先,事先
	recherchieren *Vt.*	对……进行调查
die	Wahrnehmung -en	感觉
	paradox *Adj.*	自相矛盾的
	vorläufig *Adj.*	暂时的
die	Orientierung -en	指明方向,辨明方向
	Benefits	好处

Einheit 24

Lesen Sie den Text und lösen Sie die Aufgaben.

Werbung für schlechtes Essen

Newcastle/Wien (pte/21.01.2009/13:30)-Die meisten Werbungen für Nahrung sind verführerisch und verleiten zu ungesundem Essverhalten. Zu diesem Schluss sind Forscher der Newcastle University www.ncl.ac.uk gekommen, als sie die Werbeeinschaltungen für Essen und Getränke in den 30 auflagestärksten Wochenzeitschriften Englands untersuchten. Eine Ernährungsanalyse ergab, dass der Großteil aller beworbenen Produkte mehr Zucker und Salz sowie weniger Ballaststoffe enthält als die World Health Organisation (WHO) empfiehlt. „Obwohl fast jede Zeitschrift einen gesunden Lebensstil propagiert, bombardiert sie uns kontinuierlich mit Bildern von ungesundem Essen. Das beeinflusst unsere Nahrungswahl in negativer Weise", kritisiert Studienleiterin Jean Adams.

Fertigmenüs, Soßen und Suppen -Speisen mit eher hohem Salz - und Zuckergehalt - machten in der Studie ein Viertel aller vorgefundenen Nahrungsinserate aus. Ebenso oft wurden fett- und zuckerhältige Speisen wie Eiscreme, Schokoriegel oder zuckerversetzte Softdrinks beworben, die nur in geringem Maß verzehrt werden sollten. „Besonders bei Kindern hat Werbung für ungesunde Nahrung negative Folgen", sagt der Konsumentenschützer Heinz Schöffl http://www.akwien.at im Gespräch mit Pressetext. Eine Beschränkung der Kinderwerbung auf gesundheitsfördernde Produkte sei in Europa erst bei englischen Fernsehsendern zu beobachten, die sich freiwillige Selbstverpflichtungen auferlegt haben. „Der rechtliche Rahmen zur Unterbindung von Werbung für ungesunde Produkte ist sehr eng. Obwohl Firmen in erster Linie auf die Vermarktung ihrer Produkte abzielen, müssen sie jedoch Acht geben, dass sie aufgrund ihrer Werbung nicht plötzlich als Kinderverführer dastehen", so Schöffl.

Die britische Studie zeigte auch, dass die Werbung in Zeitschriften für Frauen und niedrigere soziale Schichten bedeutend ungesünder ist als bei hochwertigen Magazinen, die in Ausnahmefällen auch Früchte oder Gemüse bewarben. Schöffl unterstreicht, dass die Kritikfähigkeit gegenüber Werbebotschaften eine Frage der Bildung sei. „Erst wenn der Konsument die Nährwertangaben lesen und verstehen kann, erfüllen sie ihre Aufgabe. Daher sollten sie in lesbar großer Schrift mit hohen Kontrasten abgedruckt werden." Schwierig zu durchschauen seien die von der Werbung verwendeten Objekte zur emotionalen Manipulation. „Besonders in Bezug auf Herkunft und Herstellung eines Produkts lassen emotional besetzte Wörter oder Bilder leicht irreführende Klischees beim Konsumenten entstehen", kritisiert der Wiener Lebensmittelexperte.

Was Produkte betrifft, die in ihrer Werbung positive Effekte für die Gesundheit versprechen, tritt zu Jahresbeginn 2010 eine EU-weite Regelung in Kraft. Zu diesem Zeitpunkt wird eine Liste mit den Nährwertprofilen für eine Reihe von Lebensmittel veröffentlicht, die den Zulassungsvorgang der Werbung von Produkten besser regelt und zugleich vereinfacht. "Zu erwarten sind strengere Vorgaben, die ausufernde Angaben unterbinden. Dazu gehört beispielsweise der oft nicht gerechtfertigte Hinweis auf einen Produkt, dass hoher Kalziumgehalt gut gegen Osteoporose ist", so Schöffl. Die Neuregelung sollte es daher Konsumenten leichter machen, Gesundes von Ungesundem zu unter-scheiden.

http://www.fachzeitungen.de/pressemeldungen/werbung-fur-schlechtes-essen-10815/#more-815

■ Markieren Sie die richtige Antwort.

	Ja	Nein	Text sagt dazu nichts	
1 Die meisten Werbungen für Lebensmittel sind die Hauptursache für die Entstehung schlechter Essgewohnheit.				1
2 Die Untersuchung schränkt sich auf die größten Magazinen der Großbritanien ein, die wöchentlich erscheinen.				2
3 Alle in Werbungen empfohlenen Lebensmittel entsprechen den Anforderungen der WHO.				3
4 Nahezu alle am meisten gelesenen Zeitschriften tun das Gegenteil von ihrem Propaganda.				4
5 Die Forschung zeigt, dass die Nahrungsmittel, die wenig gegessen werden sollten, mindestens eine Hälfte der untersuchten Anzeigen bilden.				5
6 Die meisten Kinder mögen vor allem, was in der Werbung erscheint.				6
7 Die Nahrungsmittelproduzenten werden von Schöffl als Kinderverführer bezeichnet.				7
8 In der Untersuchung ist hervorgekommen, dass die Frauenzeitschriften nicht einmal Früchte oder Gemüse bewarben.				8
9 Wenn die Werbung den menschlichen Verstand anspricht, dann ist sie wirkungsvoll.				9
10 Schöffl findet die Anzeigen sehr verführerisch, die sich auf die Emotion von Lesern richten.				10
11 Im Gebiet der EU darf man heute in der Werbung für Nahrung nicht mehr nach Belieben die Wirkung eines Produktes garantieren.				11

习题讲解

第1题 **题意：** 大多数食物广告对于不良饮食习惯的形成(是否)是主要原因。

相关语段及其译文

Die meisten Werbungen für Nahrung sind verführerisch und verleitet zu ungesundem Essverhalten.

大多数的食物广告都诱骗人，并把人误导到不健康的饮食行为。

选择答案

这一相关段落只告诉我们，大多数食物广告的误导是不健康饮食行为的原因，但是文章没有涉及什么是主要原因这个话题。所以答案是 Text sagt dazu nichts。

第2题 **题意：** 调研(是否)只针对英国最大的周刊杂志。

相关语段及其译文

Zu diesem Schluss sind Forscher der Newcastle University www. ncl. ac. uk gekommen, als sie die Werbeeinschaltungen für Essen und Getränke in den 30 auflagestärksten Wochenzeitschriften Englands untersuchten.

当 Newcastle 大学 www. ncl. ac. uk 研究人员对 30 份出版量最大的周刊中插入的广告进行调查后，得出了这个结论。

选择答案

这一段落表明，调查只是对 30 份出版量最大的周刊进行的。这是对题目的肯定，所以答案是 Ja。

第3题 **题意：** 所有广告中推荐的食物(是否)都符合 WHO(世界卫生组织)的要求。

相关语段及其译文

Eine Ernährungsanalyse ergab, dass der Großteil aller beworbenen Produkte mehr Zucker und Salz sowie weniger Ballaststoffe enthält als die World Health Organisation (WHO) empfiehlt.

营养分析结果表明：与 WHO 的建议相比，大多数广告产品中的含糖量与含盐量太多，纤维物质则太少。

选择答案

这一相关段落指出，许多广告产品的含糖量、含盐量以及纤维物质的量都与 WHO 的建议不相符，所以选择 Nein。

第4题 **题意：** 几乎所有读者量最多的杂志做的与宣传的(是否)正好相反。

相关语段及其译文

„Obwohl fast jede Zeitschrift einen gesunden Lebensstil propagiert, bombardiert sie uns kontinuierlich mit Bildern von ungesundem Essen.

几乎每份杂志(指的是上文提到的 30 份被调研的杂志)都宣传健康生活方式，却不断地用大量不健康食物的图片对我们进行狂轰滥炸。

选择答案

这一相关段落指出了杂志的宣传和具体做的正好相反,所以答案是 Ja。

第5题　题意:研究表明,该少吃的食物在被调查的广告中(是否)占到了一半。

相关语段及其译文

1. Fertigmenüs, Soßen und Suppen – Speisen mit eher hohem Salz- und Zuckergehalt – machten in der Studie ein Viertel aller vorgefundenen Nahrungsinserate aus.

成品套餐、蘸酱和汤(即高含糖量和高含盐量的菜肴)在我们的调研中,占到了所有食物广告的1/4。

2. Ebenso oft wurden fett- und zuckerhältige Speisen wie Eiscreme, Schokoriegel oder zuckerversetzte Softdrinks beworben, die nur in geringem Maß verzehrt werden sollten.

占到相同比例的还有含脂肪和糖的食物,比如冰激凌、巧克力条和掺糖的软饮料,这种东西都该少吃。

选择答案

这一相关段落指出了两大类该少吃的食物分别占到了食物广告的1/4,它们的总和就是1/2,也就是一半,所以答案是 Ja。

第6题　题意:大多数的孩子(是否)主要喜欢吃广告宣传的食物。

相关语段及其译文

„Besonders bei Kindern hat Werbung für ungesunde Nahrung negative Folgen", sagt der Konsumentenschützer Heinz Schöffl im Gespräch mit Pressetext.

消费者保护协会成员 Heinz Schöffl 在和名为 Pressetext 杂志的谈话中指出,"不健康食物广告特别会给孩子带来负面的后果"。

选择答案

这一相关段落没有涉及题目中的话题,即孩子首选什么食物的话题。所以选择 Text sagt dazu nichts。

第7题　题意:食品生产商(是否)被 Schöffl 称作 Kinderverführer。

相关语段及其译文

Obwohl Firmen in erster Linie auf die Vermarktung ihrer Produkte abzielen, müssen sie jedoch Acht geben, dass sie aufgrund ihrer Werbung nicht plötzlich als Kinderverführer dastehen", so Schöffl.

Schöffl 说,虽然公司的目标首先是把他们的产品推广到市场上去,但是,食品生产商现在必须注意,不要因为自己的广告而突然以 Kinderverführer 的形象出现。

选择答案

这一语段叙述的是 Schöffl 对食品生产商的警告,这表明 Schöffl 还没有称他们为 Kinderverführer。所以答案是 Nein。

第8题　题意:调查发现,在妇女杂志里(是否)连一个果实或蔬菜广告都没有。

相关语段及其译文

Die britische Studie zeigte auch, dass die Werbung in Zeitschriften für Frauen und niedrigere soziale Schichten bedeutend ungesünder ist als bei hochwertigen Magazinen, die in Ausnahmefällen auch Früchte oder Gemüse bewarben.

英国的调查也显示，妇女杂志和低层次杂志没有像高级杂志那样注重健康，高级杂志还例外地登载了一些果实或蔬菜广告。

选择答案

这一相关段落隐含了题目中的信息。根据最后关系从句(die in Ausnahme- fällen auch Früchte oder Gemüse bewarben)中的陈述：高级杂志登载果实或蔬菜广告是一种例外，那么可以据此推断：女士杂志里根本没有这种广告。所以选择 Ja。

9题 题意：如果广告针对人的理解力（或理智）的，那么它（是否）就会有效。

相关语段及其译文

1. Schöffl unterstreicht, dass die Kritikfähigkeit gegenüber Werbebotschaften eine Frage der Bildung sei.

Schöffl 强调，对广告传递的信息的辨析能力是一个受教育层次的问题。

2. Erst wenn der Konsument die Nährwertangaben lesen und verstehen kann, erfüllen sie ihre Aufgabe.

只有当消费者阅读并能理解其中的营养价值的说明，广告才完成了它的任务。

3. Daher sollten sie in lesbar großer Schrift mit hohen Kontrasten abgedruckt werden.

所以营养价值说明最好用能够看得清的比较大的字体来凸显。

选择答案

在这一相关段落里的 ihre Aufgabe erfüllen 与题目中的 wirkungsvoll sein 可以视作同义词，另外 Schöffl 要求，广告要让读者能够看清和读懂 Nährwertangaben，这就像题目中所说的针对人的理解力。所以选择 Ja。

10题 题意：Schöffl 认为，（是否）针对情感的广告会有非常大的诱骗性。

相关语段及其译文

1. Schwierig zu durchschauen seien die von der Werbung verwendeten Objekte zur emotionalen Manipulation.

食品专家 Wiener 批评道：很难看透的是广告所应用的诱导情感的手段，

2. „Besonders in Bezug auf Herkunft und Herstellung eines Produkts lassen emotional besetzte Wörter oder Bilder leicht irreführende Klischees beim Konsumenten entstehen", kritisiert der Wiener Lebensmittelexperte.

"特别是涉及产地和产品生产时，诱导情感的词语和图片很容易在消费者中间形成具有误导性的老观念。"

选择答案

应用诱导情感手段就是针对情感，文章说，这种手段能在消费者中造成具有误导性的老观念(irreführende Klischees)。这表明这种广告具有非常大的诱导性。所以选择 Ja。

第11题　　题意：今天在欧盟地区(是否)不再允许随心所欲地在广告中保证食品某种的作用。
相关语段及其译文
1. Was Produkte betrifft, die in ihrer Werbung positive Effekte für die Gesundheit versprechen, tritt zu Jahresbeginn 2010 eine EU-weite Regelung in Kraft.
针对那些在广告中宣称对健康有积极作用的产品,2010 年初在欧盟范围内出台了一条规定。
2. Zu diesem Zeitpunkt wird eine Liste mit den Nährwertprofilen für eine Reihe von Lebensmittel veröffentlicht, die den Zulassungsvorgang der Werbung von Produkten besser regelt und zugleich vereinfacht.
同时公布了一系列食品所含有的营养列表,它更好地规范并简化了产品广告的审查程序。
选择答案
这一相关段落,尤其是第 2 句完全肯定了题目中的陈述,所以答案是 Ja。

Lösungen

1 nichts, 2 Ja, 3 Nein, 4 Ja, 5 Ja, 6 nichts, 7 Nein, 8 Ja, 9 Ja, 10 Ja, 11 Ja

Vokabeln

	verführerisch *Adj.*	诱惑人的
	j-n. zu etw. (D.) verleiten	引诱某人做……
die	Werbeeinschaltung -en	广告插入
	auflagestärkste	发行量最高的
	ergeben *Vt.*	表明,得出结果
	Ballaststoffe *Pl.*	(有助于消化的)植物纤维
	enthalten *Vt.*	包括,含有
	propagieren *Vt.*	宣传,推销
	j-n. mit etw. (D.) bombardieren	用……对某人狂轰滥炸
das	Fertigmenü -s	成品食品套餐
	vorgefunden Partizip Perfekt	找到的,发现的
das	Nahrungsinserat -e	(报刊上的)食品广告
	fetthältig *Adj.*	含脂肪的
	zuckerhältig *Adj.*	含糖的
der	Schokoriegel -n	巧克力条
	zuckerversetzt	加糖的

	verzehren Vt.	吃，喝
der	Konsumentenschützer	消费者保护组织成员
	gesundheitsfördernd Partizip Präsens	有益健康的
die	Selbstverpflichtung -en	给自己提出的义务
	auf/erlegen Vt.	强加，施加
die	Unterbindung	预防，防止
	auf etw. (A.) ab/zielen	以……为目的
	Acht geben	注意，留意
der	Kinderverführer	拐骗儿童者
die	Schicht -en	阶层
	unterstreichen Vt.	强调，着重指出
die	Werbebotschaft -en	广告信息
der	Konsument -en, -en	消费者
die	Nährwertangabe -n	营养说明
	durchschauen Vt.	看透，认清
die	Manipulation	诱导手段
	in Bezug auf + A.	当涉及……
	irreführend Adj.	误导的
das	Klischee -s	陈词滥调
	in Kraft treten	生效
das	Nährwertprofil -e	营养成分
	ausufernd Partizip Präsens	泛滥的
	unterbinden Vt.	阻止，不允许
	gerechtfertigt Adj.	有根据的，理由充分的
der	Kalziumgehalt	钙含量
die	Osteoporose	骨质疏松症

Einheit 25

Lesen Sie den Text und lösen Sie die Aufgaben.

Sonnenschutzmittel unter der Lupe

Artikel in „Der Hautarzt" untersucht UV-Filter in Sonnenschutzmitteln und zeigt den aktuellen Forschungsstand auf

Der Sommer ist für viele Menschen die schönste Jahreszeit. Sonne fördert das Wohlbefinden, sie kann aber auch unangenehm oder sogar gefährlich werden. So dringen UVA-Strahlen tief in die Haut ein und lassen sie schneller altern. Die kurzwelligen UVB-Strahlen hingegen dringen nicht sehr tief in die Haut ein, können aber Sonnenbrand hervorrufen und ebenso wie die UVA-Strahlen die Erbsubstanz der Zellen schädigen. Ein ausreichender Sonnenschutz ist dringend nötig. Ein Artikel in der Springer Facharztzeitschrift „Der Hautarzt" beschäftigt sich mit der Wirksamkeit und Sicherheit von UV-Filtern in Sonnen-Schutzmitteln und stellt die aktuellen Empfehlungen der Europäischen Kommission vor.

In den letzten Jahren wurde die Wirksamkeit handelsüblicher Sonnenschutzmittel durch die Entwicklung neuer UV-Filter deutlich verbessert. Doch Begriffe wie Sunblocker oder Ultraschutz suggerieren eine falsche Sicherheit, denn einen 100-prozentigen UV-Schutz erreicht kein kosmetisches Sonnenschutzmittel. Deshalb hat der Dachverband der Europäischen Kosmetikindustrie (COLIPA) beschlossen, dass mit solch irreführenden Versprechen künftig nicht mehr geworben werden darf. Um zu unterbinden, dass Verbraucher mit Sonnenschutzmitteln bis an die Sonnenbrandgrenze braten, gibt es ab 2009 gemäß der Richtlinien der Europäischen Kommission nur noch vier Schutzklassen. Demnach ist der niedrigste Lichtschutzfaktor (LSF) eines Sonnen-Schutzmittels 6 und der höchste 50+. Der LSF und die Produktkategorie sollen gut sichtbar auf dem Etikett des Produktes angegeben werden. Dies soll letztendlich zu einem besseren Verständnis des Lichtschutzes bei den Konsumenten beitragen.

Unumstritten ist mittlerweile jedoch auch, dass nicht nur die UVB-Strahlung, sondern auch die UVA-Strahlung mutagen- und krebserzeugend ist. Dieses Wissen hat die Entwicklung von Lichtschutzmitteln mit bestmöglichem Breitbandschutz im gesamten UV-Bereich vorangetrieben. Der LSF gibt allerdings lediglich die Schutzwirkung einer Creme gegen UVB Strahlung an, eine Aussage über den Schutz vor UVA-Strahlung wird jedoch nicht getroffen. Aufgrund dessen sollten Sonnenschutzmittel ab 2009 nun einen UVA-Schutz aufweisen, der mindestens ein Drittel des ausgewiesenen LSF beträgt. Die Kennzeichnung sollte mittels eines kreisförmigen UVA-Logos erfolgen.

Trotz der hohen Qualität moderner UV-Filter ist immer noch nicht geklärt, wie gut sie vor anderen gefährlichen Auswirkungen des Sonnenlichtes neben Hautalterung und Hautkrebs schützen. Doch der Nutzen der Anwendung von Sonnenschutzmitteln mit UV-Filtern überwiegt bei weitem die möglichen Risiken.

http://www.fachzeitungen.de/pressemeldungen/sonnenschutzmittel-unter-der-lupe-10942/#more-942

Markieren Sie die richtige Antwort.

	Ja	Nein	Text sagt dazu nichts	
1 Die Auswirkung der Sonne auf die Menschen kann sowohl positiv als auch negativ sein.				1
2 Die kurzwelligen UVB-Strahlen können genau so schnell wie die UVA-Strahlen die Hautalterung auslösen.				2
3 Bezeichnungen wie Sunblocker oder Ultraschutz entsprechen wortwörtlich der Wahrheit der Sonnenschutzmittel auf dem kosmetischen Markt.				3
4 Solchen kommerziellen Täuschungen werden die Verbraucher weiterhin ausgesetzt.				4
5 Die neue Anordnung mit vier Klassen bei Sonnenschutzcreme zielt auf den Schutz von Konsumenten.				5
6 Die Sonnenschutzmittelkunden werden später nicht mehr an Hautkrebs erkranken.				6
7 Die Kenntnis, dass die UVA-Strahlung auch Krebs bewirken kann, fördert die Produktion von Sonnenschutzcremen.				7
8 An der derzeitigen LSF-Klasse ist abzulesen, wie stark eine Sonnencreme vor UVA-Strahlung schützt.				8
9 Es ist Sonnencremefabrikanten zu empfehlen, in Zukunft die Funktion ihrer Produkte auch gegen UVA-Strahlen zu berücksichtigen.				9
10 Außer vor Hautalterung und Hautkrebs können die modernen UV-Filter auch vor anderen gefährlichen Auswirkungen des Sonnenlichtes schützen.				10

习题讲解

1题　题意：太阳对人的作用(是否)不仅有好的一面也有坏的一面。
相关语段及其译文
1. Der Sommer ist für viele Menschen die schönste Jahreszeit.
夏季对于许多人来说是最美的季节。

2. Sonne fördert das Wohlbefinden, sie kann aber auch unangenehm oder sogar gefährlich werden.

太阳提高我们的舒适感,但也可以让我们不舒服甚至有危险。

选择答案

根据第2句选择 Ja。

第2题　　题意:光波短的紫外线B(是否)能像紫外线A一样迅速地引起皮肤老化。

相关语段及其译文

1. So dringen UVA-Strahlen tief in die Haut ein und lassen sie schneller altern.

紫外线A深透皮肤并使皮肤更快老化。

2. Die kurzwelligen UVB-Strahlen hingegen dringen nicht sehr tief in die Haut ein, können aber Sonnenbrand hervorrufen und ebenso wie die UVA-Strahlen die Erbsubstanz der Zellen schädigen.

而光波短的紫外线B则完全相反,它不能深透皮肤,但能引起太阳烧灼感,而且同样能像紫外线A一样,损害细胞的遗传物质。

3. Ein ausreichender Sonnenschutz ist dringend nötig.

足够的防晒是非常必要的。

选择答案

根据第1句中的 schneller 和第二句的转折语气,我们可以确定紫外线B不会像紫外线A一样迅速地引起皮肤老化,所以选择 Nein。

第3题　　题意:Sunblocker oder Ultraschutz 这些名称(是否)完全符合护肤品市场上防晒商品的真实情况。

相关语段及其译文

1. Doch Begriffe wie Sunblocker oder Ultraschutz suggerieren eine falsche Sicherheit,

Sunblocker 或 Ultraschutz 等这些名称能使人产生一种错误的安全感,

2. denn einen 100-prozentigen UV-Schutz erreicht kein kosmetisches Sonnenschutzmittel.

因为没有一种护肤的防晒产品能百分百地防紫外线。

选择答案

第2句否定了题目,所以选择 Nein。

第4题　　题意:消费者(是否)将继续蒙受如此之类的商业欺骗。

相关语段及其译文

1. Um zu unterbinden, dass Verbraucher mit Sonnenschutzmitteln bis an die Sonnenbrandgrenze braten, gibt es ab 2009 gemäß der Richtlinien der Europäischen Kommission nur noch vier Schutzklassen.

为了防止消费者使用了防晒商品还是几乎被太阳灼伤,欧盟规定2009年开始防晒商品只可用 4 个等级标识。

2. Demnach ist der niedrigste Lichtschutzfaktor（LSF）eines Sonnen-Schutzmittels 6 und der höchste 50 +。

按照这个规定,防晒商品的最低等级是 6,最高等级是 50 +。

选择答案

从第 1 句的目的从句中,我们可以读出,欧盟的规定就是为了消费者不上当,文章否定了题目,所以选择 Nein。

5 题 **题意**:防晒霜分为 4 个等级的新规定目的(是否)是保护消费者。

相关语段及其译文

1. Der LSF und die Produktkategorie sollen gut sichtbar auf dem Etikett des Produktes angegeben werden.

防晒级别和产品种类必须在标签上明显标明。

2. Dies soll letztendlich zu einem besseren Verständnis des Lichtschutzes bei den Konsumenten beitragen.

这一规定最终是为了消费者更好地理解防晒产品。

选择答案

题目是第 2 句的推理,所以选择 Ja。

6 题 **题意**:以后使用防晒商品的顾客(是否)不会再患皮肤癌。

相关语段及其译文

Unumstritten ist mittlerweile jedoch auch, dass nicht nur die UVB-Strahlung, sondern auch die UVA-Strahlung mutagen- und krebserzeugend ist.

但是没有争议的是,紫外线 B 和紫外线 A 都会导致基因突变和致癌。

选择答案

这一相关段落涉及的是紫外线 A 和 B 的负面作用,没有涉及使用防晒霜会不会再得皮肤癌这一话题,所以答案是 Text sagt dazu nichts。

7 题 **题意**:紫外线 A 会引发癌症这一认识(是否)促进了防晒霜的生产。

相关语段及其译文

Dieses Wissen(指代前面的 dass 句) hat die Entwicklung von Lichtschutzmitteln mit bestmöglichem Breitbandschutz im gesamten UV-Bereich vorangetrieben.

这一知识推进了防晒产品的研发,在全部紫外线的光波范围内尽可能全面地保护好皮肤防晒。

选择答案

这一段落涉及的是推进研发各类防晒产品(die Entwicklung vorangetrieben),与题目中促进生产(die Produktion fördern)完全属于不同话题,所以选择 Text sagt dazu nichts。

8 题 **题意**:从目前标识的防晒等级(是否)可以读出防晒霜防紫外线 A 有多强。

相关语段及其译文

1. Der LSF gibt allerdings lediglich die Schutzwirkung einer Creme gegen UVB Strahlung an,

不过,防晒霜等级只标识了防紫外线 B 的保护作用。

2. eine Aussage über den Schutz vor UVA-Strahlung wird jedoch nicht getroffen.

而没有给出防紫外线 A 的保护作用,

选择答案

第 2 句否定了题目,所以选择 Nein。

第 9 题　题意:对防晒霜生产厂家(是否)应该建议,将来也要顾及产品防紫外线 A 的功能。

相关语段及其译文

1. Aufgrund dessen(指代前面的句子 eine Aussage über ...) sollten Sonnenschutzmittel ab 2009 nun einen UVA-Schutz aufweisen, der mindestens ein Drittel des ausgewiesenen LSF beträgt.

所以,从 2009 年起建议防晒产品要能够防紫外线 A,它最起码在已被证明的防晒作用中占到 1/3 的比例。

2. Die Kennzeichnung sollte mittels eines kreisförmigen UVA-Logos erfolgen.

标识要使用环型的代表紫外线 A 的徽标。

选择答案

根据推理,第 1 句肯定了题目中的陈述,所以选择 Ja。

第 10 题　题意:现代防晒霜除了预防皮肤老化和皮肤癌以外,(是否)还能够防太阳光的其他危害。

相关语段及其译文

1. Trotz der hohen Qualität moderner UV-Filter ist immer noch nicht geklärt, wie gut sie vor anderen gefährlichen Auswirkungen des Sonnenlichtes neben Hautalterung und Hautkrebs schützen.

尽管现代的紫外线过滤霜产品质量很高,但至今还一直没搞明白,它们除了防皮肤老化和皮肤癌外,还能预防太阳光的其他什么危险。

2. Doch der Nutzen der Anwendung von Sonnenschutzmitteln mit UV-Filtern überwiegt bei weitem die möglichen Risiken.

但是应用防紫外线过滤霜的好处远远超过了可能存在的危险。

选择答案

第 1 句说,它们(现代的紫外线过滤霜产品)除了防皮肤老化和皮肤癌外,(是否)还能预防太阳光的其他危险,这一问题还一直没有搞清。文章对题目既不能肯定,也不能否定,所以答案是 Text sagt dazu nichts。

Lösungen

1 Ja, 2 Nein, 3 Nein, 4 Nein, 5 Ja, 6 nichts, 7 nichts, 8 Nein, 9 Ja, 10 nichts

Vokabeln

das	Sonnenschutzmittel	防晒品
	unter der Lupe	放在放大镜下，仔细观察
das	Wohlbefinden	舒适感
	in etw. (A.) ein/dringen	穿透……
	altern *Vi.*	变老，老化
	UVA-Strahlen *Pl.*	紫外线 A
	kurzwellig *Adj.*	短波的
	UVB-Strahlen *Pl.*	紫外线 B
der	Sonnenbrand	晒斑
	hervor/rufen *Vt.*	引起，促成
die	Erbsubstanz -en	遗传物质，基因
der/das	UV-Filter -	紫外线过滤成分
	handelsüblich *Adj.*	商用标准
der	Sunblocker	防晒品
der	Ultraschutz	防晒
	suggerieren *Vt.*	促使产生……的想法（或愿望）
die	Richtlinien *Pl.*	指导，指南
der	Lichtschutzfaktor	防晒系数
die	Produktkategorie	产品类别
das	Etikett -e/-s	标签
	zu etw. (D.) bei/tragen	为……做出贡献
	unumstritten *Adj.*	无可争议的
	mutagen- und krebserzeugend	导致基因突变以及致癌的
der	Breitbandschutz	"广谱"防晒
	voran/treiben *Vt.*	推动
	lediglich *Adv.*	只，仅仅
	auf/weisen *Vt.*	表明，标明
	ausgewiesen Partizip Perfekt	被证实的
die	Kennzeichnung	标记
	mittels *Präp.* +G.	用，借助于
	kreisförmig *Adj.*	圆形的
das	Logo -s	徽标
	überwiegen *Vt./i.*	超过，占优势
	bei weitem	远远

Einheit 26

Lesen Sie den Text und lösen Sie die Aufgaben.

60.000 Studenten kommen von der Uni in die Armut

Sie sind hochqualifiziert, motiviert, flexibel-und dennoch arbeitslos. Hochschulabsolventen hatten es im Jahr 2009 schwer auf dem Jobmarkt. Die Arbeitslosigkeit unter Akademikern stieg überproportional stark an. Die „Generation Praktikum" traf die Wirtschaftskrise am stärksten.

Judith Ritter ist 28 Jahre alt und ein Opfer der Wirtschaftkrise. Im Dezember 2008, noch während ihrer Probezeit in einer Werbeagentur, bekam ihre heile Job-Welt erste Risse. „Uns brechen die Kunden weg", hieß es vom Chef, „wenn es hart auf hart kommt, musst du leider gehen." Sechs Wochen später wurde Judith gefeuert. „Für mich ist damals eine Welt zusammengebrochen. Ich habe mich als Opfer der Krise gefühlt."

Eine Opferrolle, in die sie unverschuldet geriet. Mit einem sehr guten Abitur, dem begehrten Abschluss in Kommunikationswissenschaften von der Freien Universität Berlin, mit einem Jahr USA, einem Praktikum in Amsterdam und mehreren Fremdsprachen fühlte sich Judith gut gerüstet. Doch jetzt scheint all dies nichts mehr wert zu sein. Die junge Frau verbringt ihre Tage damit, Bewerbungen zu schreiben-bisher ohne Erfolg.

2009 war ein Krisenjahr für Akademiker, das belegen jetzt auch Zahlen der Bundesagentur für Arbeit. Demnach waren im Dezember des vergangenen Jahres 11,6 Prozent mehr Akademiker arbeitslos als im Januar desselben Jahres.

In absoluten Zahlen bedeutet das einen Anstieg von 150.000 auf 167.000 beschäftigungslose Hochschulabsolventen. Das ist der stärkste Anstieg der Arbeitslosigkeit unter Akademikern, seitdem Anfang des vergangenen Jahrzehnts die Dotcom-Blase geplatzt ist und tausende Akademiker arbeitslos wurden. Damals stieg zwischen 2001 und 2002 die Zahl arbeitsloser Hochschulabsolventen von 180.000 auf 224.000—ein Plus von fast 25 Prozent, das hatte es seit der Wiedervereinigung noch nie gegeben.

Betroffen waren vor allem junge, gut ausgebildete Arbeitnehmer; manche waren direkt nach dem Universitätsabschluss von Start-Up-Unternehmen umworben und später ebenso schnell wieder gefeuert worden.

Nun ist wieder eine konjunkturelle Krise Grund für die dramatische Entwicklung; die Experten sind nicht überrascht: „Wir haben das erwartet", sagt Klaus Brenke vom Deutschen Institut für Wirtschaftsforschung. „Die derzeitige Krise ist vor allem eine Krise der Exportnation Deutschland". Betroffen seien Elektro-, Metall- und Hochleistungstechnologie-Branchen, in denen traditionell viele Facharbeiter mit Hochschulabschluss beschäftigt werden und die 2009 wegen schwacher Auftragslage entlassen wurden.

Am schwersten trifft die Krise die jüngeren, sagt Hans Dietrich vom Institut für

Arbeitsmarktforschung: „ Der Anstieg der Arbeitslosigkeit lässt sich auch durch verlängerte Übergangszeiten von der Hochschule in den Job erklären. Nach dem Abschluss warten Hochqualifizierte inzwischen länger auf eine Festanstellung. "

Die Statistik scheint Dietrich zu bestätigen: Von Januar bis Dezember 2009 hat sich die Zahl der Hochschulabsolventen, die keinen Job finden und deshalb direkt Hartz IV beantragen müssen, um 10 Prozent erhöht, inzwischen gelten 60.000 Hochschulabsolventen als „arm". Claudia Weinkopf vom Institut für Arbeit und Qualifikation in Duisburg hat noch eine andere Ursache ausgemacht: „ Arbeitgeber stellen immer öfter befristet ein. Junge Absolventen werden deshalb auch schnell wieder arbeitslos. "

Die Zahlen sind auch deshalb so beeindruckend, weil gleichzeitig die Arbeitslosigkeit bei denjenigen ohne abgeschlossene Berufsaubildung gesunken ist: Von 1,4 Millionen im Januar 2009 auf 1,26 Millionen im vergangenen Dezember-ein Rückgang um über 10 Prozent- und das im Krisenjahr. „ Die Krise hat sich eben unterschiedlich bemerkbar gemacht ", erklärt Brenke das Phänomen. Gerade im Bereich Gesundheits-und Sozialwirtschaft seien im Jahr 2009 viele Geringqualifizierte eingestellt worden.

Sorgen um die Akademiker müsse man sich nicht machen, sagt Brenke. „Ich halte das für einen konjunkturellen Effekt und keinen langfristigen Trend. " Denn sobald sich die Weltwirtschaft erhole, werde auch die Anzahl arbeitloser Akademiker sinken.

Dabei kann sich Brenke auf die Statistik berufen. Demnach ist über Jahre die Zahl arbeitsloser Akademiker stabil geblieben: 1991 waren 180.000 Hochschulabsolventen arbeitslos, heute sind es 170.000. Das Allzeithoch von 2005, als 257.000 Akademiker ohne Job waren, ist Vergangenheit. „Wir dürften nicht vergessen, dass Akademiker im Vergleich zu anderen bei der Jobsuche privilegiert sind", sagt Brenke.

http://www. welt. de/politik/deutschland/article5932427/60-000-Studenten-kommen-von-der-Uni-in-die-Armut. html

Markieren Sie die richtige Antwort.

	Ja	Nein	Text sagt dazu nichts	
1 Judith Ritter ist arbeitslos geworden, weil die Geschäfte ihrer Firma schlecht waren.				1
2 Seit der Wiedervereinigung stieg 2009 die Arbeitslosigkeit unter Akademikern prozentsatzmäßig am stärksten an.				2
3 Die deutsche Wirtschaft ist exportorientiert.				3
4 2009 hatten viele Unternehmen der Elektro-, Metall- und Hochleistungstechnologie wegen schlechter Konjunktur weniger Aufträge als früher.				4

5 Nach Meinung von Experten hängt die Arbeitslosigkeit der Hochschulabsolventen auch mit der verlängerten Studienzeit zusammen.			5
6 Hartz IV stellt den Hochschulabsolventen monatlich zu wenig Geld zur Verfügung.			6
7 In der Wirtschaftskrise bieten die Unternehmer immer weniger Festanstellungen an.			7
8 Die Wirtschaftskrise hat 2009 auch negative Auswirkungen auf die Nicht-Akademiker.			8
9 Prognosen von Experten zufolge wird die derzeitige Wirtschaftskrise nicht lange dauern.			9
10 2005 hat die Arbeitslosigkeit der Akademiker Rekordhöhe erreicht.			10

习题讲解

第1题   题意：Judith Ritter 失业(是否)因为公司的生意不好。
相关语段及其译文

1. Judith Ritter ist 28 Jahre alt und ein Opfer der Wirtschaftkrise.
Judith Ritter 28 岁，她是经济危机的一个牺牲品。

2. Im Dezember 2008, noch während ihrer Probezeit in einer Werbeagentur, bekam ihre heile Job-Welt erste Risse.
2008 年 12 月，她还在广告社的试用期内，原本完好的职业有了第一道裂痕。

3. „Uns brechen die Kunden weg", hieß es vom Chef, „wenn es hart auf hart kommt, musst du leider gehen."
她的上司告诉她："公司失去了客户，如果形势越来越恶劣，你必须走人。"

4. Sechs Wochen später wurde Judith gefeuert.
六周后她被解雇了。

选择答案
根据推理，这一段落所隐含的意思与题目一致，所以答案是 Ja。

第2题   题意：德国自重新统一以来，2009 年高校毕业生的失业率按百分比来看(是否)增长最快。

相关语段及其译文

1. Demnach waren im Dezember des vergangenen Jahres 11, 6 Prozent mehr Akademiker arbeitslos als im Januar desselben Jahres.
根据联邦劳动新闻社的统计数字，去年(2009)12 月大学毕业生的失业率比同年的 1 月增长了 11.6%。

2. In absoluten Zahlen bedeutet das einen Anstieg von 150. 000 auf 167. 000

beschäftigungslose Hochschulabsolventen.

从绝对数字来看，这意味着失业高校毕业生从150 000上升到了167 000。

3. Das ist der stärkste Anstieg der Arbeitslosigkeit unter Akademikern, seitdem Anfang des vergangenen Jahrzehnts die Dotcom-Blase geplatzt ist und tausende Akademiker arbeitslos wurden.

这是自上一个十年开始互联网泡沫破裂，上万高校毕业生失业以来，高校毕业生失业数字上升最快的一次。

4. Damals stieg zwischen 2001 und 2002 die Zahl arbeitsloser Hochschulabsolventen von 180.000 auf 224.000 – ein Plus von fast 25 Prozent,

当时，也就是2001/2002年间，高校毕业生的失业数字从180 000提高到了224 000，增长了差不多25%。

5. das hatte es seit der Wiedervereinigung noch nie gegeben.

这从两德重新统一以来还没有过。

选择答案

比较这一语段中的两个描写失业高校毕业生增长的百分比数字（第1句和第4句），2001/2002超出了2009，所以答案选择 Nein。

第3题 **题意：** 德国经济（是否）是以出口为导向的。

相关语段及其译文

„Die derzeitige Krise ist vor allem eine Krise der Exportnation Deutschland"

（专家认为），"当前的危机主要是德国作为'出口国'的危机"。

选择答案

在这一语段中，作者把德国称作出口国。据此推理，它所隐含的信息与题目一致。所以答案是 Ja。

第4题 **题意：** 2009年由于糟糕的经济形势，许多电子、金属、高新技术企业的订单（是否）比以前少。

相关语段及其译文

Betroffen seien Elektro-, Metall- und Hochleistungstechnologie-Branchen, in denen traditionell viele Facharbeiter mit Hochschulabschluss beschäftigt werden und die 2009 wegen schwacher Auftragslage entlassen wurden.

受到冲击的是那些电子、金属、高新技术行业，传统上许多具有高校学历的专业人员都在这些行业工作，2009年由于疲软的订单状况而被辞退。

选择答案

答案是 Ja。依据是整个语段，尤其是末尾关系从句中的词组 wegen schwacher Auftragslage。

第5题 **题意：** 根据专家的意见，高校毕业生的失业（是否）与大学学习时间的延长也有关。

相关语段及其译文

1. „Der Anstieg der Arbeitslosigkeit lässt sich auch durch verlängerte Übergangs-

zeiten von der Hochschule in den Job erklären.

（专家认为）:"失业的增加也体现在从毕业到找到工作之间这一过渡期的延长,

2. Nach dem Abschluss warten Hochqualifizierte inzwischen länger auf eine Festanstellung."

目前许多高校毕业生需要等待更长的时间才能找到一份稳定的工作。"

选择答案

题目中的话题"大学学习时间的延长"文章没有涉及,所以答案是 Text sagt dazu nichts。

第6题　**题意**:第四期哈茨计划每月提供给高校毕业生的钱(是否)太少了。

相关语段及其译文

1. Von Januar bis Dezember 2009 hat sich die Zahl der Hochschulabsolventen, die keinen Job finden und deshalb direkt Hartz IV beantragen müssen, um 10 Prozent erhöht,

从2009年1月到12月找不到工作而不得不直接申请第四期哈茨救济金的高校毕业生数字增长了10%,

2. inzwischen gelten 60.000 Hochschulabsolventen als „arm".

目前有60 000名高校毕业生被视为"穷人"。

选择答案

上面这一语段没有明确告诉我们第四期哈茨救济金的金额是多少,也没有告诉我们这笔钱的数量是否合适,所以答案是 Text sagt dazu nichts。

第7题　**题意**:经济危机时,企业提供的长期工作岗位(是否)越来越少。

相关语段及其译文

Arbeitgeber stellen immer öfter befristet ein.

雇主越来越频繁地招聘有时间限制的(意即短期)工作。

选择答案

根据推理,这一文章段落所隐含的信息与题目一致,所以答案是 Ja。

第8题　**题意**:在2009年时,经济危机(是否)对非高校毕业生也产生了负面影响。

相关语段及其译文

1. Die Zahlen sind auch deshalb so beeindruckend, weil gleichzeitig die Arbeitslosigkeit bei denjenigen ohne abgeschlossene Berufsaubildung gesunken ist:

这些数字之所以给人如此深的印象,是因为在同一个时间里,那些不具备高校学历人员的失业率下降了:

2. Von 1,4 Millionen im Januar 2009 auf 1,26 Millionen im vergangenen Dezember – ein Rückgang um über 10 Prozent – und das im Krisenjahr.

从2009年1月的140万人下降到去年(即2009年)12月的126万人,下降超过10%,而且是在危机年里。

选择答案

该语段指出:不具备高校学历人员的失业率下降了,这是对题目的否定,所以答案是 Nein。

第 9 题　　题意：根据专家预测，这次的经济危机(是否)不会延续很长时间。
相关语段及其译文
1. Sorgen um die Akademiker müsse man sich nicht machen, sagt Brenke.
Brenke 说，人们没必要为高校毕业生担忧。
2. „Ich halte das für einen konjunkturellen Effekt und keinen langfristigen Trend."
他还说："我认为这是一个周期性的效应，而不是长期的趋势。"
选择答案
根据第 2 句，文章的意思与题目一致，所以答案是 Ja。

第 10 题　　题意：2005 年高校毕业生的失业率(是否)达到了最高纪录。
相关语段及其译文
Das Allzeithoch von 2005, als 257.000 Akademiker ohne Job waren, ist Vergangenheit.
2005 年有 257 000 名高校毕业生失业，成为历史最高记录，这已经成为过去。
选择答案
文章的意思与题目一致，所以答案是 Ja。

Lösungen

1 Ja, 2 Nein, 3 Ja, 4 Ja, 5 nichts, 6 nichts, 7 Ja, 8 Nein, 9 Ja, 10 Ja

Vokabeln

	flexibel *Adj.*	灵活的，可变通的
	überproportional *Adj.*	超比例的，过量的
das	Opfer -	牺牲品
die	Werbeagentur -en	广告代理公司
	heil *Adj.*	完好的，未受损害的
der	Riss -e	裂缝，裂纹
	feuern *Vt.*	解雇
	unverschuldet *Adj.*	无辜的，没有过失的
	begehrt *Adj.*	渴望得到的
	gerüstet *Partizip Perfekt*	做好准备的
	belegen *Vt.*	证明
	die Dotcom-Blase	互联网泡沫
	platzen *Vi.*(s)	破裂，爆炸
	umwerben *Vt.*	招揽
	konjunkturell *Adj.*	总体经济情况的
die	Hochleistungstechnologie	高新技术
die	Auftragslage	订货情况

	entlassen *Vt.*	解雇，免职
die	Übergangszeit -en	过渡期，过渡阶段
die	Festanstellung	长期雇用，长期工作
	bestätigen *Vt.*	证实，确认
	befristet *Partizip Perfekt*	有时间限制的
	Hartz IV	"哈茨-四期"失业救济金①
	bemerkbar *Adj.*	可以察觉的，明显的
r/e	Geringqualifizierte *dekl. wie Adj.*	学历低的人
	sich auf etw. (A.) berufen	引用，依据
das	Allzeithoch	历史最高纪录
	privilegiert *Partizip Perfekt*	有特权的

---

① 哈茨计划是2002年由德国当时的劳动部长 Peter Hartz 所提出的改革就业市场、帮助失业人员的计划，第四期哈茨项目从2005年起施行。

Einheit 27

Lesen Sie den Text und lösen Sie die Aufgaben.

Chefs lassen Mitarbeiter mit erhöhtem Druck allein

Der wirtschaftliche Druck hat in den vergangenen Jahren in vielen Unternehmen zu wachsenden psychischen Belastungen und einer Verschlechterung des Betriebsklimas geführt. Dies ist das Ergebnis einer Studie der Frankfurter Goethe-Universität. Vorgesetzte geben demnach den Druck oft nur nach unten weiter und lassen ihre Untergebenen mit den Folgen weitgehend allein. Als Folge schwinden auch Kollegialität und Solidarität in der Belegschaft.

„Die Arbeitswirklichkeit unterliegt tiefgreifenden Veränderungen, die in den vergangenen Jahren noch an Geschwindigkeit zugelegt haben", sagte der Sozialpsychologe Rolf Haubl von der Goethe-Uni, der die Studie mit dem Industriesoziologen Günter Voß von der TU Chemnitz erstellte. Der wirtschaftliche Druck und der daraus folgende ständige Reformzwang hätten zu einer „höchst problematischen 'Blase' sich verdichtender Probleme " geführt, die lange kaum wahrgenommen worden sei, nun aber – ähnlich wie bei der aktuellen Wirtschafts- und Finanzkrise – platzen hätten.

Die meisten Unternehmen befänden sich mitten in turbulenten Veränderungsprozessen. Die Beschäftigten könnten den permanenten Umbau oft nicht mehr nachvollziehen, weshalb sich viele nicht mehr mit ihrem Arbeitgeber identifizieren könnten. Gleichzeitig müssten sie professionelle Standards und Arbeitsqualität verletzen, um kurzfristige ökonomische Ziele zu erfüllen.

Chefs sehen sich der Studie zufolge dabei vor allem als „hart drängende 'Change-Agents' ". „ Die Beschäftigten beklagen, dass ihre Chefs oft die notwendigen Führungskompetenzen nicht mitbringen, um den Wandel für die Mitarbeiter erträglich zu unterstützen – kurz: Führungskräfte scheinen in vielen Bereichen selber überfordert", erklärte die Frankfurter Sozialpsychologin Bettina Daser. Manager setzten vermeintlich profitable Veränderungen durch, weil sie kein Verständnis für die Qualitätsstandards guter Arbeit hätten und deshalb auch nicht beurteilen könnten, welche Ressourcen zu deren Erfüllung unentbehrlich seien.

Als Folge verschwinden Kollegialität und Solidarität, und die Beschäftigten setzen sich weniger häufig gemeinsam für bessere Arbeitsbedingungen ein. Oft sei die Belegschaft in Gruppen gespalten, die sich wechselseitig das Leben schwer machten. Zudem gebe es häufig Spannungen, weil immer mehr Beschäftigte nur befristete Arbeitsverträge hätten oder in ungeschützten Beschäftigungsverhältnissen arbeiteten, was Neid auf andere hervorrufe.

Außerdem hat die Arbeitsintensität erheblich zugenommen: Arbeitsprozesse werden verdichtet und beschleunigt. Während dies manche Beschäftigte motiviert, ist es für die meisten eine Belastung, die sie irgendwann nicht mehr bewältigen können, so dass sie physisch oder psychisch krank zu werden drohen. Ein weiteres Problem ist der Studie zufolge, dass Veränderungsprozesse oft abgebrochen und durch neue ersetzt werden, ohne dass man die Ergebnisse eines der Prozesse abwartet, was auch anfällig dafür mache, „Beratern zu glauben, die suggerieren, sie würden über schnelle Erfolgsrezepte verfügen".

Basis der Studie sind Intensivbefragungen und Gruppendiskussionen mit Supervisoren und Organisationsberatern der Deutschen Gesellschaft für Supervision (DGSv). Zudem gab es eine standardisierte Umfrage unter rund 1.000 Mitgliedern der DGSv.

http://www.welt.de/finanzen/article3762287/Chefs-lassen-Mitarbeiter-mit-erhoehtem-Druck-allein.html

■ Markieren Sie die richtige Antwort.

	Ja	Nein	Text sagt dazu nichts
1 Der ökonomische Druck kann für Mitarbeiter und Unternehmen negative Folgen haben.			
2 Nach Haubl und Voß lässt sich der wirtschaftliche Druck nun vermindern.			
3 Die Beschäftigten zeigen viel Verständnis für den permanenten Umbau im Unternehmen.			
4 Wegen kurzsichtiger ökonomischer Überlegungen verschlechtert sich die Arbeitsqualität.			
5 Beschäftigte sind mit den Führungskompetenzen ihrer Chefs nicht zufrieden.			
6 Die Chefs selber sind von den Veränderungsprozessen anscheinend nicht betroffen.			
7 In den Veränderungsprozessen verlangt das Unternehmen mehr Solidarität von ihren Mitarbeitern.			
8 Viele Konflikte unter den Beschäftigten sind dadurch entstanden, dass man im Job kein sicheres Gefühl hat.			
9 Die Beschäftigten müssen schneller arbeiten und haben größere psychische Belastungen.			
10 Die Studie zeigt, dass die Beschäftigten eine eher skeptische Haltung gegenüber Beratern haben.			

习题讲解

第1题 **题意**：经济压力对员工和企业（是否）可能造成负面后果。
相关语段及其译文
Der wirtschaftliche Druck hat in den vergangenen Jahren in vielen Unternehmen zu wachsenden psychischen Belastungen und einer Verschlechterung des Betriebsklimas geführt.
在过去几年，经济压力在许多企业中导致了心理负担的上升以及企业氛围的恶化。
选择答案
这一段落肯定了题目中的信息，所以答案是 Ja。

第2题 **题意**：根据 Haubl und Voß 的观点，经济压力现在（是否）可以得以缓解。
相关语段及其译文
Der wirtschaftliche Druck und der daraus folgende ständige Reformzwang hätten zu einer „höchst problematischen ‚Blase' sich verdichtender Probleme" geführt, die lange kaum wahrgenommen worden sei, nun aber – ähnlich wie bei der aktuellen Wirtschafts- und Finanzkrise – platzen könnte.
经济压力和由此产生的持续的改革压力导致了越来越多的问题演变为濒临破裂的泡沫，它长期被忽视，而现在，就像在目前的经济和金融危机中，它随时可能破裂。
选择答案
这一语段引用了 Haubl und Voß 说的话，他们认为经济压力（Der wirtschaftliche Druck）将会带来严重的后果，即*泡沫随时可能破裂*。所以答案是 Nein。

第3题 **题意**：雇员（是否）对于企业里持续的变动表示**十分理解**。
相关语段及其译文
Die Beschäftigten könnten den permanenten Umbau oft nicht mehr nachvollziehen, weshalb sich viele nicht mehr mit ihrem Arbeitgeber identifizieren könnten.
雇员不再能理解企业里发生的持续变动，也因为这个原因许多人不再认同雇主。
选择答案
这一语段否定了题目，所以答案是 Nein。

第4题 **题意**：由于短视的经济考虑，工作质量（是否）下降了。
相关语段及其译文
Gleichzeitig müssten sie professionelle Standards und Arbeitsqualität verletzen, um kurzfristige ökonomische Ziele zu erfüllen.
他们（雇员们）不得不违背专业标准和工作质量的要求，以满足短期的经济目标。
选择答案
这一段落与题目的信息一致，所以答案是 Ja。

第5题 **题意**：雇员们对于他们主管的领导能力（是否）**不满**。

相关语段及其译文

Die Beschäftigten beklagen, dass ihre Chefs oft die notwendigen Führungskompetenzen nicht mitbringen, um den Wandel für die Mitarbeiter erträglich zu unterstützen.

雇员们抱怨,他们的主管往往不具备必要的领导能力,以便帮助员工去承受这一变动。

选择答案

从抱怨(beklagen)可以推理为不满,根据这一推理,这一语段与题目的信息一致,所以答案是 Ja。

第 6 题　　**题意**：主管们自己在变动过程中看起来(是否)没有受到连累。

相关语段及其译文

Führungskräfte scheinen in vielen Bereichen selber überfordert

在许多领域里,领导人员自身似乎也不堪重负。

选择答案

这一语段中的 Führungskräfte 与题目中的 Chefs 是同义词,文章说,他们自身也不堪重负,说明他们也被连累了,所以答案是 Nein。

第 7 题　　**题意**：在变动过程中,企业(是否)要求员工要更加团结。

相关语段及其译文

Als Folge verschwinden Kollegialität und Solidarität,

und die Beschäftigten setzen sich weniger häufig gemeinsam für bessere Arbeitsbedingungen ein.

结果,(员工之间的)合作和团结消失了,他们(比以前)更少地为争取更好的工作条件而共同努力。

选择答案

这一语段没有涉及企业对员工的要求,所以答案是 Text sagt dazu nichts。

第 8 题　　**题意**：员工中的许多矛盾(是否)是因为他们在工作岗位上没有安全感。

相关语段及其译文

Zudem gebe es häufig Spannungen, weil immer mehr Beschäftigte nur befristete Arbeitsverträge hätten oder in ungeschützten Beschäftigungsverhältnissen arbeiteten, was Neid auf andere hervorrufe.

此外,还往往会出现紧张气氛,因为越来越多的员工只有临时工作合同,或者是在不受保护的雇佣关系里工作,这会造成对别人的嫉妒。

选择答案

这一语段中的 Spannungen 以及 Neid auf andere 都可理解为 Konflikt;原因从句中的 befristete Arbeitsverträge 和 in ungeschützten Beschäftigungsverhältnissen 都会直接导致安全感的缺失,根据这一推理,答案选择 Ja。

第 9 题　　**题意**：雇员不得不加快工作,心理负担(是否)更大了。

相关语段及其译文

1. Arbeitsprozesse werden verdichtet und beschleunigt.

工作进程变得更加密集、快速。

2. Während dies manche Beschäftigte motiviert, ist es für die meisten eine Belastung, die sie irgendwann nicht mehr bewältigen können, so dass sie physisch oder psychisch krank zu werden drohen.

这对一些雇员起到了促进作用,然而对于大多数人是一个负担,总有一天他们将无法承受这个负担,以至于身心都将面临生病的危险。

选择答案

这一语段的第 1 句和第 2 句中的结果从句包含了题目中的信息,所以答案是 Ja。

0 题　题意: 研究显示,雇员们对于咨询师(是否)更多地抱怀疑态度。

相关语段及其译文

1. Ein weiteres Problem ist der Studie zufolge, dass Veränderungsprozesse oft abgebrochen und durch neue ersetzt werden, ohne dass man die Ergebnisse eines der Prozesse abwartet,

根据研究,另一个问题是:变革的进程往往被中断而被新的进程取代,这使得人们无法等到结果出来,

2. was auch anfällig dafür mache, „Beratern zu glauben, die suggerieren, sie würden über schnelle Erfolgsrezepte verfügen".

这又使得人们更容易"相信那些咨询师的暗示:他们拥有了快速的成功秘诀"。

选择答案

第 2 句是对题目的否定,所以答案是 Nein。

Lösungen

1 Ja, 2 Nein, 3 Nein, 4 Ja, 5 Ja, 6 Nein, 7 nichts, 8 Ja, 9 Ja, 10 Nein

Vokabeln

die	Verschlechterung -en	恶化,变化
das	Betriebsklima	企业氛围
r/e	Vorgesetzte *dekl. wie Adj.*	上司,上级
r/e	Untergebene *dekl. wie Adj.*	下属
	schwinden *Vi.*(s)	减少,消失
die	Kollegialität nur Sg.	同事之谊,友情
die	Solidarität nur Sg.	团结,一致
die	Belegschaft -en	全体员工
	tief greifend Partizip Präsens	深刻的

	zu/legen *Vi.*	加速
	erstellen *Vt.*	做,完成
die	Blase -n	气泡,水泡
	sich verdichten	增强,增厚
	turbulent *Adj.*	激烈的,动荡不安的
	permanent *Adj.*	持续的,不断的
der	Umbau nur Sg.	转变,变动
	nach/vollziehen *Vt.*	理解,领会
	sich mit j-m identifizieren	认同某人
	mit/bringen *Vt.*	具备,带来
	erträglich *Adj.*	可承受的,可忍受的
	überfordert Partizip Perfekt	压力过大的
	vermeintlich *Adj.*	错误的
	profitable *Adj.*	有利可图的,有利润的
	unentbehrlich *Adj.*	不可缺少的,必须的
	gespalten Partizip Perfekt	分裂的
der	Neid nur Sg.	嫉妒,羡慕
	hervor/rufen *Vt.*	引起,招致
die	Arbeitsintensität nur Sg.	工作强度,劳动强度
	beschleunigen *Vt.*	加快
	motivieren *Vt.*	激发……的积极性
	drohen ... + zu + Infinitiv	面临……的危险
	anfällig *Adj.*	无抵抗力的,易感的
der	Supervisor -en	监管人,监控人

Einheit 28

Lesen Sie den Text und lösen Sie die Aufgaben.

Deutschland – Land der schlaflosen Grübler

Abends nicht einschlafen, nachts nicht durchschlafen und morgens zu früh aufwachen: Schwere Schlafstörungen machen den Alltag von Millionen Arbeitnehmern in Deutschland zur Qual. Als Gründe dafür werden Stress, Gedankenkreisen und Grübeln genannt.

Rund vier Millionen Arbeitnehmer leiden in Deutschland unter schweren Schlafstörungen – behandelt werden sie oft nur mangelhaft. Leistungsdruck und Job-Ängste dürften in der gegenwärtigen Wirtschaftskrise zur weiteren Ausbreitung dieser Volkskrankheit beitragen. Viele Betroffene schleppen sich trotz Erschöpfung, Antriebslosigkeit oder Nervosität zur Arbeit. Das geht aus dem in Berlin vorgestellten Gesundheitsreport 2010 der Krankenkasse DAK hervor.

„Jeder zweite fühlt sich von Schlafstörungen betroffen", sagte DAK-Chef Herbert Rebscher. Rund 28 Prozent leiden manchmal darunter, 21 Prozent häufiger. Insgesamt hat jeder zehnte Arbeitnehmer schwere Störungen, schläft mindestens dreimal pro Woche schlecht und quält sich fast immer stark übermüdet durch den Tag.

Regelmäßiges Aufwachen, längeres Wachliegen und riskant kurzer Schlaf unter sechs Stunden sind laut der Studie die Hauptprobleme. „Wenn man chronisch weniger als sechs Stunden schläft, hat man eine deutlich kürzere Lebenserwartung", warnte der Berliner Schlafmediziner Ingo Fietze. Auch Herz-Kreislauf-Erkrankungen könnten die Folge sein.

Rund 9 Prozent der Betroffenen leiden an ihrer Arbeitsstelle oft unter massivem Schlaf-Drang, berichtete der Geschäftsführer des IGES-Instituts, Hans-Dieter Nolting. Das Institut hatte im DAK-Auftrag 3 000 Erwerbstätige zwischen 35 und 65 Jahren befragt. Besonderer Stress und Grübeleien in der Nacht sind die häufigsten Auslöser.

„Die Wirtschaftskrise kann die Anzahl der Schlaflosen erhöhen", sagte Fietze. Der Druck zu Mehrarbeit aus Jobangst begünstige das Leiden ebenso wie Arbeitslosigkeit. Die Zahl der Ausfalltage wegen Schlaflosigkeit habe in den vergangenen Jahren zugenommen, teilte Nolting mit.

Sorgen machen sich die Experten über die ihrer Einschätzung nach oft mangelhafte Behandlung. „Das größte Manko in Deutschland besteht darin, dass wir zu wenig aufgeklärt sind", sagte Fietze. Das gelte für Ärzte und Betroffene gleichermaßen. Viele Haus- und Fachärzte seien nicht geschult, das Leiden zu erkennen.

Jeder dritte Patient, der auf Schlafmittel vertraut, nehme die Medikamente länger als empfohlen. Bei den Senioren nehmen rund 13 Prozent an mehr als 180 Tagen die Mittel- obwohl sie eigentlich nur dafür da sind, Schlafstörungen einmalig zu durchbrechen und dann wieder abgesetzt werden sollen, wie Mediziner Fietze erläuterte. Auch Verhaltenstherapien zwischen einem halben und einem Jahr Dauer könnten helfen.

Auch andere Krankheiten kurierten die Arbeitnehmer aus Angst vor dem Jobverlust seltener als früher aus, sagte Rebscher. Trotz einer leichten Steigerung auf 3,4 Prozent sei der Krankenstand auf niedrigem Niveau. Ein DAK-Versicherter war 2009 im Schnitt 12,4 Tage krank. Mehr als ein Fünftel aller Krankheitstage gehen auf Muskel-Skelett-Probleme zurück, 19 Prozent auf Erkrankungen des Atemwegsystems.

Für die Studie wurden die Daten von 2,5 Millionen DAK-Mitgliedern ausgewertet. Sie sei aussagekräftig auch für die Gesamtbevölkerung.

http://www.welt.de/wissenschaft/article6318744/Deutschland-Land-der-schlaflosen-Gruebler.html

Markieren Sie die richtige Antwort.

	Ja	Nein	Text sagt dazu nichts	
1 Nach dem Gesundheitsreport 2010 der Krankenkasse DAK sind Arbeitnehmer vor allem von Schlaflosigkeit betroffen.				1
2 Davon sind in Deutschland etwa die Hälfte der Arbeitnehmer mehr oder weniger betroffen.				2
3 Je kürzer man schläft, desto früher stirbt man.				3
4 Schlaflosigkeit wird meistens durch Stress und Grübeln verursacht.				4
5 Während der Wirtschaftskrise müssen die Erwerbstätigen oft mehr arbeiten.				5
6 Experten machen sich u. a. deshalb Sorgen, weil in Deutschland Ärzte ihre Patienten zu wenig über die Krankheit informieren.				6
7 13% der alten Menschen sind häufig von Schlafmitteln abhängig.				7
8 Schlafmittel sind die einzige Möglichkeit, Schlaflosigkeit zu überwinden.				8
9 Aus Angst vor dem Jobverlust gehen manche Arbeitnehmer trotz Krankheit nicht zum Arzt.				9
10 Muskel-Skelett-Probleme und Erkrankungen des Atemwegsystems sind die häufigsten Krankheiten der deutschen Arbeitnehmer.				10

习题讲解

第1题 题意：根据德国雇员医疗保险公司(DAK)2010年的卫生报告，雇员(是否)特别受到失眠的困扰。

相关语段及其译文

1. Rund vier Millionen Arbeitnehmer leiden in Deutschland unter schweren Schlafstörungen – behandelt werden sie oft nur mangelhaft.

德国大约有400万的雇员受到失眠的困扰，他们往往又缺少医治。

2. Leistungsdruck und Job-Ängste dürften in der gegenwärtigen Wirtschaftskrise zur weiteren Ausbreitung dieser Volkskrankheit beitragen.

在现在的经济危机中，工作压力以及担心丢失工作极有可能又造成这一大众疾病的继续蔓延。

3. Viele Betroffene schleppen sich trotz Erschöpfung, Antriebslosigkeit oder Nervosität zur Arbeit.

许多失眠患者尽管疲惫、无精打采或者精神紧张还是拖着身体去上班。

4. Das geht aus dem in Berlin vorgestellten Gesundheitsreport 2010 der Krankenkasse DAK hervor.

这(一结论)出自德国雇员医疗保险公司(DAK) 2010年的卫生报告。

选择答案

相关段落只告诉我们，卫生报告显示，德国大约有400万的雇员受到失眠的困扰，并没有将失眠的困扰与其他困扰进行比较，也就是说文章没有涉及哪种问题最困扰德国雇员。所以选择 Text sagt dazu nichts。

第2题 题意：或多或少地遭受失眠困扰的，在德国(是否)大约有一半雇员。

相关语段及其译文

1. „Jeder zweite fühlt sich von Schlafstörungen betroffen", sagte DAK-Chef Herbert Rebscher.

DAK老板Herbert Rebscher说，"每两个雇员中有一个感觉受到睡眠障碍困扰"。

2. Rund 28 Prozent leiden manchmal darunter, 21 Prozent häufiger.

其中28%有时有失眠，21%则经常失眠。

3. Insgesamt hat jeder zehnte Arbeitnehmer schwere Störungen, schläft mindestens dreimal pro Woche schlecht und quält sich fast immer stark übermüdet durch den Tag.

总共有10%的雇员有严重睡眠障碍，他们每周至少3次睡得不好，始终是超疲劳地度过一天。

选择答案

第1句说，一半的雇员有睡眠障碍，与题目的信息一致，所以选择 Ja。

第3题 题意：睡眠越少，寿命越短。

相关语段及其译文

„Wenn man chronisch weniger als sechs Stunden schläft, hat man eine deutlich kürzere Lebenserwartung", warnte der Berliner Schlafmediziner Ingo Fietze.

专家警告如果长期睡眠不足六个小时,寿命会明显缩短。

选择答案

这一段落并没有说睡眠和寿命之间有一个明确的比例关系,所以选择 nichts。

第 4 题 **题意:** 失眠(是否)通常都由压力和思考引发的。

相关语段及其译文

Besonderer Stress und Grübeleien in der Nacht sind die häufigsten Auslöser.

特别大的压力以及夜间的思考是引发失眠的最常见的原因。

选择答案

这一段落与题目的意思一致,所以答案是 Ja。

第 5 题 **题意:** 经济危机时期,从业者(是否)常常必须付出更多的劳动。

相关语段及其译文

1. „Die Wirtschaftskrise kann die Anzahl der Schlaflosen erhöhen", sagte Fietze.

Fietze 说:"经济危机会使失眠人数增加。"

2. Der Druck zu Mehrarbeit aus Jobangst begünstige das Leiden ebenso wie Arbeitslosigkeit.

害怕失业而不得不加班加点的压力如同失业一样,都会加重失眠。

选择答案

这一段落中的词组"Der Druck zu Mehrarbeit aus Jobangst"与题目的意思一致,所以选择 Ja。

第 6 题 **题意:** 专家感到担忧,(是否)还因为在德国医生很少向病人报告其疾病状况。

相关语段及其译文

1. Sorgen machen sich die Experten über die ihrer Einschätzung nach oft mangelhafte Behandlung.

令专家感到担忧的是他们所估计的不完全的治疗。

2. „Das größte Manko in Deutschland besteht darin, dass wir zu wenig aufgeklärt sind", sagte Fietze.

Fietze 说,"在德国最大的缺陷在于,我们关于这一疾病了解得太少"。

3. Das gelte für Ärzte und Betroffene gleichermaßen.

不管是医生还是病人都一样太少。

选择答案

这一段落告诉我们,专家担忧的是:不完善的治疗;题目中的担忧是:医生很少向病人报告其疾病状况。文章中所讲的担忧不能肯定也不能否定题目中的担忧,所以选择 Text sagt dazu nichts。

第 7 题 **题意:** 13% 的老人(是否)经常依赖安眠药。

相关语段及其译文

Bei den Senioren nehmen rund 13 Prozent an mehr als 180 Tagen die Mittel – obwohl sie eigentlich nur dafür da sind, Schlafstörungen einmalig zu durchbrechen und dann wieder abgesetzt werden sollen, wie Mediziner Fietze erläuterte.

大约13%老人一年之中服用安眠药超过180天——按照Fietze的解释,安眠药的作用本来是一次性地遏制睡眠障碍,然后就应该停药。

选择答案

这一段落告诉我们,大约13%老人一年之中服用安眠药超过180天。根据推理,题目与相关文章段落所隐含的意思一致,所以选择Ja。

8题 题意:安眠药(**是否**)是解决失眠的**唯一办法**。

相关语段及其译文

Auch Verhaltenstherapien zwischen einem halben und einem Jahr Dauer könnten helfen.

为期半年至一年的行为疗法也有可能对治疗失眠有效。

选择答案

这一段落告诉我们了我们除了安眠药外解决失眠还有另一种手段,即行为疗法。这是对题目的否定,所以选择Nein。

9题 题意:出于对失业的恐惧,很多雇员不愿意看医生。

相关语段及其译文

Auch andere Krankheiten kurierten die Arbeitnehmer aus Angst vor dem Jobverlust seltener als früher aus, sagte Rebscher.

与过去相比,出于对失业的恐惧,雇员的其他疾病也更少地得到治愈。

选择答案

根据这一段落推理,不得到治愈即意味着雇员不去看医生,题目与相关文章段落所隐含的意思吻合,所以答案是Ja。

10题 题意:肌肉和骨骼以及呼吸系统疾病(**是否**)是德国雇员的**最常见疾病**。

相关语段及其译文

Mehr als ein Fünftel aller Krankheitstage gehen auf Muskel-Skelett-Probleme zurück, 19 Prozent auf Erkrankungen des Atemwegsystems.

五分之一以上的病假天数是因为肌肉骨骼问题,19%的病假是因为呼吸系统疾病。

选择答案

根据这一段落并不能推理出肌肉骨骼和呼吸系统疾病是否是最常见疾病,所以选择Text sagt dazu nichts。

Lösungen

1 nichts, 2 Ja, 3 nichts, 4 Ja, 5 Ja, 6 nichts, 7 Ja, 8 Nein, 9 Ja, 10 nichts

Vokabeln

der	Grübler -	喜欢苦思冥想的人
die	Schlafstörung -en	睡眠障碍
die	Qual -en	痛苦,烦恼
das	Gedankenkreisen	苦思冥想,思想循环
	grübeln *Vi.*	沉思,冥想
der	Leistungsdruck nur Sg.	成绩压力,业绩压力
	gegenwärtig *Adj.*	现在的,当前的
die	Wirtschaftskrise -n	经济危机
die	Ausbreitung nur Sg.	蔓延
	sich zur Arbeit schleppen	吃力地去上班
die	Erschöpfung -en	筋疲力尽,衰竭
die	Antriebslosigkeit	缺乏动力,无精打采
	sich quälen	自我折磨,使自己烦恼
	übermüdet *Adj.*	过于疲劳的
das	Wachliegen	清醒地躺着,失眠
	chronisch *Adj.*	慢性的,长期的
die	Lebenserwartung -en	预计寿命
die	Herz-Kreislauf-Erkrankung -en	心血管疾病
	massiv *Adj.*	强大的,庞大的
der	Schlaf-Drang	瞌睡
r/e	Erwerbstätige *dekl. wie Adj.*	从业人员
der	Auslöser -	起因
	begünstigen *Vt.*	促进,有利于
der	Ausfalltag -e	缺勤日,缺勤天数
die	Einschätzung	估计,评估
das	Manko -s	缺点,缺陷
	aufklären *Vt.*	启发,向……说清楚
	geschult Partizip Perfekt	受过训练的
	auf etw. (A.) vertrauen *Vi.*	依赖
der	Senior -en	老人
	durchbrechen *Vt.*	冲断,冲破
	ab/setzen *Vt.*	停止,间断
die	Verhaltenstherapie -n	行为治疗,行为疗法
der	Krankenstand	患病率
das	Atemwegsystem -e	呼吸道系统
	aus/werten *Vt.*	(经过分析后充分)利用,运用
	aussagekräftig *Adj.*	有说服力的

Einheit 29

Lesen Sie den Text und lösen Sie die Aufgaben.

Öko ist der neue Einrichtungs-Luxus

„Ökologisch" ist längst nicht mehr gleichbedeutend mit grobgeschnitzten Naturholzmöbeln und Baumwollteppichen. Umweltfreundlichkeit geht neuerdings zusammen mit modernem bis avantgardistischem Design. „Heute gilt: Öko zu sein ist chic", heißt es in einer Studie des Trendbüros Hamburg. „Mit Popstars als Rollenmodellen werden grüne Geisteshaltung und Umweltbewusstsein zum coolen Lifestyle." Ob Lebensmittel, Autos, Mode, Kosmetik oder eben Möbel: „Öko" sei zu einem elementaren Bedürfnis des Verbrauchers geworden.

Damit sie das Label „ökologisch korrekt" tragen können, sollten Möbel in der Herstellung, der Lebensdauer und der Wiederverwertung umweltfreundlich sein, sagt Ursula Geismann vom Verband der Deutschen Möbelindustrie (VDM) in Bad Honnef. Das bedeutet zum Beispiel, dass hauptsächlich Naturmaterialien verwendet werden. Wird ein Möbelstück entsorgt, müssen sich alle Werkstoffe trennen lassen.

Was sich so selbstverständlich anhört, ist bislang noch die Ausnahme. „Es gibt durchaus Möbel, die als Sondermüll entsorgt werden müssen", so Geismann. Doch ihrer Beobachtung nach tut sich etwas: „Die Themen Umwelt und Gesundheit rücken immer mehr ins Bewusstsein – die Sensibilität steigt, auch im Bereich hochwertiger Konsumgüter." Die Entwicklung verlaufe ähnlich wie bei den Lebensmitteln: Anbieter aus dem hohen und mittleren Preisbereich sind die Vorreiter, im Lauf der Zeit werde sich der Ökologie-Gedanke dann auch in den unteren Bereichen durchsetzen.

Dass Öko-Möbel und ökologische Wohn-Accessoires für immer mehr Verbraucher interessant werden, liegt auch daran, dass neue Designideen Ökologie und zeitgemäße Formen und Farben zusammenführen. Wie sich das zum Beispiel bei Polstermöbeln vereinbaren lässt, zeigt unter anderem das Unternehmen Brühl aus Bad Steben (Bayern). „Mosspink" heißt dessen ökologisch korrektes Vorzeigestück.

Rein äußerlich unterscheidet sich das organisch und weich geformte Sofa nicht von der konventionell hergestellten Verwandtschaft. Innerlich sieht es aber ganz anders aus. „Es besteht bewusst aus wenigen Komponenten: Ein nahezu unverwüstliches Holzgestell, eine hochwertige Polsterauflage und Bezüge aus Leder oder Stoffen, die das EU-Öko-Label haben", sagt Geschäftsführer Roland Meyer-Brühl.

„Umweltfreundlichkeit fängt damit an, dass man keine Möbel produziert, die man nach drei Jahren wieder rausschmeißt", sagt Antal Németh vom niederländischen Hersteller Leolux. Das Gestell eines Sofas sollte seiner Auffassung nach zum Beispiel gar nicht kaputtgehen, und ein Bezug sollte frühestens nach 15 oder 20 Jahren erneuert werden müssen. „So etwas kostet etwas mehr. Ich habe die Investition aber auch nur einmal", sagt Meyer-Brühl.

Einem Material hat die grüne Welle zu ganz besonderer Popularität verholfen: Bambus ist in diesem Jahr fast allgegenwärtig. Extrem schnell nachwachsend und äußerst strapazierfähig, findet es sich zum Beispiel als Parkett. Der Hersteller Lambert aus Mönchengladbach hat etwa eine Kommode aus dem Naturmaterial neu in der Kollektion. Vor allem bei den Accessoires spielt Bambus eine große Rolle. Die Firma WMF aus Geislingen, sonst für Metallwaren bekannt, fertigt daraus einen Brotbehälter. Der britische Designer Sebastian Conran hat für die „iCon"-Kollektion des Unternehmens Leonardo Bambus-Tabletts entworfen.

Und der von zwei Designern aus Finnland und Spanien betriebene Öko-Einrichtungsshop matteriashop.com bietet gleich eine ganze Bambuspalette von der Salatschüssel bis zur Vase. „Gutes Design und smarte Materialien" hat sich das Internetunternehmen als Motto gegeben. Zu jedem Artikel lässt sich eine ausführliche Liste mit allen Bestandteilen abrufen. Der Verbraucher soll so eine möglichst bewusste Entscheidung treffen können.

Solche transparenten Konzepte liegen laut dem Trendbüro ganz vorne. Denn nach Ansicht der Lifestyle-Forscher ersetzen Menschlichkeit, Umweltproblematik und Nachhaltigkeit in Zukunft den Luxusgedanken: „Es ist nicht mehr allein der Kaufgegenstand, der die persönliche Wertschätzung des Käufers erhält, sondern der gesamte Entstehungsprozess."

Verkürzt nach: http://www.welt.de/lifestyle/article1944794/Oeko_ist_der_neue_Einrichtungs_Luxus.html

Makieren Sie die richtige Antwort (A, B oder C).

1. **Aus einer Untersuchung des Trendbüros Hamburg geht hervor, dass man**
   A. heute v. a. Naturholzmöbel kauft.
   B. beim Kauf besonders großen Wert auf Naturschutz und Gesundheit legt.
   C. beim Kauf wenig Wert auf Naturschutz und Gesundheit legt.

2. **Ursula Geismann von VDM meint, dass „ökologisch korrekte" Möbelstücke**
   A. u. a. langlebig sein und recycelt werden können sollten.
   B. aus reinen Naturmaterialien hergestellt werden sollten.
   C. von anderen Möbelstücken getrennt entsorgt werden sollten.

3. **Das ökologische Bewusstsein macht sich bei hochwertigen Konsumgütern**
   A. zunächst im hohen und mittleren Preisbereich bemerkbar.
   B. zunächst in unteren Preisbereichen bemerkbar.
   C. im Lauf der Zeit mehr in unteren Preisbereichen bemerkbar als in höheren.

4. **Öko-Möbel und ökologische Wohn-Accessoires werden für immer mehr Verbraucher interessant, weil**

A. sie die neue Designideen anbieten.

B. sie hochwertig sind.

C. bei ihrer Herstellung hauptsächlich die Ökologie berücksichtigt wird.

5. „Mosspink" von dem Unternehmen Brühl

A. sieht äußerlich so wie ein konventionelles Sofa aus.

B. sieht äußerlich anders als ein konventionelles Sofa aus.

C. sieht innerlich so wie ein konventionelles Sofa aus.

6. Ein Möbelstück wie „Mosspink" kostet etwas mehr, weil

A. es organisch ist.

B. es strapazierfähig ist.

C. es einmalig ist.

7. Das Material Bambus

A. kann auch für Möbelstücke verwendet werden.

B. kann nur für Wohn-Accessoires verwendet werden.

C. ist in diesem Jahr sogar populärer als Metallwaren.

8. Der Öko-Einrichtungsshop matteriashop.com verkauft

A. eine Vielfalt von Möbelstücken aus Bambus

B. gutes Design und smarte Materialien

C. Bambuswaren mit ausführlicher Produktinformation

9. Laut dem Trendbüro ist bei Verbrauchern heute

A. das Konzept der Transparenz sehr beliebt.

B. das Konzept der Menschlichkeit am wichtigsten.

C. der Wert des Kaufgegenstandes am wichtigsten.

习题讲解

第1题

题意：汉堡趋势研究办公室的一项研究表明了什么。

3个选项的区别：

A. 今天人们首选的是自然木材家具。

B. 今天人们在消费时特别注重环保和健康。

C. 今天人们在消费时不太注重环保和健康。

相关语段及其译文

1. „Heute gilt: Öko zu sein ist chic", heißt es in einer Studie des Trendbüros Hamburg.

汉堡趋势研究机构的一项研究结果表明："今天的口号是——生态的就是时尚的。"

2. „Mit Popstars als Rollenmodellen werden grüne Geisteshaltung und Umweltbewusstsein zum coolen Lifestyle."

以大众明星为榜样，绿色理念(意即：生态理念)以及环保意识成了一种酷的生活方式。

3. Ob Lebensmittel, Autos, Mode, Kosmetik oder eben Möbel: „Öko" sei zu einem

elementaren Bedürfnis des Verbrauchers geworden.

不管是食品、汽车、时装、化妆品还是家具:"生态已经成了消费者的一种基本需求。"

选择答案

A 不是答案,文章中提及的研究没有关于首选什么家具这一话题的陈述。

B 是答案,它是第3句的推理。

C 不是答案,第3句是对它的否定。

第2题 **题意**:德国家具工业联合会的 Ursula Geismann 认为,"生态"家具应该

3个选项的区别:

A. 耐用,并且能回收利用。

B. 全部用自然材料制作。

C. 与其他家具分开丢弃。

相关语段及其译文

1. Damit sie das Label „ökologisch korrekt" tragen können, sollten Möbel in der Herstellung, der Lebensdauer und der Wiederverwertung umweltfreundlich sein, sagt Ursula Geismann vom Verband der Deutschen Möbelindustrie (VDM) in Bad Honnef.

在 Bad Honnef 的德国家具工业协会的 Ursula Geismann 说,为了能够贴上"生态标准"的标签,家具在生产、寿命以及再利用时都应该尽量做到环保。

2. Das bedeutet zum Beispiel, dass hauptsächlich Naturmaterialien verwendet werden. Wird ein Möbelstück entsorgt, müssen sich alle Werkstoffe trennen lassen.

举例来说:这意味着主要要使用自然材料。如果一件家具要废弃,它的所有材料必须能被拆分。

选择答案

A 是答案,相关语段是对它的肯定。

B 不是答案,Ursula Geismann 的话语没有涉及这个话题。

C 不是答案,这个话题文章没有涉及。

第3题 **题意**:关于涉及高档消费品的生态意识文章里说了什么。

3个选项的区别:

A. 生态意识首先反映在高档和中档价位的商品中。

B. 生态意识首先反映在低档价位的商品中。

C. 随着时间的推移,与高档价位的商品相比,生态意识将更多地反映在低档价位的商品中。

相关语段及其译文

1. Doch ihrer Beobachtung nach tut sich etwas: „Die Themen Umwelt und Gesundheit rücken immer mehr ins Bewusstsein – die Sensibilität steigt, auch im Bereich hochwertiger Konsumgüter. "

但是根据她的观察,(在这领域里)也发生了一些变化:"环境与健康这两个题目日益进入我们的意识,在高档消费品领域公众关注度也不断提高。"

2. Die Entwicklung verlaufe ähnlich wie bei den Lebensmitteln: Anbieter aus dem

hohen und mittleren Preisbereich sind die Vorreiter, im Lauf der Zeit werde sich der Ökologie-Gedanke dann auch in den unteren Bereichen durchsetzen.

这一变化与食品消费中的变化相类似：高、中价位的供应商是开拓者，随着时间推移，生态意识也将在低价位中推广开来。

选择答案

A 是答案，依据是第 2 句。

B 不是答案，第 2 句就是对 B 的否定。

C 不是答案，它错在了高低价位的比较，文章没有做这个比较。

4 题 **题意**：生态家具和生态家居装饰品吸引越来越多的消费者，原因是什么。

3 个选项的区别：

A．因为它们具有新的设计理念。

B．因为它们具有高品质。

C．因为在生产它们时，主要考虑到的是生态。

相关语段及其译文

Dass Öko-Möbel und ökologische Wohn-Accessoires für immer mehr Verbraucher interessant werden, liegt auch daran, dass neue Designideen Ökologie und zeitgemäße Formen und Farben zusammenführen.

生态家具和生态家居装饰品吸引越来越多的消费者，原因在于新的设计理念将生态与现代的式样和颜色结合在了一起。

选择答案

A 是答案，依据是整个相关语段，尤其是其中的 dass 句。

B 不是答案，因为在阐述原因中没有涉及 hochwertig 这个话题。

C 不是答案，它错在选项中使用了 hauptsächlich 这个词。

5 题 **题意**：Brühl 公司的"Mosspink"沙发是怎么样的。

3 个选项的区别：

A．从表面上看如同传统沙发。

B．从表面上看与传统沙发不一样。

C．内部与传统沙发是一致的。

相关语段及其译文

1. Rein äußerlich unterscheidet sich das organisch und weich geformte Sofa nicht von der konventionell hergestellten Verwandtschaft.

这个形状符合人体的软沙发（指：Mosspink）从表面上看与传统的同类沙发没有两样。

2. Innerlich sieht es aber ganz anders aus.

但是在内部却完全不同。

选择答案

A 是答案，依据是第 1 句。

B 不是答案，第 1 句也是对 B 的否定。

C 不是答案,第 2 句就是对 C 的否定。

第 6 题　　**题意**:像 Mosspink 这样的家具价格要稍稍贵一些,原因是什么。

3 个选项的区别:
A. 它是有机的。
B. 它耐用。
C. 它是独一无二的。

相关语段及其译文

1. Das Gestell eines Sofas sollte seiner Auffassung nach zum Beispiel gar nicht kaputtgehen,

根据 Meyer-Brühl 的观点,沙发的框架根本不应该坏,

2. und ein Bezug sollte frühestens nach 15 oder 20 Jahren erneuert werden müssen.

沙发套最早应该在 15～20 年之后再需要更新。

3. So etwas kostet etwas mehr.

这样的沙发会稍稍贵一些。

4. „Ich habe die Investition aber auch nur einmal", sagt Meyer-Brühl.

Meyer-Brühl 说:"但是这样的投资也只是一次性的。"

选择答案

A 不是答案,文章在解释价格贵的原因中没有涉及 organisch 这一话题。

B 是答案,依据是第 1 到第 3 句。

C 不是答案,请看第 4 句,这句中的 einmal 说的是 Investition,而 C 中的 einmalig 说的是 Möbeilstück。而且第 4 句也不是解释这种家具价格贵的原因。

第 7 题　　**题意**:关于竹子这种材料文章里说了什么。

3 个选项的区别:
A. 也能被用来制作家具。
B. 只能被用来制作家居日用品。
C. 今年甚至比金属制品还要受欢迎。

相关语段及其译文

1. Bambus ist in diesem Jahr fast allgegenwärtig....

今年,竹子几乎无处不在。……

2. Der Hersteller Lambert aus Mönchengladbach hat etwa eine Kommode aus dem Naturmaterial neu in der Kollektion.

位于 Mönchengladbach 的制造商 Lambert 就在其商品货样中新增了一个由这种天然材料制造的抽屉柜。

3. Vor allem bei den Accessoires spielt Bambus eine große Rolle.

竹子主要在日用品制作中具有很大的作用。

4. Die Firma WMF aus Geislingen, sonst für Metallwaren bekannt, fertigt daraus einen Brotbehälter.

以生产金属制品而闻名的 Geislingen 的 WMF 公司用竹子制作了面包盛器。

5. Der britische Designer Sebastian Conran hat für die „iCon"-Kollektion des Unternehmens Leonardo Bambus-Tabletts entworfen.

英国设计师 Sebastian Conran 为 Leonardo 公司的"iCon"样品设计出了竹子托盘。

选择答案

A 是答案,依据是第 2 句。

B 不是答案,虽然第 3—5 句列举了几个竹制日用品,它的错误在于句子中使用了 nur 这个词。

C 不是答案,文章没有做这样的比较。

第 8 题

题意:生态装修网店 matteriashop.com 出售什么。

3 个选项的区别是:

A. 各种不同的竹制家具。

B. 好的设计以及时尚的材料。

C. 有详细产品说明的竹制商品。

相关语段及其译文

1. Und der von zwei Designern aus Finnland und Spanien betriebene Öko-Einrichtungsshop matteriashop.com bietet gleich eine ganze Bambuspalette von der Salatschüssel bis zur Vase.

这家由两位来自芬兰和西班牙的设计师经营的生态装修网店 matteriashop.com 提供包括色拉碗到花瓶在内的成套竹制品。

2. „Gutes Design und smarte Materialien" hat sich das Internetunternehmen als Motto gegeben.

"好的设计以及时尚的材料"是这家网络公司给自己设置的座右铭。

3. Zu jedem Artikel lässt sich eine ausführliche Liste mit allen Bestandteilen abrufen.

对于每一件商品的所有组成部分,都有一张详细列表供检索。

选择答案

A 不是答案,请看第 1 句,这句告诉我们,生态装修网店 matteriashop.com 出售的只是餐具,不是家具。

B 不是答案,第 2 句中的 Gutes Design und smarte Materialien 不是被出售的商品。

C 是答案,依据是第 1 句和第 3 句。

第 9 题

题意:关于今天的消费者,趋势研究办公室说过了什么。

3 个选项的区别:

A. 透明理念很受他们欢迎。

B. 人性化理念最重要。

C. 商品的价值最重要。

相关语段及其译文

1. Solche transparenten Konzepte liegen laut dem Trendbüro ganz vorne.

根据趋势研究办公室的观点，类似的透明理念非常流行。

2. Denn nach Ansicht der Lifestyle-Forscher ersetzen Menschlichkeit, Umweltproblematik und Nachhaltigkeit in Zukunft den Luxusgedanken：

因为根据生活方式研究者的观点，人性化、环保问题以及耐用性将在未来取代奢侈观念：

3. „Es ist nicht mehr allein der Kaufgegenstand, der die persönliche Wertschätzung des Käufers erhält, sondern der gesamte Entstehungsprozess."

"不再仅仅是商品本身，而是整个商品制作过程都将是买家评判（商品）价值的依据。"

A 是答案，依据是第 1 句。

B 不是答案，请看第 2 句，这句中没有把 "Menschlichkeit" 说成最重要。

C 不是答案，依据是第 3 句。

Lösungen

1 B，2 A，3 A，4 A，5 A，6 B，7 A，8 C，9 A

Vokabeln

die	Einrichtung　nur Sg.	布置
	ökologisch　*Adj.*	生态的
	gleichbedeutend mit	等同于
	grobgeschnitzt　*Partizip Perfekt*	雕刻得粗糙的
das	Naturholzmöbel　-n	原木家具，天然木家具
der	Baumwollteppich　-e	棉质地毯
	avantgardistisch　*Adj.*	先锋派的，前卫的
	chic　*Adj.*	时髦的，漂亮的
die	Geisteshaltung	态度，心理状态
	elementar　*Adj.*	基础的，基本的
das	Bedürfnis　-se	需求，需要
der	Verbraucher　-	消费者
das	Label　-s	标签
die	Wiederverwertung	废旧利用，回收
	entsorgt　*Partizip Perfekt*	被处置，被清除
die	Ausnahme　-n	特例，例外
	sich tun	发生，变化
	ins Bewusstsein rücken	进入人们的意识
die	Sensibilität　nur Sg.	敏感性
	hochwertig　*Adj.*	价值高的，第一流的
der	Vorreiter　-	先行者，开路先锋

	sich durch/setzen	被大家接受
das	Accessoire -s	装饰品,附属品
	zeitgemäß *Adj.*	合乎时代的
das	Polstermöbel -n	软垫家具(比如沙发)
das	Vorzeigestück -e	展览样品
	konventionell *Adj.*	传统的,习惯的
die	Komponente -n	组成部分,部件
	nahezu *Adv.*	几乎
	unverwüstlich *Adj.*	结实的,耐用的
das	Holzgestell -e	木架,木框架
die	Polsterauflage -n	软垫
	raus/schmeißen *Vt.*	扔出去,扔掉
	j-m/etw.(D.) zu etw.(D.) verhelfen	帮助……达到
	allgegenwärtig *Adj.*	普遍存在的,无所不在的
	strapazierfähig *Adj.*	结实的,耐用的
das	Parkett -e/(e)s	木地板
der	Brotbehälter -	面包篮,面包箱
	entwerfen *Vt.*	设计
der	Artikel -	商品,货物
	ab/rufen *Vt.*	查询,检索
	transparent *Adj.*	透明的
	ersetzen *Vt.*	代替,替换
die	Nachhaltigkeit	耐用性,坚固性

Einheit 30

Lesen Sie den Text und lösen Sie die Aufgaben.

70 Prozent aller Manager sind ausgebrannt

Keine Pausen, ständig unter Strom, zu viel Verantwortung und ein immer späterer Feierabend: Deutsche Führungskräfte klagen über Burn-out. Viele Faktoren können die Krankheit auslösen. Doch mittlerweile kennen Psychologen einige wirksame Strategien, die vor einem Zusammenbruch schützen können.

70 Prozent der Manager leiden unter dauernder psychischer und physischer Erschöpfung. Die Hälfte von ihnen findet im Betrieb keine Pause, um sich zwischendurch mal zu erholen, und kommt aufgrund dessen erschöpft nach Hause. Auch Erholung sei zusehends nur noch am Wochenende möglich. Das sind die Kernaussagen einer Studie, die jetzt die Bertelsmann-Stiftung in Gütersloh und das Schweizer Institut „Sciencetransfer" vorgestellt hat.

„Betrachtet man die Daten von Krankenkassen und Rentenversicherungen, so merkt man, dass der Anteil an psychischen Erkrankungen im Verhältnis zu anderen Erkrankungen in den letzten Jahren deutlich gestiegen ist. Ursachen hierfür liegen unter anderem im belastenden Arbeitsumfeld." Die beobachtete Zunahme könne keinesfalls nur auf eine bessere und häufigere Diagnostik zurückgeführt werden.

Es gibt viele Faktoren, die belastend und damit krankheitsfördernd wirken: Zu lange Arbeitszeiten, eine zu geringere Entlohnung in Form von Geld oder auch Anerkennung, mangelnde Kontrolle über die eigene Arbeit und ein schlechtes zwischenmenschliches Verhältnis. Das sind nur einige Parameter von vielen weiteren.

Allerdings sind Gründe für die Krankheitsentstehung nicht nur in den Arbeitsbedingungen, sondern auch in der betroffenen Person selbst zu suchen. Burn-out-Patienten sind oft sehr ehrgeizig, sie neigen zum Perfektionismus und können ein labiles Selbstwertgefühl zeigen. Im Ringen nach beruflicher Anerkennung vernachlässigen sie so zunehmend Freizeitinteressen, Freunde und sogar die eigene Familie. Dabei gilt gerade menschlicher Kontakt als eine effektive präventive Maßnahme gegen Depression und Stress.

Auch im Sanatorium Dr. Barner in Braunlage werden immer mehr ausgebrannte Patienten betreut. Maren Lisson, die als Therapeutin für Psychotherapie in der Klinik viele Patienten mit Burn-out-Syndrom behandelt hat, erklärt die Folgen der chronischen Überbelastung: „Manche Menschen reagieren depressiv und mit innerer Leere, andere entwickeln Panikattacken. Häufig sind körperliche Symptome wie Kopfschmerzen, Magendrücken und Unruhe. Burn-out kann sich auf allen Ebenen zeigen." Die Betroffenen sind erschöpft, zeigen eine anhaltende physische und psychische Leistungs- und Antriebsschwäche und sind gegenüber Kollegen und der Arbeit oft zynisch und

abweisend eingestellt. Hinzu kommt eine mangelnde Fähigkeit, zur Ruhe zu kommen und sich zu erholen, weswegen die Patienten auch häufig mit Schlafstörungen reagieren.
Die Behandlung ist oft langwierig und dient u. a. der Vermittlung von Kompetenzen der Stressbewältigung. Die Betroffenen sollen lernen, sich Grenzen zu setzen, gegenüber dem Arbeitgeber auch mal „Nein" zu sagen, um eine übermäßige Arbeitsbelastung zu vermeiden. Sie sollen auch lernen, wie sie sich nach der Arbeit wieder erholen können. Die Therapien sind so vielfältig wie die Symptome – neben der Vermittlung von Kompetenzen stehen Maltherapien, Entspannungsverfahren und insbesondere auch Sport auf dem Programm.
Im Rahmen der Wirtschaftskrise ist sicherlich sobald keine Besserung der Arbeitsumstände zu erwarten. Da immer mehr Arbeitnehmer um ihren Arbeitsplatz fürchten, neigen sie folglich auch immer mehr dazu, über ihre persönliche Belastbarkeit hinaus zu arbeiten. „Betriebe sollten sich mehr Gedanken über die Einführung eines Gesundheitsmanagementprogramms machen", rät Hollmann.
http://www.welt.de/wissenschaft/article4355776/70-Prozent-aller-Manager-sind-ausgebrannt.html

Markieren Sie die richtige Antwort.

	Ja	Nein	Text sagt dazu nichts
1 Der Studie der Bertelsmann-Stiftung und des Schweizer Instituts „Sciencetransfer" zufolge leiden über die Mehrheit der deutschen Manager unter dem Burn-out-Syndrom.			
2 Viele Manager finden während der Arbeitszeit keine Pause, weil der Betrieb ihnen das verbietet.			
3 Die stressige Berufssituation u. a. führt zu einer starken Zunahme von psychischen Erkrankungen in den letzten Jahren.			
4 Das Einkommen der Führungskräfte ist zufriedenstellend.			
5 Burn-out-Patienten zeigen oft ähnliche Persönlichkeitsmerkmale.			
6 Burn-out-Patienten wollen kein gutes Verhältnis mit ihren Mitmenschen.			
7 Die Folgen langfristiger Erschöpfungszustände unterscheiden sich voneinander.			
8 Die betroffenen Patienten nehmen eine freundliche Haltung zu Kollegen und der Arbeit ein.			

9 Zur Behandlung gehört auch das Beibringen von Fähigkeiten der Stressbewältigung.			9
10 Die Wirtschaftskrise führt eher dazu, dass die Arbeitnehmer weniger Belastungen am Arbeitsplatz haben.			10

习题讲解

第1题 **题意：**根据贝塔斯曼基金会以及瑞士"Sciencetransfer"学院的研究报告，在德国（是否）绝大多数的管理人员都受到"过劳症状"的困扰。

相关语段及其译文

1. 70 Prozent der Manager leiden unter dauernder psychischer und physischer Erschöpfung.

70%的管理人员都长期觉得身心很疲惫。

2. Die Hälfte von ihnen findet im Betrieb keine Pause, um sich zwischendurch mal zu erholen, und kommt aufgrund dessen erschöpft nach Hause.

他们中的一半在企业里得不到一点点的休息，因此都是非常疲惫地回家。

3. Auch Erholung sei zusehends nur noch am Wochenende möglich.

他们只能在周末才能得到休息。

4. Das sind die Kernaussagen einer Studie, die jetzt die Bertelsmann-Stiftung in Gütersloh und das Schweizer Institut „Sciencetransfer" vorgestellt hat.

这是Gütersloh贝塔斯曼基金会以及瑞士"Sciencetransfer"学院所介绍的那个研究项目中的一些主要结果。

选择答案

根据第1句和第4句，答案选择Ja。

第2题 **题意：**许多管理人员在工作时间内得不到休息，（是否）因为企业不允许。

相关语段及其译文

Die Hälfte von ihnen findet im Betrieb keine Pause, um sich zwischendurch mal zu erholen, und kommt aufgrund dessen erschöpft nach Hause.

译文见上。

选择答案

这一段落没有对"管理人员在工作时间内得不到休息"的进行原因说明，所以选择Text sagt dazu nichts。

第3题 **题意：**压力大的工作环境是导致近几年心理疾病迅速增长的原因之一。

相关语段及其译文

Betrachtet man die Daten von Krankenkassen und Rentenversicherungen, so merkt man deutlich, dass der Anteil an psychischen Erkrankungen im Verhältnis zu anderen Erkrankungen in den letzten Jahren deutlich gestiegen ist. Ursachen hierfür liegen unter anderen im belastenden Arbeitsumfeld.

医疗保险和养老保险公司的数据清晰地表明，与其他疾病相比，近几年心理疾病的比例明显上升，其原因之一是繁重的工作环境。

选择答案

题目与相关段落的意思基本一致，所以答案是 Ja。

第4题　　**题意**：管理阶层的收入状况是令人感到满意的。
相关语段及其译文

Es gibt viele Faktoren, die belastend und damit krankheitsfördernd wirken: Zu lange Arbeitszeiten, eine zu geringere Entlohnung in Form von Geld oder auch Anerkennung...

导致压力和心理疾患的许多原因中包括工作时间太长、金钱以及认可方面的报酬太少等等。

选择答案

这一段落说明德国管理人员对于其收入状况并不满意，所以答案是 Nein。

第5题　　**题意**："过劳症"患者的人格特征(是否)常常是相似的。
相关语段及其译文

1. Allerdings sind Gründe für die Krankheitsentstehung nicht nur in den Arbeitsbedingungen, sondern auch in der betroffenen Person selbst zu suchen.

不过，疾病产生的原因不光与工作条件有关，而且也与病人本身有关。

2. Burn-out-Patienten sind oft sehr ehrgeizig, sie neigen zum Perfektionismus und können ein labiles Selbstwertgefühl zeigen.

"过劳症"患者通常都雄心勃勃，有完美主义倾向，而且自我价值感往往不稳定。

选择答案

第2句描写了"过劳症"患者的一些相同的人格特点。据此，答案选择 Ja。

第6题　　**题意**："过劳症"患者不愿意与其周围的人建立良好的人际关系。
相关语段及其译文

Es gibt viele Faktoren, die belastend und damit krankheitsfördernd wirken: ... ein schlechtes zwischenmenschliches Verhältnis. ... Im Ringen nach beruflicher Anerkennung vernachlässigen sie so zunehmend Freizeitinteressen, Freunde und sogar die eigene Familie.

恶劣的人际关系是导致疾病的因素之一；为了追求事业的成功，"过劳症"患者越来越忽视他们的业余爱好、朋友以及甚至自己的家庭。

选择答案

这一段落只陈述了事实，即"过劳症"患者忽视与周围人的关系，但并没有涉及主观意愿的问题，所以答案是 Text sagt dazu nichts。

第7题　　**题意**：长期疲劳带来的后果，(是否)有差异。
相关语段及其译文

1. Maren Lisson, die als Therapeutin für Psychotherapie der Klinik viele Patienten

mit Burn-out behandelt hat, erklärt die Folgen der chronischen Überbelastung:

曾经治疗过许多"过劳症"患者的心理专家 Lisson 女士在解释长期超负荷的结果时说：

2. „Manche Menschen reagieren depressiv und mit innerer Leere, andere entwickeln Panikattacken.

"有些患者表现出忧郁以及内心空虚,有些则发展出恐慌情绪。"

选择答案

这一段落中 Lisson 女士解释的两种后果差异明显。根据推理,答案选择 Ja。

第8题 题意:相关病人对同事和工作报以友好的态度。

相关语段及其译文

Die Betroffenen ... sind gegenüber Kollegen und der Arbeit oft zynisch und abweisend eingestellt.

"过劳症"患者在面对同事和工作时往往愤世嫉俗,不屑一顾。

选择答案

这一段落说明患者对同事和工作的态度并不友好,所以答案是 Nein。

第9题 题意:教授如何克服压力也是治疗的一部分内容。

相关语段及其译文

Die Behandlung ist oft langwierig und dient u. a. der Vermittlung von Kompetenzen der Stressbewältigung.

治疗往往是漫长的,目的是传授给患者如何应对压力的能力。

选择答案

题目与相关段落的意思基本一致,所以答案是 Ja。

第10题 题意:经济危机导致的结果(是否)是雇员的工作压力变小。

相关语段及其译文

1. Im Rahmen der Wirtschaftskrise ist sicherlich sobald keine Besserung der Arbeitsumstände zu erwarten.

在经济危机的大环境里,不能期待短期内工作环境会有任何改善。

2. Da immer mehr Arbeitnehmer um ihren Arbeitsplatz fürchten, neigen folglich auch immer mehr dazu, über ihre persönliche Belastbarkeit hinaus zu arbeiten.

因为越来越多的雇员担心失业,所以他们更多地会倾向于超出自己的承受能力来工作。

选择答案

第2句告诉我们,经济危机使得雇员更多地倾向于超出自己的承受能力来工作,这说明压力更大了,所以选择 Nein。

Lösungen

1 Ja, 2 nichts, 3 Ja, 4 nein, 5 Ja, 6 nichts, 7 Ja, 8 Nein, 9 ja, 10 Nein

Vokabeln

	unter Strom	处于紧张状态
die	Verantwortung -en	责任
	über etw. (A.) klagen *Vi.*	抱怨
	aus/lösen *Vt.*	引起,招致
	mittlerweile *Adv.*	与此同时
der	Zusammenbruch ..e	崩溃,虚脱
	aufgrund + G. *Präp.*	由于,因为
	zusehends *Adv.*	显而易见
das	Arbeitsumfeld -er	工作环境
die	Diagnostik nur Sg.	诊断
	etw. (A.) auf etw. (A.) zurück/führen	把……归因于
die	Entlohnung -en	报酬,工资
die	Anerkennung -en	认可,赞赏
der	Parameter -	参变量,参数
	betroffen Partizip Perfekt	被牵涉的,受到影响的
der	Perfektionismus nur Sg.	完美主义
	labil	不稳定的,易变的
das	Ringen nur Sg.	奋斗
	vernachlässigen *Vt.*	忽视,不关心
	präventiv *Adj.*	预防性的
die	Depression -en	抑郁,抑郁症
das	Sanatorium .. rien	疗养院
die	Panikattacke -n	惊恐发作
das	Symptom -e	症状
	anhaltend Partizip Präsens	持续不断的
die	Antriebsschwäche	缺乏动力
	zynisch *Adj.*	愤世嫉俗的
	abweisend Partizip Präsens	执拗的,暴躁的
	eingestellt Partizip Perfekt	具有某种倾向的
die	Vermittlung -en	传授(知识)
die	Stressbewältigung	克服压力,摆脱压力
	vermeiden *Vt.*	避免
die	Therapie -n	疗法
	Arbeitsumstände *Pl.*	工作情况,工作条件
	über etw. (A.) hinaus	超出,除了……之外
der	Betrieb -e	企业,工厂

Einheit 31

Lesen Sie den Text und lösen Sie die Aufgaben.

Kraillinger Unternehmen stellt Innovation vor:
Neue Wärmepumpe vereint Energieeffizienz und Langlebigkeit

Auf dem ersten vom Bundesverband Wärmepumpe e. V. (BWP) ausgerichteten Geothermietag in der impuls-Arena Augsburg stellt der in Krailling ansässige Spezialist für Klima- und Kältetechnik TRANE am 2. März 2010 eine neuartige Wärmepumpe vor, die sich insbesondere durch eine hohe Jahresarbeitszahl und eine Lebensdauer von mindestens 25 Jahren auszeichnet.

Über Oberflächenbrunnen entzieht die Anlage dem Erdreich Energie zum Heizen von Gebäuden. Umgekehrt ist es möglich, die Räume im Sommer zu kühlen, indem die Maschine Wärme ins Erdreich abführt. Mit einer Heizleistung von 1.200 Kilowatt können vor allem große Gebäude wie Krankenhäuser, Büros oder Schulen auf diese ressourcenschonende Weise beheizt und klimatisiert werden.

„Die neu entwickelte Wärmepumpe hilft Betriebskosten deutlich zu senken und trägt zum Klimaschutz bei. Sie arbeitet effektiv und emissionsfrei", erklärt Dipl. Ing. Hans Thomas Roggenkamp, Inhaber und Geschäftsführer von TRANE Krailling.

Die Wärme, welche Wärmepumpen ihrer Umgebung, etwa der Erde, dem Wasser oder der Luft, entziehen, steht jederzeit und kostenlos zur Verfügung. Um diese allerdings als Heizwärme bereit zu stellen, muss der Pumpe auch Energie zugeführt werden. Hier sind zwei Aspekte für den umweltfreundlichen Betrieb relevant: Der Stromverbrauch der Pumpe sowie des gesamten Heizungssystems und auch, wie der eingesetzte Strom produziert wird: konventionell oder aus erneuerbaren Energien.

Für Wärmepumpen gibt es deshalb zwei wichtige Kennzahlen: die Leistungszahl, ein Momentanwert zur Beschreibung der thermischen Leistung, der unter Normbedingungen auf dem Prüfstand nach DIN ermittelt wird, und die Jahresarbeitszahl (JAZ), die die tatsächliche Heizarbeit der Wärmepumpe unter Betriebsbedingungen angibt. Die JAZ beschreibt das Verhältnis von produzierter Wärme zum Stromverbrauch über ein Jahr und ist daher die wichtigere Kennzahl für die Beurteilung des Wirkungsgrads der Wärmepumpe. Als effizient gelten Wärmepumpen, die mindestens das Vierfache der eingesetzten elektrischen Arbeitsleistung in Wärmeenergie umsetzen, was einer Jahresarbeitszahl von 4,0 entspricht. Das jedoch schaffen laut aktueller Feldversuche nur die wenigsten Anlagen; im Vorteil sind die Erdwärmesysteme. Neben einer langfristigen Verringerung der Nebenkosten sinken laut einer Studie der TU München bei einer Jahresarbeitszahl von 4,0 die CO_2-Emissionen um 50 Prozent im Vergleich zum effizientesten Referenzsystem, dem Gasbrennwertkessel.

Die nun von TRANE gelieferte Anlage zur Nutzung von Erdwärme verspricht eine Jahresarbeitszahl von 4,4 und wäre so im Vergleich zum derzeitigen Angebot auf dem Wärmepumpenmarkt überdurchschnittlich effektiv. Neben der Energieeffizienz trägt aber auch die lange Lebensdauer zur Schonung der Ressourcen und daher zum Schutz der Umwelt bei.

http://www.fachzeitungen.de/pressemeldungen/kraillinger-unternehmen-stellt-innovation-vor-neue-waermepumpe-vereint-energieeffizienz-und-langlebigkeit-104133/#more-4133

Markieren Sie die richtige Antwort.

	Ja	Nein	Text sagt dazu nichts
1 Die auf dem ersten Geothermietag in Augsburg vorgestellte Wärmepumpe ist anders als alle herkömmlichen.			
2 Diese Anlage benutzt Wasser, um Wärme zu gewinnen.			
3 Sie eignet sich mit ihrer zu hohen Leistung nicht für Wohnhäuser.			
4 Die Produktionskosten solcher Anlagen sind niedriger als die der konventionellen.			
5 Nach Hanns Thomas Roggenkamp stößt diese Wärmepumpe bei der Nutzung wenig CO_2 aus.			
6 Der Rohstoff für solche Wärmepumpen kann jederzeit und kostenlos gebraucht werden.			
7 Bei der Bewertung des Umweltfreundlichkeitsgrades einer Wärmepumpe muss man berücksichtigen, wie viel Energie im Betrieb verbraucht und woraus sie erzeugt wird.			
8 Die Jahreszahl der Wärmepumpe ergibt sich daraus, wie viel Wärme sie im ganzen Jahr hergestellt und wie viel Strom verbraucht wird.			
9 Für die Erdwärmesysteme sprechen sowohl die Abnahme der Nebenkosten als auch die Umweltfreundlichkeit.			
10 Die von TRANE angebotene Anlage ist in allen Hinsichten die beste.			

阅读训练

习题讲解

第1题　题意：在第一届 Augsburg 地热大会上介绍的热泵（是否）与所有传统的热泵都不一样。

相关语段及其译文

Auf dem ersten vom Bundesverband Wärmepumpe e. V. (BWP) ausgerichteten Geothermietag in der impuls-Arena Augsburg stellt der in Krailling ansässige Spezialist für Klima- und Kältetechnik TRANE am 2. März 2010 eine neuartige Wärmepumpe vor, die sich insbesondere durch eine hohe Jahresarbeitszahl und eine Lebensdauer von mindestens 25 Jahren auszeichnet.

在第一届由联邦协会在 Augsburg 脉冲广场举行的地热大会上，在 Krailling 的空调和制冷专家 TRANE 公司在 2010 年 3 月 2 日介绍了一种新式热泵，它的最大优点是年工作效率高和至少 25 年的寿命。

选择答案

这一段落告诉我们，专家介绍的是一种新式的（neuartige）热泵，也就是说与以前的都不一样。文章肯定了题目的陈述，所以选择 Ja。

第2题　题意：这一设备（是否）用水来获得热能的。

相关语段及其译文

Über Oberflächenbrunnen entzieht die Anlage dem Erdreich Energie zum Heizen von Gebäuden.

该设备通过地表的水井从地层中抽取能量来给建筑物取暖。

选择答案

既然通过水井，那就可以推断这一设备是利用水获取地热的。文章肯定了题目的陈述，所以选择 Ja。

第3题　题意：因为具有太高的功率，它（是否）不适用于住宅楼。

相关语段及其译文

Mit einer Heizleistung von 1.200 Kilowatt können vor allem große Gebäude wie Krankenhäuser, Büros oder Schulen auf diese ressourcenschonende Weise beheizt und klimatisiert werden.

以 1 200 千瓦制热功率，（它）主要能给大楼，比如医院、办公楼或学校等，用节约资源的方式取暖或制冷。

选择答案

这一段落没有涉及题目中的话题，即它（是否）适用于住宅楼，所以选择 Text sagt dazu nichts。

第4题　题意：这类设备的生产成本（是否）比传统设备的生产成本低。

相关语段及其译文

„Die neu entwickelte Wärmepumpe hilft Betriebskosten deutlich zu senken und trägt zum Klimaschutz bei."

这个新研发的热泵明显地有助于降低运营成本,并有利于保护气候。

选择答案

这一相关段落只涉及了运营成本(Betriebskosten),没有涉及生产成本,所以选择 Text sagt dazu nichts。

5 题 题意: 按照 H. T. Roggenkamp 的观点,这个热泵在使用中排出的 CO_2(是否)不多。

相关语段及其译文

„Sie arbeitet effektiv und emissionsfrei", erklärt Dipl. Ing. Hans Thomas Roggenkamp, Inhaber und Geschäftsführer von TRANE Krailling.

工程师 H. T. Roggenkamp 解释说,热泵工作有效率,而且无排放。

选择答案

这一相关段落是说无排放,是对题目中"排放不多"的否定,所以选择 Nein。

6 题 题意: 这类热泵使用的原料(是否)任何时候都可以不花钱地使用。

相关语段及其译文

1. Die Wärme, welche Wärmepumpen ihrer Umgebung, etwa der Erde, dem Wasser oder der Luft, entziehen, steht jederzeit und kostenlos zur Verfügung.

热泵从它周围的土地,水或空气中获取的热能任何时候都免费提供使用。

2. Um diese allerdings als Heizwärme bereit zu stellen, muss der Pumpe auch Energie zugeführt werden.

不过,为了把这热能作为取暖热源来提供,还必须给热泵接通能源(也就是说接通电源)。

选择答案

第1句告诉我们,热泵使用的原料为土地,水和空气,它们是到处存在,不需出钱买的。文章是对题目的肯定,所以选择 Ja。

7 题 题意: 如果评价一台热泵的环保性,我们(是否)必须顾及它在运营中消耗了多少能量以及这些能量的原料是什么。

相关语段及其译文

1. Hier sind zwei Aspekte für den umweltfreundlichen Betrieb relevant:

对于热泵运营的环保性问题有两点很重要:

2. Der Stromverbrauch der Pumpe sowie des gesamten Heizungssystems und auch, wie der eingesetzte Strom produziert wird: konventionell oder aus erneuerbaren Energien.

即热泵和整个制热系统的耗电,以及消耗的电是用什么原料生产的,是传统式的(用化石能源)还是用再生能源?

选择答案

这一相关段落提出了两个判断热泵运营(是否)环保的重要方面,这两个方面与题目中提出的必须顾及的两点内容完全一致,所以选择 Ja。

8 题 题意: 热泵的年比值 JAZ(是否)是出自它全年生产出多少热并消耗掉多少电。

阅读训练

相关语段及其译文

1. Die JAZ beschreibt das Verhältnis von produzierter Wärme zum Stromverbrauch über ein Jahr.

JAZ 就是描写全年生产出的热能与耗电之间的比值。

2. und ist daher die wichtigere Kennzahl für die Beurteilung des Wirkungsgrads der Wärmepumpe.

因此是评价热泵功能强弱的比较重要的参数。

选择答案

题目是根据第 1 句的正确推理，所以选择 Ja。

第 9 题　　题意：地热系统的好处（是否）是附加费用的降低和它的环保性。

相关语段及其译文

1. im Vorteil sind die Erdwärmesysteme.

地热系统优于其他系统。

2. Neben einer langfristigen Verringerung der Nebenkosten sinken laut einer Studie der TU München bei einer Jahresarbeitszahl von 4,0 die CO_2-Emissionen um 50 Prozent im Vergleich zum effizientesten Referenzsystem, dem Gasbrennwertkessel.

根据慕尼黑工大的科研结果，（它的好处）除了长期降低附加成本外，如果年比值为4.0 时，它的二氧化碳排放与其他效率最高的系统 Gasbrennwertkessel 相比减少 50% 。

选择答案

第 2 句肯定了题目中提及的两个好处，所以选择 Ja。

第 10 题　　题意：由 TRANE 提供的设备（是否）在所有方面都是最好的。

相关语段及其译文

1. Die nun von TRANE gelieferte Anlage zur Nutzung von Erdwärme verspricht eine Jahresarbeitszahl von 4,4 und wäre so im Vergleich zum derzeitigen Angebot auf dem Wärmepumpenmarkt überdurchschnittlich effektiv.

由 TRANE 提供的利用地热的设备保证年比值为 4.4，与当年市场上提供的其他热泵相比，其效率超出一般水平。

2. Neben der Energieeffizienz trägt aber auch die lange Lebensdauer zur Schonung der Ressourcen und daher zum Schutz der Umwelt bei.

除了能源效率高以外，它的长寿对节省资源和保护环境都有好处。

选择答案

这一相关段落列举了 TRANE 提供的这一设备的许多好处，但没有说它在所有方面都是最好的，所以选择 Text sagt dazu nichts。

Lösungen

1 Ja, 2 Ja, 3 nichts, 4 nichts, 5 Nein, 6 Ja, 7 Ja, 8 Ja, 9 Ja, 10 nichts

Vokabeln

die	Innovation -en	创新
die	Wärmepumpe -n	热泵
die	Energieeffizienz nur Sg.	能源效率
die	Langlebigkeit nur Sg	耐用,长寿
	ausgerichtet *Adj.*	由……举行的
die	Arena	活动场所
	ansässig *Adj.*	定居的,居住的
	sich durch etw.（A.）aus/zeichnen	因为……而特别优秀
der	Oberflächenbrunnen -	浅表水井
	j-m/etw.（D.）etw.（A.）entziehen *Vt.*	从某人/从某地那里得到
das	Erdreich	土壤,土层
	ins Erdreich ab/führen *Vt.*	引出并送入土层,
	ressourcenschonend Partizip Präsens	爱惜资源的
	beheizen *Vt.*	供暖
	klimatisieren *Vt.*	供凉
	effektiv *Adj.*	实际的,有效的
	emissionsfrei *Adj.*	零排放的
	etw.（D.）etw.（A.）zuführen	给……加料,给……添加
	relevant für *Adj.*	对……重要的,对……意义重大的
der	Stromverbrauch	耗电
	konventionell *Adj.*	传统的
	erneuerbar *Adj.*	可更新的,可再生的
die	Kennzahl -en	系数,参数
der	Momentanwert	瞬时值
	thermisch *Adj.*	热的
die	Normbedingung -en	标准条件
der	Prüfstand	测试台,试验台
	ermitteln *Vt.*	算出(数值),求得
	effizient *Adj.*	有效力的,经济的
	um/setzen *Vt.*	使转换,使转化
der	Feldversuch -e	野外试验,现场实验
der	Gasbrennwertkessel -	天然气冷凝式锅炉
die	Schonung -en	爱惜,保护

Einheit 32

Lesen Sie den Text und lösen Sie die Aufgaben.

Lärm – Gefahr für den Körper

Überall ist es laut: Lärm gehört in Deutschland zum Alltag

Draußen hupen und knattern die Autos, unter dem Balkon mäht der Hausmeister die Grünanlage und der neue Nachbar bohrt und hämmert schon wieder – normaler Alltag in einer Stadtwohnung. Auf das Problem Lärm macht der heutige „Tag gegen Lärm" einmal jährlich aufmerksam.

Laut Definition empfinden wir Geräusche als belästigend, wenn sie lauter als 85 Dezibel sind. „Die tatsächliche Lautstärke, die wir als störend wahrnehmen, hängt aber von der Bewertung des Geräusches ab", sagt Dr. Catri Tegtmeier, Chefärztin der Tinnitus-Klinik Bad Arolsen in der Medizinisch-Psychosomatischen Klinik Große Allee.

Heißt: Einen Motorradfan stört es wahrscheinlich nicht, wenn neben ihm ein Motorrad vorbeirauscht. Jemand anders kann sich dadurch belästigt fühlen. Ebenso in der Disko: Die Musik schallt oft extrem laut aus den Lautsprechern, trotzdem haben Jugendliche damit kein Problem.

Hören wir bestimmte Geräusche immer wieder, blenden wir sie irgendwann aus. „Das kennt man von Seefahrern, die nach Jahren auf See den lauten Schiffsmotor gar nicht mehr wahrnehmen", erklärt Dr. Olaf Hoffmann, HNO-Arzt an den Schön-Kliniken in Bad Arolsen.

Überhaupt können unsere Ohren unwichtige Geräusche ausblenden. Eine Art Hörfilter unterscheidet zwischen wichtig und unwichtig, so wird das Gehirn vor einer Reizüberflutung geschützt. Gehen wir zum Beispiel an einer Straße entlang und unterhalten uns, blendet der Hörfilter den Autolärm aus. Nur so können wir uns auf das Gespräch konzentrieren.

Durch Stress kann der Hörfilter geschwächt werden. Alle Geräusche gelangen dann ungefiltert ins Gehirn. Die Folge: „Wir empfinden bereits viel leisere Töne als belästigend", sagt Tegtmeier. Betroffene ziehen sich zurück und reagieren bei nahezu jeglichem Geräusch gereizt. Auch Tinnitus kann so entstehen. „Das Ohrensausen tritt als Folge eines Hörschadens auf. Es muss auf jeden Fall frühzeitig behandelt werden", empfiehlt Tegtmeier.

„Die Dauerbeschallung in deutschen Großstädten bedeutet für den Körper enormen Stress", betont auch Hoffmann. Der andauernde Lärm führt nicht nur zu Kopfschmerzen und Schlafstörungen, er kann auch den Blutdruck erhöhen. Eine aktuelle Studie des Umweltbundesamtes ergab zudem: Menschen, die in lauten Wohngegenden leben und ständig mehr als 70 Dezibel ausgesetzt sind, haben ein 30 Prozent höheres Risiko, einen

Herzinfarkt zu erleiden.

Auch immer mehr Kinder und Jugendliche haben Hörprobleme. Straßenlärm im Kinderzimmer, laute Kopfhörer und Disko-Nächte verursachen laut Umweltbundesamt bei jedem achten Kind Hörschäden. „Die Hörzellen werden bei Dauerbelastung irreversibel geschädigt. Hörprobleme machen sich aber meist erst Jahre später bemerkbar", sagt Hoffmann. Und zwar zunächst bei so genannten Hochtönen. Ältere Familienmitglieder verstehen dann die hellen Stimmen der Kinder und Enkel nicht mehr.

Übrigens: Untersuchungen in Afrika ergaben, dass die Einwohner dort praktisch keine Hörprobleme haben. Selbst 90-Jährige hören noch bestens. Der Grund: „In Afrika sind die Menschen kaum Lärm ausgesetzt, Hörschäden sind eine absolute Zivilisationskrankheit, bedingt durch den permanenten Lärm", erörtert Hoffmann.

Das Problem in dicht besiedelten Ländern wie Deutschland: Wir können Lärm nicht vollständig vermeiden. Aber Lärmschutzwände vermindern den Krach von vorbeirasenden Autos, das Nachtflugverbot verschafft Flughafen-Anwohnern zumindest nachts Ruhe und ein Gehörschutz bei der Arbeit an lauten Maschinen schützt das Gehör. Daheim sind wir selbst gefragt: Dürfen Radio und Fernseher auch ein wenig leiser sein? Macht der Rasenmäher nicht doch so viel Lärm, dass sich ein Gehörschutz empfiehlt? Und die Bohrmaschine?

http://www.apotheken-umschau.de/Laerm

Markieren Sie die richtige Antwort.

	Ja	Nein	Text sagt dazu nichts	
1 Der Hauptverursacher des Lärms sind Autos.				1
2 Für durchschnittliche Menschen bildet aller Lärm nach der Meinung von Dr. Tegtmeier eine störende Belastung.				2
3 Ob ein Lärm einem zu laut ist oder nicht, hängt von jeweiligen Personen ab.				3
4 Wenn man an gewissen Lärm gewöhnt ist, stört er einen nicht mehr.				4
5 Wenn man sich an einer lauten Straße unterhalten, braucht man zur Konzentration auf das Gespräch einen Hörfilter.				5
6 Wenn man dauernd Geräuschen ausgesetzt ist, kann das Gehör schlechter werden.				6
7 30 Prozent derer, die in der Nähe von Autobahnen wohnen, leiden an einem Herzinfarkt.				7

8 Daran, dass die Kinder immer laut sprechen, ist zu erkennen, dass ihr Gehör geschwächt ist.			8
9 Das Gesellschaftsphänomen Gehörsenkung hat mit der sozialen Entwicklung nichts zu tun.			9
10 Weil die zivilisierte Gesellschaft schon so weit entwickelt ist, kann man gegen den Lärm nichts tun.			10

习题讲解

第1题 **题意**:噪声的主要责任者(是否)是小轿车。

相关语段及其译文

Draußen hupen und knattern die Autos, unter dem Balkon mäht der Hausmeister die Grünanlage und der neue Nachbar bohrt und hämmert schon wieder – normaler Alltag in einer Stadtwohnung.

外面小轿车嘀嘀叫叫,阳台下房屋管理者正在绿地上除草,新来的邻居又打电钻,又敲榔头,这是一个市区住宅里正常的日子。

选择答案

这一相关段落列举了多种噪声的声源,但是没有对它们区分主次,所以选择 Text sagt dazu nichts。

第2题 **题意**:按照 Tegtmeier 博士的观点,对普通人而言所有的噪声(是否)都是令人烦躁的。

相关语段及其译文

1. Laut Definition empfinden wir Geräusche als belästigend, wenn sie lauter als 85 Dezibel sind.

按照定义的说法,如果噪声超过 85 分贝,我们就会感到它扰人。

2. „Die tatsächliche Lautstärke, die wir als störend wahrnehmen, hängt aber von der Bewertung des Geräusches ab", sagt Dr. Catri Tegtmeier, Chefärztin der Tinnitus-Klinik Bad Arolsen in der Medizinisch-Psychosomatischen Klinik Große Allee.

格罗色大街身心医院下属巴德阿诺森耳鸣医院的主任医师 Catri Tegtmeier 博士说:"让我们感觉到扰人的音量强度还取决于我们对这个声音的评价。"

选择答案

按照第2句里的专家 Catri Tegtmeier 博士的说法,声音(是否)扰人取决于我们对这个声音的评价。所以不是所有的噪声都是令人烦躁的。答案应该选择 Nein。

第3题 **题意**:一种响声对某一个人来说是不是太响,(是否)因人而异。

相关语段及其译文

1. Heißt: Einen Motorradfan stört es wahrscheinlich nicht, wenn neben ihm ein Motorrad vorbeirauscht.

据说,一个摩托车迷可能对于在他旁边飞驰而过的摩托车一点都不觉得扰人。

2. Jemand anders kann sich dadurch belästigt fühlen.

而另一个人就可能觉得烦躁。

3. Ebenso in der Disko: Die Musik schallt oft extrem laut aus den Lautsprechern, trotzdem haben Jugendliche damit kein Problem.

同样在迪斯科舞场,扩音器出来的音乐声往往超响,但是青年人对此一点问题都没有。

选择答案

这一相关段落里的两个极端例子表明,对同样的响声有人感到扰人,有人却感觉不到,与题目意思完全一致,答案选择 Ja。

第 4 题　　**题意**:如果人对某种响声习惯了的话,这种响声(是否)就不再吵扰他了。

相关语段及其译文

1. Hören wir bestimmte Geräusche immer wieder, blenden wir sie irgendwann aus.

如果我们老是听到某种响声,到了一定的时候它对我们的刺激就逐渐减弱。

2. „Das kennt man von Seefahrern, die nach Jahren auf See den lauten Schiffsmotor gar nicht mehr wahrnehmen", erklärt Dr. Olaf Hoffmann, HNO-Arzt an den Schön-Kliniken in Bad Arolsen.

巴德阿诺森的水恩医院医生 Olaf Hoffmann 博士解释说:"这一点航海家们都知道,因为他们在海上航海若干年后根本感觉不到船上吵闹的马达声。"

选择答案

第 2 句中航海家的例子是对题目的肯定,所以选择 Ja。

第 5 题　　**题意**:如果人们在一条吵闹的马路旁交谈,为了思想集中于谈话(是否)需要一个听音过滤器。

相关语段及其译文

1. Überhaupt können unsere Ohren unwichtige Geräusche ausblenden.

我们的耳朵完全能够把不重要的声音过滤掉。

2. Eine Art Hörfilter unterscheidet zwischen wichtig und unwichtig, so wird das Gehirn vor einer Reizüberflutung geschützt.

一种听力过滤器官能区分重要和不重要的声音。这样大脑在过量刺激的情况中得到了保护。

3. Gehen wir zum Beispiel an einer Straße entlang und unterhalten uns, blendet der Hörfilter den Autolärm aus.

比如,如果我们沿着一条马路边走边谈,这种听力过滤器官能过滤汽车的吵闹声。

4. Nur so können wir uns auf das Gespräch konzentrieren.

只有这样我们才能集中于我们的交谈。

选择答案

第 2 中的 Hörfilter 指的是大脑的一种功能。题目把 Hörfilter 理解成一种仪器。根据第 2 句,人的大脑本身就有这一功能,不需要这种专门的仪器。所以选择 Nein。

第 6 题　　**题意**:如果人们长期置身于噪声中,听力(是否)会变差。

相关语段及其译文

1. Durch Stress kann der Hörfilter geschwächt werden.

听力过滤器官会因为身心压力而削弱。

2. Alle Geräusche gelangen dann ungefiltert ins Gehirn.

这样所有声音都会不加过滤地进入我们的大脑。

3. Die Folge: „Wir empfinden bereits viel leisere Töne als belästigend", sagt Tegtmeier.

按照 Tegtmeier 的说法,其结果是:"我们把非常轻的声音都感觉为烦人的。"

4. Betroffene ziehen sich zurück und reagieren bei nahezu jeglichem Geräusch gereizt.

受害者就不愿出门,几乎对每种声音都会产生反感。

5. Auch Tinnitus kann so entstehen.

甚至耳鸣也因此形成。

6. „Das Ohrensausen tritt als Folge eines Hörschadens auf.

Tegtmeier 还说:"耳鸣是听力损伤的结果。"

7. Es muss auf jeden Fall frühzeitig behandelt werden, empfiehlt Tegtmeier.

必须及时就医

8. „Die Dauerbeschallung in deutschen Großstädten bedeutet für den Körper enormen Stress", betont auch Hoffmann.

Hoffmann 也强调:"德国城市长期的吵闹声对我们的身体意味着巨大的压力。"

选择答案

按照最后一句中 Hoffmann 的解释,可以把 Die Dauerbeschallung in deutschen Großstädten 理解为 Stress。第1句说:听力过滤功能会因为 Stress 而削弱,据此推理,这是对题目的肯定,所以选择 Ja。

第7题 题意:住在高速公路附近的人中(是否)有 **30%患有心肌梗死**。

相关语段及其译文

Eine aktuelle Studie des Umweltbundesamtes ergab zudem: Menschen, die in lauten Wohngegenden leben und ständig mehr als 70 Dezibel ausgesetzt sind, haben ein 30 Prozent höheres Risiko, einen Herzinfarkt zu erleiden.

联邦环境局的最新研究还得出结论:生活在吵闹地区并长期置身于70分贝以上环境中的人群与其他人群相比,患心肌梗死风险高出30%。

选择答案

这一段落的主要话题是两组人患心肌梗死风险的对比。住在高速公路附近的人中有百分之几的人患有心肌梗死?这一问题文章没有涉及,所以选择 Text sagt dazu nichts。

第8题 题意:从孩子老是大声说话(是否)能够确认,他们的听力已经减弱。

相关语段及其译文

1. Straßenlärm im Kinderzimmer, laute Kopfhörer und Disko-Nächte verursachen laut

Umweltbundesamt bei jedem achten Kind Hörschäden.

根据联邦环境局的统计，儿童房间旁的马路吵闹声、音量大的耳机以及通宵迪斯科舞会在1/8的孩子中引发了听力损伤。

2. „Die Hörzellen werden bei Dauerbelastung irreversibel geschädigt. Hörprobleme machen sich aber meist erst Jahre später bemerkbar", sagt Hoffmann.

Hoffmann 说："听力细胞在长期负荷中发生不可逆转的损伤。听觉困难大多数都是几年后才被发现。"

3. Und zwar zunächst bei so genannten Hochtönen.

而且一开始是孩子用高八度声音讲话。

4. Ältere Familienmitglieder verstehen dann die hellen Stimmen der Kinder und Enkel nicht mehr.

年纪老一点的家庭成员搞不懂孩子和孙辈们的嗓音（为什么）那么响亮。

选择答案

第2、3句是对题目的肯定，所以选择 Ja。

9题　　**题意**：听力下降这一社会现象与社会发展（是否）无关。

相关语段及其译文

1. Untersuchungen in Afrika ergaben, dass die Einwohner dort praktisch keine Hörprobleme haben.

在非洲做的研究表明，那里的居民根本没有听力问题。

2. Selbst 90-Jährige hören noch bestens.

甚至90岁老人听力都很好。

3. Der Grund：„In Afrika sind die Menschen kaum Lärm ausgesetzt, Hörschäden sind eine absolute Zivilisationskrankheit, bedingt durch den permanenten Lärm", erörtert Hoffmann.

Hoffmann 解释说，其原因是："在非洲人们的生活环境中几乎没有噪声，听力损伤完全是由持久的噪声引起的文明病。"

选择答案

第1和第2句指明，非洲人没有听力问题，第3句得出结论：原因是在非洲几乎没有噪声，所以听力损伤是由持久的噪声引起的文明病。推理：文明是社会发展的结果，所以听力下降这一社会现象与社会发展有关。答案选择 Nein。

10题　　**题意**：因为文明社会已经发展到今天这个程度，人们对噪声（是否）毫无办法。

相关语段及其译文

1. Das Problem in dicht besiedelten Ländern wie Deutschland：Wir können Lärm nicht vollständig vermeiden.

这个问题发生在像德国这样人群稠密的国家：我们不能完全避免噪声。

2. Aber Lärmschutzwände vermindern den Krach von vorbeirasenden Autos,

但是噪声隔音墙降低了汽车开过的声音,

3. das Nachtflugverbot verschafft Flughafen-Anwohnern zumindest nachts Ruhe
夜间禁飞的规定给机场附近的居民至少在夜间创造了宁静。
4. und ein Gehörschutz bei der Arbeit an lauten Maschinen schützt das Gehör.
在噪声强烈的机器旁工作的听力保护措施保护了我们的听力。
选择答案
第 2 至第 4 句列举了一系列针对噪声的措施。说明我们还是可以采取一些办法的，所以选择 Nein。

Lösungen

1 nichts, 2 Nein, 3 Ja, 4 Ja, 5 Nein, 6 Ja, 7 nichts, 8 Ja, 9 Nein, 10 Nein

Vokabeln

der	Lärm -	噪声
	hupen *Vi.*	（汽车）鸣叫
	mähen *Vt.*	除草
	bohren *Vt.*	钻
	hämmern *Vt.*	（榔头）敲打
	j-n. aufmerksam auf etw. (A.) machen *Vt.*	使……关注
	laut *Präp.*	根据
die	Definition -en	定义
	empfinden als *Vt.*	把……感觉为
das	Dezibel	分贝
	wahr/nehmen *Vt.*	感知，感觉到
	von j-m./etw. (D.) ab/hängen	取决于
	psychosomatisch *Adj.*	心身的
	vorbei/rauschen *Vi.*	飞驰而过
	sich belästigt fühlen	感到有压力
	schallen *Vi.*	发出响声
	aus/blenden *Vt.*	渐渐感觉不到
der	Hörfilter	听力理解过滤功能
	an etw. (D.) entlang	沿着
der	Stress -	心身压力
	schwächen *Vt.*	削弱
	gelangen *Vi.*	到达
	sich zurück/ziehen	撤退
das	Ohrensausen	耳鸣
	auf/treten *Vi.*	出现

der	Hörschaden ⸺	听力损伤
die	Dauerbeschallung	长期压力
	etw. (D.) ausgesetzt sein	遭受,置身于
	erleiden *Vt.*	患上(毛病),遭受
	verursachen *Vt.*	引起
	die Hörzelle -n	听觉细胞
	irreversibel *Adv.*	不可逆转的
	permanent	持续的,永恒的
	erörtern *Vt.*	讨论
	besiedeln *Vt.*	居住
	dicht besiedelt	人口稠密的
	vermindern *Vt.*	减少
der	Krach -	吵声
das	Gehör -	听力
	daheim *Adv.*	在家

Einheit 33

Lesen Sie den Text und lösen Sie die Aufgaben.

An Wochenenden ist das Wetter schlechter

Am Wochenende regnet es, und montags lacht natürlich die Sonne: Diesen Eindruck vieler Berufstätiger bestätigen Meteorologen. Unter der Woche belasten vermutlich hohe Konzentrationen an Feinstaub die Atmosphäre, am Wochenende tritt der Erholungseffekt ein—mit Regen.

Das Wetter wird zum Wochenende tatsächlich schlechter, haben Dominique Bäumer und Bernhard Vogel vom Institut für Meteorologie und Klimaforschung (IMK) des Forschungszentrums und der Universität Karlsruhe herausgefunden. Die beiden Forscher führen das Phänomen auf Umweltbelastungen im Wochenverlauf zurück. „Der Mensch beeinflusst das Wetter auch kurzfristig", stellen Bäumer und Vogel in ihrer Klimastudie fest, die in Europa bislang einzigartig ist.

„Wir haben zwölf Stationen des Deutschen Wetterdienstes (DWD) ausgesucht, die regional sehr unterschiedlich liegen", sagt Bäumer. Die Forscher haben jeweils Messdaten der Jahre 1991 bis 2005 ausgewertet. Ob es nun Ballungsgebiete wie Berlin oder Frankfurt sind oder entlegene Stationen wie Helgoland oder die Zugspitze: „Am Wochenanfang ist es am sonnigsten, zum Wochenende hin ziehen mehr Wolken auf", sagt Vogel.

Die Klimastudie zeigt, dass die Temperaturen in der ersten Wochenhälfte ansteigen und dann bis Samstag sinken. Mittwochs ist es im Durchschnitt 0,2 Grad Celsius wärmer als samstags. Dies geht mit der Dauer des Sonnenscheins einher.

Dienstags strahlt sie im Schnitt 15 Minuten länger als an einem Samstag. Dementsprechend ziehen in der zweiten Wochenhälfte mehr Wolken auf als zwischen Montag und Mittwoch. Das bestätigen Statistiken der Niederschläge: Montag ist der trockenste Wochentag, samstags regnet es im Schnitt am häufigsten und am stärksten.

Bäumer und Vogel führen diesen Wetterverlauf auf Aktivitäten der Menschen zurück. Welche das genau sind, daran forschen die beiden Meteorologen. Ihre Vermutung: Aerosole, also Gemische aus Schwebeteilchen wie zum Beispiel Ruß- oder Sulfatpartikel sprich Feinstaub könnten unmittelbar die Wetterlage beeinflussen. „Auffallend ist die Trendwende am Samstag", sagt Bäumer.

Unter der Woche werden verstärkt Feinstaub-Partikel von Autos, Kraftwerken oder Industrie ausgestoßen. „Übers Wochenende gehen diese Emissionen zurück und ein Erholungseffekt tritt ein", sagt Vogel. Dies könnten eine Erklärung für das bessere Wetter zu Wochenbeginn sein. Bewiesen ist das aber noch nicht, betonen die Wissenschaftler.

"Ohne Aerosole keine Wolken", erklärt Bäumer. In der Natur reflektieren diese Teilchen das Sonnenlicht, was einen kühlenden Effekt erzeugt. Zudem lagert sich Wasserdampf an ihnen ab. So dienen die Partikel quasi als Keimzellen bei der Wolkenbildung.

„Die entscheidende Frage ist, was für Folgen für das Klimageschehen Aerosol-Teilchen haben, die der Mensch zusätzlich in die Atmosphäre bringt", sagt Vogel. „Im Prinzip müsste deren kühlende Wirkung einem Treibhaus-Effekt entgegenwirken." Eine genaue Klärung dieser Wechselwirkungen versprechen sich die Karlsruher Meteorologen von der Auswertung weiterer Messdaten und von Modellsimulationen.

http://www.welt.de/wissenschaft/article1138014/An_Wochenenden_ist_das_Wetter_schlechter.html

Makieren Sie die richtige Antwort (A, B oder C).

1. **Was haben die beiden Meteorologen ermittelt?**
   A. Das Phänomen, dass das Wetter in Deutschland zum Wochenende schlechter wird, ist in Europa einzigartig.
   B. Das Wetter ist am Wochenende schlechter als an Werktagen.
   C. Dass das Wetter zum Wochenende schlechter wird, ist ein weltweites Phänomen.

2. **Was liegt dieser Schlussfolgerung zugrunde?**
   A. Die Messungen von 1991 bis 2005 in Berlin, Frankfurt. Hegolland und der Zugspitze.
   B. Die Messungen von 1991 bis 2005 aus ganz Europa.
   C. Die Messungen von 1991 bis 2005 in zwölf Stationen des DWD.

3. **Was zeigt die Klimastudie?**
   A. Die erste Wochenhälfte ist sonniger als die zweite.
   B. Mittwochs ist es am wärmsten.
   C. Dienstags scheint die Sonne am längsten.

4. **Welche der folgenden Aussagen über den Samstag ist richtig?**
   A. Samstags scheint die Sonne am kürzesten.
   B. Samstags ist die Temperatur am höchsten.
   C. Samstags regnet es am wahrscheinlichsten.

5. **Was ist mit „Aerosole" gemeint?**
   A. Wetterlage
   B. Feinstaub in der Luft
   C. Trendwende

6. **Was bedeutet das Wort „Erholungseffekt" im Text?**
   A. dass die Menschen am Wochenende weniger aktiv sind.
   B. dass das Wetter sich am Montag verbessert.
   C. dass Feinstaub unter der Woche verstärkt und übers Wochenende weniger emittiert wird

阅读训练

7. Was können die Wissenschaftler noch nicht beweisen?

    A．Ob die Erholung der Grund dafür ist, dass das Wetter sich ab Montag bessert.

    B．Dass die Feinstaub-Emissionen übers Wochenende zurückgehen.

    C．Dass der Rückgang der Aerosole in der Luft einen Erholungseffekt zur Folge hat.

8. Was glaubt Vogel über die Auswirkung von Aerosole?

    A．Sie verstärken den Treibhaus-Effekt.

    B．Sie verringern den Treibhaus-Effekt.

    C．Sie tragen zur Wolkenbildung bei.

习题讲解

第1题   **题意：**两位气象学家研究出了什么。

    3个选项的区别：

    A．周末德国天气就变坏的现象在欧洲是绝无仅有的。

    B．天气在周末比在工作日坏。

    C．周末天气变坏是一个全球现象。

    相关语段及其译文

    1. Das Wetter wird zum Wochenende tatsächlich schlechter, haben Dominique Bäumer und Bernhard Vogel vom Institut für Meteorologie und Klimaforschung (IMK) des Forschungszentrums und der Universität Karlsruhe herausgefunden.

    卡尔斯鲁厄大学研究中心天气学和气候研究所的 Dominique Bäumer 和 Bernhard Vogel 发现，天气到了周末确实变坏了。

    2. Die beiden Forscher führen das Phänomen auf Umweltbelastungen im Wochenverlauf zurück.

    两位研究员把这个现象归咎于一周过程中的环境压力。

    3. „Der Mensch beeinflusst das Wetter auch kurzfristig", stellen Bäumer und Vogel in ihrer Klimastudie fest, die in Europa bislang einzigartig ist.

    Bäumer 和 Vogel 在他们研究中发现，"人对天气的影响是短时间的"，到目前为止，他们的研究在欧洲是独一无二的。

    选择答案

    A 不是答案，文章没有涉及整个欧洲。

    B 是答案，依据是第1句。

    C 不是答案，文章没有涉及全球的气候现象。

第2题   **题意：**周初最晴朗。这一结论的根据是什么。

    3个选项的区别：

    A．1991到2005年在柏林、法兰克福、黑哥蓝岛和卒格斯皮策峰的测量数据。

    B．1991到2005年全欧洲的测量数据。

    C．1991到2005年DWD 12个气象站的测量数据。

相关语段及其译文

1. „Wir haben zwölf Stationen des Deutschen Wetterdienstes (DWD) ausgesucht, die regional sehr unterschiedlich liegen", sagt Bäumer.

Bäumer 说,"我们选择了德国的 12 个位于不同地区的气象站"。

2. Die Forscher haben jeweils Messdaten der Jahre 1991 bis 2005 ausgewertet.

研究者分别对 1991 到 2005 年的测量数据进行了评析。

3. Ob es nun Ballungsgebiete wie Berlin oder Frankfurt sind oder entlegene Stationen wie Helgoland oder die Zugspitze:„Am Wochenanfang ist es am sonnigsten,..."，sagt Vogel.

Vogel 说,不管是工业集中地区如柏林或法兰克福还是边缘气象站黑哥蓝岛和卒格斯皮策峰:"周初天气最晴朗……"

选择答案

A 不是答案,第 3 句中只是列举了 12 个气象站中的 4 个。

B 不是答案,请看第 1 句:12 个气象站都是在德国境内。

C 是答案,依据是第 1 句。

第 3 题　题意:气象研究结果表明了什么。

3 个选项的区别:

A. 上半周的天气比下半周晴朗。

B. 周三最暖和。

C. 周二的日照时间最长。

相关语段及其译文

1. „Am Wochenanfang ist es am sonnigsten, zum Wochenende hin ziehen mehr Wolken auf", sagt Vogel.

Vogel 说:"周初天气最晴朗,越向周末靠近,云就会渐渐地多起来。"

2. Die Klimastudie zeigt, dass die Temperaturen in der ersten Wochenhälfte ansteigen und dann bis Samstag sinken.

气候研究表明,上半周气温上升,然后开始下降,一直到周末。

3. Mittwochs ist es im Durchschnitt 0,2 Grad Celsius wärmer als samstags. Dies geht mit der Dauer des Sonnenscheins einher.

周三平均气温比周六高 0.2 摄氏度。这与日照的长度有关。

4. Dienstags strahlt sie im Schnitt 15 Minuten länger als an einem Samstag.

周二的平均日照比周六长 15 分钟。

选择答案

A 是答案,依据是第 1 句。

B 不是答案,第 3 句只是把周三和周六的气温做了比较,没有说一周中那一天最暖和。

C 不是答案,第 4 句只是把周二和周六的日照时间做了比较,没有说一周中那一天日照时间最长。

阅读训练

第4题　　**题意**：以下关于周六的哪种说法是正确的。

3 个选项的区别：

A．周六的日照时间最短。

B．周六的气温最高。

C．周六下雨的几率最高。

相关语段及其译文

1. Die Klimastudie zeigt, dass die Temperaturen in der ersten Wochenhälfte ansteigen und dann bis Samstag sinken.

气象研究显示，上半周气温逐渐上升，下半周到周六气温一直下降。

2. Mittwochs ist es im Durchschnitt 0,2 Grad Celsius wärmer als samstags. Dies geht mit der Dauer des Sonnenscheins einher.

（译文见上。）

3. Dienstags strahlt sie im Schnitt 15 Minuten länger als an einem Samstag.

（译文见上。）

4. samstags regnet es im Schnitt am häufigsten und am stärksten.

周六平均下雨次数最多，雨量也最大。

选择答案

A 不是答案，第 3 句只是把周二和周六的日照时间做了比较，没有说一周中那一天日照时间最短。

B 不是答案，第 1 和第 2 句是对它的否定。

C 是答案，依据是第 4 句。

第5题　　**题意**：Aerosole（微粒状物质）意思是什么。

3 个选项的区别：

A．天气情况。

B．空气中的精细粉尘。

C．（天气）趋势变化。

相关语段及其译文

Aerosole, also Gemische aus Schwebeteilchen wie zum Beispiel Ruß- oder Sulfatpartikel sprich Feinstaub könnten unmittelbar die Wetterlage beeinflussen.

微粒状物质，即由煤烟或者硫酸盐颗粒组成的悬浮颗粒混合物，也就是所谓的精细粉尘可能直接影响天气状况。

选择答案

B 是答案，依据是上面这一语段。

第6题　　**题意**：文章中"周末休息效应"这个词的含义是什么。

3 个选项的区别：

A．是指人们在周末的活动减少。

B．是指周一天气变好。

C．是指颗粒物从周一到周五的排放量增加，周末减少。

相关语段及其译文

1. Unter der Woche werden verstärkt Feinstaub-Partikel von Autos, Kraftwerken oder Industrie ausgestoßen.

周一到周五（Unter der Woche）汽车、发电厂或者工业企业排放出更多的颗粒物。

2. „Übers Wochenende gehen diese Emissionen zurück und ein Erholungseffekt tritt ein", sagt Vogel.

Vogel 说"到了周末排放减少，于是'周末休息效应'出现了"。

3. Dies könnte eine Erklärung für das bessere Wetter zu Wochenbeginn sein.

这可能就是为什么周初天气更好的解释。

选择答案

A 不是答案，请看 B 的解释。

B 是答案，依据是第 2 和第 3 句。

C 不是答案，请看 B 的解释。

第7题　　**题意**：科学家还不能证明什么。

3 个选项的区别：

A．工作日里精细粉尘增量排放。

B．精细粉尘的排放量经过一个周末会减少。

C．微粒状物质在空气中减少的带来了周末效应。

相关语段及其译文

1. Unter der Woche werden verstärkt Feinstaub-Partikel von Autos, Kraftwerken oder Industrie ausgestoßen.

（译文见上。）

2. „Übers Wochenende gehen diese Emissionen zurück und ein Erholungseffekt tritt ein", sagt Vogel.

（译文见上。）

3. Dies könnte eine Erklärung für das bessere Wetter zu Wochenbeginn sein.

（译文见上。）

4. Bewiesen ist das aber noch nicht, betonen die Wissenschaftler.

科学家强调：但这还没有得到证明。

选择答案

A 不是答案，A 是第 1 句描写的是事实，但文章没有说这一点没有被证明。

B 不是答案，B 是第 2 句描写的是事实，但文章也没有说这一点没有被证明。

C 是答案，依据是整个语段。第 3 句中的 dies 指的是前句中的 Erholungseffekt，它正是指休息减少了空气中的 Feinstaub-Partikel，也就是 C 中的 Aerosole，所以可以猜测：这可能就是为什么周初天气更好的解释。但第 4 句又说：这一点还没有被科学家证明。

第8题　　**题意**：关于微粒状物质的作用 Vogel 是怎么说的。

3 个选项的区别：

A. 它们加强了温室效应。

B. 它们减弱了温室效应。

C. 它们有助于云的形成。

相关语段及其译文

1. „Die entscheidende Frage ist, was für Folgen für das Klimageschehen Aerosol-Teilchen haben, die der Mensch zusätzlich in die Atmosphäre bringt", sagt Vogel.

Vogel 说："关键问题是，人类在大气中额外制造的微粒状物质对气候状况造成了什么后果。"

2. „Im Prinzip müsste deren kühlende Wirkung einem Treibhaus-Effekt entgegenwirken."

"原则上它们的冷却效果应该对温室效应起到了抵消的作用。"

选择答案

A 不是答案，第 2 句是对它的否定

B 是答案，依据是第 2 句。

C 不是答案，这话不是 Vogel 说的，而是 Bäumer。

Lösungen

1 B, 2 C, 3 A, 4 C, 5 B, 6 B, 7 C, 8 B

Vokabeln

der	Meteorologe -n	气象学者，气象工作者
	unter der Woche	在一周工作日中（周一到周五）
der	Feinstaub	精细粉尘，微颗粒物
der	Erholungseffekt	休息效应
die	Meteorologie	气象学
	einzigartig *Adj.*	唯一的，无与伦比的
der	Wetterdienst	天气服务，气象服务站
	Messdaten *Pl.*	测量数据
das	Ballungsgebiet -e	人口稠密地区，工业密集地区
	entlegen *Adj.*	遥远的，偏僻的
	mit etw. (D.) einhergehen	伴随某事一起来
	strahlen *Vi.*	照射，发光
	im Schnitt	平均
	dementsprechend *Adj.*	与此相应的
der	Niederschlag ..e	（常用复数）降水量（雨、雪等）
das	Schwebeteilchen -	悬浮颗粒，飘浮粉尘

die	Russpartikel	-	煤烟微粒
die	Sulfatpartikel	-	硫酸盐微粒
	sprich		也称作
	auffallend	Partizip Präsens	引人注目的
die	Trendwende		转机，转折
das	Kraftwerk	-e	发电厂
	aus/stoßen	Vt.	排放，发射
	Emissionen	Pl.	排放物，排放量
	beweisen	Vt.	证明，证实
	betonen	Vt.	强调
	reflektieren	Vt.	反射
der	Wasserdampf	..e	水蒸气
	sich ab/lagern		沉积
	quasi	Adv.	在一定程度上，好像，似乎
die	Keimzelle	-n	生殖细胞
	entscheidend	Adj.	最重要的
	zusätzlich	Adj.	附加的，额外的
	entgegen/wirken	Vi.	抵抗，起相反作用
die	Wechselwirkung	-en	相互影响，相互作用
die	Modellsimulation	-en	模型模拟

Einheit 34

Lesen Sie den Text und lösen Sie die Aufgaben.

Meeresspiegel steigt dramatischer als gedacht

Der Meeresspiegel könnte bis zum Jahr 2100 laut einer neuen Studie noch wesentlich stärker ansteigen als bislang erwartet. Bis zum Ende des Jahrhunderts könnte das Wasser um 75 bis 190 Zentimeter höher stehen als heute, heißt es in dem Bericht, den das Potsdam-Institut für Klimafolgenforschung (PIK) und die Technische Universität Helsinki vorlegten. Im Bericht des Weltklimarates IPCC von 2007 war noch von maximal 60 Zentimetern Anstieg die Rede gewesen. Bei dem jetzt prognostizierten Anschwellen wären viele Küstenstädte und einige kleine Inselstaaten in ihrer Existenz bedroht.

Die Autoren Stefan Rahmstorf aus Potsdam und Martin Vermeer aus Helsinki werteten für ihre Untersuchung Meeresspiegel- und Temperaturmessungen aus den vergangenen 130 Jahren aus. Nach ihren Worten beweisen die Daten, dass die Geschwindigkeit des Meeresspiegelanstiegs „maßgeblich von der globalen Mitteltemperatur beeinflusst wird".

Seit 1990 sei der Meeresspiegel jährlich um 3,4 Millimeter gestiegen, „doppelt so schnell wie im Durchschnitt des 20. Jahrhunderts", sagt Rahmstorf. Bliebe es bei dieser Rate, würde es im 21. Jahrhundert zu einem Anstieg um 34 Zentimeter kommen. „Aber die Daten zeigen deutlich: Je wärmer es wird, umso schneller steigt der Pegel." Wenn ein „galoppierender Anstieg des Meeresspiegels" verhindern werden solle, müsse die Erderwärmung so schnell wie möglich gestoppt werden.

Rahmstorf hatte bereits 2007 den Zusammenhang zwischen der Geschwindigkeit des Meeresspiegelanstiegs und der globalen Mitteltemperatur beschrieben. In der neuen Studie erweiterte er die frühere Gleichung, um auch kurzfristige Reaktionen des Meeresspiegels erfassen zu können. So habe man die Zusammenhänge mit weit größerer Präzision erfassen können. Zudem hatten die Autoren neueste Datensätze etwa aus Satellitenmessungen bis zum Jahr 2008 zur Verfügung. Sie berücksichtigten auch die künstliche Wasserspeicherung in Stauseen, durch die der Pegel global etwa drei Zentimeter tiefer liegt.

Die Ergebnisse zeigten, „dass selbst bei einem relativ niedrigen Treibhausgas-Emissionsszenario mit einer Erwärmung um zwei Grad Celsius im 21. Jahrhundert der Meeresspiegel wahrscheinlich um mehr als einen Meter ansteigen wird". Das höchste Emissionsszenario mit einem Temperaturanstieg von mehr als vier Grad Celsius hätte in dieser Zeit einen Anstieg um mehr als 1,4 Meter zur Folge. Würden sämtliche Emissionsszenarien und die geschätzten Unsicherheiten berücksichtigt, ergäben sich Werte zwischen 0,75 und 1,9 Meter. Noch bemerkenswerter als die Maximalwerte des Meeresspiegelanstiegs sei „die uhrwerkartige Präzision", mit der die Temperatur den Anstieg des Meeresspiegels antreibe, erklärte Vermeer.

Der von ihm und Rahmstorf projizierte Anstieg ist etwa drei Mal so hoch wie die Abschätzung aus dem vierten Sachstandsbericht des Weltklimarates IPCC von 2007. Diese Schätzung habe den Eisverlust in Grönland und der Antarktis aber nicht vollständig berücksichtigt. „Ein so starker Anstieg wäre eine existenzielle Bedrohung vieler Küstenstädte und einer Reihe kleiner Inselstaaten", warnen die Experten. Sie werde nur zu vermeiden sein, wenn der Ausstoß von Treibhausgasen drastisch und schnell sinke.

http://www.stern.de/wissen/natur/quiz-was-wissen-sie-ueber-regen-1547381-stand-ard.html

■ Markieren Sie die richtige Antwort.

	Ja	Nein	Text sagt dazu nichts	
1 Der neuen Studie zufolge wird sich der Meeresspiegel bis zum Jahr 2100 viel schneller erhöhen als bisher vorausgesagt.				1
2 Die Autoren Stefan Rahmstorf und Martin Vermeer sind Mitglieder des Weltklimarats IPCC.				2
3 Ihren Forschungsergebnissen zufolge ist die globale Temperatur der entscheidende Faktor dafür, wie schnell der Meeresspiegel ansteigt.				3
4 Im 20. Jahrhundert ist der Meeresspiegel jährlich im Durchschnitt um 3.4 Millimeter gestiegen.				4
5 Neueste Datensätze aus Satellitenmessungen haben bewiesen, dass die künstliche Wasserspeicherung in Stauseen den Meeresspiegel- anstieg verlangsamt hat.				5
6 Forschungsergebnisse zeigen, dass das Treibhausgas-Emmisionsszenario im 21. Jahrhundert schon präzis prognostiziert werden kann.				6
7 Nach Rahmstorf und Vermeer könnten die Höchstwerte des Meeresspiegelanstiegs im 21. Jahrhundert bei 1,9 Meter liegen.				7
8 Die existenzielle Bedrohung vieler Küstenstädte und kleiner Inselstaaten ist nicht abzuwenden.				8

■ 习题讲解

第1题   题意：根据新的调查结果，到2100年海平面的上升速度(是否)将明显快于至今的预测。

相关语段及其译文

1. Der Meeresspiegel könnte bis zum Jahr 2100 laut einer neuen Studie noch

wesentlich stärker ansteigen als bislang erwartet.

根据一个新的调查,到2100年海平面的上升速度将明显快于我们以前所预测的。

2. Bis zum Ende des Jahrhunderts könnte das Wasser um 75 bis 190 Zentimeter höher stehen als heute, heißt es ...

据报道,到本世纪末海平面将比今天高出75到190厘米。

选择答案

根据第1句,文章和题目内容一致,所以选择Ja。

第2题 Stefan Rahmstorf 和 Martin Vermeer 两位作者(是否)是世界气候协会 IPCC 的成员。

相关语段及其译文

1. Bis zum Ende des Jahrhunderts könnte das Wasser um 75 bis 190 Zentimeter höher stehen als heute, heißt es in dem Bericht, den das Potsdam-Institut für Klimafolgenforschung (PIK) und die Technische Universität Helsinki vorlegten.

到本世纪末,海平面将比今天高出75至190厘米,这发表在波茨坦气候结果研究所和赫尔辛基工业大学递交的报告里。

2. Im Bericht des Weltklimarates IPCC von 2007 war noch von maximal 60 Zentimetern Anstieg die Rede gewesen.

在2007年世界气候协会IPCC发布的报告里还说海平面最多上升60厘米。

3. Bei dem jetzt prognostizierten Anschwellen wären viele Küstenstädte und einige kleine Inselstaaten in ihrer Existenz bedroht.

如果按照现在的海平面上涨速度,许多沿海城市和一些小的岛国将面临生存危险。

4. Die Autoren Stefan Rahmstorf aus Potsdam und Martin Vermeer aus Helsinki werteten für ihre Untersuchung Meeresspiegel- und Temperaturmessungen aus den vergangenen 130 Jahren aus.

报告的作者,波茨坦气候结果研究所的Stefan Rahmstorf和赫尔辛基工业大学的Martin Vermeer为他们的研究项目分析了过去130年的海平面和气温测量数据。

选择答案

从第1和第4句中我们只能知道Stefan Rahmstorf和Martin Vermeer分别在波茨坦气候结果研究所和赫尔辛基工业大学工作,但是文章并未指出,两人(是否)是世界气候协会的成员,所以选择Text sagt dazu nichts。

第3题 题意:根据他们的研究结果,全球温度(是否)是海平面上升速度的决定性因素。

相关语段及其译文

Nach ihren Worten beweisen die Daten, dass die Geschwindigkeit des Meeresspiegelanstiegs „maßgeblich von der globalen Mitteltemperatur beeinflusst wird".

他们说:数据证明,对海平面上升速度"起决定性作用的是全世界的平均温度"。

选择答案

这一段落与题目内容一致,所以选择Ja。

4 题 **题意**:20 世纪海平面平均每年(是否)上升了 **3.4 毫米**。
相关语段及其译文

Seit 1990 sei der Meeresspiegel jährlich um 3,4 Millimeter gestiegen, „doppelt so schnell wie im Durchschnitt des 20. Jahrhunderts", sagt Rahmstorf

Rahmstorf 说,自 1990 年起海平面每年上升 3.4 毫米,"是 20 世纪平均值的 2 倍"。

选择答案

这一段落告诉我们,3.4 毫米是 1990 年来的平均值,这个平均值是 20 世纪平均值的 2 倍,也就是说,20 世纪海平面每年应该平均上升 1.7 毫米,所以答案应该选择 Nein。

5 题 **题意**:最新的卫星测量数据表明,水库中的人工蓄水量(是否)减缓了海平面的上升速度。
相关语段及其译文

1. Zudem hatten die Autoren neueste Datensätze etwa aus Satellitenmessungen bis zum Jahr 2008 zur Verfügung.

两位作者拥有到 2008 年为止的最新卫星测量数据。

2. Sie berücksichtigten auch die künstliche Wasserspeicherung in Stauseen, durch die der Pegel global etwa drei Zentimeter tiefer liegt.

(在预测报告中)他们还考虑到了水库的人工蓄水量,这个人工蓄水量导致了全世界海平面大约低了 3 厘米。

选择答案

这一段落告诉我们,水库的人工蓄水量影响的是海平面高度,是不是减缓了海平面的上升速度,文章没有涉及,所以选择 Text sagt dazu nichts。

6 题 **题意**:研究结果表明,21 世纪温室气体排放规模(是否)已经能被精确预测。
相关语段及其译文

1. Die Ergebnisse zeigten, „dass selbst bei einem relativ niedrigen Treibhausgas-Emissionsszenario mit einer Erwärmung um zwei Grad Celsius im 21. Jahrhundert der Meeresspiegel wahrscheinlich um mehr als einen Meter ansteigen wird".

研究结果表明,"即使 21 世纪气温只提高 2 摄氏度,温室气体排放量相对较低的话,海平面也很有可能上升 1 米多"。

2. Das höchste Emissionsszenario mit einem Temperaturanstieg von mehr als vier Grad Celsius hätte in dieser Zeit einen Anstieg um mehr als 1,4 Meter zur Folge.

如果温室气体排放量达到最高,温度上升 4 摄氏度以上的话,那么在这一时段里海平面将上升 1.4 米以上。

选择答案

这一段落告诉我们,研究结果表明的只是温室气体排放量和海平面上升的关系,并对 21 世纪温室气体排放规模做了两个假设。既然还在做假设,就可以据此推理:研究结果还不能表明 21 世纪温室气体排放规模能否被精确预测。所以选择 Nein。

7 题 **题意**:根据两位作者的预测,21 世纪海平面上升的最高值(是否)为 **1.9 米**。

相关语段及其译文

Würden sämtliche Emissionsszenarien und die geschätzten Unsicherheiten berücksichtigt, ergäben sich Werte zwischen 0,75 und 1,9 Meter.

如果我们考虑到全部的排放规模以及可以预计的不确定因素，那么21世纪海平面的上升值将界于0.75米与1.9米之间。

选择答案

这一段落与题目内容一致，所以选择 Ja。

第8题 题意：很多沿海城市以及小型岛国所面临的生存威胁局面(是否)无法避开。

相关语段及其译文

1. „Ein so starker Anstieg wäre eine existenzielle Bedrohung vieler Küstenstädte und einer Reihe kleiner Inselstaaten", warnen die Experten.

专家警告：“海平面的快速上升将对很多沿海城市以及小型岛国造成生存威胁。”

2. Sie werde nur zu vermeiden sein, wenn der Ausstoß von Treibhausgasen drastisch und schnell sinke.

他们认为，只有迅速有效地减少温室气体排放，才能够避免这个局面的发生。

选择答案

作者在第2句提出了避免沿海城市以及小型岛国所面临的威胁生存的局面的可能性，据此推理，答案选择 Nein。

Lösungen

1 Ja, 2 nichts, 3 Ja, 4 Nein, 5 nichts, 6 Nein, 7 Ja, 8 Nein

Vokabeln

der	Meeresspiegel	海平面
der	Weltklimarat	世界气候委员会
	prognostiziert *Partizip Perfekt*	被预测的
das	Anschwellen	水上涨
die	Küstenstadt ..e	沿海城市
	bedrohen *Vt.*	对……有危险，威胁到，危及
die	Geschwindigkeit -en	速度
	maßgeblich *Adj.*	决定性的，权威的
die	Mitteltemperatur	平均气温
der	Pegel -	水位
	galoppierend *Partizip Präsens*	迅速的
	verhindern *Vt.*	阻止，防止
die	Erderwärmung	地球气候升温，全球变暖

die	Präzision nur Sg.	精确,准确
die	Satellitenmessung	卫星测量
	künstlich *Adj.*	人造的,人工的
die	Wasserspeicherung	蓄水,储藏水
der	Stausee	水库
das	Treibhausgas	温室气体,引起温室效应的气体
das	Emissionsszenario	排放总量
	bemerkenswert *Adj.*	值得注意的
der	Maximalwert	最大值
	uhrwerkartig *Adj.*	如钟表般(精准)的
	an/treiben *Vt.*	促使,推动
	projiziert Partizip Perfekt	预计的
die	Abschätzung -en	估计
der	Eisverlust	冰融化
das	Grönland	格陵兰
der	Antarktis	南极洲
	vollständig *Adj.*	完整的
der	Ausstoß ..e	排放,排出

Einheit 35

Lesen Sie den Text und lösen Sie die Aufgaben.

Sozialverhältnis zum Chef

Wer auf der Arbeit glücklich ist, leistet auch eine bessere Arbeit. Der Chef ist zu einem nicht geringen Anteil für die Zufriedenheit seiner Mitarbeiter verantwortlich. Je effizienter seine Führung, umso höher ist auch die Mitarbeiterzufriedenheit und umso größer auch die Arbeitsleistung des Mitarbeiters.

Seit etwa einem Jahr versucht der Mitarbeiter des Instituts für Allgemeine und Angewandte Psychologie der Universität Münster, Dr. Jens Rowold zusammen mit seinen Mitarbeitern, dem Geheimnis effizienter Führung auf die Spur zu kommen. Für den Psychologen gibt es zwar fünf bedeutende Führungsstil-Theorien, aber noch keine einheitliche Idee von Führung. Das möchte Rowold ändern. Neben der theoretischen Auseinandersetzung mit dem Thema setzt er auf einschlägige Praxiserfahrungen. Sowohl für Chefs als auch für Mitarbeiter hat er Fragebögen entwickelt, die online ausgefüllt werden können.

Erste Erkenntnisse liegen bereits vor: „Eine Führungskraft sollte sich um jeden Mitarbeiter individuell kümmern", sagt Rowold. „Je mehr sie das tut, desto besser geht es den Mitarbeitern". „Viele Chefs wissen nicht, dass sie so die Leistung steigern können." Führungskräfte sollten außerdem strategische Visionen haben „und den Sinn des Ganzen überblicken", und vermitteln können, warum eine Tätigkeit gut ist—„und nicht einfach Befehle erteilen". „So bekommen die Mitarbeiter Lust auf Arbeit".

Die Werteorientierung ist auch wichtig, die es nach Rowolds Einschätzung aber nur selten gibt. „Ghandi predigte das Ideal der Gewaltfreiheit." So konnte er Menschen begeistern und zu besonderen Leistungen bewegen. Heute stellen Politiker wie Barack Obama provozierende Fragen, was menschliche Potenziale wecken kann. In der Wirtschaft hingegen überwiege oft Profitorientierung. In den Augen des Psychologen sei das nicht gut, denn sie ist nur kurzfristig ausgerichtet.

Als großes Problem sieht Rowold darin, dass ein Teil der Chefs und auch manche Politiker „oft unvorbereitet in Führungspositionen gelangen, also plötzlich mit Mitarbeitern umgehen müssen, obwohl sie das nie gelernt haben". Sicher, es gebe entsprechende Trainings, „doch die werden oft nicht besucht". Mindestens die Hälfte der Führungskräfte, vermutet Rowold, ist auf ihre Aufgaben nicht angemessen vorbereitet. Die daraus resultierende Problematik ist, „die Mitarbeiter sind unzufrieden".

Für ein Unternehmen gibt es nichts Schlimmeres: Die Arbeit wird schlechter, der Gewinn geht zurück. Dabei könnte alles so einfach gehen, wenn sich denn die Chefs richtig verhalten. Doch was ist richtig? Die Mitarbeiter kollegial motivieren oder autoritär leiten? Mit ihnen das persönliche Gespräch suchen oder die Arbeitsprozesse einfach ihrem Gang überlassen? Welche Rolle spielen Unternehmensgröße, Charisma, das Alter des Chefs und womöglich seine Körpergröße? Diese und weitere Fragen will Rowold klären.

Bereits geklärt ist nach seiner Darstellung, „dass Frauen in vielen Bereichen besser sind als Männer, aber zugleich in der Ausübung von Führung behindert werden". Vor allem in Deutschland befinden sich gerade fünf bis maximal zehn Prozent der oberen Führungspositionen in weiblicher Hand. Das ist „deutlich weniger als zum Beispiel in Schweden, dort liegt diese Quote bei 50 Prozent". Über die Ursachen kann Rowold zumindest zum jetzigen Zeitpunkt nur rätseln: „Vielleicht sind wir da einfach später dran als andere Länder".

http://www.psychologie-forum.de/content/nachrichten/01-09-08-01_02/

Makieren Sie die richtige Antwort (A, B oder C).

1. **Der Arbeitserfolg des Mitarbeiters**
   A. hängt vor allem von dem Chef ab.
   B. hängt u. a. von dem Chef ab.
   C. hat mit dem Chef nichts zu tun.

2. **Mit seiner Untersuchung möchte Dr. Jens Rowold**
   A. herausfinden, wie er seine Mitarbeiter erfolgreich führen kann.
   B. seine Führungstheorien aufstellen.
   C. die vorhandene Führungsvorstellung ändern.

3. **Bei der Beschäftigung mit dem Thema**
   A. ist für den Forscher die Theorie wichtiger als die Praxis.
   B. ist für den Forscher die Praxis wichtiger als die Theorie.
   C. sind für den Forscher Theorie und Praxis gleich wichtig.

4. **Den Untersuchungsergebnissen zufolge wird ein Angestellter**
   A. beruflich mehr leisten, wenn er sich von seinem Chef betreut fühlt.
   B. mehr seinem Chef gehorchen, wenn er sich von seinem Chef betreut fühlt.
   C. sich mehr leisten können, wenn er sich von seinem Chef betreut fühlt.

5. **Außerdem ist dem Management zu raten,**
   A. den Teammitgliedern den Zweck einer zu erledigenden Arbeit zu erklären.
   B. den Mitarbeitern Befehle zu erteilen, wenn sie keine Lust haben zu arbeiten.
   C. dem Team zu erklären, wie man eine Arbeit gut erledigt.

6. **Manche Chefs sind unvorbereitet in Leitungspositionen gekommen,**
   A. weil es keinen Vorbereitungskurs gibt.
   B. weil sie sofort in die Führungspositionen aufsteigen müssen.
   C. weil sie nicht zu einem Vorbereitungskurs gehen.

7. **Das Verhalten der Chefs kann**
   A. den Profit ihrer Betriebe beeinflussen.

B．die Arbeitsbereitschaft ihrer Mitarbeiter nicht beeinflussen.

C．vor allem die Arbeit ihrer Kollegen beeinflussen.

8. Die Untersuchung

A．wird Rowold vorläufig abbrechen.

B．wird Rowold fortsetzen.

C．wird besonders ältere Chefs interessieren.

9. Geklärt in seiner Untersuchung ist,

A．dass Frauen besser managen als Männer.

B．dass es in Deutschland mehr weibliche Chefs gibt als in Schweden.

C．dass Chefinnen in ihrer Arbeit auf Hindernisse stoßen werden.

习题讲解

第1题 题意：关于员工的工作成就文章说了什么。

3个选项的区别：

A．主要取决于老板。

B．老板也是因素之一。

C．与老板无关。

相关语段及其译文

1. Wer auf der Arbeit glücklich ist, leistet auch eine bessere Arbeit.

工作中愉快的人做出的工作也更好。

2. Der Chef ist in einem nicht geringen Anteil für die Zufriedenheit seiner Mitarbeiter verantwortlich.

老板在一个不小的程度上决定了他的员工的满意度。

3. Je effizienter seine Führung, umso höher ist auch die Mitarbeiterzufriedenheit und umso größer auch die Arbeitsleistung des Mitarbeiters.

他的领导越有效，那么员工的满意度就越高，员工的工作成绩也就越大。

选择答案

A 不是答案，请看第2句，这句中的状语是 in einem nicht geringen Anteil，它不能等同于 vor allem。

B 是答案，依据是第2句。

C 不是答案，第2和第3句是对 C 的否定。

第2题 题意：Jens Rowold 博士通过他的研究想要达到什么。

3个选项的区别：

A．想要搞明白，他怎样能领导好他的同事们。

B．想要建立他的关于领导工作的理论。

C．想要改变现有的对领导工作的认识。

相关语段及其译文

1. Seit etwa einem Jahr versucht der Mitarbeiter des Instituts für Allgemeine und

Angewandte Psychologie der Universität Münster, Dr. Jens Rowold zusammen mit seinen Mitarbeitern, dem Geheimnis effizienter Führung auf die Spur zu kommen.

大约一年来，Münster 大学普通及应用心理学研究所的 Jens Rowold 博士和他的同事们一起试图研究领导工作的奥秘。

2. Für den Psychologen gibt es zwar fünf bedeutende Führungsstil-Theorien, aber noch keine einheitliche Idee von Führung.

对于这位心理学家而言，虽然有 5 种重要的领导风格的理论，但是还没有一个统一的关于如何当领导的思想。

3. Das möchte Rowold ändern.

Rowold 想要改变这一状况。

选择答案

A 不是答案，虽然第 1 句中出现了 Mitarbeiter, effizienter Führung 等，但是整个句子的谓语词组 auf die Spur zu kommen 与 A 的谓语动词 führen 意思不同。

B 是答案，依据是第 2 和第 3 句，第 3 句的 Das 指代第 2 句的后半句 gibt es aber noch keine einheitliche Idee von Führung。

C 不是答案，请看 B 的解释语。

第 3 题　**题意**：关于这一课题的研究，文章说了什么。

3 个选项的区别：

A．对这位研究者而言，理论比实际重要。

B．对这位研究者而言，实际比理论重要。

C．对这位研究者而言，理论和实际同样重要。

相关语段及其译文

1. Neben der theoretischen Auseinandersetzung mit dem Thema setzt er auf einschlägige Praxiserfahrungen.

除了对这一课题的理论分析外，他（Rowold）还很重视有关的实际经验。

2. Sowohl für Chefs als auch für Mitarbeiter hat er Fragebogen entwickelt, die online ausgefüllt werden können.

他不仅为老板，而且还为员工制作了能在在网上填写的调查问卷。

选择答案

A 不是答案，因为在第 1 句里没有在重要性方面对理论和实际进行比较。

B 不是答案，解释同上。

C 是答案，依据是第 1 句。

第 4 题　**题意**：研究结果告诉我们什么。

3 个选项的区别：

A．如果一个职员感到老板关心他，那么他在工作中会做出更多成绩。

B．如果一个职员感到老板关心他，那么他会更听老板的话。

C．如果一个职员感到老板关心他，那么他有更大的能力去购置或消费。

相关语段及其译文

1. Erste Erkenntnisse liegen bereits vor：

第一批研究成果是：

2. „Eine Führungskraft sollte sich um jeden Mitarbeiter individuell kümmern", sagt Rowold.

"一个领导人员必须要关心每一个员工"，Rowold 说。

3. „Je mehr sie das tut, desto besser geht es den Mitarbeitern."

"他关心员工的事做得越多，员工的感觉也就越好。"

4. „Viele Chefs wissen nicht, dass sie so die Leistung steigern können."

"许多老板不知道，他们这样做能提高工作效率。"

选择答案

A 是答案，依据是第 3 和第 4 句，尤其是第 4 句的宾语从句。

B 不是答案，错在 seinem Chef gehorchen，这个话题文章没涉及。

C 不是答案，错在 sich leisten können，这个词组的意思是：买得起。

第 5 题 题意：文章还向管理人员提了什么建议。

3 个选项的区别：

A．要把工作的目的解释给团队成员听。

B．如果员工工作没兴趣的话，要对他们发号施令。

C．要给团队解释，怎么样做好工作。

相关语段及其译文

1. Führungskräfte sollten außerdem strategische Visionen haben „und den Sinn des Ganzen überblicken",

另外，企业领导要有策略目标，要了解整个工作的意义，

2. und vermitteln können, warum eine Tätigkeit gut ist

并且能够告诉(员工)，为什么某一件工作是有益的，

3. - „und nicht einfach Befehle erteilen".

"而不是简单地发号施令"。

4. „So bekommen die Mitarbeiter Lust auf Arbeit".

这样员工们才有乐趣工作。

选择答案

A 是答案，依据是第 1 和第 2 句。

B 不是答案，第 3 句否定了 B。

C 不是答案，与第 2 句相比：wie man eine Arbeit gut erledigt 不等同于 warum eine Tätigkeit gut ist。

第 6 题 题意：为什么有些老板没有经过培训就来到了领导岗位上。

3 个选项的区别：

A．因为没有培训课程。

B．因为他们必须立即晋升到领导岗位上。

C．因为他们自己不去参加培训课程。

相关语段及其译文

1. Als großes Problem sieht Rowold, dass ein Teil der Chefs und auch manche Politiker „oft unvorbereitet in Führungspositionen gelangen, also plötzlich mit Mitarbeitern umgehen müssen, obwohl sie das nie gelernt haben".

Rowold 认为，一部分老板，甚至有些政治家"往往没经过培训就到了领导岗位，也就是说他们突然要与员工们打交道，虽然他们还从来没有学习过如何与员工们打交道"，这是一个大问题。

2. Sicher, es gebe entsprechende Trainings, „doch die werden oft nicht besucht".

当然，相应的训练课程是有的，"但是没人参加"。

3. Mindestens die Hälfte der Führungskräfte, vermutet Rowold, ist auf ihre Aufgaben nicht angemessen vorbereitet.

Rowold 估计，至少一半的领导人员没有针对他们的任务进行过合适的培训。

4. Die daraus resultierende Problematik ist, „die Mitarbeiter sind unzufrieden".

由此引出的问题就是"员工们不满意"。

选择答案

A 不是答案，第2句是对它的否定。

B 不是答案，第1句中虽然出现了词组 in Führungspositionen gelangen，但它不是在解释原因，而是描写一个事实。

C 是答案，依据是第2句。

第7题 **题意**：关于老板们的行为文章说了什么。

3 个选项的区别：

A．会影响他们企业的利润。

B．不会影响员工们的工作积极性。

C．主要会影响同事们的工作。

相关语段及其译文

1. Für ein Unternehmen gibt es nichts Schlimmeres：

对于一个企业而言没有(比下面事情)更糟糕的事了：

2. Die Arbeit wird schlechter,

工作越来越差，

3. der Gewinn geht zurück.

利润下降。

4. Dabei könnte alles so einfach gehen, wenn sich denn die Chefs richtig verhalten.

虽然所有一切实际上是如此简单，如果老板们能够有正确的行为(即领导方式)。

选择答案

A 是答案，依据是第 3 和第 4 句。

B 不是答案，文章没有提及 Arbeitsbereitschaft ihrer Mitarbeiter 这一话题。

C 不是答案，错在 vor allem 这个状语上。

第8题

题意：关于这一研究，文章说了什么。

3个选项的区别：

A．这一研究Rowold将暂时中断。

B．这一研究Rowold将继续进行。

C．这一研究特别会使年纪较大的老板感兴趣。

相关语段及其译文

1. Doch was ist richtig?

但什么是正确的呢？

2. Die Mitarbeiter kollegial motivieren oder autoritär leiten?

是以同事关系激励员工还是以权威方式领导员工呢？

3. Mit ihnen das persönliche Gespräch suchen oder die Arbeitsprozesse einfach ihrem Gang überlassen?

和他们一起寻找私人之间的话题还是让工作顺其自然地进行？

4. Welche Rolle spielen Unternehmensgröße, Charisma, das Alter des Chefs und womöglich seine Körpergröße?

企业的规模，老板独特的魅力和年龄以及有可能还有他的身高起到什么作用？

5. Diese und weitere Fragen will Rowold klären.

这些问题以及其他一些问题Rowold都想要搞明白。

选择答案

A 不是答案，第5句是对它的否定。

B 是答案，第5句是对它的肯定。

C 不是答案，词组 besonders ältere Chefs interessieren 这个话题文章没有提及。

第9题

题意：在他（Rowold）的研究中已经搞明白的是什么。

3个选项的区别：

A．女人比男人管理得更好。

B．与瑞典相比，在德国女老板更多。

C．女性老板在工作中会遇到障碍。

相关语段及其译文

1. Bereits geklärt ist nach seiner Darstellung, „dass Frauen in vielen Bereichen besser sind als Männer, aber zugleich in der Ausübung von Führung behindert werden".

根据他的描写，已经搞明白的是，"在许多方面女人比男人做得更好，但是在做领导工作中却有阻碍"。

2. Vor allem in Deutschland befinden sich gerade fünf bis maximal zehn Prozent der oberen Führungspositionen in weiblicher Hand.

首先在德国只有5%~10%的高层领导岗位在女性手里。

3. Das ist „deutlich weniger als zum Beispiel in Schweden,

这"明显比瑞典少，

4. dort liegt diese Quote bei 50 Prozent".

在瑞典这个比例是50%"。

选择答案

A 不是答案,虽然第 1 句对男女做了比较,但是没有专门在 managen 方面做比较。

B 不是答案,第 2—4 句是对它的否定。

C 是答案,依据是第 1 句的后半部分:aber zugleich in der Ausübung von Führung behindert werden"。

Lösungen

1 B, 2 B, 3 C, 4 A, 5 A, 6 C, 7 A, 8 B, 9 C

Vokabeln

	etw. (D.) auf die Spur kommen	追踪某事,研究某事
die	Auseinandersetzung	讨论,分析
	einschlägig *Adj.*	有关的,所属的
	vor/liegen *Vi.*	存在,有
	individuell *Adj.*	个体的,个别的
	strategisch *Adj.*	战略上的,战略性的
die	Vision -en	远见,愿景
	überblicken *Vt.*	眺望,展望
	vermitteln *Vt.*	传授
	Befehle erteilen	发号施令
die	Werteorientierung	价值取向
	predigen *Vt.*	说教,布道
das	Ideal -e	理想,典型
die	Gewaltfreiheit	权利自由
	provozierend *Adj.*	挑衅的,令人愤怒的
das	Potential -e	潜力
	überwiegen *Vi.*	占优势
die	Profitorientierung	利润导向
	gelangen *Vi.* (s)	到达,达到
	daraus resultierend	由此产生的
	kollegial *Adj.*	同事般的,友好的
	autoritär *Adj.*	独裁的,权威的
	die Arbeitsprozesse ihrem Gang überlassen	凭工作进度按部就班进行
das	Charisma ...men	独特的魅力
die	Quote -n	比率

Einheit 36

Lesen Sie den Text und lösen Sie die Aufgaben.

Stalking — Opfer müssen besser geschützt werden

Der WEISSE RING veranstaltete am 16. und 17. November 2009 in Mainz eine Fachtagung, um mit Experten aktuelle und bedeutsame Fragen für Kriminalitätsopfer zu diskutieren. Das 20. Opferforum stand unter dem Motto „Stalking – Wissenschaft, Opferhilfe und Gesetzgebung zum Wohle der Opfer". Dabei gelang es der Opferschutz-Vereinigung, Deutschlands führende Fachleute aus Politik, Justiz, Polizei, Verwaltung, Medizin, Psychologie und Wissenschaft zusammenzuführen.

Noch vor zehn Jahren war Stalking in Deutschland ein weitgehend unbekannter Begriff. Wenn er auftauchte, dann in Verbindung mit Prominenten, die im „Liebeswahn" verfolgt wurden. Der WEISSE RING hatte seine jährliche Experten-Tagung bewusst fachübergreifend angelegt: Sozialrechtliche Folgen für die Opfer von Stalking wurden ebenso thematisiert wie die Frage nach der Wirksamkeit der gesetzgeberischen Maßnahmen und deren Auswirkungen auf die Praxis. Aus dem psychosozialen Bereich wurden Modelle zur Betreuung von Stalking-Opfern sowie Möglichkeiten zur Vermeidung der Eskalation von Gewalt in Stalking-Prozessen vorgestellt und diskutiert. Neben der Bestandsaufnahme des bisher Erreichten widmete sich das 20. Opferforum vor allem dem Ausblick, wie Opfern von Stalking fachübergreifend noch wirksamer geholfen werden kann.

In einer Resolution forderten die rund 110 Teilnehmer aus den verschiedenen Fachgebieten vereint den Gesetzgeber auf, den Straftatbestand des Stalkings einem tätlichen Angriff gleichzustellen. Damit hättenn die in ihrer Lebensführung beeinträchtigten Opfer Leistungen nach dem Opferentschädigungsgesetz beantragen.

Besondere Defizite sehen die Experten, wenn Kinder in das Stalking-Geschehen einbezogen sind. Der Grundsatz „Kindeswohl geht vor Elternrecht", den besonders Prof. Dr. Günther Deegner, Vorsitzender des Fachbeirates Medizin & Psychologie im WEISSEN RING, und der Bundesvorsitzende der Opferhilfs-Organisation, Prof. Dr. Reinhard Böttcher, als zentralen Punkt des 20. Opferforums betonten, werde häufig in der familienrechtlichen Praxis nicht ausreichend berücksichtigt. Die möglichen psychotraumatischen Folgen für das Kind seien nicht bedacht, wenn dem Stalker ein umfängliches Umgangsrecht zugestanden werde und er das Kind so in der Trennung instrumentalisieren könne.

Der WEISSE RING unterstützt seit 2001 mehrere Forschungsprojekte, u. a. der Technischen Universität Darmstadt und des Zentralinstitutes für Seelische Gesundheit Mannheim. Ziel ist es, wissenschaftliche Erkenntnisse sowohl für die weitere gesetzliche Ausgestaltung des Phänomens Stalking, als auch für Präventionsmodelle und praktische

Hilfsangebote für Stalking-Opfer nutzbar zu machen.

Anliegen des WEISSEN RINGS sei es insbesondere, so Bundesvorsitzender Böttcher, die Öffentlichkeit für die besonders belastende Opfersituation zu sensibilisieren. Stalking-Opfer müssen wissen, dass sie insgesamt ernst genommen werden und ihnen vielfältige Angebote zur Bewältigung der vor allem psychischen Tatfolgen zur Verfügung stehen. Im Aus- und Weiterbildungs-Programm des WEISSEN RINGS für seine bundesweit mehr als 3.000 Helferinnen und Helfer ist das Thema fest verankert.

http://www.psychologie-forum.de/content/nachrichten/17.11.09-01/

Markieren Sie die richtige Antwort.

	Ja	Nein	Text sagt dazu nichts
1 Das Thema der Fachtagung ist u. a., was man für Stalking-Opfer tun kann.			
2 Die Opferschutz-Vereinigung Deutschlands hat alle Interessenten aus verschiedenen Bereichen zu dem Forum eingeladen.			
3 Das Phänomen Stalking ist in Deutschland schon seit langem zu beobachten.			
4 Erst in der nächsten Fachtagung wird über Wirksamkeit der gesetzlichen Maßnahmen und deren Auswirkungen auf die Praxis besprochen.			
5 Auf der Tagung wurde präsentiert, was man im Kampf gegen Stalking bislang erreicht hat.			
6 Die Teilnehmer forderten auf, alle Stalking-Täter entsprechend zu bestrafen.			
7 Der Autor meint, dass der Grundsatz „Kindeswohl geht vor Elternrecht" in der familienrechtlichen Praxis oft nicht ausreichend berücksichtigt wird.			
8 Um seelisches Problem des betroffenen Kindes zu vermeiden, sollte man dem Täter nicht zu viel Freiheit einräumen.			
9 Die Unterstützung von dem WEISSE RING beschränkt sich auf die Forschungsprojekte der TU Darmstadt und des Zentralinstitutes für Seelische Gesundheit Mannheim.			
10 Dem WEISSEN RING liegt es besonders viel an der Verringerung der psychischen Probleme von Stalking-Opfern.			

习题讲解

第1题　**题意**：这届专业会议的主题之一(是否)是：人们为被跟踪的受害者可做些什么。

相关语段及其译文

1. Der WEISSE RING veranstaltete am 16. und 17. November 2009 in Mainz eine Fachtagung, um mit Experten aktuelle und bedeutsame Fragen für Kriminalitätsopfer zu diskutieren.

白环联合会(即德国保护受害人联合会)在2009年11月16和17日在美茵兹举行了一个专业大会，与专家们讨论了刑事受害人当前的重要问题。

2. Das 20. Opferforum stand unter dem Motto „Stalking-Wissenschaft, Opferhilfe und Gesetzgebung zum Wohle der Opfer".

这届(20届)受害人论坛的主题是"跟踪——科学、帮助受害人、受害人利益的立法"。

选择答案

这一段落的第2句告诉我们，这届专业会议的主题包括帮助受害人(Opferhilfe)，即怎么帮助受害人，文章与题目完全一致，所以选择 Ja。

第2题　**题意**：德国保护受害人协会邀请来参加论坛的各领域客人(是否)包括所有有兴趣者。

相关语段及其译文

Dabei gelang es der Opferschutz-Vereinigung Deutschlands führende Fachleute aus Politik, Justiz, Polizei, Verwaltung, Medizin, Psychologie und Wissenschaft zusammenzuführen.

德国保护受害人联合会成功地邀请了来自政治、法律、警察、管理部门、医学、心理学和科学界的领袖型专家(führende Fachleute)。

选择答案

这一段落告诉我们，联合会成功地邀请到了各界领袖型专家。他们(是否)包括了所有的有兴趣者，文章没有进一步说明。所以选择 Text sagt dazu nichts。

第3题　**题意**：跟踪这一现象在德国(是否)由来已久。

相关语段及其译文

Noch vor zehn Jahren war Stalking in Deutschland ein weitgehend unbekannter Begriff. Wenn er auftauchte, dann in Verbindung mit Prominenten, die im „Liebeswahn" verfolgt wurden.

在10年前跟踪还是一个大家很不熟悉的概念。如果出现跟踪，总是和名人有关，他们是在狂热的恋爱中而被跟踪。

选择答案

这一段落告诉我们，Stalking 在10年之前的德国还是一个非常陌生的概念。文章否定了题目中的 seit langem，所以选择 Nein。

第4题　**题意**：(是否)是要在下一届专业会议上才会讨论法律措施的有效性以及它们的实际作用。

相关语段及其译文

Sozialrechtliche Folgen für die Opfer von Stalking wurden ebenso thematisiert wie die Frage nach der Wirksamkeit der gesetzgeberischen Maßnahmen und deren Auswirkungen auf die Praxis.

在这届会议上不仅讨论了跟踪受害者社会权利方面的相应措施，还讨论了立法措施的有效性和它们的实际作用。

选择答案

这一段落告诉我们，在这届会议上已经讨论了题目中提出的两点内容。所以答案选择 Nein。

5 题　**题意**：在这次会议上（是否）介绍了至今在对跟踪这一社会现象进行的斗争中**取得的收获**。

相关语段及其译文

1. Aus dem psychosozialen Bereich wurden Modelle zur Betreuung von Stalking-Opfern sowie Möglichkeiten zur Vermeidung der Eskalation von Gewalt in Stalking-Prozessen vorgestellt und diskutiert.

（在这届会议上）介绍并讨论了如何在心理社会领域关怀跟踪受害者的模式以及避免跟踪中暴力升级的可能性。

2. Neben der Bestandsaufnahme des bisher Erreichten widmete sich das 20. Opferforum vor allem dem Ausblick, wie Opfern von Stalking fachübergreifend noch wirksamer geholfen werden kann.

除了总结至今取得的收获外，第 20 届受害者论坛首先关注的是社会各界如何更有效地帮助受害者。

选择答案

第 2 句中的状语"Neben der Bestandsaufnahme des bisher Erreichten"肯定了题目中的陈述，所以选择 Ja。

6 题　**题意**：与会者（是否）要求对所有跟踪者进行相应的处罚。

相关语段及其译文

1. In einer Resolution forderten die rund 110 Teilnehmer aus den verschiedenen Fachgebieten vereint den Gesetzgeber auf, den Straftatbestand des Stalkings einem tätlichen Angriff gleichzustellen.

在一个决议中，大约110位来自各专业领域的与会者一致要求立法者把跟踪的犯罪事实视作攻击行为。

2. Damit könnten die in ihrer Lebensführung beeinträchtigten Opfer Leistungen nach dem Opferentschädigungsgesetz beantragen.

这样，生活中受到影响的受害者可以根据赔偿受害者法申请相应的赔偿。

选择答案

这一相关语段没有涉及题目里的有关"与会者提出对所有跟踪者进行相应处罚要求"这

个话题，所以选择 Text sagt dazu nichts。

第7题　题意：作者(是否)认为，"孩子的幸福高于父母的权利"的原则在家庭法的实施中往往没有得到足够的重视。

相关语段及其译文

Der Grundsatz „Kindeswohl geht vor Elternrecht", den besonders Prof. Dr. Günther Deegner, Vorsitzender des Fachbeirates Medizin & Psychologie im WEISSEN RING, und der Bundesvorsitzende der Opferhilfs-Organisation, Prof. Dr. Reinhard Böttcher, als zentralen Punkt des 20. Opferforums betonten, werde häufig in der familienrechtlichen Praxis nicht ausreichend berücksichtigt.

特别被"白环"联合会的医学和心理专业委员会主席 Günther Deegner 教授和受害者救助组织联邦主席 Reinhard Böttcher 教授强调的原则"孩子的幸福高于父母的权利"，在家庭法实施中往往没有得到足够的顾及。

选择答案

这一相关语段中的"werde"是第一虚拟式，表明整个句子是一个间接引语，是作者引用专家说的话，在这里看不出作者本身的观点，所以选择 Text sagt dazu nichts。

第8题　题意：为了避免受害孩子产生心灵问题，人们(是否)不应该给予案犯太多的自由。

相关语段及其译文

Die möglichen psychotraumatischen Folgen für das Kind seien nicht bedacht, wenn dem Stalker ein umfängliches Umgangsrecht zugestanden werde und er das Kind so in der Trennung instrumentalisieren könne.

(两位教授认为)，如果给予跟踪者广泛的接触(受害者)的权利，如果跟踪者因此就有可能操控孩子，那就等于没有想到这有可能给孩子带来身心创伤的后果。

选择答案

题目中的陈述是这一语段隐含的意思。所以选择 Ja。

第9题　题意：WEISSE RING 的资助(是否)只局限于 Darmstadt 工业大学和 Mannheim 心灵健康中心研究所的研究项目。

相关语段及其译文

Der WEISSE RING unterstützt seit 2001 mehrere Forschungsprojekte, u. a. der Technischen Universität Darmstadt und des Zentralinstitutes für Seelische Gesundheit Mannheim.

"白环"联合会从 2001 年来资助了几个科研项目，其中包括 Darmstadt 工业大学和 Mannheim 心灵健康中心研究所的研究项目。

选择答案

这一段落中的 u. a. (unter anderem)告诉我们，Darmstadt 工业大学和 Mannheim 心灵健康中心研究所是"白环"联合会资助的几个研究机构中的两个，也就是说 WEISSE RING 还支持了其他研究项目，所以选择 Nein。

10 题   题意:"白环"联合会特别关心的(是否)是减少被跟踪受害者的心理问题。

相关语段及其译文

Anliegen des WEISSEN RINGS sei es insbesondere, so Bundesvorsitzender Böttcher, die Öffentlichkeit für die besonders belastende Opfersituation zu sensibilisieren.

联合会主席 Böttcher 说,"白环"联合会特别关心的事情是:引起公众对受害者遭遇特大压力的注意。

选择答案

这一段落告诉我们,"白环"联合会特别关心的事情不是减少受害者的心理问题,而是引起公众对受害者遭受特大压力的注意,所以选择 Nein。

Lösungen

1 Ja, 2 nichts, 3 Nein, 4 Nein, 5 Ja, 6 nichts, 7 nichts, 8 Ja, 9 Nein, 10 Nein

Vokabeln

das	Stalking	跟踪他人(图谋不轨)
das	Kriminalitätsopfer -	犯罪受害者
	j-m. gelingen Vi.	成功,顺利进行
	zusammen/führen Vt.	使相会,使相聚在一起
	auf/tauchen Vi. (s)	出现,显露
der	Prominent -en, -en	知名人士,社交名流
	verfolgen Vt.	跟踪,追踪
	fachübergreifend Adj.	跨学科的
	an/legen Vt.	规划,设立
	sozialrechtlich Adj.	社会法的
	thematisieren Vt.	把……作为题目
	gesetzgeberisch Adj.	立法的
das	Modell -e	模式
die	Eskalation	(军事、政治事件的)升级,扩大
die	Bestandsaufnahme	评述,总结分析
	sich (A.) etw. (D.) widmen	致力于
die	Resolution -en	决议
der	Straftatbestand	犯罪事实
	etw. (A.) etw. (D.) gleich/stellen	使什么等同于……
das	Defizit -e	不足,欠缺
	einbezogen Partizip Perfekt	被牵涉
	familienrechtlich Adj.	家庭法的
	psychotraumatisch Adj.	心理创伤的

	bedacht *Adj.*	考虑到
	umfänglich *Adj.*	较广泛的
	j-m. etw. (A.) zu/gestehen	给予，承认
	instrumentalisieren *Vt.*	操纵，使……成为工具
das	Präventionsmodell -e	预防模式
das	Anliegen -	十分关注的事情
	sensibilisieren *Vt.*	使敏感
	etw. (A.) ernst nehmen *Vt.*	认真地对待
	verankert Partizip Perfekt	被确定

Einheit 37

Lesen Sie den Text und lösen Sie die Aufgaben.

Auch Haustiere kennen Eifersucht

Der eine fühlt sich hintergangen, der andere ungerecht behandelt. Eifersucht kann die Beziehung zwischen zwei Menschen bis zum Äußersten belasten. „Gut, dass ich mit meinem Hund solche Probleme nicht habe", denken dann manche – und liegen voll daneben. Denn auch Tiere können negativ reagieren, wenn ihre Besitzer anderen mehr Aufmerksamkeit schenken. Doch lassen sich tierische Eifersüchteleien mit den menschlichen vergleichen?

Experten sind sich sicher, dass auch Haustiere eifersüchtig sein können. „Aber nicht so wie wir Menschen", sagt Henriette Mackensen von der Akademie für Tierschutz in Neubiberg einschränkend. „Ihnen geht es darum, ihre Ressourcen zu sichern – das Futter oder den angestammten Rang in der Familie."

Zwar neigen vor allem Hunde dazu, aber auch andere Tiere zeigen entsprechendes Verhalten: „Das betrifft alle, die in Sozialverbänden leben wie zum Beispiel Wellensittiche, Papageien und Kaninchen", sagt Mackensen. Ausgelöst werde die Eifersucht durch Verlustängste, wie Magdalena Scherk von der Tierrechtsorganisation in Gerlingen bei Stuttgart erklärt.

„Die entstehen bei Hunden oft durch eine dritte Partei – Mensch oder Tier", sagt die Expertin. So werde ein Hund gern als Ersatzkind gehätschelt. Kommt dann ein Rudelrivale daher-etwa ein neuer Hund oder ein Baby-sieht der Hund seine hochrangige Position gefährdet und will sie verteidigen.

„Sind Hunde eifersüchtig, äußern sie das beispielsweise in Form von offensichtlichem Dazwischendrängeln." Viele Halter sehen sich in Situationen der Zweisamkeit mit dem oder der Liebsten damit konfrontiert, dass der tierische Weggefährte absichtlich stört. „Er fühlt sich dann vernachlässigt", sagt Magdalena Scherk.

Dabei sind das noch gar nicht die schlimmsten Ausbrüche tierischer Eifersucht, weiß Katrin Umlauf vom Deutschen Tierschutzbund. „Im ungünstigsten Fall passiert das durch Aggressivität – indem sie etwas zerstören oder den vermeintlichen Nebenbuhler attackieren", sagt die Tierärztin. Aber auch Bellen oder Zärtlichkeitsbekundungen können darauf hinweisen. „Katzen reagieren gern mit Unsauberkeit."

Oft wissen Tierbesitzer nicht, wie sie in solchen Fällen reagieren sollen. „Wichtig ist, diesem Verhalten auf den Grund zu gehen", rät Henriette Mackensen. „Hat sich irgendwas im Lebensstil geändert, kann das der Schlüssel zum Problem sein." Manchmal sind Halter plötzlich im Beruf sehr eingespannt und können dem Tier weniger Aufmerksamkeit widmen. Die Spaziergänge werden kürzer, die Streicheleinheiten immer spärlicher.

Das registrieren die Schützlinge erstaunlich schnell. Mackensen rät, dem Tier in solchen Fällen mehr Zuwendung zu gönnen. „Wenn es wieder öfter im Mittelpunkt steht, legen sich die Eifersüchteleien schnell." Kommt ein neuer Vierbeiner in die Familie, muss der andere weiterhin zuerst sein Fressen bekommen. „So bleibt die Rangordnung bestehen."

Bei Hunden gilt eine grundsätzliche Faustregel erst einmal auch im Fall von Eifersüchteleien: Unerwünschtes Verhalten wird ignoriert, gewünschtes gelobt. Wer das beachtet, kann gewisse Verhaltensmuster ins Positive korrigieren. „Ist die Eifersucht des Hundes allerdings übermäßig auffällig, sollte professioneller Rat hinzugezogen werden. Das gilt ganz besonders, wenn sich die Eifersüchteleien gegen Familienmitglieder richten", rät Magdalena Scherk.

Meistens wüssten Halter vorher, wenn sich innerhalb der Familie etwas ändert, und können entsprechend reagieren, ist sich Henriette Mackensen sicher. „Wenn ein Kind kommt, kann man so früh wie möglich über die erste Begegnung nachdenken."

So lässt sich verhindern, dass das Kinderbettchen da steht, wo der Hund seinen Schlafplatz hatte. „So lassen sich Eifersuchtsmomente schon im Vorfeld vermeiden", sagt Magdalena Scherk. Schließlich sei Eifersucht keinem Tier angeboren – sie werde von den Haltern provoziert.

http://www.welt.de/wissenschaft/tierwelt/article5931264/Auch-Haustiere-kennen-die-Eifersucht.html

▪ Markieren Sie die richtige Antwort.

	Ja	Nein	Text sagt dazu nichts
1 Haustiere sind eifersüchtig, wenn sie ihr Futter und ihre Stellung in der Familie bedroht sehen.			
2 Alle Tiere kennen Eifersucht.			
3 Hunde bekommen oft Angst vor einem neu angekommenen Hund oder Baby.			
4 Wenn Hunde eifersüchtig sind, reagieren sie nur mit störendem Verhalten oder Aggressivität.			
5 Tierische Eifersucht kann auf die neue Lebenssituation des Halters zurückgeführt werden.			
6 Experten raten, dass Tierbesitzer in solchen Fällen dem Tier mehr Aufmerksamkeit schenken.			
7 Das Verhalten der Hunde kann nicht korrigiert werden.			
8 Das Kinderbett soll den Schlafplatz des Haustiers belegen.			
9 Die Eifersucht des Haustieres kann durch vorbeugende Maßnahmen vermieden werden.			
10 Eifersucht gehört nicht zur tierischen Natur.			

习题讲解

第1题 **题意**：当宠物看到自己的食物和在家庭中的地位受到威胁时,(是否)也会吃醋。

相关语段及其译文

1. Experten sind sich sicher, dass auch Haustiere eifersüchtig sein können.

专家确信,宠物也会吃醋。

2. „Aber nicht so wie wir Menschen", sagt Henriette Mackensen von der Akademie für Tierschutz in Neubiberg einschränkend.

"但不像我们人类",诺比贝尔格的动物保护科学院的 H. Mackensen 说。

3. „Ihnen geht es darum, ihre Ressourcen zu sichern - das Futter oder den angestammten Rang in der Familie."

"它们关注的是保障自己的资源——食物或者在家庭中固有的地位。"

选择答案

第1和第3句隐含了题目的内容,所以选择 Ja。

第2题 **题意**：(是否)所有的动物都会嫉妒。

相关语段及其译文

Zwar neigen vor allem Hunde dazu, aber auch andere Tiere zeigen entsprechendes Verhalten：„Das betrifft alle, die in Sozialverbänden leben wie zum Beispiel Wellensittiche, Papageien und Kaninchen" sagt Mackensen.

虽然狗最具有嫉妒的倾向,但是其他动物也有类似的行为,Mackensen 说,"这包括所有群居动物,例如虎皮鹦鹉、鹦鹉和兔子"。

选择答案

这一相关段落只是列举了一些会嫉妒的群居动物,没有交代(是否)所有的动物都具备类似的嫉妒行为,所以答案是 Text sagt dazu nichts。

第3题 **题意**：狗面对新来的狗或婴儿,(是否)常常会感到恐惧。

相关语段及其译文

Kommt dann ein Rudelrivale daher – etwa ein neuer Hund oder ein Baby – sieht der Hund seine hochrangige Position gefährdet und will sie verteidigen.

如果有竞争对手从别处来,比如另一条狗或者婴儿,狗会认为它固有的地位受到了威胁,就会要保卫自己的地位。

选择答案

这一相关语段并未涉及题目中恐惧的话题,所以选择 Text sagt dazu nichts。

第4题 **题意**：当狗嫉妒时,它们的反应(是否)只是骚扰或侵略性行为。

相关语段及其译文

1. „Sind Hunde eifersüchtig, äußern sie das beispielsweise in Form von offensichtlichem Dazwischendrängeln."

"当狗嫉妒时,它们会在主人身边以明显的推推搡搡方式表现出来。"

2. Viele Halter sehen sich in Situationen der Zweisamkeit mit dem oder der Liebsten damit konfrontiert, dass der tierische Weggefährte absichtlich stört.

许多狗主人与他/她最亲爱的在一起时就会看到,他/她的动物伴侣故意来骚扰。

3. „Er fühlt sich dann vernachlässigt", sagt Magdalena Scherk.

M. Scherk 解释说,"它感到自己被冷落了"。

4. Dabei sind das noch gar nicht die schlimmsten Ausbrüche tierischer Eifersucht, weiß Katrin Umlauf vom Deutschen Tierschutzbund.

而且,德国动物保护协会的 K. Umlauf 知道,这甚至还不是动物嫉妒最严重的爆发方式。

5. „Im ungünstigsten Fall passiert das durch Aggressivität – indem sie etwas zerstören oder den vermeintlichen Nebenbuhler attackieren", sagt die Tierärztin.

这位兽医还说:"最糟糕的情况是动物嫉妒以侵略的方式表现出来,它们毁坏一些东西或进攻它们认为的竞争对手。"

6. Aber auch Bellen oder Zärtlichkeitsbekundungen können darauf hinweisen.

但是吠叫或亲昵也能表示嫉妒。

选择答案

这一段落告诉我们除了骚扰或侵略性行为以外,它们还会用其它方式表示嫉妒,比如在主人身边推推搡搡、吠叫和亲昵等,所以选择 Nein。

第 5 题　　**题意:**主人新的生活状况会导致动物的嫉妒心理。

相关语段及其译文

„Hat sich irgendwas im Lebensstil geändert, kann das der Schlüssel zum Problem sein." Manchmal sind Halter plötzlich im Beruf sehr eingespannt und können dem Tier weniger Aufmerksamkeit widmen. Die Spaziergänge werden kürzer, die Streicheleinheiten immer spärlicher.

"如果生活方式上有任何改变,可能是问题的关键所在。"有时主人突然非常忙于工作,只能给予宠物较少的关注。散步路线变短了,抚摸次数也变少了。

选择答案

题目与相关段落的意思基本一致,所以答案是 Ja。

第 6 题　　**题意:**专家建议,在类似情况下主人(是否)应该给予宠物更多的关注。

相关语段及其译文

Mackensen rät, dem Tier in solchen Fällen mehr Zuwendung zu gönnen.

Mackensen 建议,在类似情况下应该给予动物更多的关心。

选择答案

这一段落与题目意思完全一致,所以选择 Ja。

第 7 题　　**题意:**动物的行为不能被纠正。

相关语段及其译文

Bei Hunden gilt eine grundsätzliche Faustregel erst einmal auch im Fall von

Eifersüchteleien: Unerwünschtes Verhalten wird ignoriert, gewünschtes gelobt. Wer das beachtet, kann gewisse Verhaltensmuster ins Positive korrigieren.

当狗吃醋时忽视其不正确的行为,表扬其正确的行为,假如谁能遵守这条基本规则,就可以改进它的一些行为模式。

选择答案

这一段落说明遵守这条基本规则是可以纠正宠物行为的,所以答案是 Nein。

第 8 题　**题意:** 儿童床应该放在宠物睡觉的位置上。
相关语段及其译文
So lässt sich verhindern, dass das Kinderbettchen da steht, wo der Hund seinen Schlafplatz hatte. „So lassen sich Eifersuchtsmomente schon im Vorfeld vermeiden", sagt Magdalena Scherk.

可以避免发生的是,儿童床正好位于原来狗睡觉的位置上。"这样就可以提前避免嫉妒的情形发生",Magdalena Scherk 说。

选择答案

这一段落说明与题意正好相反,所以答案是 Nein。

第 9 题　**题意:** 宠物的嫉妒行为(是否)可以通过采取预防措施来避免。
相关语段及其译文
1. So lässt sich verhindern, dass das Kinderbettchen da steht, wo der Hund seinen Schlafplatz hatte.
比如要避免把婴儿床放置在原先狗窝的位置上,M. Scherk 说。
2. „So lassen sich Eifersuchtsmomente schon im Vorfeld vermeiden", sagt Magdalena Scherk.
"这样一来,宠物的嫉妒行为就可以提前得到避免。"

选择答案

这一段落举了一个采取预防措施避免宠物嫉妒行为的例子,据此推理,选择 Ja。

第 10 题　**题意:** 嫉妒(是否)不属于动物的本性。
相关语段及其译文
Schließlich sei Eifersucht keinem Tier angeboren — sie werde von den Haltern provoziert.
嫉妒并不是动物与生俱来的本性,而往往是由主人挑衅起来的。

选择答案

这一段落肯定了题目中的说法,所以选择 Ja。

Lösungen

1 Ja, 2 nichts, 3 nichts, 4 Nein, 5 Ja, 6 Ja, 7 Nein, 8 Nein, 9 Ja, 10 Ja

阅读训练

Vokabeln

das	Haustier -e	宠物
	hintergehen *Vt.*	欺骗
die	Eifersucht nur Sg.	妒忌，吃醋
	voll daneben liegen	完全错误
	angestammt *Adj.*	继承的，天生的
der	Rang nur Sg.	等级，级别，地位
der	Sozialverband ..e	社会团体
der	Wellensittich -e	虎皮鹦鹉
die	Papagei -en	鹦鹉
das	Kaninchen -	家兔
das	Ersatzkind -er	小孩的替代品
	hätscheln *Vt.*	溺爱，娇惯
der	Rudelrivale -n	竞争者，对手
	daher/kommen	从那儿来
	verteidigen *Vt.*	保护，捍卫
der	Halter -	（动物）饲养者
	absichtlich *Adj.*	故意的，有意的
	vernachlässigt Partizip Perfekt	被冷落的，被忽略的
der	Ausbruch ..e	爆发，突然发作
	vermeintlich *Adj.*	想象的，臆想的
der	Nebenbuhler	竞争者，对手，情敌
	bellen *Vi.*	（狗）吠，叫
die	Zärtlichkeitsbekundung -en	表达温柔，表达体贴
	etw. (D.) auf den Grund gehen	深究……，探究……
	widmen *Vt.*	奉献，给予
	spärlich *Adj.*	少得可怜的，缺乏的
	registrieren *Vt.*	注意到，理会到
der	Schützling -e	被保护者（这里指宠物）
die	Zuwendung nur Sg.	关照，关注
	gönnen *Vt.*	给予
	sich legen	平息，减弱
	hinzu/ziehen *Vt.*	请教，请……参与
	im Vorfeld	预先，提前
	provozieren *Vt.*	挑衅，挑动

Einheit 38

Lesen Sie den Text und lösen Sie die Aufgaben.

Warum man Fliegen so schwer erwischt

US-Forscher haben eine Antwort auf die Frage gefunden, warum es so schwer ist, eine Fliege zu erschlagen: Sie hat bereits ausgeklügelte Fluchtpläne für alle Eventualitäten im Kopf. So berechnet sie im Bruchteil einer Sekunde, aus welcher Richtung eine Bedrohung naht, entscheidet sich für einen Plan und bringt ihre Beine in die optimale Startposition, um in die entgegengesetzte Richtung entkommen zu können. Wie schnell das Fliegengehirn sensorische Informationen in eine angemessene motorische Reaktion umsetzen kann, zeigen Hochgeschwindigkeitsaufnahmen, die Gwyneth Card and Michael Dickinson vom California Institute of Technology in Pasadena gemacht haben.

Die Wissenschaftler untersuchten das Ausweichmanöver von Taufliegen, wenn sie durch eine Fliegenklatsche bedroht werden. Etwa 200 Millisekunden bevor die Fliege abhebt, plant sie bereits die Flugrichtung, fanden die Forscher heraus. Dies äußert sich in einer komplexen Bewegungsabfolge, bei der die Fliegen ihren Schwerpunkt so zu ihren Beinen ausrichten, dass sie durch ein einfaches Strecken derselben automatisch von der Bedrohung wegbewegt werden. Diese frühen Bewegungen müssen allerdings nicht zwingend mit einem Abflug einhergehen.

Wenn die Fliege die Bewegung plant, berücksichtigt sie ihre Körperposition zu dem Zeitpunkt, an dem sie die Bedrohung wahrnimmt. Sie scheint also irgendwie zu wissen, wie sie sich bewegen muss, um eine angemessene Startposition für den Abflug einnehmen zu können, erläutert Dickinson. Dazu muss die Fliege Informationen vom Auge mit mechanosensorischen Informationen von den Beinen abgleichen. Die Forscher vermuten, dass es im Gehirn der Fliege ein bereits festgelegtes Schema gibt, in dem jeder möglichen Position einer nahenden Bedrohung ein passendes Muster von Bein- und Körperbewegungen zugeordnet ist.

Gwyneth Card und Michael Dickinson (California Institute of Technology, Pasadena): Current Biology, Online-Vorabveröffentlichung, DOI 10.1016/j.cub.2008.07.094.

http://www.wissenschaft.de/wissenschaft/gutzuwissen/295029.html

Markieren Sie die richtige Antwort.

	Ja	Nein	Text sagt dazu nichts
1 Der Forschungsgegenstand der amerikanischen Wissenschaftler ist, was es schwer macht, eine Fliege zu töten.			

2	Die Fliege wählt zur Flucht die Richtung, wo z. B. eine Klappe hingeht.				2
3	Mit einer Videokamera haben die Forscher den Vorgang von der Vorbereitung bis zum Wegfliehen der Fliegen erfasst.				3
4	Die Forschung ergibt, dass die Fluggeschwindigkeit der Fliege blitzschnell ist.				4
5	Die Fliegen werden immer die kürzeste Strecke zum Entkommen von der Bedrohung nehmen.				5
6	Der Fluchtvorbereitung folgt bei Fliegen immer sofort der Abflug.				6
7	Bei der Wahrnehmung einer Bedrohung zeigt die Fliege große Angst.				7
8	Dickinson weiß genau, was die Fliege eine passende Position zum Abflug wählen lässt.				8
9	Zum Fluchtabflug muss die Fliege sowohl ihr Auge als auch ihre Beine betätigen.				9
10	Den Fliegen ist nach den Forschern wahrscheinlich eine Art von Fluchtmechanismus angeboren.				10

习题讲解

第1题 题意：美国科学家的研究对象（是否）是：拍死苍蝇为什么那么难。
相关语段及其译文
US-Forscher haben eine Antwort auf die Frage gefunden, warum es so schwer ist, eine Fliege zu erschlagen：
美国研究人员找到了为什么拍死苍蝇那么难的答案。
选择答案
根据这一段落可以推断出美国科学家的研究对象就是题目中的问题。所以选择 Ja。

第2题 题意：苍蝇为了逃跑选择的方向（是否）就是苍蝇拍子拍打的方向。
相关语段及其译文
1. Sie hat bereits ausgeklügelte Fluchtpläne für alle Eventualitäten im Kopf.
它在脑子里已经为所有可能发生的情况想好了逃跑路线。
2. So berechnet sie im Bruchteil einer Sekunde, aus welcher Richtung eine Bedrohung naht, entscheidet sich für einen Plan und bringt ihre Beine in die optimale Startposition, um in die entgegengesetzte Richtung entkommen zu können.
在几分之一秒之内它可以算出威胁来自什么方向，决定采用一个逃跑路线，并把它的腿调准到能够向着相反方向逃跑的最佳起跑位置。

选择答案

第2句中的目的状语(um in die entgegengesetzte Richtung entkommen zu können)告诉我们,苍蝇逃跑选择的是与威胁所来的方向相反。文章否定了题目的陈述,所以选择 Nein。

3题　　题意:研究人员用摄像机(是否)抓拍了苍蝇从准备到逃跑的全过程。
相关语段及其译文

Wie schnell das Fliegengehirn sensorische Informationen in eine angemessene motorische Reaktion umsetzen kann, zeigen Hochgeschwindigkeitsaufnahmen, die Gwyneth Card and Michael Dickinson vom California Institute of Technology in Pasadena gemacht haben.

Pasadena 技术研究所的 G. Card 和 M. Dickinson 拍摄的高速录像展示了苍蝇大脑能够多么迅速地把感官信息转变成适当的运动反应。

选择答案

这一段落称高速录像(Hochgeschwindigkeitsaufnahmen)展示了苍蝇如何迅速地把感官信息转变成适当的运动反应,即展示了苍蝇从准备到逃跑的全过程,文章肯定了题目的陈述,所以选择 Ja。

4题　　题意:研究(是否)表明苍蝇的飞行速度闪电般地快。
相关语段及其译文

1. Die Wissenschaftler untersuchten das Ausweichmanöver von Taufliegen, wenn sie durch eine Fliegenklatsche bedroht werden.
科学家们研究果蝇受到苍蝇拍威胁时的逃跑手段。

2. Etwa 200 Millisekunden bevor die Fliege abhebt, plant sie bereits die Flugrichtung, fanden die Forscher heraus.
他们发现,在苍蝇起飞逃跑前大约200毫秒内,它就已计划好飞行方向。

选择答案

这一段落告诉我们,苍蝇在起飞逃跑前做了逃跑路线计划,没有涉及苍蝇的飞行速度,所以答案是 Text sagt dazu nichts。

5题　　题意:苍蝇每次逃离威胁(是否)都是走的最短路线。
相关语段及其译文

Dies äußert sich in einer komplexen Bewegungsabfolge, bei der die Fliegen ihren Schwerpunkt so zu ihren Beinen ausrichten, dass sie durch ein einfaches Strecken derselben automatisch von der Bedrohung wegbewegt werden.

这(指:苍蝇计划飞行方向)表现在一整套动作过程中,在这当中苍蝇把它的重心调整到腿上,使得它一伸腿就逃离威胁。

选择答案

这一段落中的 Strecken 是动名词,意思是伸展(比如伸腿);描写的是苍蝇逃跑前的动作,题目中的 Strecke 不是动名词,而是普通名词,描写的是苍蝇逃跑所选择的路线,这个话题文章没有涉及,所以选择 Text sagt dazu nichts。

第 6 题　　题意:苍蝇在做好逃跑准备后,紧接着的(是否)总是立即飞走。
相关语段及其译文
Diese frühen Bewegungen müssen allerdings nicht zwingend mit einem Abflug einhergehen.
不过,这些前期动作不一定与飞走连在一起。
选择答案
这一段落是对题目的否定,所以选择 Nein。

第 7 题　　题意:当感觉到威胁时,苍蝇(是否)显示出非常害怕。
相关语段及其译文
Wenn die Fliege die Bewegung plant, berücksichtigt sie ihre Körperposition zu dem Zeitpunkt, an dem sie die Bedrohung wahrnimmt.
当苍蝇计划它的逃离动作时,它会去注意自己感觉到威胁那一刻的身体位置。
选择答案
这一相关段落没有涉及苍蝇害怕不害怕的话题,所以选择 Text sagt dazu nichts。

第 8 题　　题意:Dickinson 知道得(是否)很确切,是什么让苍蝇能选择合适的准备逃离的位置。
相关语段及其译文
Sie scheint also irgendwie zu wissen, wie sie sich bewegen muss, um eine angemessene Startposition für den Abflug einnehmen zu können, erläutert Dickinson.
Dickinson 解释道,苍蝇好像知道它必须动一动才能得到适合于逃跑的位置。
选择答案
这一段落中的 scheint 表明整个句子是描写 Dickinson 的感觉,是对题目中 genau 的否定,所以选择 Nein。

第 9 题　　题意:为了逃跑,苍蝇(是否)必须用眼又用腿。
相关语段及其译文
Dazu muss die Fliege Informationen vom Auge mit mechanosensorischen Informationen von den Beinen abgleichen.
为了逃跑(Dazu),苍蝇必须平衡眼睛得到的信息和腿的动力感觉信息。
选择答案
这一段落是对题目的肯定,所以选择 Ja。

第 10 题　　题意:研究人员(是否)认为,苍蝇很可能天生就有一种逃生机制。
相关语段及其译文
Die Forscher vermuten, dass es im Gehirn der Fliege ein bereits festgelegtes Schema gibt, in dem jeder möglichen Position einer nahenden Bedrohung ein passendes Muster von Bein- und Körperbewegungen zugeordnet ist.

研究人员估计,在苍蝇的大脑里,天生就有一种模式,在这个模式中对每一个将要临到的威胁,苍蝇都有相对应的腿和身体运动的模式。

选择答案

这一段落肯定了题目的句子,所以选择 Ja。

Lösungen

1 Ja, 2 Nein, 3 Ja, 4 nichts, 5 nichts, 6 Nein, 7 nichts, 8 Nein, 9 Ja, 10 Ja

Vokabeln

die	Fliege	-n	苍蝇
	erwischen	Vt.	捕获,抓住
	erschlagen	Vt.	拍死,杀死
	ausgeklügelt	Adj.	精确的
der	Fluchtplan	..e	生计划
die	Eventualität	-en	可能发生的事,可能情况
	im Bruchteil einer Sekunde		几分之一秒
	optimal	Adj.	最佳的,最理想的
	entgegengesetzt	Adj.	对立的,相反的
	entkommen	Vi.(s)	逃走,逃脱
	sensorisch	Adj.	感觉的,感官的
	angemessen	Adj.	适当的
die	Hochgeschwindigkeitsaufnahme		高速摄像
das	Ausweichmanöver		逃逸手段
	Taufliegen	Pl.	果蝇
die	Fliegenklatsche	-n	苍蝇拍
	ab/heben	Vi.	飞离地面,升起
die	Bewegungsabfolge		动作顺序
	mechanosensorisch	Adj.	机械感觉的
	ab/gleichen	Vt.	调准,校正
das	Schema	...s/ta/men	模式
	etw.(D.) zugeordnet sein		归入……

Einheit 39

Lesen Sie den Text und lösen Sie die Aufgaben.

Seltsame Blumen ohne Nektar

Für Bienen sind menschliche Gesichter merkwürdig geformte Blüten

Trotz ihres einfach aufgebauten Gehirns können Bienen Gesichter erkennen. Sie benutzen dazu sogar ein ähnliches Mustererkennungsprinzip wie der Mensch mit seinem erheblich komplexeren Denkorgan, hat ein französisch-australisches Biologenteam jetzt gezeigt. Genau wie Menschen erfassen die Insekten nämlich nicht nur die einzelnen Merkmale eines Gesichts wie Augen, Nase und Mund, auch deren Position und ihre Beziehung untereinander müssen stimmen. Steht ein Gesicht beispielsweise auf dem Kopf oder sind Mund und Nase vertauscht, nehmen die Bienen es nicht mehr als Gesicht wahr. Entstanden ist diese Fähigkeit allerdings vermutlich nicht für die Gesichtserkennung. Sie dient wohl eher dazu, auch die merkwürdigsten Blüten als solche erkennen zu können.

Menschen und andere Primaten sind Experten im Erkennen von Gesichtern – und vor allem deswegen, weil sie eine auf Gesichter spezialisierte Hirnregion besitzen. Bienen hingegen müssen mit einem winzigen, sehr einfach aufgebauten Gehirn auskommen, in der es keine derartige Arbeitsteilung gibt. Trotzdem schaffen sie es, eine Tulpenblüte genauso als potenzielle Futterquelle zu identifizieren wie die Blüte eines Apfelbaums oder eine Rose. Zudem sind die Tiere, wie bereits frühere Studien gezeigt hatten, in der Lage, individuelle Gesichter wieder zu erkennen, wenn sie zuvor gelernt haben, diese mit einem Tropfen Zuckerwasser in Verbindung zu bringen.

Avargues-Weber und ihre Kollegen wollten nun genauer wissen, wie weit die Gesichtserkennungsfähigkeiten der Honigsammler tatsächlich reichen, und entwarfen einige Experimente. Dabei wurden Bienen, wiederum mit Hilfe von Zuckerwasser, darauf trainiert, verschiedene Bilder wieder zu erkennen. Zum Teil handelte es sich um reine Strichzeichnungen von Augen, Mund und Nase, zum Teil aber auch um Fotos von echten Gesichtern. Das Fazit der Forscher: Die Bienen können sich nicht nur individuelle Punktmuster merken, sie erkennen auch Gemeinsamkeiten zwischen den Mustern und können dieses Prinzip auf neue Bilder übertragen. Dazu erfassen sie offensichtlich die Gesamtkonfiguration, also die absoluten Positionen der Merkmale sowie ihre Anordnung zueinander.

Für Bienen sind komplexe Muster also mehr als die Summe der Teile, schließen die Forscher. Das zeigt sich auch daran, dass ein Gesicht beim Fehlen eines Teils zwar noch erkannt wird, die Trefferquote jedoch deutlich niedriger liegt. Das System ist so allgemein angelegt, dass die Tiere eben auch menschliche Gesichter von anderen Dingen unterscheiden können, obwohl sie diese Fähigkeit in ihrem natürlichen Lebensraum nur in den seltensten Fällen benötigen. Anscheinend ist eine so starke Spezialisierung des Gehirns wie bei Mensch und Affe also nicht unbedingt nötig, man kommt auch mit weniger aufwendigen Gehirnen zum gleichen Ergebnis, so die Forscher. Für die Bienen hat das Prinzip noch einen anderen Vorteil: Ihre Augen haben eine relativ schlechte Auflösung, daher ist es sinnvoll, sich auf die auch von weitem erkennbare prinzipielle Konfiguration eines Musters zu verlassen und nicht auf die schlechter sichtbaren Details.

http://www.wissenschaft.de/wissenschaft/news/309610.html

Makieren Sie die richtige Antwort (A, B oder C).

1. **Genau wie Menschen können Bienen**
    A. Gesichter identifizieren.
    B. ein erheblich komplexes Denkorgan haben.
    C. zwischen Menschen unterscheiden.
2. **Für die Identifikation eines Gesichts**
    A. ist den Bienen nicht wichtig, wo es sich befindet.
    B. sind den Bienen der gesamte Aufbau, die Bestandteile und die Lokalisation gleich wichtig.
    C. sind den Bienen die Merkmale von Augen, Nase und Mund besonders wichtig.
3. **Die Wichtigkeit dieser Fähigkeit der Bienen dürfte darin bestehen,**
    A. die merkwürdigsten Blüten zu finden.
    B. zwischen verschiedenen Blumen zu unterscheiden.
    C. Nahrungsmittel zu finden.
4. **Verschiedene Untersuchungen zeigen,**
    A. dass Bienen auch ein gutes Gedächtnis haben.
    B. dass Bienen ein schlechteres Gedächtnis besitzen als Menschen.
    C. Dass das Lieblingsessen der Bienen Zuckerwasser ist.
5. **Mit ihren Experimenten wollten Avargues-Weber und ihre Kollegen klären,**
    A. wie weit die Bienen tatsächlich fliegen können.
    B. ob die Bienen Honig sammeln können.
    C. Wie groß die Identifikationsfähigkeit der Bienen ist.
6. **Bei den Experimenten sollen die Bienen**
    A. Zuckerwasser wieder erkennen.
    B. diverse ihnen bekannte Abbildungen erneut identifizieren.
    C. in erster Linie Fotos von Gesichtern wieder erkennen.
7. **Aus den Untersuchungsergebnissen kann der Schluss gezogen werden,**
    A. dass Bienen menschliche Gesichter nicht als solche wieder erkennen können.
    B. dass Bienen ein Muster als Ganzes erfassen können.
    C. dass für Bienen Gemeinsamkeiten keine Rolle für die Identifikation spielen.

8. Die Bienen können ein unvollständiges Gesicht

　　A．gar nicht mehr identifizieren.

　　B．genauso gut identifizieren wie ein komplexes.

　　C．schlechter identifizieren als ein komplexes.

9. Die Bienen können menschliche Gesichter von anderen Dingen unterscheiden,

　　A．obwohl ihr Gehirn sehr einfach strukturiert ist.

　　B．weil ihr Gehirn speziell dafür aufgebaut ist.

　　C．weil sie es in manchen Fällen brauchen.

10. Das Prinzip, eine Anordnung visuell nur als Ganzes wahrzunehmen, erlaubt den Bienen,

　　A．gegebenenfalls ihr Futter trotz großer Entfernung zu erkennen.

　　B．eine wahrgenommene Konfiguration auf ihre Details zu analysieren.

　　C．ihrem Feind schnell zu entfliehen.

习题讲解

第1题　　题意：蜜蜂在哪方面有像人一样的能力。

　　3个选项的区别：

　　A．能认出人脸。

　　B．有非常完整的思维器官。

　　C．能区分不同的人。

相关语段及其译文

1. Trotz ihres einfach aufgebauten Gehirns können Bienen Gesichter erkennen.

　　蜜蜂,尽管它的大脑结构简单,但能够辨认出人脸。

2. Sie benutzen dazu sogar ein ähnliches Mustererkennungsprinzip wie der Mensch mit seinem erheblich komplexeren Denkorgan, hat ein französisch-australisches Biologenteam jetzt gezeigt.

　　由法国和澳大利亚组成的一个生物学家团队现在已经指出,蜜蜂甚至像具有复杂得多的思维器官的人一样,运用模型辨认原理来辨认人脸。

选择答案

　　A 是答案,依据是整个相关语段。

　　B 不是答案,第2句中的词组 mit seinem erheblich komplexeren Denkorgan 是描写 Mensch,不是描写蜜蜂。

　　C 不是答案,它的话题 zwischen Menschen unterscheiden 文章没有提及。

第2题　　题意：关于蜜蜂辨认人脸,文章说了什么。

　　3个选项的区别：

　　A．人脸在什么地方是不重要的。

　　B．整个脸的结构、各组成部分以及各部分的位置同样重要。

C．眼睛、鼻子和嘴的特点特别重要。

相关语段及其译文

1. Genau wie Menschen erfassen die Insekten nämlich nicht nur die einzelnen Merkmale eines Gesichts wie Augen, Nase und Mund, auch deren Position und ihre Beziehung untereinander müssen stimmen.

因为完全像人一样,这些小昆虫(指蜜蜂)不仅抓住脸的各个特点,比如眼睛、鼻子和嘴巴,而且它们的位置以及相互间的关系必须正确。

2. Steht ein Gesicht beispielsweise auf dem Kopf oder sind Mund und Nase vertauscht, nehmen die Bienen es nicht mehr als Gesicht wahr.

如果脸长到头顶上,或者嘴巴和鼻子换个位置,那么蜜蜂就不会再把它认作人脸。

选择答案

A 不是答案,第 2 句是对它的否定。

B 是答案,依据是第 1 句。

C 不是答案,它错在句子中应用了 besonders,文章没有提及什么特别重要。

3 题 题意:蜜蜂这种能力的重要意义很可能是什么。

3 个选项的区别:

A．在于找到最古怪的花朵。

B．在于区分不同的花朵。

C．在于找到食物。

相关语段及其译文

1. Entstanden ist diese Fähigkeit allerdings vermutlich nicht für die Gesichtserkennung.

不过,估计这种能力的形成不是为了辨认人脸。

2. Sie dient wohl eher dazu, auch die merkwürdigsten Blüten als solche erkennen zu können.

它的用处更可能是:即使是最奇怪的花朵它也能辨认出来。

3. Menschen und andere Primaten sind Experten im Erkennen von Gesichtern – und vor allem deswegen, weil sie eine auf Gesichter spezialisierte Hirnregion besitzen.

人以及其他类人猿之所以是辨认脸的能手,首先是因为他们大脑里具有一个专门识别脸的区域。

4. Bienen hingegen müssen mit einem winzigen, sehr einfach aufgebauten Gehirn auskommen, in der es keine derartige Arbeitsteilung gibt.

与人相反,蜜蜂必须用它微小的、结构非常简单的、没有像人脑一样有分工的大脑完成这一任务。

5. Trotzdem schaffen sie es, eine Tulpenblüte genauso als potenzielle Futterquelle zu identifizieren wie die Blüte eines Apfelbaums oder eine Rose.

尽管这样,蜜蜂还是能够把郁金香花像苹果树上的花或玫瑰花一样,认作为食物的来源。

选择答案

A 不是答案,虽然第 2 句包含了 merkwürdigsten Blüten 这个词组,但是整个句子只是在描写蜜蜂的能力,不是描写这种能力给它们带来的益处。

B 不是答案,它的谓语动词 unterscheiden 表达的话题文章没有提及。

C 是答案,依据是第 5 句。

第 4 题　　**题意**:各项研究表明了什么。

3 个选项的区别:

A. 蜜蜂也有一个好的记忆力。

B. 蜜蜂的记忆力比人差。

C. 蜜蜂最喜欢吃的东西是糖水。

相关语段及其译文

Zudem sind die Tiere, wie bereits frühere Studien gezeigt hatten, in der Lage, individuelle Gesichter wieder zu erkennen, wenn sie zuvor gelernt haben, diese mit einem Tropfen Zuckerwasser in Verbindung zu bringen.

另外,就像以前各项研究所表明的,这些动物(指蜜蜂)有能力重新认出各张人脸,如果之前它们学习知道,在这些人脸上滴过糖水。

选择答案

A 是答案,依据是上面整个语段。

B 不是答案,在文章中没有 B 所做的比较。

C 不是答案,蜜蜂最喜欢什么食物文章没有提及。

第 5 题　　**题意**:Avargues-Weber 和他的同事想通过实验弄明白什么。

3 个选项的区别:

A. 想弄明白蜜蜂究竟能飞多远。

B. 想弄明白蜜蜂是否会把蜂蜜搜集起来。

C. 想弄明白蜜蜂的辨认能力有多大。

相关语段及其译文

Avargues-Weber und ihre Kollegen wollten nun genauer wissen, wie weit die Gesichtserkennungsfähigkeiten der Honigsammler tatsächlich reichen, und entwarfen einige Experimente.

Avargues-Weber 和他的同事们想要确切地知道,蜂蜜采集者(指蜜蜂)辨认人脸的能力究竟达到了何种程度,并设计出了一些实验。

选择答案

A 不是答案,上面这一语段中的 wie weit 不是 fliegen 而是 reichen 的状语。

B 不是答案,上面这一语段中的 der Honigsammler 是作者根据 Bienen 会搜集蜂蜜给它的另一种称呼。

C 是答案,依据就是上面整个语段。

第 6 题　　**题意**:在实验中,要蜜蜂做些什么。

3 个选项的区别:

A．要蜜蜂重新辨认出糖水。

B．要蜜蜂重新辨认出各式各样它们熟悉的图画。

C．首先要蜜蜂重新辨认出人脸的照片。

相关语段及其译文

1. Dabei wurden Bienen, wiederum mit Hilfe von Zuckerwasser, darauf trainiert, verschiedene Bilder wieder zu erkennen.

在实验中蜜蜂再一次地借助于糖水接受训练，去重新认出各式各样的图画。

2. Zum Teil handelte es sich um reine Strichzeichnungen von Augen, Mund und Nase,

图画中有的是眼睛、嘴巴和鼻子的简笔画，

3. zum Teil aber auch um Fotos von echten Gesichtern.

有的是真脸的照片。

选择答案

A 不是答案，第 1 句中的 mit Hilfe von Zuckerwasser 描写的是训练蜜蜂的辅助手段，根据第 1 句，要蜜蜂辨认的不是 Zuckerwasser，而是 verschiedene Bilder。

B 是答案，依据是第 1 句。

C 不是答案，它错在使用了 in erster Linie，第 2 和第 3 句告诉了我们实验中让蜜蜂辨认什么，但是没有对辨认对象区分主次。

第 7 题　　**题意**：从实验的结果中能够得出什么结论。

3 个选项的区别：

A．蜜蜂不能把人脸当作人脸重新辨认出来。

B．蜜蜂能够把一个图案作为整体来辨认。

C．对于蜜蜂来说，在进行辨认时（物体的）共同点根本不起作用。

相关语段及其译文

1. Das Fazit der Forscher：

研究人员的结论是：

2. Die Bienen können sich nicht nur individuelle Punktmuster merken,

蜜蜂不仅能够记住各个个体的某一部分的特征，

3. sie erkennen auch Gemeinsamkeiten zwischen den Mustern

而且还能辨认出这些特征之间的共同点

4. und können dieses Prinzip auf neue Bilder übertragen.

并且能够把这个原理应用到辨认新的图片上。

5. Dazu erfassen sie offensichtlich die Gesamtkonfiguration, also die absoluten Positionen der Merkmale sowie ihre Anordnung zueinander.

为此，蜜蜂显然抓住了总体结构，也就是说（图片中的）各部分绝对不变的位置以及它们相互之间的位置关系。

选择答案

A 不是答案，依据是对第 6 题相关语段的第 3 句以及本题相关语段的第 1 至第 4 句的推理。

B 是答案,依据是整个相关语段,尤其是第 4 和第 5 句。

C 不是答案,第 3 和第 4 句就是对 C 的否定。

第 8 题　　**题意**:一张不完整的脸蜜蜂能够辨认出吗?

3 个选项的区别:

A. 根本不能辨认出来。

B. 能像辨认一张完整的脸一样辨认出来。

C. 比辨认一张完整的脸要差一些。

相关语段及其译文

1. Für Bienen sind komplexe Muster also mehr als die Summe der Teile, schließen die Forscher.

研究人员得出结论:对于蜜蜂来说,完整的图片比图片各部分的(随意)组合(在辨认中)作用更大。

2. Das zeigt sich auch daran, dass ein Gesicht beim Fehlen eines Teils zwar noch erkannt wird,

这一点也表现在:一张脸如果缺少了一部分虽然还能(被蜜蜂)认出来,

3. die Trefferquote jedoch deutlich niedriger liegt.

但是准确率明显降低了。

选择答案

A 不是答案,第 2 句是对它的否定。

B 不是答案,第 3 句是对它的否定。

C 是答案,依据是第 2 和第 3 句。

第 9 题　　**题意**:蜜蜂能够把人脸与其他东西区分开来,

3 个选项的区别:

A. 尽管它们的大脑结构非常简单。

B. 因为它们的大脑专门为此(区分人脸与其他东西)而构造的。

C. 因为在某些情况下它们需要这一能力。

相关语段及其译文

1. Das System ist so allgemein angelegt, dass die Tiere eben auch menschliche Gesichter von anderen Dingen unterscheiden können,

这一体系普遍适用,以至于这些动物(指蜜蜂)恰好也还能够把人脸与其他东西区分开来,

2. obwohl sie diese Fähigkeit in ihrem natürlichen Lebensraum nur in den seltensten Fällen benötigen.

虽然在它们的自然生活领域里,它们很少需要这个能力。

3. Anscheinend ist eine so starke Spezialisierung des Gehirns wie bei Mensch und Affe also nicht unbedingt nötig, man kommt auch mit weniger aufwendigen Gehirnen zum

gleichen Ergebnis, so die Forscher.

研究人员说,从表象来看,(蜜蜂)没有必要像人和猴子一样有一个有专门分工的大脑,用结构简单容量小的大脑能够达到同样的结果。

选择答案

A 是答案,依据是第 1 句和第 3 句。

B 不是答案,文章没有提及蜜蜂大脑是为了什么而构造的话题。

C 不是答案,第 2 句中 nur in den seltensten Fällen 的语气接近否定,它和 C 中的 in manchen Fällen 的语气是相反的,而且整个句子根本不是在阐述原因。

10 题 题意:在视觉上把一个物体结构当作整体来辨认,使得蜜蜂能够办成什么事。

3 个选项的区别:

A. 在有些情况下可以远距离地认出他们的食物。

B. 能对某一个感知到的复杂结构物体分析出它的细节。

C. 能迅速逃离它们的敌人。

相关语段及其译文

1. Für die Bienen hat das Prinzip noch einen anderen Vorteil:

对于蜜蜂来说,这一原理还有另一个好处:

2. Ihre Augen haben eine relativ schlechte Auflösung,

它们的眼睛相对来讲分辨率比较差,

3. daher ist es sinnvoll, sich auf die auch von weitem erkennbare prinzipielle Konfiguration eines Musters zu verlassen und nicht auf die schlechter sichtbaren Details.

所以,应该依靠在远处也能看清的某一物体的基本轮廓,而不是去看不太清楚的细节。

选择答案

A 是答案,依据是第 1 句和第 3 句的推理。

B 不是答案,虽然第 3 句中也使用了名词 Konfiguration 但是它在题目里和文章里分属两个话题不同的动词。

C 不是答案,Feind entfliehen 这一话题文章没有涉及。

Lösungen

1 A, 2 B, 3 C, 4 A, 5 C, 6 B, 7 B, 8 C, 9 A, 10 A

Vokabeln

der	Nektar nur Sg.	花蜜
die	Biene -n	蜜蜂
	merkwürdig *Adj.*	奇特的,奇怪的
das	Mustererkennungsprinzip	模式识别原理
das	Denkorgan	思考器官

	erfassen *Vt.*	理解,领会
	vertauscht Partizip Perfekt	交换(地),换错(地)
der	Primat -en,-en	灵长目动物
die	Hirnregion	大脑区域
	mit etw.(D.) aus/kommen	靠……维持下去
die	Tulpenblüte -n	郁金香花
die	Futterquelle -n	食物来源
	identifizieren *Vt.*	识别,认出
der	Tropfen -	滴
	entwerfen *Vt.*	设计
die	Strichzeichnung -en	素描,线条画
die	Gesamtkonfiguration	整体配置,整体结构
die	Anordnung	布置,安排
die	Trefferquote -n	命中率
	aufwendig *Adj.*	消耗大的
die	Auflösung	分辨率,清晰度
	sich auf etw.(A.) verlassen	依赖,依靠

Einheit 40

Lesen Sie den Text und lösen Sie die Aufgaben.

Tabak stellt Antikörper gegen das West-Nil-Virus her

Gegen das sich weltweit ausbreitende West-Nil-Virus war bisher kein Kraut gewachsen: Eine wirksame Behandlung der sogar Hirnhautentzündung auslösenden Infektion gilt als unmöglich. US-Forscher schüren nun die Hoffnungen auf eine Eindämmung der Gefahr: Sie haben den von Mäusen stammenden Antikörper E16 gegen die Infektionskrankheit in der Tabakpflanze Nicotiana benthamiana produziert. Im Test bei Mäusen hat der pflanzliche Wirkstoff die tödliche Infektion erfolgreich abgewehrt. Durch die groß angelegte Produktion der Tabakpflanze in Plantagen dürfte sich eine kostengünstige Therapie auf Basis von E16 entwickeln lassen.

Das vor über 70 Jahren erstmals in Uganda bei Menschen nachgewiesene West-Nil-Virus wird heute in Afrika, Europa sowie Süd- und Nordamerika durch Stechmücken verbreitet. Da auch Tiere wie beispielsweise Vögel oder Pferde erkranken, gilt die Infektion in Deutschland zudem als Tierseuche. Meist verläuft die Krankheit beim Menschen grippeähnlich, allerdings treten vor allem bei Personen ab 50 Jahren auch Gehirn- und Hirnhautentzündungen mit tödlichem Ausgang auf. Den einzigen wirksamen Antikörper hatten Wissenschaftler bisher bei Mäusen extrahiert: Er verhindert das Andocken des Virus an der Wirtszelle. Allerdings ist das Herstellungsverfahren für die Massenproduktion über tierische Zellen zu teuer.

Um eine kostengünstige Produktion zu inszenieren, schleuste die US-Forschergruppe um Huafang Lai von der Arizona State University in Tempe das Gen für den Wirkstoff in das Erbgut der Tabakpflanze Nicotiana benthamiana ein. Sie produzierte schon acht Tage später im Gewächshaus beim Wachsen das neue Protein mit. Aus einem Kilogramm der genveränderte Pflanze extrahierten die Wissenschaftler 0,8 Gramm des Antikörpers, der sich als Impfstoff und Medikament verwenden lässt.

Da sich der pflanzliche Antikörper Hu-E16 minimal von dem Mäuse-Antikörper unterscheidet, überprüften die Wissenschaftler seine Wirksamkeit im Experiment. Dazu wurden Mäuse im Labor mit einer tödlichen Virenrate infiziert und in zwei Gruppen aufgeteilt. Die erste wurde mit den Antikörpern aus der Pflanzenproduktion behandelt, die zweite mit dem tierischen Virenschutz. Schon eine tögliche Dosis von zehn Mikrogramm der Tabakantikörper bewahrte über 80 Prozent der Versuchstiere vor dem Ableben, bei 500 Mikrogramm waren es 90 Prozent. Sogar noch vier Tage nach der Infektion blockierte das Pflanzenprotein erfolgreich die Vermehrung des tödlichen Virus. Beim Vergleich der Ergebnisse mit den konventionell behandelten Mäusen der zweiten Gruppe konnten keine Unterschiede festgestellt werden.

Die Studie belegt nach Ansicht der Wissenschaftler, dass sich der pflanzliche Antikörper Hu-E16 für eine Therapie gegen das West-Nil-Fieber eignet. Die Produktion durch die Tabakpflanze sei kosteneffizient und lasse sich leicht steigern, was vor allem für Entwicklungsländer entscheidend sei. Auäerdem könne das Verfahren leicht für die Herstellung weiterer antiviraler Antikörper gegen aufkommende Infektionskrankheiten angewandt werden.

http://www.wissenschaft.de/wissenschaft/news/309629.html

Makieren Sie die richtige Antwort (A, B oder C).

1. Das West-Nil-Virus
   A. kann keinesfalls Hirnhautentzündung bewirken.
   B. kann im schlimmsten Fall Hirnhautentzündung bewirken.
   C. kann letztendlich definitiv Hirnhautentzündung bewirken.

2. US-Forscher wollen den Antikörper E16 herstellen,
   A. um die Ernte der Tabakpflanze Nicotiana benthamiana zu erhöhen.
   B. um der Verbreitung dieser ansteckenden Krankheit entgegenzuwirken.
   C. um Mäuse vor der Infektion durch das West-Nil-Virus zu schützen.

3. Der Test bei Mäusen zeigt,
   A. dass der pflanzliche Wirkstoff sich besonders für infizierte Mäuse eignet.
   B. dass der Anbau der Pflanzen in großem Umfang die Kosten der Therapie senkt.
   C. dass ein Bestandteil der Tabakpflanze sicher gegen den Virus wirkt.

4. Vor mehr als 70 Jahren
   A. wurde das West-Nil-Virus zum ersten Mal in Uganda bei Tieren entdeckt.
   B. wurde das West-Nil-Virus von Uganda nach Europa sowie Amerika verbreitet.
   C. wurde das West-Nil-Virus zum ersten Mal im Humanorgan festgestellt.

5. Die Virus-Krankheit
   A. ist insbesondere für ältere und Alte gefährlich.
   B. ist eine Art tödlicher Grippe.
   C. kommt vor allem bei Menschen über 50 Jahren vor.

6. Gegen das Virus
   A. ist jetzt ein effektiver Wirkstoff in Tieren gefunden.
   B. wird jetzt der Antikörper trotz hoher Kosten in Massen über tierische Zellen produziert.
   C. wird noch nach einem Herstellungsverfahren für die Massenproduktion von Antikörpern geforscht

7. Um die Herstellungskosten zu senken, versuchte man
   A. die Antikörper bei Mäusen statt bei Pflanzen zu finden.
   B. die Tabakpflanze Nicotiana benthamiana zu trocknen.

C. aus genmanipulierten Pflanzen eine Substanz gegen die Krankheit zu gewinnen.

8. Im Experiment mit Tieren

   A. wirkte der Mäuse-Antikörper um ein Minimum besser als der pflanzliche.

   B. wirkte der der pflanzliche Antikörper um ein Minimum besser als der Mäuse-Antikörper.

   C. wies der pflanzliche Antikörper keinen Unterschied zu dem tierischen auf.

9. Die Forschung kommt zu dem Ergebnis,

   A. dass es sich lohnt, den Antikörper massenweise aus genveränderten Pflanzen zu gewinnen.

   B. dass der pflanzliche Antikörper für eine Therapie gegen das West-Nil-Fieber am wirkungsvollsten ist.

   C. dass das Produktionsverfahren für den pflanzlichen Antikörper nicht übertragbar ist.

10. Die Hauptinformation des Textes ist,

    A. dass West-Nil-Virus Hirnhautentzündung auslösen kann.

    B. dass die Produktion des Antikörpers aus der Tabakpflanze realistischer ist.

    C. dass man das Erbgut der Tabakpflanzen verändern kann.

习题讲解

第1题

题意：关于西尼罗河病毒，本文有什么陈述。

3 个选项的区别：

A. 决不会引发脑膜炎。

B. 最坏的情况就是引发脑膜炎。

C. 最终肯定会引发脑膜炎。

相关语段及其译文

1. Gegen das sich weltweit ausbreitende West-Nil-Virus war bisher kein Kraut gewachsen：

对于在世界范围内传播的西尼罗河病毒，至今还没有一种合适的草药：

2. Eine wirksame Behandlung der sogar Hirnhautentzündung auslösenden Infektion gilt als unmöglich.

有效地去阻止那种甚至会引起脑膜炎的传染还毫无可能。

选择答案

A 不是答案，第 2 句中的 sogar Hirnhautentzündung auslösenden Infektion 是对它的否定。

B 是答案，依据是第 2 句，尤其是其中的 sogar Hirnhautentzündung auslösenden Infektion。

C 不是答案，它错在使用了 definitiv 这个词，这个必然性文章没提及。

第2题

题意：美国科研人员想要生产出 E16 这种抗体，目的是什么。

3个选项的区别：

A．是为了提高名为 Nicotiana benthamiana 这种烟草植物的收成。

B．是为了阻止这种传染病的传播。

C．是为了保护老鼠免受西尼罗河病毒的感染。

相关语段及其译文

1. US-Forscher schüren nun die Hoffnungen auf eine Eindämmung der Gefahr：

美国科研人员现在正激起这种防止危险蔓延的希望：

2. Sie haben den von Mäusen stammenden Antikörper E16 gegen die Infektionskrankheit in der Tabakpflanze Nicotiana benthamiana produziert.

他们在名为 Nicotiana benthamiana 烟草植物的种植中，生产出了源自老鼠的对付这种传染病的 E16 抗体。

选择答案

A 不是答案，第1句中的 die Hoffnungen auf eine Eindämmung der Gefahr 才是美国科研人员的目的。

B 是答案，依据是第1句中的 die Hoffnungen auf eine Eindämmung der Gefahr 和第2句中的 Antikörper E16 gegen die Infektionskrankheit。

C 不是答案，第2句中的 von Mäusen stammenden Antikörper 意思是老鼠提供了抗体。

第3题　　**题意**：老鼠身上的测试表明了什么。

3个选项的区别：

A．表明了植物的有效物质特别适合于治疗感染的老鼠。

B．表明了大量种植这种植物将降低治疗费用。

C．表明了这种烟草植物的某一成分肯定对这种病毒起作用。

相关语段及其译文

1. Im Test bei Mäusen hat der pflanzliche Wirkstoff die tödliche Infektion erfolgreich abgewehrt.

在老鼠身上的测试中，这种来自植物的有效物质成功地阻止了这一致命的传染。

2. Durch die groß angelegte Produktion der Tabakpflanze in Plantagen dürfte sich eine kostengünstige Therapie auf Basis von E16 entwickeln lassen.

通过在大种植园大规模生产这种烟草植物，很有可能发展出一种低成本的以 E16 为基础的疗法。

选择答案

A 不是答案，它错在 besonders für infizierte Mäuse，这个话题文章没有提及。

B 不是答案，整个第2句不是从老鼠测试中得出的结论。

C 是答案，依据是第1句。

第4题　　**题意**：关于70多年以前，文章里有什么陈述。

3个选项的区别：

A．70多年以前首次在乌干达动物身上发现了西尼罗河病毒。

B．70多年以前西尼罗河病毒从乌干达传到了欧洲和美洲。

C．70多年以前首次在人类器官里发现了西尼罗河病毒。

相关语段及其译文

1. Das vor über 70 Jahren erstmals in Uganda bei Menschen nachgewiesene West-Nil-Virus wird heute in Afrika, Europa sowie Süd- und Nordamerika durch Stechmücken verbreitet.

这种70多年前在乌干达首次在人身上发现的西尼罗河病毒,今天已经通过蚊子传到了非洲,欧洲以及南、北美洲。

2. Da auch Tiere wie beispielsweise Vögel oder Pferde erkranken, gilt die Infektion in Deutschland zudem als Tierseuche.

因为动物比如鸟或者马也感染生病,所以德国把这种传染病也视为动物瘟疫。

选择答案

A 不是答案,它错在 bei Tieren 上,正确的应该是:bei Menschen。

B 不是答案,它错在 vor mehr als 70 Jahren 的时间状语上,正确的应该是:heute。

C 是答案,依据是第1句的 Das vor über 70 Jahren erstmals in Uganda bei Menschen nachgewiesene West-Nil-Virus。

第5题 **题意**:关于这种病毒疾病,文章说了什么。

3个选项的区别:

A．这种病特别对中、老年人有危险。

B．这种病是一种致命的流感。

C．这种病特别是在50岁以上的人群中发生。

相关语段及其译文

1. Meist verläuft die Krankheit beim Menschen grippeähnlich,

人得的这种病大多数像流感,

2. allerdings treten vor allem bei Personen ab 50 Jahren auch Gehirn- und Hirnhautentzündungen mit tödlichem Ausgang auf.

不过,主要在50岁以上的人群中,会引发致命的脑炎和脑膜炎。

选择答案

A 是答案,依据是第2句。

B 不是答案,它错在 eine Art tödlicher Grippe,不能把第1句中的 grippeähnlich 理解为 eine Art tödlicher Grippe。

C 不是答案,文章没有涉及 Virus-Krankheit 主要发生在谁的身上,第2句只是说主要在50岁以上的人中还会引发致命的 Gehirn- und Hirnhautentzündungen。

第6题 **题意**:关于抵抗这种病毒,文章说了什么。

3个选项的区别:

A．现在已经在动物身上找到了一种有效物质。

B．尽管成本高,现在正在通过动物细胞大量生产这种抗体。

C. 还正在研究一种大批量生产抗体的工艺。

相关语段及其译文

1. Den einzigen wirksamen Antikörper hatten Wissenschaftler bisher bei Mäusen extrahiert：

科研人员至今只在老鼠身上提取到了这种唯一有效的抗体。

2. Er verhindert das Andocken des Virus an der Wirtszelle.

这种抗体阻止病毒寄居在宿主细胞里。

3. Allerdings ist das Herstellungsverfahren für die Massenproduktion über tierische Zellen zu teuer.

不过，通过动物细胞来大批量生产的工艺还是太昂贵。

选择答案

A 是答案，依据是第 1 句，wirksamen Antikörper 和 effektiver Wirkstoff 在本文里是同义词组。

B 不是答案，第 3 句是对它的否定，依据是这一句子中的 zu teuer，它表明：因为太昂贵还没有使用这种生产工艺。

C 不是答案，是否还在寻找，这个话题文章没有提及。

第 7 题　**题意**：为了降低生产成本，人们试图怎么做。

3 个选项的区别：

A. 试图在老鼠身上而不是在植物身上找到抗体。

B. 试图把名为 Nicotiana benthamiana 的烟草植物弄干。

C. 试图从改变基因的植物中获取抵抗这种疾病的物质。

相关语段及其译文

1. Um eine kostengünstige Produktion zu inszenieren, schleuste die US-Forschergruppe um Huafang Lai von der Arizona State University in Tempe das Gen für den Wirkstoff in das Erbgut der Tabakpflanze Nicotiana benthamiana ein.

为了组织一种低成本的生产，在 Tempe 的 Arizona 州大学，以 Huafang Lai 为核心的美国科研团队为了获取这种有效物质，把基因植入了 Nicotiana benthamiana 烟草植物的遗传基因里。

2. Sie produzierte schon acht Tage später im Gewächshaus beim Wachsen das neue Protein mit.

这种烟草植物 8 天后就在暖房里成长中生产出了新的蛋白质。

3. Aus einem Kilogramm der genveränderte Pflanze extrahierten die Wissenschaftler 0,8 Gramm des Antikörpers, der sich als Impfstoff und Medikament verwenden lässt.

科研人员从每 1 千克改变基因的植物中提取了 0.8 克抗体，这种抗体可以用作免疫物质和药物。

选择答案

A 不是答案，第 1 句是对它的否定。

B 不是答案，它错在 trocknen，这一话题文章没有提及。

C是答案,依据是第1和第3句。

第8题　　**题意:** 关于动物实验,文章说了什么。

3个选项的区别:

A. 老鼠抗体比植物抗体显得好一点。
B. 植物抗体比老鼠抗体显得好一点。
C. 植物抗体和动物抗体没有什么区别。

相关语段及其译文

1. Da sich der pflanzliche Antikörper Hu-E16 minimal von dem Mäuse-Antikörper unterscheidet, überprüften die Wissenschaftler seine Wirksamkeit im Experiment.

因为植物抗体Hu-E16与老鼠抗体的区别达到最小,所以科研人员在实验中审视它(植物抗体)的有效性。

2. Dazu wurden Mäuse im Labor mit einer tödlichen Virenrate infiziert und in zwei Gruppen aufgeteilt.

为此,老鼠在实验室里以致命的量被病毒感染,并被分成两个小组。

3. Die erste wurde mit den Antikörpern aus der Pflanzenproduktion behandelt, die zweite mit dem tierischen Virenschutz.

第1小组用植物生产方式获得的抗体,第2组用动物病毒抗体进行治疗。

4. Schon eine tägliche Dosis von zehn Mikrogramm der Tabakantikörper bewahrte über 80 Prozent der Versuchstiere vor dem Ableben,

每天10毫克的烟叶抗体就保护了80%以上的实验动物免遭死亡。

5. bei 500 Mikrogramm waren es 90 Prozent.

如果用500毫克,那么这个数字达到90%。

6. Sogar noch vier Tage nach der Infektion blockierte das Pflanzenprotein erfolgreich die Vermehrung des tödlichen Virus.

甚至感染后还只有4天,这种植物蛋白(抗体)就成功地阻止了致命病毒的繁殖。

7. Beim Vergleich der Ergebnisse mit den konventionell behandelten Mäusen der zweiten Gruppe konnten keine Unterschiede festgestellt werden.

把这些结果与用传统方式进行医治的第2组老鼠进行对比,两组没有什么区别。

选择答案

A不是答案,第2、第3和第7句是对它的否定。
B不是答案,第2、第3和第7句是对它的否定。
C是答案,依据是第2、第3和第7句。

第9题　　**题意:** 这一研究获得了什么结果。

3个选项的区别:

A. 研究表明从改变基因的植物中大量生产抗体是值得的。
B. 研究表明植物抗体对于治疗西尼罗河发烧症最有效。
C. 研究表明这一植物抗体的生产工艺是无法移植的。

相关语段及其译文

1. Die Studie belegt nach Ansicht der Wissenschaftler, dass sich der pflanzliche Antikörper Hu-E16 für eine Therapie gegen das West-Nil-Fieber eignet.

科研人员认为,研究证明植物抗体 Hu-E16 适合于治疗西尼罗河发烧症。

2. Die Produktion durch die Tabakpflanze sei kosteneffizient und lasse sich leicht steigern, was vor allem für Entwicklungsländer entscheidend sei.

通过烟草植物生产(抗体)成本效益高,容易提高产量,这尤其对发展中国家是最重要的。

3. Außerdem könne das Verfahren leicht für die Herstellung weiterer antiviraler Antikörper gegen aufkommende Infektionskrankheiten angewandt werden.

另外,这个工艺还容易应用到生产其他治疗新生传染病的病毒抗体。

选择答案

A 是答案,依据是第 2 句。

B 不是答案,错在使用了最高级 am wirkungsvollsten,请比较第 1 句,它里面没有表达最高级的词语。

C 不是答案,第 3 句是对它的否定。

第 10 题 题意:本文的主要信息是什么。

3 个选项的区别:

A. 西尼罗河病毒会引发脑膜炎。

B. 从烟草植物中生产抗体更现实。

C. 人们能够改变烟草植物的基因。

选择答案

B 是答案。依据是文章标题 Tabak stellt Antikörper gegen das West-Nil-Virus her 和最后一段中的第 2 句 Die Produktion durch die Tabakpflanze sei kosteneffizient und lasse sich leicht steigern, was vor allem für Entwicklungsländer entscheidend sei。

Lösungen

1 B, 2 B, 3 C, 4 C, 5 A, 6 A, 7 C, 8 C, 9 A, 10 B

Vokabeln

der	Antikörper -	抗体
der	West-Nil-Virus	西尼罗河病毒
	her/stellen *Vt.*	制造
	Gegen etw. (A.) ist kein Kraut gewachsen.	对付……毫无办法,无计可施
die	Hirnhautentzündung	脑膜炎
	auslösend Partizip Präsens	引起的

die	Infektion -en	传染,感染
	schüren *Vt.*	挑起,激起
die	Eindämmung	限制,阻挡
der	Wirkstoff	有效物质
	ab/wehren *Vt.*	抵抗,阻挡
die	Plantage -n	种植园,大农场
die	Stechmücke -n	蚊子
die	Tierseuche	动物疫病
	grippeähnlich *Adj.*	类似流感的
der	Ausgang	结果,结局
	extrahieren *Vt.*	提取
das	Andocken	感染
die	Wirtszelle -n	宿主细胞
	inszenieren *Vt.*	组织,安排
	ein/schleusen *Vt.*	渗入
das	Erbgut	遗传物质
das	Gewächshaus ..er	温室
das	Protein -e	蛋白质
der	Impfstoff	疫苗
die	Virenrate	病毒率
	infizieren *Vt.*	传染,感染
die	Dosis ... sen	剂量
	j-n. vor etw. (D.) bewahren	保护某人免受……
das	Ableben	早衰,逝世
die	Vermehrung nur Sg.	繁殖
	sich für etw. (A.) eignen	对……合适
	kosteneffizient *Adj.*	性价比高的
	aufkommend *Adj.*	即将来临的

Einheit 41

Lesen Sie den Text und lösen Sie die Aufgaben.

Tiere sehen und fühlen mehr als der Mensch

Die Welt ist nicht so, wie wir denken, dass sie ist. Rote Mohnblumen sind nicht rot, frisch gebackene Brätchen stinken, und wenn wir glauben, dass es ganz still um uns herum ist, schwirrt die Luft voller schriller Geräusche. All das ist Wirklichkeit, nur wir Menschen bekommen davon nichts mit, weil unsere Augen zu schlecht, unsere Nase zu stumpf und unsere Ohren beinah taub sind. Im Vergleich mit Tieren schneidet der Mensch bei der Sinneswahrnehmung ziemlich schlecht ab.

Für den Fangschreckenkrebs ist das menschliche Dasein bemitleidenswert. Im Vergleich zu seiner Welt müsste ihm ein Blick durch unsere Augen grau, eintönig, eindimensional erscheinen. Denn der Krebs sieht zehnmal so viele Farben wie wir. Einen exotischen Blumenmarkt in Bangkok mit gelben, pinkfarbenen, roten und getupften Orchideen und Lotusblüten würden wir wohl als bunt bezeichnen. Doch bei Lila hört bei uns der Regenbogen auf, beim Krebs geht es danach erst richtig los. Jenseits von Lila beginnt die ultraviolette Strahlung, die für das menschliche Auge unsichtbar ist, insofern ist es unmöglich, die Farben zu beschreiben, da kein Mensch sie je gesehen hat. Das bedeutet, dass ein Regenbogen in Wahrheit viel breiter und bunter ist – der Krebs hätten von schillerndsten Farben berichten.

„Jedes Lebewesen lebt in seiner eigenen Welt. Wäre ich eine Zecke, dann hätten ich nur warm und kalt fühlen und Milchsäure riechen", sagt Jürgen Tautz, Professor für Biologie an der Universität Würzburg. Es ist schwer vorstellbar, dass die Welt, wie wir sie sehen, nicht unbedingt die Welt ist, wie sie tatsächlich ist. „Dieses Thema kann schnell philosophisch werden", sagt Tautz. „Wir können uns noch nicht einmal in die Sinneswelt eines anderen Menschen hineinversetzen, wie sollen wir da verstehen, was Tiere sehen, schmecken und riechen? Wichtig ist, dass sich die Sinneswelt an die Bedürfnisse jedes einzelnen Lebewesens anpasst", sagt Tautz.

Auch das Thema Stille ist Ansichtssache. Wer schon einmal eine Höhlentour in das Innere eines Berges gemacht hat, der weiß, was wirkliche Stille bedeutet. Kein Vogel zwitschert, kein Auto fährt vorbei, noch nicht einmal der Wind rauscht durch die Blätter. Absolute Stille. Glauben wir. Für eine Fledermaus surrt und quietscht es, die Luft ist erfüllt mit Zurufen und dem Echo des Schalls winziger Bewegungen.

Mit ihren Superohren hört die Fledermaus Töne, die der Mensch nicht wahrnehmen kann. Der Bereich zwischen der höchsten und der niedrigsten hörbaren Frequenz heißt Hörfläche und liegt beim Menschen zwischen 16 und 1 800 Hertz. Töne, die darüber liegen, heißen Ultraschall, und diese Frequenz kann die Fledermaus nicht nur hören, sondern auch erzeugen. Sie sendet über ihre Nase oder ihr Maul Laute im Wellenbereich zwischen 9 000 und 200 000 Hertz aus. Die Wellen treffen auf Insekten, die umherfliegen, und werden reflektiert. Anhand der zurückgeworfenen Schallwellen erkennt die Fledermaus Größe, Form, Ort und Bewegungsrichtung des Insekts, und es ist ein Leichtes für sie, ihre Beute im Flug zu schnappen.

Aber nicht nur die Welt der Fledermäuse bleibt uns verschlossen, auch die Gespräche der Elefanten liegen außerhalb unserer Hörfläche. Sie kommunizieren im Infraschallbereich mit Frequenzen unterhalb von 16 Hertz. Die Laute sind für das menschliche Gehör zu tief. Wenn sich Elefanten verständigen, hört der Mensch entweder gar nichts, oder er spürt ein Pochen und Vibrieren der Luft. Nur wenn ein Elefant Angst hat oder sich aufregt, trompetet er.

Die Welt des Riechens bleibt der Wissenschaft bisher zum größten Teil verschlossen. Auch wenn Zellbiologen mit vielen Versuchen die olfaktorische Wahrnehmung verstehen wollen, konnten sie von rund 350 Riechrezeptoren in der menschlichen Nase erst eine Handvoll entschlüsseln. 30 Millionen Riechzellen transportieren Vanilleduft und Verwesungsgestank von der Außenwelt in unser Gehirn, und doch gibt es Tiere, die einen feineren Geruchssinn haben: die Polyphemus-Motte. Mit ihren Antennen können die Männchen sogar wahrnehmen, ob eine Artgenossin zur Eiablage bereit ist.

Es gibt sogar Tiere, die Dinge wahrnehmen können, für die Menschen noch nicht einmal ein Organ haben: Grubenotter haben beispielsweise einen Infrarotsensor, und Zitteraale spüren das elektrische Feld, das alle Lebewesen umgibt.

Verkürzt nach: http://www. welt. de/wissenschaft/tierwelt/article6607382/Tiere-sehen-und-fuehlen-mehr-als-der-Mensch. html

Makieren Sie die richtige Antwort (A, B oder C).

1. **Welche der folgenden Aussagen über den Fangschreckenkrebs ist falsch?**
   A. Er lebt in einer grauen, eintönigen und eindimensionalen Welt.
   B. Er kann viel mehr Farben wahrnehmen als wir Menschen.
   C. Für ihn ist sogar die ultraviolette Strahlung sichtbar.

2. **Was wird über Regenbogen gesagt?**
   A. Der Regenbogen besteht aus sieben Farben.
   B. Der Regenbogen hat mehr Farben als der Mensch sehen kann.
   C. Der Krebs kann den Regenbogen nicht wahrnehmen.

3. **Was sagt Jürgen Tautz über die Sinneswelt der Menschen und Tiere?**
   A. Die Sinneswelt aller Menschen ist gleich.
   B. Die Sinneswelt der Tiere ist für Menschen vorstellbar.
   C. Die Sinneswelt entspricht den Bedürfnissen des einzelnen Lebewesens.

4. **Was wird über Stille gesagt?**

A. Zum Thema Stille haben Menschen verschiedene Ansichten.

B. Nur im Inneren eines Berges gibt es absolute Stille.

C. Für die Fledermaus gibt es im Inneren eines Berges auch keine absolute Stille.

5. Warum hört die Fledermaus Töne, die der Mensch nicht wahrnehmen kann?

   A. Weil für die Fledermaus die Luft mit Zurufen und dem Echo des Schalls winziger Bewegungen erfüllt ist.

   B. Weil die Fledermaus eine viel höhere Hörfläche hat als die Menschen.

   C. Weil die Fledermaus über ihre Nase oder ihr Maul Ultraschall erzeugen kann.

6. Warum können Fledermäuse leicht ihre Beute schnappen?

   A. Weil sie Ultraschall nicht nur hören sondern auch erzeugen können.

   B. Weil sie über ihre Nase oder ihr Maul Ultraschall erzeugen können.

   C. Weil sie sich über das Insekt gut informieren können.

7. Was sagt der Text über Elefanten?

   A. Sie kommunizieren sehr leise miteinander.

   B. Ihr Infraschallbereich ist sehr tief.

   C. Wenn sie Angst haben oder sich aufregen, hört der Mensch auch nichts.

8. Welche der folgenden Aussagen über Geruchssinn ist falsch?

   A. Wissenschaftler wissen noch ganz wenig vom menschlichen Geruchssinn.

   B. Das menschliche Gehirn hat weniger Riechzellen als das von Polyphemus-Motte.

   C. Die Polyphemus-Motte kann viel besser riechen als die Menschen.

9. Menschen können das elektrische Feld, das alle Lebewese umgibt, nicht wahrnehmen,

   A. weil sie nicht über das Organ dafür verfügen.

   B. weil sie keinen Infrarotsensor haben.

   C. weil die Ursache den Wissenschaftlern noch unbekannt ist.

10. Warum ist die Welt, wie wir sie sehen, nicht unbedingt die Welt ist, wie sie tatsächlich ist?

    A. Weil die Sinneswahrnehmung jedes Lebewesens anders ist.

    B. Weil das menschliche Dasein bemitleidenswert ist.

    C. Weil das ein philosophisches Thema ist.

习题讲解

第1题

题意：下列哪种关于甲壳动物的说法是错误的。

3个选项的区别：

A. 它活在一个灰色、单调以及一维的世界里。

B. 它能感知的颜色要比我们人类多得多。

C. 它甚至可以看见紫外线。

相关语段及其译文

1. Für den Fangschreckenkrebs ist das menschliche Dasein bemitleidenswert.

对于甲壳动物而言，人类的存在是值得同情的。

2. Im Vergleich zu seiner Welt müsste ihm ein Blick durch unsere Augen grau, eintönig, eindimensional erscheinen.

与它（甲壳动物）的世界相比，我们的眼睛所看到的视野在它眼里一定是灰色、单调以及一维的。

3. Denn der Krebs sieht zehnmal so viele Farben wie wir.

因为，甲壳动物看到的颜色比我们多10倍。

4. Doch bei Lila hört bei uns der Regenbogen auf, beim Krebs geht es danach erst richtig los. Jenseits von Lila beginnt die ultraviolette Strahlung, die für das menschliche Auge unsichtbar ist.

在我们看来，彩虹止于紫色，但是在甲壳动物眼里，紫色后颜色才刚刚开始。紫色以上就开始紫外线了，人类的眼睛无法看到它。

选择答案

A 是答案，因为 A 是错误的说法，第 2 句里面的 grau, eintönig, eindimensional 指的是在甲壳动物眼里人的视野（ein Blick durch unsere Augen）。

B 不是答案，因为 B 是正确的说法，依据是第 3 句。

C 不是答案，因为 C 是正确的说法，依据是第 4 句。

2题 **题意**：关于彩虹文章说了什么。

3 个选项的区别：

A．彩虹由七种颜色构成。

B．彩虹拥有的颜色要比人类能够看到的多。

C．甲壳动物感觉不到彩虹。

相关语段及其译文

1. Doch bei Lila hört bei uns der Regenbogen auf, beim Krebs geht es danach erst richtig los. Jenseits von Lila beginnt die ultraviolette Strahlung, die für das menschliche Auge unsichtbar ist.

译文见上。

2. insofern ist es unmöglich, die Farben zu beschreiben, da kein Mensch sie je gesehen hat.

因此要描述彩虹在紫色后的颜色是不可能的，因为没人见过它们。

3. Das bedeutet, dass ein Regenbogen in Wahrheit viel breiter und bunter ist

这意思是，彩虹在事实上（比人眼所能看到的）更宽、更五彩缤纷

4. — der Krebs könnte von schillerndsten Farben berichten.

——甲壳动物或许可以描述那些最耀眼的颜色。

选择答案

A 不是答案，第 3 句是对它的否定。

B 是答案，依据是整个语段，尤其是其中的第 3 句。

C 不是答案，依据是第 1 句和第 4 句。

阅读训练

第 3 题　　**题意**：关于人类和动物的感官世界，Jürgen Tautz 说了什么。

3 个选项的区别：

A．所有人的感官世界都是相同的。

B．人类可以想象动物的感官世界。

C．感官世界满足了各种生物的需求。

相关语段及其译文

1. „Wir können uns noch nicht einmal in die Sinneswelt eines anderen Menschen hineinversetzen，

Tautz 说："我们连进入另一个人的感官世界也做不到，

2. wie sollen wir da verstehen, was Tiere sehen, schmecken und riechen?

更何况去理解动物能够看到、尝到和闻到什么呢？

3. Wichtig ist, dass sich die Sinneswelt an die Bedürfnisse jedes einzelnen Lebewesens anpasst"，sagt Tautz.

重要的是，感官世界是适应各种生物需求的。"

选择答案

A 不是答案，第 1 句说明每个人的感官世界都不同。

B 不是答案，第 2 句是对这个选项的否定。

C 是答案，依据是第 3 句，它是这一句的推理。

第 4 题　　**题意**：关于"静"，文章说了什么。

3 个选项的区别：

A．对于"静"人有着不同的观点。

B．只有在山的内部，才有绝对的"静"。

C．对于蝙蝠而言，在山的内部也不存在绝对的"静"。

相关语段及其译文

1. Auch das Thema Stille ist Ansichtssache.

关于"静"的话题也是（个人的）看法问题。

2. Wer schon einmal eine Höhlentour in das Innere eines Berges gemacht hat, der weiß, was wirkliche Stille bedeutet.

曾经去做过山洞之旅的人，才知道什么是真正的"静"。

3. Kein Vogel zwitschert, kein Auto fährt vorbei, noch nicht einmal der Wind rauscht durch die Blätter.

没有鸟鸣，没有汽车声，甚至连风吹树叶的声音都没有。

4. Absolute Stille. Glauben wir.

这是绝对的静，我们都会这样认为。

5. Für eine Fledermaus surrt und quietscht es, die Luft ist erfüllt mit Zurufen und dem Echo des Schalls winziger Bewegungen.

但对于蝙蝠而言，这里充满了尖锐的嗡嗡声，空气中充满了喊叫声以及微小动作的回声。

选择答案

A 不是答案,第 1 句中的 Ansichtssache 作为句子的表语,意思是人有人的看法,动物有动物的"看法"(请看第 4 和第 5 句)。在人的范畴之内是否也是各人有各人的看法,文章没有提及。

B 不是答案,第 4 句中的 Absolute Stille 只是人对山洞的看法,第 5 句从蝙蝠的角度出发,就是对这个 Absolute Stille 的否定。

C 是答案,依据是第 5 句。

第 5 题

题意: 为什么蝙蝠可以听到人类无法感觉到的声音。

3 个选项的区别:

A. 因为对于蝙蝠而言,空气中充满了喊叫声以及微小动作的回声。

B. 因为蝙蝠的听觉区比人类要高得多。

C. 因为蝙蝠可以通过鼻子和嘴巴制造出超声。

相关语段及其译文

1. Mit ihren Superohren hört die Fledermaus Töne, die der Mensch nicht wahrnehmen kann.

凭借着"超级耳朵"蝙蝠可以听到人类无法感觉到的声音。

2. Der Bereich zwischen der höchsten und der niedrigsten hörbaren Frequenz heißt Hörfläche und liegt beim Menschen zwischen 16 und 1 800 Hertz.

可听见的最高和最低之间的频率范围称为听觉区,人类的(听觉区)为 16 至 1 800 赫兹。

3. Töne, die darüber liegen, heißen Ultraschall, und diese Frequenz kann die Fledermaus nicht nur hören, sondern auch erzeugen.

超过这个范围的声音称为超声,蝙蝠不但能够听到而且还能制造出这个频率的声音。

4. Sie sendet über ihre Nase oder ihr Maul Laute im Wellenbereich zwischen 9 000 und 200 000 Hertz aus.

它们通过鼻子或者嘴巴发出波段介于 9 000 至 200 000 赫兹之间的声波。

选择答案

A 不是答案,文章里虽然有 die Luft ist erfüllt mit Zurufen und dem Echo des Schalls winziger Bewegungen 这样的语句,但它不是回答本题的相关语段。

B 是答案,依据是整个语段,尤其是第 2 和第 3 句。

C 不是答案,C 中的信息来自于第 4 句,但它不是回答题干问题的相关语句。

第 6 题

题意: 为什么蝙蝠很容易捕捉到猎物。

3 个选项的区别:

A. 因为它们不但能听到、而且还能制造超声。

B. 因为它们能够通过鼻子和嘴巴制造超声。

C. 因为它们能够很好地掌握关于这个昆虫的信息。

相关语段及其译文

1. Töne, die darüber liegen, heißen Ultraschall, und diese Frequenz kann die

Fledermaus nicht nur hören, sondern auch erzeugen.

（译文见上。）

2. Sie sendet über ihre Nase oder ihr Maul Laute im Wellenbereich zwischen 9 000 und 200 000 Hertz aus.

（译文见上。）

3. Die Wellen treffen auf Insekten, die umherfliegen, und werden reflektiert.

声波碰到那些在周围飞行的昆虫，然后被反射回来。

4. Anhand der zurückgeworfenen Schallwellen erkennt die Fledermaus Größe, Form, Ort und Bewegungsrichtung des Insekts,

根据那些被反射回来的声波，蝙蝠判断出昆虫的大小、形状、地点以及飞行方向，

5. und es ist ein Leichtes für sie, ihre Beute im Flug zu schnappen.

因此对于它们而言，在飞行过程中捕获猎物是一件容易的事情。

选择答案

A 不是答案，它复述了第 1 句中的信息，但是第 1 句不是描写蝙蝠很容易捕捉到猎物的直接原因，而是描写了蝙蝠获取猎物信息所运用的手段。

B 不是答案，它是利用第 2 句出的选项，但是第 2 句不是描写蝙蝠很容易捕捉到猎物的直接原因。

C 是答案，依据是第 2—4 句，尤其是第 4 句，它是蝙蝠很容易捕捉到猎物的直接原因。

第 7 题　　**题意**：关于大象，文章说了什么。

3 个选项的区别：

A．它们彼此沟通时声音很轻。

B．它们的声波区很低。

C．当它们害怕或者激动时，人也听不到什么。

相关语段及其译文

1. Sie kommunizieren im Infraschallbereich mit Frequenzen unterhalb von 16 Hertz.

它们（指大象）彼此沟通时声波区的频率低于 16 赫兹。

2. Die Laute sind für das menschliche Gehör zu tief.

这种声音对于人类的听觉而言太低了。

3. Wenn sich Elefanten verständigen, hört der Mensch entweder gar nichts, oder er spürt ein Pochen und Vibrieren der Luft.

当大象互相交流时，人要么什么也听不到，要么感受到一种冲击波和空气的振动。

4. Nur wenn ein Elefant Angst hat oder sich aufregt, trompetet er.

只有当大象害怕或者激动时，才会发出吼叫声。

选择答案

A 不是答案，根据第 1 句，它们彼此沟通时声波区的频率低于 16 赫兹，对人而言这不是声音很轻，而是根本没有声音。

B 是答案，依据是整个语段，是第 1 句和第 3 句的推理。

C 不是答案，第 4 句是对它的否定。

8 题　　**题意**：以下哪种关于嗅觉的说法是错误的。
3 个选项的区别：
A. 关于人类的嗅觉,科学家知道的还很少。
B. 人类大脑的嗅觉细胞比美洲野蚕蛾要少。
C. 美洲野蚕蛾的嗅觉要比人类好得多。
相关语段及其译文
1. Die Welt des Riechens bleibt der Wissenschaft bisher zum größten Teil verschlossen....
对于科学界而言,嗅觉世界的大部分迄今为止还是未知数。……
2. 30 Millionen Riechzellen transportieren Vanilleduft und Verwesungsgestank von der Außenwelt in unser Gehirn,
(人类)的三千万嗅觉细胞把外部世界的香草味和腐臭味送入我们的大脑,
3. und doch gibt es Tiere, die einen feineren Geruchssinn haben：die Polyphemus-Motte.
但是有些动物(与人相比)拥有更精细的嗅觉,比如美洲野蚕蛾。
选择答案
A 不是答案,因为它是正确的,依据是第 1 句。
B 是答案,因为它是错误的说法,文章没有在大脑嗅觉细胞数量上把人和美洲野蚕蛾进行比较。
C 不是答案,因为它是正确的,依据是第 3 句。

9 题　　**题意**：为什么人类不能感受到所有生物周围都存在的电场。
3 个选项的区别是：
A. 因为他们不具备相应的器官。
B. 因为他们不具备红外线感应器官。
C. 因为科学家还不清楚原因所在。
相关语段及其译文
1. Es gibt sogar Tiere, die Dinge wahrnehmen können, für die Menschen noch nicht einmal ein Organ haben：
有些动物能够感知的东西,人类甚至连相应的感官都没有：
2. Grubenotter haben beispielsweise einen Infrarotsensor,
例如,响尾蛇有一个红外感应器,
3. und Zitteraale spüren das elektrische Feld, das alle Lebewesen umgibt.
电鳗可以感知到所有生物周围都有的电场。
选择答案
A 是答案,依据是整个语段。尤其第 1 句。
B 不是答案,第 2 句含有 Infrarotsensor 这个词,但是整个句子不是说有了 Infrarotsensor,就能够感受到所有生物周围都存在的电场。
C 不是答案,第一,第 1 句表明科学界已经清楚地知道原因所在,第二,C 根本不是在回答题干提出的问题。

第 10 题　　**题意**：为什么我们看见的世界未必是真实的世界。
3 个选项的区别：
A．因为每种生物的感官知觉都是不同的。
B．因为人类的存在是可怜的。
C．因为这是一个哲学命题。
相关语段及其译文
1. Die Welt ist nicht so, wie wir denken, dass sie ist.
世界并不是以我们所认为的方式存在着。
2. Rote Mohnblumen sind nicht rot, frisch gebackene Brötchen stinken, und wenn wir glauben, dass es ganz still um uns herum ist, schwirrt die Luft voller schriller Geräusche.
红罂粟不是红色的，新鲜出炉的面包是臭的，还有，当我们认为周围是一片寂静时，其实空气中充满了刺耳的噪音。
3. All das ist Wirklichkeit, nur wir Menschen bekommen davon nichts mit, weil unsere Augen zu schlecht, unsere Nase zu stumpf und unsere Ohren beinah taub sind.
这一切都是事实，只是我们人类什么也感知不到，因为我们的眼睛太差劲，我们的鼻子太迟钝，我们的耳朵几乎是失聪的。
4. Im Vergleich mit Tieren schneidet der Mensch bei der Sinneswahrnehmung ziemlich schlecht ab.
与动物相比，人类在感官知觉方面非常糟糕。
选择答案
A 是答案，全文都在举例说明人类的感官知觉与动物的存在很大差异，所以我们看到的世界未必是真实的。
B 不是答案，因为：第一文章里没有这一话题，第二它和题干没有因果关系。
C 不是答案，因为：第一文章没有提及过哲学这一话题，第二它本身就是答非所问。

Lösungen

1 A, 2 B, 3 C, 4 C, 5 B, 6 C, 7 B, 8 B, 9 A, 10 A

Vokabeln

die	Mohnblume -n	罂粟花
	schrill *Adj.*	尖锐的，刺耳的
das	Geräusch -e	噪音
	stumpf *Adj.*	迟钝的，麻木的
	beinah *Adv.*	几乎

	taub *Adj.*	聋的
	ab/schneiden *Vi.*	结果是，有……结果
die	Sinneswahrnehmung -en	感官感受，五官感受
der	Fangschreckenkrebs -e	（口足目）甲壳动物，如虾，蟹
	bemitleidenswert *Adj.*	值得同情的，值得怜悯的
	eintönig *Adj.*	单调的，无聊的
	eindimensional *Adj.*	一维的
	getupft *Adj.*	有斑点的，打了孔的
die	Orchidee -n	兰花，兰科
die	Lotusblüte -n	荷花
	jenseits + G. / + von *Präp.*	那边
die	ultraviolette Strahlung	紫外线
	schillernd Partizip Präsens	闪耀的，闪烁的
	insofern *Adv.*	在这方面
das	Lebewesen -	生物
die	Zecke -n	（寄生吸血的）扁虱，蜱，壁虱
die	Milchsäure	乳酸
	sich in j-n. hinein/versetzen	把自己放到别人的位置上来感觉
die	Ansichtssache -n	看法问题，视角问题
die	Höhlentour -en	山洞探险旅游
	zwitschern *Vi.*	（鸟）叽叽喳喳地叫
die	Fledermaus ..e	蝙蝠
	surren *Vi.*	发出嗡嗡声（营营声）
	quietschen *Vi.*	发出尖锐、刺耳的声音
das	Echo -s	回声，回波
der	Schall -e / ..e	声响，声音
die	Frequenz -en	频率
die	Hörfläche -n	听觉区，听觉范围
das	Hertz -	赫兹
	reflektieren *Vt.*	反射
das	Beute -n	捕获品，战利品
	schnappen *Vt.*	捕获，抓住
	verschlossen *Adj.*	关闭的，无从知晓的
der	Infraschallbereich	声波区，声波范围
	spüren *Vt.*	感觉到
	pochen *Vi.*	跳动，震动
	vibrieren *Vi.*	震动，抖动
	trompeten *Vi.*	吼叫，（像喇叭一样）发出嘟嘟声
	olfaktorisch *Adj.*	嗅觉的，嗅神经的

die	Handvoll -	一小撮，少数，几个
	entschlüsseln *Vt.*	破译
der	Vanilleduft nur Sg.	香草气味
der	Verwesungsgestank nur Sg.	腐臭气味
die	Polyphemus-Motte	美洲野蚕蛾
die	Antenne -n	触角，触须
die	Artgenossin -nen	雌性的同类
die	Eiablage	产卵，下蛋
die	Grubenotter	响尾蛇
der	Zitteraal -e	电鳗

Einheit 42

Lesen Sie den Text und lösen Sie die Aufgaben.

So viel Geld verdienen Hochschulabsolventen

Trotz der Wirtschaftskrise sind die Gehälter für Hochschulabsolventen zuletzt leicht angestiegen. Dies ergibt eine Studie des Personaldienstleisters Alma Mater GmbH aus Stuttgart. Die Absolventen von Universitäten und Fachhochschulen konnten bis Februar 2009 mit einem durchschnittlichen Gehaltsangebot von über 40.000 Euro für das erste Berufsjahr rechnen-mit eingerechnet 13. Monatsgehalt, Weihnachtsgeld, Urlaubsgeld, Prämien oder sonstige Zuschläge. Das macht im Monat rund 3 300 Euro brutto. Bei einem kinderlosen Single (Steuerklasse I, gesetzlich versichert) kommen dabei netto knapp 1 900 Euro heraus.

Für die Studie befragten die Verfasser zwischen November 2008 und Februar 2009 die Personalmanager in 685 Firmen aller Größen. Berücksichtigt worden seien 4 224 Gehaltsangaben aus verschiedenen Abteilungen und Branchen. Demnach haben sich die Einstiegsgehälter beispielsweise für junge Ingenieure, Kaufleute, Juristen, Germanisten oder IT-Fachleute im Vergleich zum Vorjahreszeitraum in allen Funktionen bis auf den Vertrieb verbessert, darunter die Vergütungen für Trainees mit durchschnittlich rund 3 000 Euro mehr.

Schwach schnitten junge Akademiker demnach in den oft gewünschten Berufen der Medienunternehmen ab, auch im öffentlichen Dienst bekamen die Absolventen vergleichsweise niedrige Durchschnittsgehälter. Besonders großzügig zahlten Versorgungsunternehmen, Fahrzeughersteller, Banken und Firmen aus der Chemie- und Pharmabranche. Gute Einstiegsgehälter erzielten Akademiker im ersten Jahr außerdem in der Elektrotechnik sowie im Maschinenbau.

Vor allem Industrieunternehmen zahlten also deutlich besser als im Vorjahr, darunter mit einem Plus von durchschnittlich knapp sieben Prozent die Abteilungen für Forschung & Entwicklung besonders gut. Dagegen verdienten angehende Kaufleute bei Unternehmen im Marketing, Personalwesen und bei Trainees zum Teil sogar weniger als zuvor.

„Die meisten Akteure sind sich einig, dass sich an dem langfristigen Trend, dass Fachkräfte schwer zu finden sind, nichts geändert hat", sagt Alma-Mater-Geschäftsführer Jürgen Bühler. Vorsichtig ist er beim Ausblick zu künftigen Gehältern wegen der andauernden Wirtschaftskrise. Wegen der mit ihr einhergehenden Vertrauenskrise könnten die Gehälter von akademischen Nachwuchskräften laut Alma Mater wieder sinken.

Die Autoren gehen jedoch davon aus, dass Akademiker mit gesuchten Fähigkeiten auch 2009 mit überdurchschnittlichen Gehältern rechnen dürfen. Dabei gibt es regional in Deutschland Unterschiede: Die besten durchschnittlichen Jahresverdienste zahlen derzeit

Firmen in Niedersachsen und Hamburg. Dort liegen die Einstiegsvergütungen zwischen 40.378 und 40.513 Euro. Selbst in Baden-Württemberg, im Vorjahr Spitzenreiter nach Regionen, verdienten junge Absolventen zuletzt etwas weniger. In Ostdeutschland liegen die Einkommen der Akademiker deutlich unter den Einstiegsgehältern des Westens.

Unterschiede auch bei der Firmengröße: Je kleiner das Unternehmen ist, um so niedriger fällt laut Alma Mater das Einstiegsgehalt im Durchschnitt aus. Die Personalberater strichen zur Auswertung der Umfrage nach eigenen Angaben die jeweils fünf höchsten und fünf niedrigsten Nennungen, Jobs deutscher Firmen im Ausland seien nicht berücksichtigt worden.

Die Verfasser fragten auch nach Gehaltsunterschieden zwischen den neuen Bachelor- und den hergebrachten Diplom-Abschlüssen. Ergebnis: Erfolgreiche Bachelors müssen mit Abschlägen von bis zu fünf Prozent rechnen. Der Master-Abschluss habe aber inzwischen mit den Entgelten für diplomierte Fachkräfte gleichgezogen.

http://www.welt.de/finanzen/article3687640/So-viel-Geld-verdienen-Hochschulabso-lventen.html

Markieren Sie die richtige Antwort.

	Ja	Nein	Text sagt dazu nichts	
1 Die Wirtschaftskrise hat keine negative Auswirkung auf das Einkommen der Hochschulabsolventen in Deutschland.				1
2 Der Familienstand hat keinen Einfluss auf den monatlichen Nettoverdienst.				2
3 Die beiden Verfasser haben Interviews mit Personalmanager aus verschiedenen Branchen durchgeführt und statistische Angaben ermittelt.				3
4 Die Durchschnittseinkommen in den verschiedenen Branchen unterscheiden sich stark voneinander.				4
5 Bei Gehaltserhöhungen werden in Industrieunternehmen Akademiker, die im Forschungs und Entwicklungsbereich arbeiten, bevorzugt.				5
6 Langfristig gesehen werden Fachkräfte in Deutschland überflüssig.				6
7 Laut Alma Mater lassen sich die künftigen Gehälter von Hochschulabsolventen schwer prognostizieren.				7
8 Der Studie zufolge verdienen die akademischen Nachwuchskräfte in Norddeutschland bundesweit am besten.				8
9 Große Unternehmen in Deutschland sind im Allgemeinen großzügiger als kleine.				9
10 Der Master-Abschluss ist inzwischen dem Diplom gleichgestellt.				10

习题讲解

第1题　**题意**：经济危机对于德国高校毕业生的收入(是否)没有带来负面影响。
相关语段及其译文
Trotz der Wirtschaftskrise sind die Gehälter für Hochschulabsolventen zuletzt leicht angestiegen.
尽管经济危机,德国高校毕业生的工资收入最终还是略有上升。
选择答案
这一段落与题目内容一致,所以选择 Ja。

第2题　**题意**：家庭状况对于每月的净收入(是否)没有影响。
相关语段及其译文
1. Das macht im Monat rund 3 300 Euro brutto.
这些合在一起算,(德国高校毕业生)每月毛收入约 3 300 欧元。
2. Bei einem kinderlosen Single (Steuerklasse I, gesetzlich versichert) kommen dabei netto knapp 1 900 Euro heraus.
假如是一个没有小孩的单身(一级税卡),那么其净收入大概折合为 1 900 欧元。
选择答案
根据第 2 句中的 Bei einem kinderlosen Single,说明净收入的计算与有没有孩子,或者说与每人的税卡级别有关,说明 Familienstand 对于净收入的折合是有影响的,所以选择 Nein。

第3题　**题意**：两位作者与不同行业的人事经理(是否)进行了对话采访,(是否)并且获得了统计数据。
相关语段及其译文
1. Für die Studie befragten die Verfasser zwischen November 2008 und Februar 2009 die Personalmanager in 685 Firmen aller Größen.
为了做研究,两位作者在 2008 年 11 月和 2009 年 2 月之间对 685 家不同规模公司的人事经理进行了采访。
2. Berücksichtigt worden seien 4 224 Gehaltsangaben aus verschiedenen Abteilungen und Branchen.
为此还参考了不同部门和行业的 4 224 项工资数据。
选择答案
这一相关段落提到的两件事,即采访人事部经理和采集各部门各行业的工资数据,这与题目内容一致,所以选择 Ja。

第4题　**题意**：不同行业的平均收入(是否)相差很大。
相关语段及其译文
1. Schwach schnitten junge Akademiker demnach in den oft gewünschten Berufen

der Medienunternehmen ab,

据此调查，热门的媒体行业的年轻大学毕业生收入较低。

2. auch im öffentlichen Dienst bekamen die Absolventen vergleichsweise niedrige Durchschnittsgehälter.

公共服务单位的大学毕业生的平均收入相对也较低。

3. Besonders großzügig zahlten Versorgungsunternehmen, Fahrzeughersteller, Banken und Firmen aus der Chemie- und Pharmabranche.

工资较高的单位是公共事业、车辆制造、银行以及化学药学公司。

4. Gute Einstiegsgehälter erzielten Akademiker im ersten Jahr außerdem in der Elektrotechnik sowie in Maschinenbau.

电气工程以及机械制造工程行业的毕业生第一年的收入也较高。

选择答案

这一段落只告诉我们不同行业大学生的收入有差别，但是差别（是否）很大（stark），这个话题文章没涉及，所以选择 Text sagt dazu nichts。

第5题 题意：加工资时，在工业企业（是否）是在研究开发部门工作的毕业生最有利。

相关语段及其译文

Vor allem Industrieunternehmen zahlten also deutlich besser als im Vorjahr, darunter mit einem Plus von durchschnittlich knapp sieben Prozent die Abteilungen für Forschung & Entwicklung besonders gut.

特别是工业企业的工资比前一年明显上升，其中研究开发部门的幅度最大，平均上涨了 7%。

选择答案

根据这一段落推理，题目与文章内容一致，所以选择 Ja。

第6题 题意：长期看，德国专业人才（是否）会过剩。

相关语段及其译文

„Die meisten Akteure sind sich einig, dass sich am langfristigen Trend, dass Fachkräfte schwer zu finden sind, nichts geändert hat" sagt Alma-Mater-Geschäftsführer Jürgen Bühler.

Alma-Mater 总经理 Jürgen Bühler 说："大多数的受访者都一致认为，专业人才长期稀缺的趋势没有改变。"

选择答案

这一段落告诉我们，专业人才将长期稀缺，这是对题目的否定，所以选择 Nein。

第7题 题意：根据 Alma Mater 的观点，未来高校毕业生的收入（是否）难以预计。

相关语段及其译文

Wegen der mit ihr einhergehenden Vertrauenskrise könnten die Gehälter von akademischen Nachwuchskräften laut Alma Mater wieder sinken.

根据 Alma Mater 的观点，由于伴随着经济危机而来的信任危机，未来高校毕业生的工资可能又会下降。

选择答案

这一段落就是 Alma Mater 对未来高校毕业生收入的预计，这一预计本身就是对题目的否定，所以答案选择 Nein。

8 题　　**题意**：根据研究，德国北部的高校毕业生（是否）是全德收入最高的。

相关语段及其译文

Die besten durchschnittlichen Jahresverdienste zahlen derzeit Firmen in Niedersachsen und Hamburg.

目前下萨克森州和汉堡市的公司支付的平均年工资最高。

选择答案

这一相关段落只告诉我们下萨克森州和汉堡市的情况，并没有涉及全北德，所以选择 Text sagt dazu nichts。

9 题　　**题意**：德国的大企业总体上（是否）要比小企业更慷慨些（薪酬付得更高些）。

相关语段及其译文

Je kleiner das Unternehmen ist, um so niedriger fällt laut Alma Mater das Einstiegsgehalt im Durchschnitt aus.

根据 Alma Mater 的研究结果，企业规模越小，平均起薪就越低。

选择答案

根据这一段落推理，题目与文章隐含的内容基本一致，所以选择 Ja。

10 题　　**题意**：现在，Master 学位的价值（是否）与 Diplom 学位相当。

相关语段及其译文

Der Master-Abschluss habe aber inzwischen mit den Entgelten für diplomierte Fachkräfte gleichgezogen.

现在 Master 学位的毕业生与 Diplom 学位毕业生的酬金持平。

选择答案

这一相关段落只告诉我们两种学位的毕业生酬金持平，并没有涉及学位本身价值的话题，所以选择 Text sagt dazu nichts。

■ **Lösungen**

1 Ja, 2 Nein, 3 Ja, 4 nichts, 5 Ja, 6 Nein, 7 Nein, 8 nichts, 9 Ja, 10 nichts

■ **Vokabeln**

　　　　das　　　Gehalt　..er　　　　　　　工资，薪资

	eingerechnet Partizip Perfekt	包括,考虑到
die	Prämie -n	奖金,津贴
der	Zuschlag ..e	附加费
die	Gehaltsangabe -n	薪资说明,薪酬详细
das	Einstiegsgehalt ..er	起薪,入门工资
die	Vergütung -en	报酬
das	Versorgungsunternehmen -	公用事业单位
	erzielen Vt.	得到,获得
	angehend Partizip Präsens	刚刚起步的,刚刚开始的
der	Akteur -e	当事人
	sich（D.）einig sein	意见统一的
der	Ausblick -e	展望,前景
	einhergehend Partizip Präsens	伴随着的
die	Vertrauenskrise -n	信任危机
die	Nachwuchskraft ..e	新生力量,接班人
	streichen Vt.	删去,划掉
die	Auswertung -en	（经过分析后）利用,运用
	hergebracht Partizip Perfekt	通常的,传统的
der	Abschlag ..e	减价,减薪
das	Entgelt -e	酬金,报酬
	mit etw.（D）gleich/ziehen	与……达到同样水平

Modelltest

Lesetext 1 Aufgaben 1 – 10

Veranstaltungsangebot

Sie suchen für einige Bekannte das passende Veranstaltungsangebot. Schreiben Sie den Buchstaben für das passende Angebot in das Kästchen rechts. Jedes Angebot kann nur einmal gewählt werden. Es gibt nicht für jede Person ein geeignetes Angebot. Gibt es für eine Person kein passendes Angebot, dann schreiben Sie den Buchstaben *I*.

Sie suchen ein Veranstaltungsangebot für …

Nr.	Beschreibung	Antwort	Nr.
01	… für eine Freundin, die sich für Theaterproduktionen mit Gesang und Tanz interessiert.	A	01
02	… für einen Freund, der gern Geschichte hört.	I	02
1	… für eine befreundete Seniorin, die sich einen PC anschaffen möchte, aber über keinerlei EDV-Kenntnisse verfügt.		1
2	… für eine Bekannte, die nur am Wochenende Zeit hat.		2
3	… für eine ältere Kollegin, die ihre EDV-Kenntnisse vertiefen möchte.		3
4	… für eine befreundete Rentnerin, die sich für asiatische Entspannungsübungen interessiert.		4
5	… für eine ältere Freundin, die gern Handarbeiten macht.		5
6	… für den Sohn einer Kollegin, der gern mit anderen Kindern spielt.		6
7	… für die Tochter einer Bekannte, die Probleme mit der deutschen Rechtschreibung hat.		7
8	… für eine Kollegin, die ihr altes Haus renovieren möchte.		8
9	… für eine Bekannte, die gern Kinder unterrichtet.		9
10	… für eine Freundin, die gern Bauchtanz lernen möchte.		10

Veranstaltungsangebot

A	E
Blutsbrüder	**Kommunikation**
Musical von Willy Russel	Fr., 16 bis 17 Uhr
Premiere: 22. Mai 2010, Tafelhalle	14x, Gebühr: 28 € , Kurs-Nr.: LO5215

Die mitreißende Geschichte zweier unterschiedlicher Brüder. Der grandiose Musical-Erfolg aus London nun am Staatstheater Nürnberg.	Wächst ihr Kind mehrsprachig auf und hat Förderungsbedarf in Deutsch? Kinder im Alter von sieben bis neun Jahren können hier spielend Deutsch lernen, Einstieg jederzeit möglich!
B **Yoga** Sa., 10 bis 12 Uhr 7x, Gebühr: 56 € Yoga-Kenntnisse erweisen sich als eine wertvolle Entspannungshilfe für den Alltag. Im Kurs wird eine bewusste ästhetische Übungsweise gefördert. Vorkenntnisse sind nicht erforderlich.	**F** **Bewegung** Do., 20 bis 21.30 Uhr Nicht mehr ganz jung, aber noch nicht eingerostet? Offen für Neues und Spaß an der Bewegung? Für alle Frauen mit Lust auf ein gutes Körpergefühl mit weichen und schwungvollen Bewegungen. Lernen Sie einen der weiblichsten und ältesten Tänze der Welt. Lassen Sie sich tänzerisch in den Orient entführen.
C Fr., 9 bis 10.30 Uhr 10x, Gebühr: 47 €, Kurs-Nr.: GLw 8222 Diese Heilgymnastik aus der traditionellen chinesischen Medizin (TCM) harmonisiert Körper und Geist und fördert so Ihr Wohlbefinden mit Bewegung, Atmung und Stille. Alles, einschließlich Selbstmassage und Akkupressur, ist auch für ältere Menschen geeignet, da viele Übungen im Sitzen durchgeführt werden.	**G** **PC** Mi., 14 bis 17 Uhr, Gebühr: 2 € Sie möchten ein Programm installieren oder ein Dokument ausdrucken, im Internet surfen, eine neue Grafikkarte in Ihren PC einbauen, ein Foto per E-Mail versenden oder eine Firewall einrichten? Unsere ehrenamtlichen Experten stehen Ihnen in allen Fragen rund um den PC zur Seite.
D Mo., 9.30 bis 12.30 5x, Gebühr 75 € Aufbau eines Computers, Umgang mit Maus und Tastatur, Grundlagen des Betriebssystems Windows Vista, Installation von Programmen und einfache Textverarbeitung mit Word. Brief schreiben und Tipps zum Kauf eines Computers.	**H** **Handwerkskurs** Sa., 27.3., von 10 bis 17.45 Uhr Mi., 21.4., 28.4., 5.5., jeweils von 18 bis 20.15 Uhr Je 14 Plätze, Gebühr: 68 € Wir bohren, schrauben und sägen mit und ohne Maschinen. Wir montieren ein Waschbecken fachgerecht und schließen es an, tapezieren, streichen und verlegen Teppich- und Laminatboden.

Lesetext 2   Aufgaben 11 – 20

Lesen Sie den Text und lösen Sie die Aufgaben.

Stoffwechsel: Wie schädlich sind freie Radikale?

Von „freien Radikalen" ist oft die Rede, wenn es um Krankheiten geht. Aggressiv und schädigend seien diese Stoffe, heißt es dann, und sie spielen offenbar bei so ziemlich jedem Gebrechen eine Rolle – von ständiger Müdigkeit oder leichten Hautproblemen bis zu Krebs, Autoimmunerkrankungen und Alzheimer. Auch den Alterungsprozess sollen freie Radikale beschleunigen. Sind sie die Wurzel aller medizinischen Übel?

Mitnichten. Zwar können diese Substanzen im Körper Unheil anrichten, aber im Normalfall setzt der sich wirksam zur Wehr. Den Großteil der freien Radikale bildet der Organismus ohnehin selbst. Das lässt darauf schließen, dass sie so gefährlich nicht sein können – denn sonst würde der Mensch sich ja ständig selbst vergiften.

Dass von freien Radikalen dennoch eine Gefahr ausgehen kann, liegt an ihren chemischen Eigenschaften. „Es handelt sich dabei um Substanzen, die besonders reaktionsfreudig sind", erklärt Professor Helmut Sies, emeritierter Leiter des Instituts für Biochemie und Molekularbiologie an der Universität Düsseldorf. Substanzen also, die nahezu unkontrolliert andere Moleküle angreifen. Man könnte sie auch als kleine Amokläufer bezeichnen.

Freie Radikale entstehen bei einem grundlegenden Prozess in den Zellen des Körpers: der Energieerzeugung. Dabei werden unter anderem die durch die Lunge eingeatmeten Sauerstoff-Moleküle in Wasser umgewandelt. Die im Sauerstoff gespeicherte Energie wird dadurch in eine für den Organismus nutzbare Form überführt.

Geht bei diesem Vorgang – Chemiker sprechen von einer „Reduktion" des Sauerstoffs – etwas schief, entstehen unvollständig reduzierte Sauerstoffatome. Atome wollen aber stets komplett sein. Daher greift der Sauerstoff das erstbeste Molekül in seiner Nachbarschaft an, dem er die fehlenden Bestandteile entreißen kann.

Der Angegriffene geht dabei zuweilen selbst in einen reaktionsfreudigen Zustand über, da seine chemische Struktur jetzt unvollständig ist. So kann sich die Reaktionsfreudigkeit mit jedem neuen Angriff ausbreiten. Eine Kettenreaktion droht.

Die Lage wäre aussichtslos, gäbe es nicht Substanzen, die Attacken eines freien Radikals unbeschadet überstehen – so genannte Radikalfänger. Sie unterbrechen die Kettenreaktion und verhindern somit Schlimmeres. Zu diesen Rettern zählen vor allem bestimmte körpereigene Enzyme. Auch eine Reihe von Carotinoiden, Lycopin und Vitamine, die der Mensch mit der Nahrung aufnimmt, können freie Radikale abfangen.

Einen hundertprozentigen Schutz bieten Radikalfänger allerdings nicht, und es macht meist auch keinen Sinn, sie dem Körper zusätzlich zuzuführen. Um Schäden vorzubeugen, sollte aber kein Mangel herrschen. „Zwar verfügen wir über Reparaturmechanismen, um solche Schäden auszugleichen", sagt Helmut Sies. Moleküle oder Zellen, die eine Störung aufweisen, werden entfernt. Wird das Gewebe jedoch durch freie Radikale überstrapaziert, nimmt es unter Umständen dauerhaft Schaden, und dies kann Ursache vieler Krankheiten sein.

Das kommt aber weit seltener vor, als oft behauptet wird. Betroffen sind eigentlich nur Menschen, die an Mangelernährung leiden und deshalb dauerhaft zu wenig Radikalfänger zu sich nehmen. Auch die Annahme, diese Stoffe könnten das biologische Altern bremsen, wird durch aktuelle Laborstudien an Versuchstieren nicht gestützt.

Ein großes Problem wäre dagegen ein zu niedriger Gehalt an freien Radikalen im Körper. Denn mittlerweile wissen Forscher, dass der Mensch ohne die reaktionsfreudigen Substanzen gar nicht leben könnte. Die Angriffswut dieser Sauerstoffverbindungen macht sich beispielsweise die natürliche Körperabwehr zunutze. Bestimmte Zellen des Immunsystems setzen freie Radikale ein, um unerwünschte Eindringlinge gezielt zu vernichten. Die reaktionsfreudigen Sauerstoffatome in den Abwehrzellen zerlegen die äußere Hülle von Bakterien und Viren – was das sichere Ende für die Keime bedeutet.

http://www.apotheken-umschau.de/Vitamine-Mineralien/Stoffwechsel-Wie-schaedlich-sind-freie-A090515FLG0Q113751.html

Makieren Sie die richtige Antwort (A, B oder C).

(0) Freie Radikale

Lösung B

A. sind in allen Fällen schädlich für den menschlichen Körper.

B. können Verursacher verschiedener körperlicher Probleme sein.

C. entstehen erst bei verschiedenen körperlichen Problemen.

11. Freie Radikale im menschlichen Organismus

A. sind sehr gefährlich für Krebspatienten.

B. erzeugt der Körper meistens eigenständig.

C. wirken für den Menschen giftig.

12. Die chemischen Besonderheiten der freien Radikale

A. liegen in ihrer Trägheit bei der Reaktion.

B. liegen in ihrer hohen chemischen Aktivität.

C. sind besonders schwer zu erklären.

13. Freie Radikale in den Zellen entstehen

A. durch eine für den Körper wichtige chemische Reaktion.

B. durch eine für den Organismus unwichtige chemische Reaktion.

C. beim Wassertrinken.

14. **Unvollständig reduzierte Sauerstoffatome im menschlichen Körper**
    A. werden automatisch von dem benachbarten erstbesten Molekül isoliert.
    B. werden ihre Nachbarschaft komplett vernichten.
    C. können ihre Nachbarn beeinträchtigen.
15. **Ein Angriff durch freie Radikale**
    A. wird ausnahmslos zu einer Kettenreaktion führen.
    B. kann nicht zu einer Kettenreaktion führen.
    C. könnte zu einer Kettenreaktion führen.
16. **Die Kettenreaktion**
    A. kann auch durch richtige Ernährung nicht unterbrochen werden.
    B. kann jedenfalls schlimmer werden.
    C. geschieht bei einem gesunden Menschen selten.
17. **Um gesund zu bleiben,**
    A. sollte man sich möglichst vollwertig ernähren.
    B. sollte man möglichst viel Carotinoiden, Lycopin und Vitamine zu sich nehmen.
    C. sollte man bei Krankheiten möglichst rechtzeitig zum Arzt gehen.
18. **Aktuelle Laborstudien an Versuchstieren zeigen,**
    A. dass Carotinoiden, Lycopin und Vitamine das menschliche Altwerden nicht stoppen können.
    B. dass eine Überstrapazierung von Organen durch freie Radikale seltener Krankheiten auslöst als allgemein angenommen.
    C. dass Mangelernährung viele Krankheiten verursacht.
19. **Forschungserkenntnissen zufolge**
    A. ist eine bestimmte Menge von freien Radikalen im Gewebe für den Menschen nützlich.
    B. sind freie Radikale im Gewebe für den Menschen immer schädlich.
    C. können die Bakterien und Viren freie Radikale in den Abwehrzellen zunichte machen.
20. **Der Text soll**
    A. eine vollwertige Ernährung vermitteln.
    B. Vorurteile über freie Radikale im menschlichen Körper abbauen.
    C. auf die Gefahr einer Kettenreaktion im menschlichen Körper hinweisen.

Lesetext 3   Aufgaben 21 – 30

Lesen Sie den Text und lösen Sie die Aufgaben.

Menschenaffen wissen, dass sie sich irren können

Neue Studie: Auch Tiere haben metakognitive Fähigkeiten – sie wissen, was sie gesehen haben

Eine neue Studie von Dr. Josep Call vom Max-Planck-Institut für evolutionäre

阅读训练

Anthropologie in Leipzig hat gezeigt, dass Menschenaffen – Orang-Utans, Schimpansen, Bonobos und Gorillas – durchaus erkennen, ob eine getroffene Auswahl möglicherweise falsch war. Dr. Calls Studie erschien vor kurzer Zeit online im Springer-Journal Animal Cognition.

Im Wolfgang-Köhler-Primaten-Forschungszentrum am Leipziger Zoo wurden in drei Experimenten sieben Gorillas, acht Schimpansen, vier Bonobos und sieben Orang-Utans mit zwei Röhren konfrontiert, eine war mit einer leckeren Belohnung gefüllt, die andere nicht. Bei ihrem Bemühen, die Belohnung zu finden, wurden die Affen dann beobachtet.

Im ersten Experiment konnten die Affen zwar nicht sehen, wo die Belohnung in der Röhre platziert war, durch Schütteln der Röhren bekamen sie aber akustische Informationen über ihre Position. Dr. Call wollte herausfinden, ob die Affen in der Lage wären, aufgrund der akustischen Informationen die visuelle Suche zu vernachlässigen.

Im zweiten Experiment zeigte man den Affen, wo die Leckerei versteckt war; und hielt sie dann in unterschiedliche Zeitabständen dazu an, nach ihr zu suchen – dies sollte Aufschluss darüber geben, ob die Affen gründlicher suchen würden, wenn sie die Position der Belohnung vergessen hätten.

Im letzten Experiment schließlich wurde verglichen wie die Affen auf sichtbare und versteckte Belohnung reagierten, allerdings bei unterschiedlicher Beliebtheit der Leckerei. Der Forscher ging davon aus, dass die Affen sorgfältiger suchen würden, wenn es sich um eine besonders beliebte Belohnung handelte, egal ob sie gesehen hatten, wo sie platziert worden war, oder nicht.

Hatten die Affen das Platzieren der Belohnung beobachtet, fanden sie sie auch zielsicher wieder. Dr. Call stellte allerdings fest, dass sie die Röhre vor der Auswahl gründlicher überprüften, wenn es sich um eine besonders beliebte Leckerei handelte; dies traf auch für den Fall zu, dass zwischen Auslegen und Suche der Belohnung ein längerer Zeitraum lag. Hatten die Affen dagegen akustische Informationen über die Position der Leckerei bekommen, trafen sie schneller ihre Wahl. Für Dr. Call war all dies ein deutlicher Hinweis darauf, dass sich die Affen durchaus einer möglichen Fehlentscheidung bewusst waren.

Dr. Call: „Unsere Ergebnisse lassen den Schluss zu, dass die Vorgehensweise offensichtlich von drei Faktoren beeinflusst wird: der Mühe, in die Röhren zu schauen, dem Wert der Belohnung und dem Stand der Informationen. Die Kombination aus diesen drei Faktoren schafft ein Informationsverarbeitungssystem, das Komplexität, Flexibilität und Kontrolle besitzt, drei Merkmale der Metakognition. Auch Tiere könnten demnach metakognitive Fähigkeiten besitzen."

http://www.fachzeitungen.de/pressemeldungen/menschenaffen-wissen-dass-sie-sich-irren-koennen-104607/#more-4607

Markieren Sie die richtige Antwort.

	Ja	Nein	Text sagt dazu nichts	
01 Dr. Josep Call hat geforscht, ob Menschenaffen etwas hinterher wieder erkennen können.	×			01
02 Er ist Leiter einer Forschergruppe vom Max-Planck-Institut für evolutionäre Anthropologie in Leipzig.			×	02
21 Orang-Utans, Schimpansen, Bonobos und Gorillas sind verschiedene Arten von Menschenaffen.				21
22 In der Studie wurden zwei Röhren als Spielzeuge für die Affen benutzt.				22
23 Die Aufgabe der Probanden war, etwas Essbares zu finden.				23
24 Im ersten Experiment sollte getestet werden, ob die Menschenaffen lediglich anhand von Geräuschen eine richtige Entscheidung treffen können.				24
25 Im zweiten Experiment wollte der Forscher die Tiere auf ihr Gedächtnis testen.				25
26 Im dritten Experiment sollten die Affen ausschließlich ihre Augen nutzen.				26
27 Das dritte Experiment ergibt, dass die Affen sich hauptsächlich bei Unsicherheit Zeit nehmen, um eine falsche Wahl zu vermeiden.				27
28 Außerdem hat der Forscher herausgefunden, dass die Affen auf optische Information schneller reagieren als auf akustische.				28
29 An der Vorgehensweise der Affen in den Experimenten erkennt Dr. Call ihre Identifikationsfähigkeiten.				29
30 Aus der Studie kann gefolgert werden, dass verschiedene Arten von Affen unterschiedlich hohe metakognitive Fähigkeiten besitzen.				30

Vokabeln

Lesetext 1

der	Blutsbruder ¨	结拜弟兄
die	Premiere -n	首演
	mitreißend *Adj.*	扣人心弦的
	grandios *Adj.*	伟大的,杰出的
	ästhetisch *Adj.*	美学的
	harmonisieren *Vt.*	使……协调,使……一致
	einschließlich + G. *Präp.*	包括
die	Akkupressur	指压疗法
das	Betriebssystem	驱动系统
die	Installation -en	安装
	installieren *Vt.*	安装
	mehrsprachig *Adj.*	多种语言的
	eingerostet *Partizip II*	生锈的,僵硬的
	schwungvoll *Adj.*	富有活力的
der	Orient	东方,中近东,远东
	ehrenamtlich *Adj.*	尽义务的,无报酬的
	fachgerecht *Adj.*	符合专业要求的
der	Laminatboden	复合地板

Lesetext 2

das	Radikal -e	基,原子团
	freie Radikale	自由基
das	Gebrechen -	(身体上的)缺陷,痼疾
die	Autoimmunerkrankung -en	免疫系统病变
	Alzheimer	老年痴呆症
	beschleunigen *Vt.*	加速
das	Übel -	疾病
	mitnichten *Adv.*	绝不
das	Unheil	不幸,灾害
	an/richten *Vt.*	酿成,惹起
	ohnehin *Adv.*	反正
	reaktionsfreudig *Adj.*	活跃的,好反应的
	emeritiert *Partizip II*	已退休的
	unkontrolliert *Adj.*	毫无控制的
	an/greifen *Vt.*	攻击,进攻
der	Amokläufer -	杀人狂

	überführen *Vt.*	运送往……，送到
die	Reduktion -en	降低，减少
	schief/gehen *Vi.*	失败，没有成功
	erstbest *Adj.*	最好的
	entreißen *Vt.*	抢走，夺走
	zuweilen *Adv.*	有时，偶尔
	über/gehen *Vi.*	转入，转移到
	aus/breiten *rfl.*	蔓延，传播开
die	Kettenreaktion -en	连锁反应
	drohen *Vi.*	迫近
die	Attacke -n	攻击，进攻
	überstehen *Vt.*	经受住
der	Radikalfänger -	自由基捕手
	unterbrechen *Vt.*	中止
das	Enzym -e	酶
das	Carotinoiden	胡萝卜素
das	Lycopin	番茄红素
	ab/fangen *Vt.*	拦截，截住
	zu/führen *Vt.*	供应，输送
	vor/beugen *Vt.*	预防，防止
der	Reparaturmechanismus …men	修复机制
	überstrapaziert Partizip II	过度耗损的，过度使用的
	unter Umständen	在某些情况下
	stützen *Vt.*	支持
die	Angriffswut	攻势
die	Körperabwehr	身体抵抗力
	sich (D.) etw. zunutze machen	利用
	zerlegen	拆开

Lesetext 3

	Metakognitiv *Adj.*	再认
	evolutionär *Adj.*	进化的
die	Anthropologie	人类学
der	Primat -en	灵长目动物
die	Röhre -n	管，筒
	jn. mit etw. konfrontieren *Vt.*	使……面对
	lecker *Adj.*	味美的，好吃的
	platzieren *Vt.*	把……安置在
das	Schütteln	摇晃，摇动

	akustisch *Adj.*	声学的,声音的
die	Position -en	位置
	visuell *Adj.*	视觉的,视力的
	vernachlässigen *Vt.*	忽略
die	Leckerei	美味佳肴
	jn. zu (D.) an/halten *Vt.*	督促,敦促
	in unterschiedlichen Zeitabständen	隔不同的时间段
	Aufschluss geben über	对于某事给予启示
die	Beliebtheit	喜爱程度
	zielsicher *Adj.*	目标明确的
	überprüfen *Vt.*	检查,复查
das	Auslegen	摆出
	seine Wahl treffen	作出选择
	sich (D.) etw. (G.) bewusst sein	知道,了解
den	Schluss zu/lassen	允许得出结论
der	Stand	状态
die	Kombination	结合,组合
die	Komplexität	完整性
die	Flexibilität	灵活性
die	Metakognition	再认识

Lösungen

1 D, 2 B, 3 G, 4 C, 5 I, 6 I, 7 E, 8 H, 9 I, 10 F;
11 B, 12 B, 13 A, 14 C, 15 C, 16 C, 17 A, 18 A, 19 A, 20 B;
21 Ja, 22 Nein, 23 Ja, 24 Ja, 25 Nein, 26 Nein, 27 nichts, 28 Nein, 29 Ja, 30 nichts